芮沐文集

青年芮沐

1954年随同最高人民法院张志让副院长去欧洲考察,遇到法律专业名词时临时充当翻译(右五)

1979年随中国社会工作者代表团访美(左六)

20世纪60年代的芮沐先生

1984年拜会当时的美国副总统布什,左一为芮沐先生

1986年受德国法兰克福大学邀请回母校,并被授予金博士头衔

1986年9月在伦敦大学讲学

1986年10月和夫人在英国

1986年10月的芮沐先生　　1990年的芮沐先生

20世纪90年代在给学生上课

2004年北京大学法学院百年院庆期间参加国际经济法学术研讨会 | 2005年的芮沐先生

2006年7月国家专利局领导和年轻人看望芮沐先生

2008年获北京大学蔡元培奖　　2009年101岁时在家中摆弄新相机

芮沐文集

2008年的芮沐先生

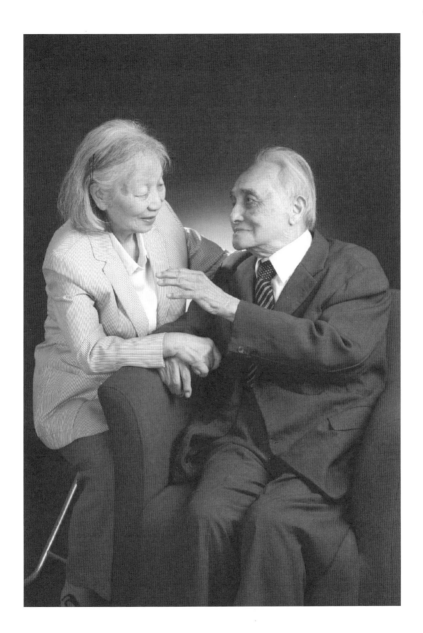

2008年的芮沐先生和夫人

值此千禧之年,喜录"瞭望"论坛中引用东汉荀悦的一段话:不发虚言,不听浮术,不采华名,不兴伪事。这是做人的金玉良言,也是做学问的朴实道理,录此以自勉。

芮沐 二〇〇〇年1月30日

芮沐先生书法

芮沐文集

芮沐 著

北京大学出版社
PEKING UNIVERSITY PRESS

图书在版编目（CIP）数据

芮沐文集/芮沐著. —北京：北京大学出版社，2020.5
ISBN 978-7-301-31262-9

Ⅰ.①芮… Ⅱ.①芮… Ⅲ.①法学—文集 Ⅳ.①D90-53

中国版本图书馆 CIP 数据核字（2020）第 023194 号

书　　名	芮沐文集 RUIMU WENJI
著作责任者	芮　沐　著
责 任 编 辑	杨玉洁　靳振国
标 准 书 号	ISBN 978-7-301-31262-9
出 版 发 行	北京大学出版社
地　　址	北京市海淀区成府路 205 号　100871
网　　址	http://www.pup.cn　http://www.yandayuanzhao.com
电 子 信 箱	yandayuanzhao@163.com
新 浪 微 博	@北京大学出版社　@北大出版社燕大元照法律图书
电　　话	邮购部 010-62752015　发行部 010-62750672 编辑部 010-62117788
印 刷 者	涿州市星河印刷有限公司
经 销 者	新华书店 880 毫米×1230 毫米　A5　16.75 印张　493 千字 2020 年 5 月第 1 版　2020 年 5 月第 1 次印刷
定　　价	69.00 元

未经许可，不得以任何方式复制或抄袭本书之部分或全部内容。
版权所有，侵权必究
举报电话：010-62752024　电子信箱：fd@pup.pku.edu.cn
图书如有印装质量问题，请与出版部联系，电话：010-62756370

恩师芮沐先生文集序

恩师芮沐先生今年冥寿110岁,我们众弟子在大师兄程信和老师的号召之下,分头各处广泛收集先生发表过的文章,集成一册,以纪念先生寿诞,感谢先生再造之恩。

先生早年留学法国和德国,精通多国语言。先生1935年在德国法兰克福大学的博士学位论文是《论实证法与自然法的关系》。在先生获得博士学位50年后,德国法兰克福大学还为先生颁发了荣誉证书。我们有幸找到了先生的德文论文并翻译过来。

先生1938年回国后曾在重庆中央大学、昆明西南联大任教,1945年至1947年受邀到美国佛罗里达州立大学和哥伦比亚大学、纽约大学做访问学者和任教,1947年回到祖国,在北京大学任教。那时先生风华正茂,发表了许多文章。1948年先生的《民法法律行为理论之全部》一书出版。同年,先生还编辑了英文的《法学比较方法论及案例》(*Materials and Cases for Comparative Legal Method*)。在《民法法律行为理论之全部》这本专著中,先生总结了法国和德国民法之内容,以民国时期的民法总则和债编为主要脉络,对民事法律行为理论进行了全面梳理。这本专著曾作为民国时期法学教育的参考书,让当时正在做学生的汤宗舜、郭寿康、陈光中和林欣等青年人受益匪浅,这几位先生后来都成为了国内著名法学家。先生的这本专著后来分别于2002年和2003年由我国台湾地区的三民书局和大陆的中国政法大学出版社再版。

中华人民共和国成立后,旧法统废止,苏联法律教科书引进国内,成为主流教材。在此期间,先生开始学习俄语,阅读俄文法律原著。在1955—1959年间,先生撰写了一系列文章,比如《中华人民共和国成立以来我国民事立法的发展情况》(《法学研究》1955年第5期)、《新中国十年来婚姻家庭关系的发展》(《法学研究》1959年第5期)。1956年,先生还主持编写了北大法律系的"中国民法讲授提要"。然而,随着"三反五反""反右""四清"和后来长达十年之久的"大化大革命"等的展开,"对敌斗争政策"代替了法律,师生到农村接受再教育代替了课堂教学和科研工作,1976 年以后大学才慢慢恢复正常教学工作秩序。

从 1955 年至 1976 年这 20 多年的时间里,先生从不满 48 岁到"文化大革命"结束时的 68 岁,本应是学者一生中最出成果的时期,但那时国内高校的教学与研究工作几乎都中断了。除了曾参与翻译《六次危机》(商务印书馆 1972 年版)、《联合国与裁军》(商务印书馆 1972 年版)等之外,我们很难找到先生这一时期的著作和论文了。先生家从北大燕南园小楼搬出,他也随大部分北大教师一起,去江西省南昌市东郊鄱阳湖畔的鲤鱼洲干校参加劳动。从干校回来时,先生家住在蔚秀园宿舍楼一号楼的一个单元里。邵景春和我 1982 年跟先生读硕士时,经常骑自行车出北大西门,过马路进入蔚秀园,再走到最里面一排宿舍楼一层的那间单元房里,听先生的教诲。

1977 年全国高校恢复考试招生,1978 年全国高校统考招生,停止了十几年考试招生的大学开始恢复正常的教学和科研秩序。根据我国经济建设和改革开放的需要,先生在我国率先提出了要建立"经济法"和"国际经济法"两个新学科。1978 年 9 月,在党的十一届三中全会前夕,北大招收全国首批经济法专业研究生,程信和等成为先生的首届研究生。1979 年,先生在给研究生讲课的基础上,整理出《美国与西欧的"经济法"和"国际经济法"》一文,并以"申徒"为笔名发表于《法学研究》1979 年第 5 期。听过此课、读过此文初稿的程信和大师兄说:"这是当时中国法学界最有分量、最有影响的一篇经济法学专论。"1980 年北大经济法学本科开始招生,该专业也是先生亲自设计的。先生自 1985 年开始招收国际经济法的博士研究生,邵景春和我有幸成为先生的第一批博士生,以后他又连续指导了 11 届博士研究生,最后一届的张智勇博士现在已成为北大法学院国际经济法学科的负责人。

新学科建立后,先生的一项主要工作是编写教科书和教学参考资料。他主编了《国际经济条约公约集成》及其续编,以及"国际经济法系列丛书"(先后出版了《知识产权的国际保护》《国际货物买卖法》《欧洲联盟的法律与制度》《国际环境保护公约概述》和《国际税法》)。

自改革开放以来,先生澎湃的思潮如钱塘江大潮般奔涌而来。作为民法学者出身的导师,除了就我国民法立法提出真知灼见之外,先生还提出以"国家"为主体的经济法和以"跨国公司"为主体的国际经济法,这是非同寻常的。这是他从国内实际生产经营活动和现代跨国生产及贸易活动中,长期观察法律主体的变化而提出的。这也是他经历数十年沉淀后的深思熟虑之见,而非像现在一些人那样每天都要冒出一些主观臆想的新词儿。20世纪80年代初,国务院成立了经济法研究中心,时任国务院副秘书长的顾明同志担任主任,聘请先生担任副主任。通过参与国务院各部委的经济立法的讨论,先生理论结合实际,使得经济法和国际经济法新学科的理论更加完善。除了1979年的《美国与西欧的"经济法"和"国际经济法"》之外,先生还撰写了多篇关于"经济法"和"国际经济法"的中外文文章,我们都收录在了文集之中。值得一提的是,先生1995年在《法制日报》发表了《国企改革中的几个法律问题》一文,他那时已经87岁高龄了。我们做弟子的都非常感叹,真是太了不起了!

先生年逾古稀仍笔耕不辍,直至去世之前仍在撰写书稿。遗憾的是,先生的书稿在他去世之前未能完成。我们节录了先生的部分书稿,以作纪念。

先生100岁华诞时,他和师母周先生出席北大法学院为他举办的庆祝活动,致公党主席罗豪才老师前来致辞。那天还有几位80多岁和90多岁的老学生代表发言。先生和师母坐在台上,目光炯炯,腰板挺直,神采奕奕,一直坚持了2个多小时。在场的100多位参加祝寿者对这位百岁老人如此旺盛的精气神无比叹服:真乃学者楷模啊!

先生在2011年春患感冒低烧入住北大医院。宁成师兄的夫人是该院的著名大夫,医护人员为先生精心治疗。但不幸的是,2011年3月20日,先生在睡梦中驾鹤西行,享年103岁。当时我正好在医院,站在病床前,看着他安详得好像在睡觉一样,我泪流满面。2018年8月30日,师母辞世,享年101岁。遗憾的是,我那时在韩国开会,未能送师母一程。愿两位世纪老人在天国相伴!

先生的一生都是为国家、为学术、为学生而活着的,他直到百岁依然在工作和思考。他是一位走过一个完整世纪以上的人,先后经历过中华民国建立、中华人民共和国成立和改革开放三个巨大历史变革,他的博学与睿智,他的慎言与低调,他的思想深邃与目光远大,他的正气与坚毅都是同时代学者中出类拔萃的,并且可以毫不夸大地说,很多人难以望其项背。

  我作为先生的入室弟子,怎敢为先生的大作写序？同门师兄弟多次嘱我因时间关系不要再推脱了,这令我心中更加诚惶诚恐,久之不敢写一字。近日同门师兄弟们已编辑文集就绪,并准备联系出版,再次催我快点交稿。紧张之中,斗胆写出以上文字,难免有错,还请在天上的先生多多原谅,也请各位同门师兄弟们多多包涵。

  本次编辑出版先生文集,除我们众弟子之外,也得到了先生的子女和诸多亲朋好友的支持。在此一并致谢！

学生 吴志攀 顿首

2018 年 9 月 27 日

目 录

上编 1935年德国法兰克福大学博士论文

Das Verhältnis von positivem Recht und Naturrecht(德文原文) / 005
论实证法与自然法的关系(中文译文) / 046

中编 1936—1949年文献

爱斯嘉拉：《中国法》书评 / 075
司法院对行政法令之解释 / 082
中国法律教育问题几点 / 087
占有概念之比较 / 092
司法院解释例之检讨 / 102
自然法与实际法 / 109
文化的奋斗 / 117
客观论与反玩具论的外交观 / 122
地中海之海军势力比较 / 125
非常时期的私法关系 / 129
德意志虎视下的捷克 / 136
意大利之经济现状 / 142
法国政府的右倾 / 146
凯末尔之死和土耳其的将来 / 148
德国要求殖民地的原因 / 153
从法国宪法论及国民大会的常川设置机关问题 / 160
中国国籍法上可以商讨的几点 / 167
宪政的基础及其实施 / 176
司法界的人才供应问题 / 182
民主与集权的剖解 / 186

法权收回后几个司法立法上的技术问题 / 191

开明自由的中路知识分子 / 198

论大赦 / 203

行宪前夕的一个违宪之法:论《戡乱时期危害国家紧急治罪条例》 / 206

政府怎样替"特种刑事法庭"辩护 / 210

大法官的解释权 / 215

Materials and Cases for Comparative Legal Method 前言 / 219

下编　1950—2011 年文献

一、论文、译文

列宁分析"自由爱情"的两封信 / 225

中华人民共和国成立以来我国民事立法的发展情况 / 227

关于全行业公司合营后资本家生产资料所有权的讨论 / 242

新中国十年来婚姻家庭关系的发展 / 249

美国与西欧的"经济法"和"国际经济法" / 261

经济法和国际经济法问题 / 270

关于国际经济法的几个问题 / 283

国际经济法概论 / 292

国外经济法发展概况 / 305

经济法概述 / 309

关于经济法的概念、体系和内容 / 318

对外开放和中国的涉外经济立法 / 327

为什么要研究国外经济法 / 338

国际经济法总论 / 342

积极开展国际经济法的研究 / 350

国企改革中的几个法律问题 / 354

New Developments in China's Economic Legislation / 356

Chinese Economic Law and the Chinese Legal System / 374

Introduction of *Chinese Foreign Economic Law: Analysis and Commentary* / 416

二、立法建议、座谈发言、讲义

"中国民法讲授提要"目录 / 418
民法与经济法如何划分好 / 420
关于1981年"民法二草"前三编的意见 / 422
法制要为经济体制改革服务 / 433
经济发展与政治体制改革 / 436

三、书序或前言

《国际经济条约公约集成》说明 / 438
《国际经济条约公约集成》(续编)说明 / 440
《香港商业银行与法律》序 / 442
《提单法律制度研究》序 / 444
《美国贸易法"301条款"研究》序 / 445
"国际经济法系列丛书"前言(1999年版) / 447
"国际经济法系列丛书"前言(2002年版) / 460

四、未完成书稿

第一部分　GATT——关税与贸易总协定 / 474
第二部分　GATT的内容、原则、例外及运行 / 477
第三部分　WTO——世界贸易组织 / 501

附录:芮沐先生著述要览 / 517

编委会说明 / 519

编辑说明 / 521

不爱虚言，不听淫术，不染华色，不兴祸事。

上篇

1935年德国法兰克福大学博士论文

Der Fachbereich Rechtswissenschaft
der
Johann Wolfgang Goethe-Universität

erneuert

unter dem Dekanat des Professors der Rechte

Dr. iur. Winfried Hassemer

das

Herrn Mu Rui

(King-Sien Joei)

aus Zhejiang, China

am 26. Juni 1935 verliehene Diplom eines Doktors der Rechte

aus Anlaß des

Goldenen Doktorjubiläums

Frankfurt am Main, den 12. August 1986

Der Dekan:

芮沐先生金博士论文证书

Referent: Professor Dr. von Hippel
Korreferent: Professor Dr. Claß

Tag der mündlichen Prüfung: 26. Juni 1935

Diese Arbeit entstand auf Anregung von Herrn Professor Dr. Thieme. Ihm sowie meinem verehrten Lehrer, Herrn Professor Dr. Fritz von Hippel, sage ich für die freundliche Förderung an dieser Stelle meinen aufrichtigen Dank.

Das Verhältnis von positivem Recht und Naturrecht

> Mitte heißt Nicht-Einseitigkeit,
> Invariable, das was ewig ist.
> Die Mitte sei der richtige Weg der Menschheit,
> Invariable seien die ewigen Gesetze des Weltalls.
>
> Die invariable Mitte.
>
> Aus der Anmerkung von Tsch'eng tzéu zum § 1: Lehre von Konfuzius, aufgezeichnet von seinem Schüler Tzéu seu. (Eigene Übersetzung).
>
> King-Sien Joei (Student aus China)

INHALTSVERZEICHNIS

I. **Positives Recht.**
   a) Die wirklichen Erscheinungsformen des positiven Rechts—die Erwägungen
   b) Einmündung der dabei anzustellenden Erwägungen in die allgemeine Vernunft

II. **Naturrecht.**
   a) Auflösung auch des Naturrechts in die allgemeine Vernunft
   b) Kritik der bisherigen Naturrechtsauffassung

III. **Verhältnis von positivem Recht und Naturrecht.**
   a) Verhältnis des Naturrechts zum positiven Recht: das Geltungsproblem
   b) Verhältnis des positiven Rechts zum Naturrecht: Kritik-und Kontrollfunktion des Naturrechts
   Auflösung des positiven Rechts und des Naturrechts in die Kultur: reale Erscheinung der allgemeinen Vernunft

EINLEITUNG

In der folgenden Arbeit möchten wir nicht das historische Vorhandensein des Naturrecht-Begriffes und seinen praktischen und politischen Grund verkennen. Es hat einmal für uns als ein System von schönen Schlagworten durchaus erfolgreich gewirkt. Aber daß es heute noch notwendig ist, eine Arbeit darüber zu schreiben, kommt daher, daß dieser leere Begriff nicht nur seine historische Berechtigung behaupten, sondern darüber hinaus dauernde methodische Bedeutung für die Rechtswissenschaft überhaupt beanspruchen möchte. Diesem zweiten Verlangen können wir aber nicht nachgeben.

In dieser Beziehung ist daher unsere allgemeine Haltung gegenüber dem Naturrecht grundsätzlich ablehnend. Aber andererseits ist es uns selber wiederum klar, daß wir das positive Recht auch nicht rein historisch begründen und rein der unbewußten Selbstentwicklung überlassen dürfen; wir müssen ihm vielmehr außer einer Erklärung für das Vergangene noch einen Zukunftsblick in seinem gegenwärtigen Zustand erschaffen. Durch die Forderung eines Zukunftsblickes für das positive Recht, das in einem gewissen Grade dem bisherigen Naturrecht dann wieder ähnlich sehen würde, wird aber unsere ablehnende Haltung gegenüber diesem Letzteren ziemlich erschwert. Wir glauben die Situation dadurch gerettet zu haben, daß wir keinen neuen Dualismus erzeugen, sondern einfach das positive Recht in einem Werdegang sich auflösen lassen. Dieses dynamische positive Recht soll gleichzeitig die sogenannten höheren und niedrigen Rechte enthalten.

Kurzum, die von uns als richtig behauptete Methode soll nicht eine einseitig reale oder einseitig idealistische sondern eine Ideal-realistische und real-idealistische sein. Diese Methode kann sich nicht als rein apriori und deduktiv oder als rein a posteriori und induktiv herausstellen. Der einzige mögliche Ausweg ist, den lebendigen dynamischen Organismus unserer Vernunft voraussetzen: der eigentlich darin bestehen würde, daß wir einerseits in die Gegenständlichkeit nie nachlassend, immer vertiefend weiter hineinforschen und studieren und daß wir andererseits eine umfassende, intuitive Wesensschau kultivieren. Das Studium zudem richtet sich notwendigerweise auf das gesamte Kulturgebiet; damit soll aber natürlich nicht gesagt sein, daß wir eine tatsächliche Kenntnis der Technik für ein spezielles Gebiet verneinen; sondern wir glauben dem positiven Recht, indem wir ihm einen weiteren vernünftigen Gehalt verschaffen, in dieser Weise die Dynamik, das Leben, bzw. die Berechtigung zu seinem Dasein überhaupt verleihen zu können.

I. TEIL

Wenn wir im allgemeinen fragen: Was ist positives Recht?, so heißt das die Frage nach dem Wesen des positiven Rechtes und nach seinen komponierenden Elementen stellen. Unsere Betrachtungsweise ist demnach eine analytische und statische, und das positive Recht wird somit in seinen einzelnen Erscheinungsformen und in seiner augenblicklichen Gestalt erfaßt.

In diesem Sinne gesehen ist das positive Recht das Recht, was "gesetzt" ist; Position heißt das "ins Sein-Setzen des Gedachten."[①] Als positiv ist das aufgefaßt worden, was als Recht in der in Betracht kommenden Zeit und Ort gerade angewandt wird. Als positives Recht sind schließlich auch diejenigen kulturellen Regelungen zu bezeichnen, die mit der staatlichen Gewalt nicht unmittelbar in Beziehung stehen, die aber doch als positives Recht funktionieren. Positives Recht nennen wir also die Gesamtheit der Normen, die, schematisch ausgedrückt, durch die Gesetzgebung, durch die richterlichen Urteile und durch die Gewohnheit "gesetzt" worden sind. Diese drei Aktivitäten bringen unseren Wunsch, die Gemeinschaft—die menschlichen Bedürfnisse überhaupt—zu harmonisieren, in feste, endgültige Regeln. Das Hauptmerkmal des sogenannten positiven Rechts liegt also bei seiner Entstehung in der Notwendigkeit einer "Setzung" einer regelhaften Aeußerung.

---

① Loße, *Metaphysik*, Leipzig 1879. S.37.

Es besteht kein Zweifel darüber, daß die Gesetze positives Recht sind. Es ist sogar behauptet worden, daß sie die einzigen Elemente des positiven Rechtes seien. Ungeachtet dieser Kontroverse ist jedenfalls die Gesetzgebung die mächtigste und rascheste Aeußerung des heutigen Rechtes. Denn die Gesetze regeln allgemein und erreichen somit größte Tragweite. Aber gerade der allgemeine Charakter der Gesetze läßt die Behauptung, daß sie die einzige Quelle der Rechtserzeugung seien, sinnlos werden: um eine allgemeine Regel, die notwendigerweise vage und lückenhaft ist, auf immer neu auftauchende, besondere Fälle anwenden zu können, braucht man noch weitere ergänzende Bestimmungen.

Ueber die Einordnung der richterlichen Urteile herrscht mehr Unklarheit. Wir müssen uns die beiden Fragen vorlegen, inwieweit sind die richterlichen Urteile ein Bestandteil des positiven Rechtes und inwiefern wird durch richterliche Urteile positives Recht erzeugt? Oder sind die richterlichen Urteile nur als eine Interpretation des positiven Rechts anzusehen und nicht direkt als Quelle desselben?

Stampe sagt, "überall, wo der Richter die Normen, welche er braucht, auf dem eben bezeichneten Wege (logische Erkennung) nicht zu eruiren vermag, muß er zur Rechtfinden greifen, und es tritt an die Stelle ... der Auslegungsresultate der richterliche Ergänzungssatz..."[①] Allen möchte dagegen dem Richter nur die interpretativer Rolle einräumen: nur in diesem Sinne erzeugt nach seiner Meinung der Richter tatsächlich Recht.[②] Der Richter spielt also für Allen im System des positiven Rechtes nur eine passive Rolle. Für unsere Betrachtung aber, gleichgültig, welche Funktion der Richter wirklich ausübt, eine interpretative oder eine ergänzende, müssen die richterlichen Urteile stets als ein wesentlicher Bestandteil des positiven

---

① Stampe, *Unsere Rechts-und Begriffsbildung*, 1907, S. 15. Dieser Ergänzungssaß ist freilich für die Zukunft unverbindlich und bleibt der Abänderung unterworfen.

② Allen, *Law in the making*, Oxford, 1927, S.170-177. Vgl. dazu auch Allen, S.173: "Although... he is making a definite contribution to the law, he is not importing an entirely novel element into it."

Rechtes eingeordnet werden. Denn das Merkmal der Aeußerung, der Position, ist bei beiden Aktivitäten, bei der Gesetzgebung wie auch bei den richterlichen Urteilen, vorhanden. Indem der Gesetzgeber und der Richter derselben allgemeinen Vernunft dienen, sind sie beide Schöpfer und Träger dieser Vernunft. Ihren Aeußerungen kommt nur ein Unterschied im Schöpfungsbereich aber nicht in der Schöpfungsmöglichkeit zu.

Was das Gewohnheitsrecht betrifft, so wird es von der staatlichen Quellenlehre in seiner Bedeutung unterschätzt. Man weist entweder darauf hin, daß das Gewohnheitsrecht nur mit der Erlaubnis des Gesetzgebers wirken könne und zu seiner Vollendung stets einer gerichtlichen Entscheidung oder einer Handlung der Verwaltungsbehörde bedürfe, oder man behauptet, daß das Gewohnheitsrecht in der Praxis nur selten vorkomme. Oft wird es auch mit der Bemerkung abgetan, daß es bald ganz verschwinden werde. Man verkennt dabei, daß die meisten Gewohnheitsregeln sowohl ihre Entstehung wie aber vor allem ihr Weiterwirken ausschließlich der tatsächlichen Befolgung und Wiederholung zu verdanken haben. Sie stehen ursprünglich in keiner Weise mit einem Inkraftsetzen oder mit einer Anerkennung durch den Staat in Beziehung. Sie wachsen vielmehr aus einem bestimmten, vorhandenen rechtlichen Verhältnis oder aus einer bestimmten bezeichnenden Rechtsauffassung einer Gemeinschaft heraus.①

Die Position des Gewohnheitsrechtes besteht also nicht wie die der Gesetzgebung oder der richterlichen Urteile in einem durchaus bemerkbaren Akt der "Setzung", aber dennoch nicht minder in einer Setzung im Sinne einer Konkretion. Diese Konkretion überbrückt wohl eine ganze Periode, aber ihr selbständiger Charakter als komponierende Element des positiven Rechtes ist nicht zu leugnen.

Soviel über die starre Plastik des positiven Rechtes, über seinen abstrakten Charakter. Es ist nur eine Analyse der Bestandteile des positiven Rechtes und die Erörterung der Frage gewesen: welches sind die komponierenden

---

① Vgl. dazu Vinogradolf, *Common Sense in Law*, 1923, S.153: "Even highly developed legal systems do not pretend to fix every particular of legal arrangements by central agencies, but leave a considerable margin in the adjustement of local interests for bye-law, but also for traditional customs."

Elemente seiner Gestalt? Wir wissen, daß es sich um eine Position von Etwas handelt; wir haben die Gesetzgebung, die richterlichen Urteile und die Gewohnheitsregelungen als drei Akte von Position aufgezeigt. Aber was ist dieses Etwas, was weisen diese drei Aktivitäten als Substanz auf?

Eine analytische, statische Betrachtungsweise kann uns aber diese Frage nicht beantworten. Wir müssen die Ganzheit zu erfassen suchen, um das wirkliche positive Recht zu verstehen: das heißt, wir müssen das positive Recht in seinem Werden verfolgen. "Wohl ist das positive Recht gegeben, es hat Gestalt. Aber diese Gestalt ist in keinem Falle fertig. Man könnte von einer werdenden Gestalt reden, wenn man nicht befürchten müßte, daß dieses "Werden" als unbewußt-organische Werden verstanden würde. Die fertige Gestalt liegt jedoch im theoretischen System, im juristischen Denkgebäude ebensowenig wie im praktischen Falle, in der juristischen Entscheidung."① Man hat bisher das positive Recht immer in seinem Querschnitt betrachtet, daher kommt die Starrheit seines Begriffes und unser Nicht-Begreifen-Können des Problems in seiner vernünftigen Vollständigkeit.

Aber um unsere spätere Einsicht zu erleichtern, müssen wir doch noch eine zeitlang analytisch verfahren; wir gehen dazu einen Schritt rückwärts, um das werdende Werden doch als ein statisches Werden zu fassen und fragen, wie wird das positive Recht, wie entsteht ein Gesetz, ein Urteil, eine Gewohnheitsregelung, welche Erwägungen kommen in Betracht und formen das Denken überhaupt bei der Position eines solchen Gesetzes, eines Urleils oder eines Gewohnheitsrechtes? Kurzum, wir forschen nach dem Werdegang des positiven Rechtes, wir fragen nach dem zugrundeliegenden geistigen Gehalt des Gesetzgebers, des Richters und nach der Mentalität derjenigen, bei denen eine Gewohnheitsregel entsteht. Das geschieht noch in der analytischen Form, wir werden aber gezwungen sein, diese Untersuchungsmethode schließlich in einer höheren Erklärungsweise aufzuheben.

Wir wenden uns zuerst dem Richter zu: anscheinend ist hier die Sachlage

---

① Wilhelm Glungler, *Rechtsschöpfung-und Gestaltung*, München 1929, S.13.

deutlicher erkennbar als in den beiden anderen Gebieten, denn wir können dauernd an Hand der vorliegenden Entscheidungen die Stellungnahme des Richters verfolgen.

Andererseits wird dadurch, daß der Richter in den meisten Fällen nur eine sekundäre Rolle neben dem Gesetzgeber spielt und sich seine Funktion auf die bloße Auslegung beschränkt, die Selbständigkeit des Richters um so auffallender an den Stellen, wo das Gesetz Lücken aufweist und generelle Klauseln vorliegen. Wir beschränken uns vorläufig auf diesen Hinweis.

Es ist seltsam zu bemerken, in welche Verlegenheit man bei der Suche nach einem gültigen und aufschlußreichen Kriterium gerät und wie sehr man in der Rechtsprechung dauernd von einem unbestimmten Ausdruck auf den andern verweist. Im allgemeinen sind im deutschen Privatrecht unter so zahlreichen und vieldeutigen Ausdrücken, wie " Mißbrauch, tunlichst, unzulässig, verständige Würdigung des Falles, freies Ermessen, Billigkeit, sittliche Pflicht, Treu und Glauben, den guten Sitten entsprechend..." die beiden letzten am bezeichnendsten. Es wird auf sie als auf die obersten Prinzipien in außerordentlich zahlreichen Fällen hingewiesen. Freilich kann man sagen, Handlungen sind "unzulässig", oder sie stellen einen "Mißbrauch" dar, eben weil sie der Auffassung von Treu und Glauben oder der Regel von guten Sitten nach derart bewertet wurden. Es ist nicht unverständlich, daß das Reichsgericht dieses Prinzip von "Treu und Glauben" von jeher als einen das ganze Gebiet des BGB. beherrschenden Grundsatz anerkannt und durch seine Rechtsprechung als solches bestätigt hat. Aber da sich, einmal auf der höchsten Spitze der Wertbeziehung angelangt, offenbart, daß diese Grundprinzipien auch gar nichts Konkretes aufweisen, so steigt man wieder nieder und weist auf andere, vermutlich untergeordnetere Maßstäbe zurück. So heißt es zum Beispiel in der reichsgerichtlichen Rechtsprechung: "Bei Verträgen führt die Regel des § 242 ferner zu dem Grundsatze, daß jeder Teil der bei der Abwicklung des Vertragsverhältnisses dem ihm bekannten besonderen Interesse des Anderen Rechnung zu tragen und sein Verhalten so einzurichten hat, daß eine

Benachteiligung des anderen Teiles tunlichst vermieden wird." ① In einer anderen Entscheidung erhalten wir folgenden Hinweis: "Daher kann schon die an sich berechtigte Ablehnung der Annahme der Teilleistungen bei einer teilbaren Leistungspflicht als Mißbrauch der Ablehnungspflicht anzusehen sein."② Solche Beispiele könnten wir beliebig vermehren. Man läuft hier immer in einem Zirkel, aus dem es keinen Ausweg gibt. Nur in einem Falle wird das leitende Prinzip mit der wirklichen Sachlage etwas näher zusammengebracht: Man findet nämlich den Mut, die "guten Sitten" als das Anstandsgefühl aller billig und gerecht denkenden Angehörigen des in Frage stehenden Lebenskreises zu definieren.

In Wirklichkeit bedeuten alle diese Hin-und Rückverweisungen nur eins: sie verbergen unsere Subjektivität und leihen uns den Anschein, als ob wir nicht anders als im Rahmen der Gesetze entscheiden. Aber die Tatsache, daß eine allgemeine Vernunft sich gerade da äußert, wo generelle Klauseln usw. erscheinen, ist ebensowenig zu leugnen wie das Vorhandensein eines Richters bei dieser Entscheidung.

Im Falle der richterlichen Urteile kümmert man sich zwar nicht ohne weiteres um das Dasein der unterstüzenden Vernunft, weil man dem Richter nur einen untergeordneten Rang einräumt und weil man die Vernunft vermutlich im Gesetze und bei dem Gesetzgeber finden kann; aber wenn man an die Frage der Gesetzgebung herankommt, taucht genau der gleiche Zweifel auf. In diesem Falle hilft man sich, indem man einwendet, jener sei zu stark der Willkür ausgesetzt und womit der Gesetzgeber in seiner Haltung allgemein diskreditiert wird. Auf solcher Grundlage fahndet man sodann nach einem neuen und absoluten Kriterium.

Dieses ewige Ausweichen und das Suchen nach einem außer uns liegenden Kriterium, nach einer dritten Absolutheit, diese ewige Flucht vor der Wirklichkeit, ist nicht zu begreifen. Man fragt sich auch gar nicht,

---

① RG Warn, 1910, m 347; RG 122 25.
② RG Seuff.76 m 22.

inwieweit eine Willkür des Gesetzgebers im einzelnen Falle möglich ist und was diese Willkür bedeuten mag.

Wenn wir von einzelnen Individuen sprechen, so bestreiten wir natürlich nicht, daß hier eine Willkür immer und bis zu jedem Grade möglich ist. Aber es kann keinen größeren Fehler geben als von der subjektiven Vernunft des Einzelnen auszugehen als beim Recht, das in dem Augenblick jede Bedeutung verliert, indem man die Voraussetzung einer Gemeinschaft vergißt. Die Macht greift zum Recht, weil ihr eigenes wohlverstandenes Interesse es erheischt. Beim Recht kann es sich nur um Aeußerungen der allgemeinen Vernunft handeln, und bei der allgemeinen Vernunft ist die Willkür nur bis zu einem gewissen Grade möglich.

Und selbst falls man mit Gewalt eigene Willkür auf andere auszuüben versucht, —ausgenommen der Fall, in dem die Willkür gerade mit der allgemeinen Vernunft übereinstimmt und abgesehen von dem weiteren Fall, daß außer der subjektiven Vernunft nur noch unvernünftige Wesen bestehen, —also abgesehen von diesen beiden Fällen, ist die Willkür nur imstande, die Reflexibilität der allgemeinen Vernunft zu erhöhen und dadurch die Selbstvernichtung zu beschleunigen oder seine eigenen Wirkungen auszugleichen. Insofern sind solche irrationalen Momente nicht unter allen Umständen schädlich, sie sind vielmehr ein Organ des Lebens selbst, welches das Weiterleben fördert und somit die Vitalität zu der endgültigen und umfassendsten Rationalität selbst bildet. Deshalb sind die Zweifel an der Vernünftigkeit des Vorhandenen und dieses Suchen nach einer neuen Verbindlichkeit an sich schon größere Willkür als die Willkür der Gesetzgebung.

Diejenigen, die keine Einsicht in das, was wir die allgemeine Vernunft nennen, haben und die deshalb weder für die richterlichen Urteile noch für die Gesetzgebung das rechte Verständnis aufbringen, suchen weiter und finden unter anderem das Gewohnheitsrecht als das geeignetste Uebergeordnete; denn, so sagt man, hier brauchen wir keine Willkür und keine Gewalt zu befürchten, die Entstehung des Rechts ist in dem Falle spontan gewesen und ist dem

Rechtsbewußtsein des Volkes selbst zu verdanken. Hier sollte das Richtige getroffen worden sein, insofern man das Recht nicht mehr ohne weiteres als eine aus sich selbst genügende Erscheinung, die Position, schon als die ganze Ordnung selbst ansieht, sondern es als grundlegende Mentalität der Rechtsordnungsträger begreift. Denn gemäß der geläufigen Rechtsauffassung ist das Gewohnheitsrecht aus zwei Elementen entstanden: aus der Uebung und der opinio necessitatis, einer Sollensüberzeugung. Die opinio necessitatis ist unserer Interpretation nach nichts anderes als, kurz ausgedrückt, die Meinung der Ordnungsträger selbst: sie wächst aus unserer allgemeinen Vernunft, die an sich ein Organismus von menschlichen Erwägungen ist. Deshalb könnten wir sagen, die Lehre über das Gewohnheitsrecht zu verstehen liegt uns viel näher, abgesehen natürlich von dem häufigen Fehler der Einseitigkeit, die durch die Verkennung einer gleichen Basis bei den anderen Aktivitäten, der Gesetzgebung und den richterlichen Urteilen, entsteht.

Diese grundsätzliche Tatsache jedoch, daß bei jeder Position—gedacht wird dabei immer an das Moment der Aktion derselben und nicht an das Resultat—eine allgemeine Vernunft vorhanden sein muß, könnte uns vage, unverständlich und vielleicht als überflüssig erscheinen, wenn wir nicht noch einen weiteren Schritt machen würden. Denn bei der Position pflegt man eigentlich nicht das Vorhandensein einer allgemeinen Vernunft zu erwähnen, sondern nur eine Menge von Erwägungen gelten zu lassen; sie werden sichtbar in den Motiven zu einer Gesetzgebung, in der Begründung der richterlichen Urteile und sind auch im Gewohnheitsrecht vorhanden—bewußt oder unbewußt —, wenn sie auch nicht niedergeschrieben worden sind. Aber diese Menge von Erwägungen sind für uns nichts anderes als eine—jede für sich partikulare—Benennung, vermutlich ein Teil der organischen Vernunftsganzheit. Wir werden sie in fünf getrennten Gruppen kurz betrachten:

1. Die Erwägungen der Moral.

Was wir unter Moral verstehen, ist die Ueberzeugung von dem Bestehen einer gewissen Verbindlichkeit gegenüber unseren Mitmenschen oder auch gegenüber uns selbst; es sind eine Reihe von Regeln, Geboten, Verboten; es sind die kategorischen Gegebenheiten einer bestimmten Gesellschaft, die genau wie andere soziale Gegebenheiten eine Realität beanspruchen. Die moralischen Erwägungen sind ebenso wichtig für die Rechtsbehandlung, wie die Luft es für unser Leben ist, so sagt man. Diejenigen, die durch Ueberzeugung oder durch Tradition oder durch entscheidende Ueberlegungen die Moral befolgen, stellen in einer Gemeinschaft eine derartige Macht dar, daß die Gesetzgeber oder die Richter sie nicht ohne weiteres unbeachtet lassen können. Um zum Beispiel sagen zu können, ob ein Rechtsgeschäft nichtig sei wegen eines Verstoßes gegen die "guten Sitten", ob ein Mann einer "unerlaubten Handlung" schuldig sei, ob eine Bereicherung "gerechtfertigt" sei, muß der Richter, der zugleich ein moralischer Mensch ist, zu würdigen wissen, wie sich der betreffende Mensch in siener Umwelt benimmt. Ein besonders gelungener Versuch, systematische Studien über die moralischen Elemente in der Gesetzgebung und bei den richterlichen Urteilen anzustellen, stammt von Ripert.[1] Obgleich sich sein Werk nur auf einen Teil des Rechts—die Schuldverhältnisse—beschränkt, ist es klar, daß eine Untersuchung auf anderen Rechtsgebieten ähnliche Erfolge erzielen könnte. Tatsächlich ist die Heranziehung der Idee der Gerechtigkeit, der Billigkeit in den Entscheidungen der Gerichte stets zu sehen: die Artikel 157, 242 des deutschen BGB. sind gerade da, "um gegen ungehörige, gegen Recht und Billigkeit verstoßende Zumutungen zu schützen."[2]

2. Die historischen Erwägungen.

Unter historischen Erwägungen verstehen wir die Ueberlieferungen im weitesten Sinne. Wir können auch sagen, die Gegenwart sei schon Geschichte. Gegenstand der historischen Erwägungen werden für uns also nicht nur die Institutionen sein, die seit einer bestimmten Zeit schon vorhanden sind und

---

[1] Ripert, *La règle morale dans les obligations civiles*, Paris, 1925.
[2] RG: 60, 164; 69, 406; 94, 69.

daher nur historisch erklärt werden können, sondern wir beziehen auch sämtliche Traditionen, Gewohnheiten, Sitten, Bräuche und Ueberzeugungen, die heute in unserer Gesellschaft herrschen, in unsere Betrachtung mit ein. Die Gewohnheit, die wir als Quelle des positiven Rechtes kennen gelernt haben, die Moral, die wir als die erste Erwägung in der Analyse der menschlichen, allgemeinen Vernunft erörtert haben, können als historische Erwägungen wiederum in Betracht gezogen werden. Der Kern der Sache ist, daß sie alle die verbindliche Kraft der Vergangenheit besitzen; ihren Wesensunterschied und den Grad der Suggestionskraft und ihre Stellung in der gesamten gesellschaftlichen Ordnung können wir dahingestellt sein lassen. Wichtig ist die Stellungnahme des Richters, des Gesetzgebers gegenüber den historischen Erwägungen. Denn heutzutage sehen wir, daß die Aufgabe der geschichtlichen Forschung darin besteht, durch die Erklärung der Vergangenheit Verständnis für die Gegenwart zu wecken und den Blick für die Entwicklungsmöglichkeiten in der Zukunft zu schärfen. Einige rechtliche Erscheinungen schulden ihre aktuelle Form fast exklusiv der Geschichte, sie können insoweit nur als historisch gewachsen begriffen werden. Eigentum, Vertrag, Bodensystem sind ohne solche geschichtliche Grundlage unbegreifbar. Bewußt oder unbewußt, gewollt oder ungewollt ziehen die Richter tatsächlich stets die alltägliche Verhaltensweise eines gewöhnlichen Menschen in Betracht, seine Gewohnheiten, seine Ueberzeugungen und auch die Bräuche in einem bestimmten Berufe, in dem der Betreffende steht.

3. Die wirtschaftlichen Erwägungen.

Die Wirtschaft beherrscht einen wichtigen Teil unseres gesellschaftlichen Lebens, und die Notwendigkeit, wirtschaftliche Erwägungen im Recht zuberücksichtigen, ist so selbstverständlich, daß nur wenig Worte darüber zu verlieren sind. "Die Wirtschaft", sagt Stammler "ist das, was eigentlich den sachlichen Gehalt des sozialen Lebens und die Materie desselben ausmacht."① Wirtschaftliche Erwägungen umfassen in diesem Sinne nicht mehr und nicht weniger als die Ergänzungen des jeweiligen positiven Rechtes, die das moderne soziale Leben erfordert. So hat sich zum Beispiel während des 19. Jahrhunderts durch die Veränderungen in der europäischen Gesellschaft eine ganz neue Disziplin in der Rechtsordnung herausgebildet: das Arbeitsrecht. Wir erwähnen ferner, daß die Probleme der Verteilung und der Nutzung des Bodens sowie das Kreditproblem die neue Entwicklung des Sachrechtes weitgehend beeinflußt haben. Aus der jüngsten Vergangenheit wissen wir, daß zum Beispiel bei der Regelung der Aufwertungsschulden sowohl die Gerichte wie die Parteien, die zur Entscheidung dieser Streitfälle berufen waren, die Höhe der Leistungen nur ermitteln konnten durch Kenntnis der Währungsprobleme und deren gesetzliche Regelung in jener Zeit. Die Wirtschaft bleibt so nicht nur bloße Erwägung, sondern ihre Einbeziehung gehört zum Wesen, zur Vernunft des Rechtes selbst.

4. Die politischen Erwägungen.

Politische Erwägungen nennen wir alle die Betrachtungen, die zum Ziel haben, einer zukünftigen Gestaltung der Gesellschaft zu dienen. Diese Erwägungen müssen wir insofern als gesonderte betrachten, als behauptet wird, daß in jeder Spekulation auf die Zukunft ein Element von Subjektivität und Unkontrollierbarkeit verborgen sei, und daß deshalb politische Erwägungen höchst gefährlich oder nicht nützlich sind. Andererseits sei der Aufbau des öffentlichen Apparates derart, daß nur eine kleine Gruppe von Menschen die Politik dieser Gemeinschaft durchführt, und daß die anderen Teile der öffentlichen Aktivität, die gesetzgeberische und die richterliche, nur Funktion der Politik seien. In Wirklichkeit ist aber jede politische Erwägung nur ein Zukunftsblick, wie er jedem Handeln und Wissen eigen ist. Insofern ein objektives Wissen überhaupt möglich ist, sind objektive politische Erwägungen ebenfalls möglich. Freilich durch die Tatsache, daß das Politik-Treiben, das Aufstellen von politischen

---

① Stammler, *Recht und Wirtschaft*, S.126.

Programmen nur einem kleinen Kreis von Menschen obliegt, so scheint es, als ob die politischen Erwägungen dem fertig aufgestellten Programm einer jeweiligen Regierung gleichstehen. Aber die Politik ist niemals ein Programm, sondern sie ist die lebendige Aktivität der Vernunft, die sich von der Vergangenheit in die Gegenwart und in die Zukunft hinein durchsetzt. Das Politische bezeichnet kein den anderen Bereichen, zum Beispiel dem wirtschaftlichen oder dem moralischen usw. entsprechendes Sachgebiet: deshalb ist es viel besser, von politischen Einblicken zu reden als von politischen Erwägungen. Andererseits aber beruhen unsere Einblicke oder Erwägungen auf reiner Wissenspolitik und haben mit einer Gemütspolitik, wie sie in der Unterscheidung von Freund und Feind, die Carl Schmitt vornimmt, nichts zu tun. Die Wissenspolitik ist Rationalität, die Unterscheidung von Freund und Feind Irrationalität. Die kämpfende Politik ist nur ein Stadium zur Wirklichkeitspolitik, zur Wissenspolitik. Nur insofern können wir die Subjektivität der vergänglichen Politik vermeiden und dann von einem Werdegang des positiven Rechtes sprechen. Denn jede Rechtsordnung ist eben eine fortwährende Entpolitisierung im Sinne einer Gemütspolitik, aber trotzdem muß der Gesetzgeber wie der Richter einen politischen Blick haben im Sinne einer Wirklichkeitspolitik, andernfalls würden sie in einem ewigen Dogmatismus verharren, der das Recht nicht mehr in Uebereinstimmung mit den Erfordernissen der Wirklichkeit bleiben ließe. Diese politische Einsicht erfordert aber eine kontinuierliche Entwicklung, die also nicht irrationell sondern organisch vorwärtsgehend (wie das Wort Werdegang es verbildlicht) durchgeführt werden muß. Die Rechtsordnung verlangt keine Parteipolitik, sondern eine Philosophie der Politik.①

5. Die juristischen oder logischen Erwägungen.

Man könnte vielleicht sagen, wenn wir mit der Aufzählung der verschiedenen Erwägungen hier aufhören, diese vier Arten von nicht

---

① Nelson, *System der philosophischen Rechtslehre u. Politik*, Leipzig 1924, S.126 ff.

juristischen Erwägungen können doch noch nicht einen Rechtswerdegang ausmachen. Es muß außerdem noch eine rein juristische Erwägung geben. Besteht ein Unterschied zwischen juristischen und nicht-juristischen Erwägungen? Gibt es überhaupt eine juristische Erwägung als solche? Wir müssen diese Frage verneinen, wenigstens wenn wir den Sachverhalt am Anfang einer Gesellschaft betrachten. Es liegt uns natürlich fern, einen Naturzustand konstruieren zu wollen. Was wir meinen, ist der Hinweis, daß die Entstehung einer sogenannten Rechtsordnung in einer Periode erfolgt, in der es noch keine Gesetze, keine fertigen Rechtsprinzipien gibt, sondern nur ein Richter die Funktion ausübt, Streitigkeiten zu lösen und das gemeinschaftliche Leben zu fördern; er bearbeitet die Konflikte mit seiner gesamten Erfahrung und Kenntnis, er erwägt alle möglichen Lebensbedingungen, nur juristische kann er nicht anstellen, aus dem einfachen Grunde, weil es noch keine Rechtsordnung gibt. Wenn die Entscheidung so ausfällt, daß beide Parteien zufrieden sind, sagt man, der Richter sei gerecht; diese Entscheidung mag schon als ein Anfang des juristischen Denkens angesehen werden. Aber ob diese Entscheidung als Präjudiz funktionieren würde, sind wir außerstande, zu beurteilen. Jedenfalls entscheidet der Richter viel stärker auf Grund seiner allgemeinen Kenntnisse und nicht schon mit Zuhilfenahme von speziell juristischen Gedanken. Diese allgemeine Erfahrung und Kenntnis bilden eben unsere sogenannten nicht-juristischen Erwägungen. Freilich mag die Anhäufung solcher auf nicht-juristischen Kenntnissen basierten Entscheidungen und später auch die auf solche Erwägungen sich richtenden öffentlichen Regelungen einen Anfang des Rechtssystems ausmachen, aber grundsätzlich stellen die juristischen Kenntnisse nur eine Anwendung und Weiterverarbeitung der nicht-juristischen Kenntnisse dar, die ihre Funktion während der Schlichtung von sozialen Streitigkeiten erfüllen.

Zweifellos, um Mühe zu ersparen und um ein System zu schaffen, das unseren erworbenen Kenntnissen eine gewisse Dauerhaftigkeit und eine systematische Gleichförmigkeit verleiht, halten wir an dem von unseren Vorfahren Erworbenen fest, erweitern wir ihre Begriffe und verallgemeinern wir schließlich ihre Prinzipien. In unserem speziellen Gebiet heißen diese Traditionen: Recht. Der Kern dieser Methode liegt in der Herleitung von einer allgemeinen Regel, die man mühsam durch Kommentar, Auseinandersetzung, Erörterung der Erfahrung herausgegraben hat, die dann als Gegebenheit betrachtet wird und welche in sich selbstverständlich wieder das Motiv zu Deduktionen enthalten soll. ①

Aber bald wird man den Ursprung der Regel, des Prinzipes, vergessen haben, bald wird die Methode, die diese Grundkenntnisse ermittelte, auch vergessen sein, bald wird man schließßich vergessen, daß die sogenannten juristischen Kenntnisse nur eine Anwendung auf Konfliktfälle der nicht-juristischen Ordnungen sind. Auf solche Weise lebt man dann in einer juristischen "Selbstverherrlichung". Der Mißbrauch besteht darin, das ganze System des positiven Rechtes in einer beschränkten Zahl logischer Kategorien einzusperren, welche sich, da sie wesentlich schon vorbestimmt und in ihrer Basis unveränderlich sind, unfähig erweisen, sich den immer mannigfaltigeren und wechselnden Erfordernissen des Lebens anzupassen. In Wirklichkeit aber ist die Rechtswissenschaft unter allen Wissenschaften diejenige, die am wenigsten selbst genügend sein kann. Cardozo bemerkt teilweise richtig: "Im Recht wie in jedem anderen Zweige der Wissenschaft führt die durch Induktion erfahrene Wahrheit zu den Prämissen neuer Deduktionen." ② Das heißt, Recht ist nur eine Deduktion von induktiven Kenntnissen. Deshalb sind, wenn wir vom Werdegang des positiven Rechtes sprechen wollen, die

---

① Die beste Darstellung dieser ganzen Sachlage finden wir bei Cardozo, *"The nature of the judical process"*. S.47/48. London, 1922: "The lawyers and the judges of successive generations do not repeat for themselves the process of verification, any more than most of us repeat the demonstrations of the truths of astronomy or physics. A stock of juridical conceptions and formulas is developed, and we take them, so to speak, ready-made. Such fundamental conceptions as contract and possession and ownership and testament and many others, are there, ready for use. How they came to be there, I do not deed to inquire... These fundamental conceptions once attained from the starting point from which are derived new consequences, which, at first tentative and groping, gain by reiteration a new permanence and certainty. In the end, they become accepted themselves as fundamental and axiomatic."

② Vgl. Cardozo, a.a.o.S. 46.

Erwägungen, die in dieser Beziehung angestellt weden müssen, nicht juristische Erwägungen als solche, sondern höchstens Erwägungen über eine Folgerichtigkeit, das heißt logische Erwägungen. Ich leugne nicht, daß Konstruktion und Syllogismus nicht zu entbehren sind: denn der Prozeß der Differenzierung ist nur eine Entwicklung der menschlichen Geistigkeit zum Intellektualismus. Aber was ich wirklich meine, ist, daß nirgends die Grenze der Logizität enger gezogen ist, als in der Rechtswissenschaft. Sie verlangt stets die Rückbeziehung des von ihr Isolierten, Abstrahierten, Analysierten auf das Leben selbst. Das Leben hat seine eigne Logizität.

Wenn wir nur fünf Gruppen von Erwägungen in unsere Betrachtung einbeziehen, so wollen wir damit nicht sagen, daß wir nicht noch weitere Gruppen erwähnen könnten. Aber die Benennung von neuen Erwägungen ist insofern nicht wichtig und notwendig, als wir glauben, daß zwar eine Analyse in immer kleineren und verzweigteren Begriffen stets möglich ist, daß aber die Aufzählung der wesentlichsten und als ursächlich erkannten Erwägungen, die nach unserer Meinung den Werdegang des positiven Rechtes ausmachen, schon genügen sollte, uns zu zeigen, daß alle diese Gruppen gleichzeitig in einer Ganzheit, in ein Einziges sich auflösen müssen, nämlich in die Vernunft, in die Idee.

Denn in Wirklichkeit kommen natürlich diese Erwägungen niemals ganz rein und allein vor. Um eine Art der Erwägung zu verstehen, brauchen wir schon eine Berücksichtigung aller anderen Erwägungen. Bei der Analyse der einen Erwägung findet man schon die Methode einer anderen Erwägung. Die Logik, zum Beispiel, möchte, daß ein einziges Prinzip bis zu seiner äußersten Grenze ausgedehnt werde. Wir sind aber stets genötigt, ein Prinzip in seinen historischen Möglichkeiten zu erfassen. Die historische Betrachtung erst schafft einem rein logischen Verfahren die größte Wirksamkeit, und wir können sagen, daß es an sich nur eine Logik gibt, die historische Logik, das heißt die Logik mit Kenntnis der geschichtlichen Hintergründe. Was nun das Untereinanderwirken von Politik, Wirtschaft, Recht oder Logik anbelangt, so brauchen wir darauf sehr wenig Worte zu verschwenden. "Politik", sagt Stammler, "ist die Tätigkeit, die auf das

Bewirken guter sozialer Zustände gerichtet ist. Soziale Zustände sind aeregelte Beziehungen unter Menschen"①, das heißt, es handelt sich darum, die Beziehung von Menschen untereinander in ihrer höchsten Logizität einerseits und sozialer Zustände andererseits zu umfassen (die der Wirtschaft in ihrem weitesten Sinne entspricht). Politik ist ein Wollen. Aber sie hat eine Führung zu übernehmen, die notwendigerweise durch Tradition belehrt, von der Logik methodisch geordnet, im System diszipliniert und den lebendigen Erfordernissen der sozialen Zustände untergeordnet sein muß. Aber vielleicht wird man über die Moral ganz anders sagen können, daß sie ein geschlossenes Bereich, eine besondere Kategorie von Gedanken hätte. Für uns ist aber die Moral indes "solidaires, en fait, de l'ensemble des autres series concomitantes de phenomènes sociaux. Les sentiments moraux, les practiques morales d'une société donnée, sont necessairement liées pour le savant, aux croyances religieuses à l'état économique et politique, aux acquisitions intellectuelles, aux conditions climatiques et géographiques et par conséquent aussi, au passé de cette société; et comme ils ont évolué jusqu'à présent en fonction de ces séries, ils sont déstines à évoluer de même dans l'avenir."②

Diese Einsicht in das lneinanderwirken der verschiedenen Erwägungen führt uns dazu zu sagen, daß die sogenannten Erwägungen bloß eine regelmäßige Veränderung der Betrachtungsweise sind. Denn was die historischen Erwägungen besagen, ist nichts anderes als die Betrachtung des menschlichen Lebens, des gesamten "Wir" in der Vergangenheit; die Betrachtung des Lebens in der Zukunft bilden die sogenannten politischen Erwägungen. Was die wirtschaftlichen, moralischen und die logischen Erwägungen ausmacht, ist die Betrachtung unseres "Wir" in der Gegenwart mit all seinem Glauben, seinen Ueberzeugungen und seiner äußerlichen Logizität. Die Erwägungen beziehen sich auf nichts außer uns liegendes, sondern sie sind einfach Blickpunkte unserer geistigen Basis. Aber daß die

---

① Stammler, *Rechtsphilosophie*. Bln. 1928. 3.Aufl. S.342.
② Levy-Bruhl, *La morale et la science des moeurs*, Paris, 8. éd., S.198.

verschiedenen Erwägungen an sich nicht von einander getrennt zu analysieren sind, ist noch nicht genug gesagt, denn sie erscheinen auch mitten in unserem Denken unanalysiert. Sie tauchen im ersten Augenblick der Gesetzgebung, der richterlichen Urteile und bei der Gewohnheitsrechtsbildung auf nur als eine die Ganzheit umfassende Wesensschau. Die Analyse ist zwar nicht unmöglich; aber in dem Moment, in dem die Ganzheit zur Anwendung kommt, ist die Analyse in konkrete Erwägungen sicher nicht der richtige Schritt: die Analyse bildet eine spezielle Operation, die man nur hinterher macht. In den intuitiven Momenten stellen sie ein Ineinanderwirken von Elementen dar, die anfangs nicht in gesonderter Form zu erfassen sind. Sie formen sich zu einem Gesamtbegriff, der nicht eine Summe ist. Dieser Inbegriff unseres geistigen Daseins ist auch keine Synthese, das heißt eine intellektuelle Operation, die das klare Vorhandensein der selbständigen Elemente schon voraussetzt, sondern umgekehrt sind die oben angeführten Erwägungen nur eine schwache Analyse dieses Gesamtbegriffes. Dieser Inbegriff bildet eine organische Ganzheit, die wir als die geistige Grundlage des positiven Rechtes, als die Voraussetzung seines Werdeganges erkennen, und die wir als die allgemeine menschliche Vernunft, als Idee bezeichnen.

II. TEIL

Die Auflösung der konkreten Erwägungen in die Idee, in die Vernunft, erscheint vielleicht als etwas von uns sehr willkürlich Gedachtes. Aber auch wenn man nicht in die höchste Abstraktheit emporsteigt, wird es klar, daß die äußeren Sinneserfahrungen—darunter fällt auch die reine Rezeption der verschiedenen Erwägungen—überhaupt nur dann eine Geltung gewinnen können, wenn sie aus ihrer Vielheit in eine Einheit gebracht werden, das heißt nur, wenn wir diese Vielheit in uns einbeziehen und durch Ideenweckung das wahre Sein ermitteln. Auf dieser Erfassung der inneren Idee beruht die Erkenntnis der Außenwelt überhaupt. Die Idee bedeutet nichts anderes als das wahre Leben unseres Lebens selbst, die lebendige Bearbeitung der Außenwelt in unserem Geiste. Unser Erfassen bleibt nicht ein der Sache selbst äußerliches Tun—vor allem gilt das von demjenigen Erfassen, durch das der Geist sich der Substanz von Mensch, Volk, Zeit bemächtigt—sondern es durchdringt sie, läßt sie also nicht unverändert.① Die Idee, die Vernunft ist überhaupt die Vermittlung zwischen Mensch und Natur als objektives Wesen. Sie ist das Ordnungsprinzip des Weltalls, die Möglichkeit zu unseren Erkenntnissen, sie ist unser Denken selbst. Diese Ganzheit, die Idee ist das umfassendste unseres geistigen Vermögens. Die Idee ist ein Denken, nicht nur in der Richtung des Räumlichen, sondern auch des Zeitlichen. Sie ist auch kein einfacher Zweck, denn Zweck ist ein starrer Punkt, ein unbeweglicher Punkt. Aber die Idee ist ein Umfassendes, man muß an den schönen verbildlichten Satz von Pascal denken: "Zentrum ist überall, Peripherie nirgends."② Die Idee ist eine Vorstellung, die durch das Verbinden des gedachten Mannigfaltigen entsteht. Sie ist das gedachte und gewünschte Mögliche, das sich realisiert. Die Idee setzt das "Was" der Welt. Wenn ich also diesen Inbegriff von äußeren Erwägungen als eine organische Ganzheit ansehe, meine ich damit, daß er gleichzeitig Erkenntnis des Lebens und Quelle von menschlichem Zweck und Ziel, die Reproduktion von dem Sein und die Durchsetzung mit dem Sollen ist.

Sie ist organische, statische und dynamische zugleich, denn die Idee erfaßt mehr als das Sein selbst, indem sie die Wirklichkeit nicht in ihrer Starrheit und in der analytischen Form vorstellt, sondern in einer Ganzheit, in einem Durcheinanderwirken der bewegtesten Momente. Sie setzt mehr als das Sollen durch, indem sie das Sein gründlich durchschaut und die Notwendigkeit nicht in ihrer Rücksichtslosigkeit, sondern eben in ihrer Wirkungsmöglichkeit und in der dazu gehörenden Auswahl der Mittel durchdenkt. Es ist sicher ein großes Verdienst von Stammler, das rechtliche Problem in zwei Momente, nämlich in das Wahrnehmen und in das Wollen zu scheiden. Aber Sein und Sollen sind nach uns noch zu verbinden. Metzger

---

① Vergl. Litt, Theodor, *Die Philosophie und der Zeitgeist*, Leipzig 1935, S.22.
② Pascal, *Les Pensées*. Chapitre 4. L'homme dans l'univers section II. Disproportion de l'homme.

versucht es dadurch zu erreichen, daß er "das Sollen nur als eine besondere Form des Wollens, des Getriebenwerdens"① auffaßt. Und da zum Wollen nicht nur eine Vorstellung von zukünftigen Erlebnissen gehört, sondern auch eine Vorstellung von dem das Gewollte tatsächlich ausführenden vorhandenen Zustand, glaubt Metzger, das Sollen aus dem sozialen Sein, das heißt, aus dem Inbegriff der natürlichen Daseinsbedingungen des menschlichen Zustandes ableiten zu können.② Wir wollen diese Möglichkeit nicht leugnen, aber wir möchten etwas mehr aussagen können. Denn das vorgestellte Sein kann schon nicht mehr dem starren Sein hundertprozentig entsprechen. Es soll schon verarbeitet sein, es ist schon mit unserem schöpferischen Impuls gemischt, das ist eben das, was das eigentliche Wollen ausmacht. Dieses Wollen in seiner dynamischen Haltung ist nicht von dem Sein abzuleiten, sondern es muß es immer überholen. Denn wenn wir sagen, daß das Sollen vom Sein abzuleiten sei, so heißt das, i hm einen untergeordneten Rang zuzuweisen; auf jeden Fall sind die beiden kategorischen Gedanken als solche nicht dadurch verschmolzen, in einer höheren Einheit aufgelöst worden. Um das Sein und Sollen als ein und dasselbe zu verstehen, müssen wir vielmehr als Verbildlichung etwa Wundts Theorie der Vorstellung heranziehen. Jede Vorstellung doppelt sich mit einem affektiven Zustand. Die Vorstellung können wir als das Sein betrachten, oder wenn man will, als die objektive Seite der psychologischen Wirklichkeit und das Gefühl oder das Sollen, wie wir es nennen, ist die subjektive Kehrseite. Wenn wir dann diese Einheit mit ihren beiden untrennbaren Seiten in ihrer Dynamik erfassen, dann haben wir schon den Sein-Sollen-Aspekt und damit auch das Problem gelöst, das ist eben unsere "Idee".

Andererseits ist die Idee auch erhaben, über die Subjektivität. Um zu der Idee zu gelangen und um die Idee selbst zu verstehen, müssen wir eigentlich zugleich eine Methode der Intelligenz und Methode der Intuition, die

---

① Metzger, *Sein und sollen im Recht*, Tübingen 1920, S.20, S.103 ff.
② Meßer, a.a.o.S. 103 ff.

man leider aber allgemein als den Pionier des Subjektivismus ansieht, benutzen und die Rolle, die die letztere in der Ideenwelt spielt, uns besonders gut vergegenwärtigen. Denn die Intuition verleiht unserer Vernunft die Dynamik, die uns sonst fehlt. Die Intuition ist in Wirklichkeit nicht der bloße Subjektivismus; sie ist nach Bergson der selbstbewußte und desinteressierte Instinkt.① Sie gibt uns die Fähigkeit, über einen Gegenstand nachzudenken und ihn unendlich zu erweitern; sie führt uns in den eigentlichen Bereich des Lebens ein, welcher eine wechselseitige Durchdringung und eine ununterbrochene Schöpfung ist. Allerdings die Methode der Intuition allein genügt noch nicht, um zur Idee zu gelangen. Alles Schaffen verlangt außerdem noch das Eindringen, das bewußte Vertiefen in eine Sache, in das Allgemeine, damit die ganze Unmittelbarkeit und Einzelheit, in die der Geist versenkt ist, weggearbeitet werden kann. Alles Schaffen ist insofern eine möglichst vollständige Ausschaltung dessen, was unsere partikuläre Besonderheit ausmacht. Zu einer Idee gelangt man außer der intuitiven Methode noch durch einen tiefen Verstand und durch ein genaues Studium des Gegenstandes, das heißt, durch die Fähigkeit, alle Objekte in ihrer vollen Gegenständlichkeit zu erfassen: Durch die Methode der Intelligenz, des Durchdenkens. Je tiefer und je klarer also das Gedachte, je umfangreicher das Gefühlte ist, um so fesselnder und hinreißender ist die Idee. Der Kritizismus verfährt nicht anders, wenn er mit Hilfe des generellen Subjektivismus einen wissenschaftlichen Objektivismus zu vermitteln sucht. Er betrachtet das Erkenntnisobjekt als Resultat der Denkarbeit des allgemeinen in den Wissenschaften tätigen Denksubjekts. Aber was bei der Idee besonders bezeichnend ist, ist, daß die Größe ihrer Mächtigkeit von unserem Geiste, von der Mühe unseres Denkens und der Fähigkeit des Nach-Innen-Schauens (der Intuition) abhängt und ihrerseits wieder fördernd zurückwirkt. Die Idee ist nicht nur Gedachtes, sondern auch Gefühltes, die Intelligenz und die Intuition in einem. Kant sagt von den Ideen: "Sie sind nicht willkürlich

---

① Bergson, *l'évolution créatrice*, Paris, S.192/193.

erdichtet, sondern durch die Natur der Vernunft selbst aufgegeben und beziehen sich daher notwendigerweise auf den ganzen Verstandesgebrauch."①　Der ganze Verstandesgebrauch soll unserer Interpretation nach auch die Intuition einbeziehen. In dieser Beziehung ist die Idee eine ewige Aufgabe, die niemals subjektiv bleiben kann.

An dritter Stelle hat diese Idee, die vermutlich aus vielen unterschiedlichen Erwägungen erkannt wird, die aber mehr ist, als diese Erwägungen insgesamt und diesen letzteren keineswegs gleichzustellen ist, an sich noch gar keinen Namen. Die Idee ist weder die Rechtsidee noch die Idee des Rechtes. Denn in dieser Fassung ist die Idee sehr leicht mit dem Rechtsbegriff zu verwechseln. Ihr Inhalt zielt auch nicht, wie die meisten Rechtsphilosophen behauptet haben, auf einen speziellen Gedanken, zum Beispiel auf den Gemeinschaftsgedanken. Das gemeinschaftliche Leben ist eine Tatsache und besagt an sich noch gar nichts. Daß man die Gemeinschaft als eine höchste Idee ansieht, ist nur in einem Zeitalter zu verstehen, in dem der Individualismus viele unmögliche Wirkungen hervorgebracht hat, mit anderen Worten, die Aufstellung einer solchen Wertung erklärt sich als eine prekäre Reaktion gegen eine vergangene Zeit. Aber wenn man einen tieferen Blick auf die Entwicklung der gesamten Menschheit wirft, dann wird es klar, daß ein reiner Individualismus nie bestanden und die Menschheit immer in einer Gemeinschaft gelebt hat. Die Gemeinschaft selbst liefert noch keinen Anhaltspunkt; denn in solchem Sinne zielt auf den Gemeinschaftsgedanken nicht nur die Idee des Rechts sondern auch die der Kultur, der Ethik, der Kunst usw., und den Rechtsphilosophen, die mit dem Gemeinschaftsgedanken ein besonderes Gebiet abgrenzen möchten, wäre mit einem so allgemeinen Begriff kaum gedient. In Wirklichkeit aber hat unsere Idee schon einen Inhalt: sie tendiert jedoch niemals einseitig zur Gemeinschaft; sie ist nur nicht festzulegen und

---

① Kant, *Kritik der reinen Vernunft*, Textausgabe "Philosophische Bibliothek". Felix Meiner, Leipzig 1926, S.359.

nicht zu definieren. "Die idee selbst"; wie Hegel sagt, "ist nicht zu nehmen als eine Idee von Etwas."① Die Idee selbst stellt absolut nichts anderes dar als sie selbst. Intuitiv ist wohl jeder über das Wesen des Rechts klar. Das Recht ist einfach die Bestimmung des Menschen überhaupt. "Es hat kein Dasein für sich, sein Wesen ist vielmehr das Wesen der Menschen selbst von einer besonderen Seite."② Diese Idee werden wir vielleicht am besten bezeichnen— wenn wir überhaupt einen besonderen Ausdruck dafür wählen werden —als die Idee eines auf die Schlichtungsfunktion-Bezogesein der allgemeinen Vernunft.③

Diese Idee eines dynamischen auf die Schlichtungsfunktion-Bezogenseins der allgemeinen Vernunft, die das Sein und Sollen zugleich enthält und dadurch die Subjektivität und die Objektivität in eins auflöst, ist in unserer Vorstellung auch die Idee des allgemein sogenannten Naturrechtes: Wir können sie auch als Naturrecht in unserer Auffassung schlechthin bezeichnen.

Die frühere Idee des Naturrechtes müssen wir heute als verfehlt ansehen. Jene Naturrechtler gehen alle von einer rohen Trieb-Eigenschaft des Menschen aus, sei es in individualistischer oder sei es in kollektiver Form und

---

① Hegel, *Enzyklopädie der philosophischen Wissenschaft*. § 213.
② Savigny, *Über den Beruf unserer Zeit für Rechtswissenschaft und Gesetzgebung*. 2. Aufl. 1828.
③ Wir würden der Leßte sein, damit behaupten zu wollen, daß allein das Moment der Schlichtung, also des Streites schon das Rechtsleben ausmacht. Wir übersehen nicht, daß unter hundert oder mehr ähnlichen menschlichen Ereignissen nur einige wenige als Konflikt auftreten werden: die andern regeln sich von selbst. Freilich gerade in solchen Konfliktsfällen wird die Intention der Gemeinschaft, Ordnungsbefehle abzugeben, klar und die Möglichkeit sowie die Notwendigkeit einer Systematisierung von Kenntnissen zwecks Schlichtungsausübung deutlich. Aber daß ein Staatsorgan besteht, um an Stelle und im Namen der Gemeinschaft Befehle zu erteilen und Schlichtungsfunktionen zu erfüllen, scheint uns so selbstverständlich, daß wir darüber kaum etwas zu sagen brauchen: das ändert die Substanz des Rechtes nicht im geringsten. Das Recht, sei es geschrieben, ungeschrieben oder in der Rechtswissenschaft entwickelt, ist für uns immer die Wirklichkeit des menschlichen Geistes. Wir haben diese Idee als ein Auf-Schlichtungsfunktion-Bezogensein bezeichnet, also nur um eine Anwendungsgelegenheit der allgemeinen Vernunft, die eigentlich nur die formelle Seite der Leßteren ausmacht, aufzuweisen, damit eine Definition, was unseres Erachtens nicht unbedingt notwendig ist, zustande kommt.

setzen voraus, daß diese Trieb-Eigenschaft, die Natur des einzelnen Menschen an sich oder eine Gesellschaft in ihrem natürlichen Zustande das Ideal sei. Von diesem Ausgangspunkt her bauen sie ein ganzes System von Regelungen auf. (Wir stellen die historische Berechtigung eines solchen Systems vorläufig dahin.) Aber ob gerade diese menschliche Natur usw. würdig ist, als ein Ideal angesehen zu werden, ist noch recht zweifelhaft. Diese schwierige Frage über die gute und die schlechte Natur des Menschen hat seit jeher die Philosophie beschäftigt. Darauf einzugehen, erlaubt der Rahmen der Arbeit nicht. Aber für uns ist es plausibler, den mittleren Weg zu wählen: wir gehen davon aus, daß der menschliche Charakter in seiner eigenen Bildung frei ist, das heißt, er ist neutral; der Neigungswinkel für das Gute und das Schlechte ist gleich groß; die Natur in ihrem Naturzustande bleibt erklärbar jenseits von jeder Qualifikation. Deshalb laufen wir, glaube ich, wenn wir an eine menschliche Natur appellieren, Gefahr, absolut kein Kriterium zu ermitteln oder aber an einem falschen Ausgangspunkt zu beginnen und so dem Aufbau eine irreführende und künstliche Absolutheit zu verleihen. Damit wollen wir nicht das Vorhandensein einer menschlichen Natur verleugnen. Wir können, zum Beispiel, den Menschen als einen lebendigen Organismus betrachten, der Sinneseindrücke empfangen kann. Nur ist ein so einfacher Apparat noch längst kein Mensch, kein Leben, sondern er bezeichnet nur die vegetativen Funktionen desselben. Was das menschliche Wesen ausmacht, ist die gleichzeitige Rezeption von außen her und die Bearbeitung und das Wirken nach innen hin, das heißt das Denken überhaupt. Durch Denken erwirbt man Ideen; oder das Denken ist eben die Idee in Bewegung; die Vernunft. Deshalb finden wir den Begriff des Vernunftrechtes als reine Benennung schon geeigneter als den Begriff vom Naturrecht.

Aber diejenigen, die das Vernunftrecht aufstellten, glaubten wieder an die Bereitschaft einer bestimmten Vernunft, besser ausgedrückt, sie waren davon überzeugt, daß der Mensch schon aus Natur eine endgültige, fertig mitgebrachte, absolute, in unserer Auffassung statische Vernunft besitzt, so daß man sich ihr nur entsprechend zu verhalten braucht, das fertige Vorbild nur zu kopieren hat. Aber nach unserer Meinung ist die menschliche Vernunft das, worin die Idee mündet, eine ewige Aufgabe, ein sich weit entfaltendes, gestaltendes Denken.

Aber wenn es sich ergibt, daß das historisch aufgetretene Naturrecht sich als bodenlos erweist, wie Manigk sagt①, so ist damit seine Idee noch nicht überwunden. Was aber Manigk hier unter Idee versteht, ist eigentlich nur eine vage Erinnerung an das frühere Naturrecht; die ursprüngliche Substanz ist weggefallen, es bleibt nur noch ein historischer Nachklang zurück: es ist wie ein Wandgemälde, dessen Farben und künstliche Striche durch die Zerstörung der Zeit verblichen sind oder von dem nur noch ein Hauch der früheren Gestalt sich ahnen läßt. Es ist wie ein vor einiger Zeit verstorbener Mensch, dessen tyrannische Erinnerung uns noch etwas beängstigt. Aber sowohl der Hauch des Gemäldes wie die Hantierung des Tyrannen sind immerhin noch Reste von beiden. Diese Idee des Naturrechts ist eine Idee aus der Vergangenheit, eine Idee ohne Zukunft, es ist natürlich nicht das, was wir unter Naturrechtsidee verstehen. Und weil sich Manigk vergebens bemüht, diese Idee ganz neu zu gestalten und zu verstehen, so stellt sich dabei heraus, daß sie eines neuen Inhaltes bedürftig zu sein scheint. Manigk erklärt also: "Das Nalurrecht ist niemals etwas anderes als die den Individuen bewußt werdende Lebensäußerung der Idee des Sittlichen, mit der das geltende Recht nicht oder doch nicht mehr in Einklang stand."② Die Idee des Naturrechtes nach unserer Auffassung ist aber eben nicht bloß eine Idee des Sittlichen, sondern eine Idee des auf die Schlichtungsfunktion-Bezogenseins der allgemeinen Vernunft, also der gesamten Kulturerkenntnisse überhaupt, inklusive des Sittlichen.

Genauer genommen stammen alle bisherigen naturrechtlichen Versuche aus einer Unzufriedenheit, aus einem Wunsch nach Erweiterung gegenüber dem Vorhandenen und dann einer notwendigen Vorstellung eines zu

---

① Manigk, Alfred, *Die Idee des Naturrechts*, Festgabe für Rudolf Stammler. S.12.
② Manigk, Alfred, a.a.O. S.25.

Substituierenden. Aber diese Vorstellung entsteht entweder dadurch, daß wir nicht allgemein, sondern immer nur individualistisch denken können, oder sie kommt daher, daß wir immer bereit sind, einen möglichen Gegensatz anzunehmen. Die Vorstellung kann sich auch bilden, wenn wir das Vorhandene nicht in seinem wirklichen Werden zu erfassen vermögen und außerdem bei falscher Betrachtungsweise uns von einem Gefühl der Ohnmacht ihm gegenüber erfüllen lassen. Dadurch ergibt sich immer eine Heranziehung einer neuen Absolutheit von außen her: das klassische Beispiel ist das Naturrecht, das die gleiche Positivität haben sollte wie das vorhandene Recht. Das moderne Naturrecht, das sich vermutlich nicht mehr in einem positiven rechtlichen System aufzubauen braucht, beansprucht nichtsdestoweniger die gleiche Absolutheit wie früher, die Absolutheit eines außenstehenden Prinzipes.

Dies alles kommt von einem Nicht-Bewußtsein des Ichs, von einer nicht tiefgehenden Ueberzeugung von unserem objektiven Geiste, von einem Zweifel an unserem Denken, an der dynamischen Kraft der Idee. Aber könnte man sagen, was hier von uns aufgestellt wurde, die Idee als das auf die Schlichtungsfunktion-Bezogensein der allgemeinen Vernunft—das Naturrecht, nach unserer Auffassung, wenn man will—sei vielleicht auch genau so außerhalb des positiven Rechtes stehend wie die früheren naturrechtlichen Systeme. Aber das wäre falsch: Ein solches aufgestelltes Prinzip würde freilich auch noch außenstehend sein, solange man das positive Recht selbst nicht auch in dieses Prinzip auflöst. Unsere Bemühung in dem ersten Teil der Arbeit aber zielte eben dahin, diese Lösung aufzuzeigen und nachzuweisen, daß der Werdegang des positiven Rechtes nichts anderes ist als ein auf die Schlichtungsfunktion-Bezogensein der allgemeinen Vernunft, oder in analytischer Form: die verschiedenen kulturellen Erwägungen überhaupt. In solcher Betrachtung wird das Naturrecht und das positive Recht ein und dasselbe. Hier anschließend glauben wir nunmehr imstande zu sein, an den dritten Teil der Arbeit heranzugehen, dem Verhältnis zwischen Naturrecht und positivem Recht zu befragen.

Ⅲ. TEIL

Nachdem wir angegeben haben was bisher unter Naturrecht verstanden wurde und was wir anders aufgefaßt haben, ist es jetzt auch leichter, über das Verhältnis von Naturrecht und positivem Recht zueinander zu sprechen. Aber wenn wir über ein Verhältnis reden, setzen wir schon einen Dualismus voraus. Wir haben im ersten Kapitel ungefähr aufgezeigt, daß das positive Recht tatsächlich nicht ein starrer Begriff, immer in einer Gesetzesform usw. gebunden, sondern daß es an sich schon ein Werdegang ist. Im zweiten Kapitel haben wir erklärt, daß dieser Werdegang kein außer uns stehender und sich selbst bewegender Mechanismus sein kann, kein vom Subjekt losgelöstes, total unabhängiges Objekt (solches Objekt ist eigentlich nicht vorstellbar), sondern daß er unsere Vernunft selbst ist. Dieser Werdegang des positiven Rechtes wird nun noch verständlicher, wenn wir uns selbst fortschreitend und veränderlich verstehen können. Dieses "Wir" in Bewegung, als lebendiger Geist, das ist eben die Idee, die Vernunft, oder was anders heißen soll, das Naturrecht in unserer Auffassung. Deshalb kann das Verhältnis zwischen Naturrecht und positivem Recht nichts anderes sein als eine dialektische Beziehung zwischen Subjekt und Objekt in uns selbst. Sie können sich unter sich nicht verhalten, sondern sie sind ein und dasselbe. Von einem positiven Recht und einem Naturrecht und ihrem Verhältnis zueinander zu sprechen, sind reine, unwahre Abstraktionen. Durch Abstraktionen hat man zwei Begriffe nebeneinander errichtet; man personifiziert sie; man läßt sie reden, Befehle geben, Kritik und Urteil fällen. Und dann will man, weil man das tatsächlich Vorhandene immer in seinem abgesonderten Zustand, in der augenblicklichen Lage sieht und dadurch eine variable, im Anspruch aber konstant bestehende Unzufriedenheit in sich erzeugt, die ganze Oberhand dem Nicht-Vorhandenen, dem Gewünschten einräumen und das Vorhandene, Reale ihm unterordnen. Man verdinglicht das Vorhandene, man entgeistet es. Aber in Wirklichkeit wirkt unser Geist sowohl in dem einen wie in dem anderen, aus dem einfachen Grunde, weil sie identisch sind. Es ist der Geist in seiner dialektischen Entfaltung. Idealrecht, a priori Elemente des Rechts, moralische Berechtigung des Rechts, autonomes Recht, dessen Geltung direkt aus dem Wert entspringt, unwandelbares, spontanes, freies Recht, so heißen die Naturrechte. Das Naturrecht hat alle die Eigenschaften, man versagt dem positiven Recht einfach jede Geltung, das heißt, das positive Recht gewinnt nur insofern Geltung, als es dem Naturrecht entspricht. Solange aber das Naturrecht selbst noch Schwankungen unterworfen ist, wurde notwendigerweise jedes Beziehen einer Geltung des positiven Rechts auf es fruchtlos bleiben. Das positive Recht in seiner starren Fassung—als ein Gesetz, ein Code, eine einzige Gewohnheitsregel, ein einziges Urteil—hat in Wirklichkeit nur eine Tatsächlichkeit und imponiert uns dadurch. Die Tatsächlichkeit berührt das Problem der wirklichen Geltung aber gar nicht. Es hat seine Existenz vielmehr anderen Gründen und Kriterien zu verdanken als der Entsprechung mit dem sogenannten Naturrecht: zum Beispiel der Sanktion der Gewalt. Das führt natürlich, solange wir den Bereich des starren, positiven Rechts nicht verlassen, andere extreme Theorien dazu, diese Tatsächlichkeit oder das davon psychologisch Abgeleitete: das Bewußtsein, daß ein Abgehen von einer Rechtsübung das Erleiden eines Zwanges von seiten der Regierung zur Folge haben werde, als Geltungskriterium des Rechts anzunehmen.[1] Zwar anerkennt

---

[1] Vgl. Simonius, August, "Lex facit regem" Basel, 1933, S. 29. Die Argumente, die Simonius hierfür an verschiedenen Stellen deutlich macht, sind: Einerseits braucht man die Vernünftigkeit als Geltungskriterium deshalb nicht zu fordern, weil—wie uns die Rechtsgeschichte lehrt—unvernünftiges, ungerechtes Gewohnheitsrecht und Recht im Allgemeinen immer vorhanden gewesen ist (Seite 32) und zwar troß der Mißbilligung, die die Rechtsuchenden gegenüber dem tatsächlich positiven Recht früher oder heute noch, namentlich in Ländern, in denen die Richter einem anderen Kulturkreis als die Rechtsuchenden angehören bekundeten. (S.34-35). Andererseits gehen die Argumente dahin, daß solche Fälle (S. 33), in denen die Vernünftigkeit mit der Pflichtüberzeugung kollidiert, so selten sind, daß wir troßdem das Imponieren der Sanktionsgewalt als Geltungskriterium annehmen können. Im Leben ist alles relativ. Daß wir bei einem Prinzip, einer Regel, einer Wahrheit, zum Beispiel die Vernünftigkeit als Basis zu allen menschlichen Handlungen - Ausnahmen finden, berechtigt uns noch nicht, beliebig eine Konstruktion zu bilden, womit wir zwar gleichsam mit einem gemeinsamen Hauptnenner mehrere einander widersprechende Faktoren zu umfassen vermögen, die uns aber doch so weit von dem Kern der Wirklichkeit entfernt, daß wir fragen müssen, wozu solche tautologische Theorie überhaupt dienen soll.

auch Simoniuhs, der diese Meinung vertritt, daß die Vernünftigkeit ein wichtiges Indiz für das Vorhandensein der opinio necessitatis sei (S. 32) und daß das Urteil dann am sichersten ist, wenn die opinio necessitatis von einer Billigung des Rechtssatzes abhängt. (S. 75) Aber Simonius sieht nicht ein, daß durch seine einseitige Betonung des Imponierens der Sanktionsgewalt eine passive Haltung gegenüber den Gebietenden und Zwangsausübenden entstanden ist, und somit die Tatsache einer gemeinsamen Erzeugung des Rechts sowohl von den Regierenden wie auch von den anderen Schichten verkannt wird. Daß eine Gehorsamkeit, eine Pflichtüberzeugung überhaupt möglich ist, liegt darin begründet, daß wir uns selbst zwingen und unser Verhalten danach entsprechend einrichten können. Eine Pflichtüberzeugung soll sich nicht bloß als eine Ueberzeugung von dem Vorhandensein einer außer uns stehenden Sanktionsgewalt erweisen sondern soll wirklich eine Ueberzeugung bilden aus der Anerkennung des Grundes, warum eine solche Pflicht besteht. Wichtig ist nicht der Zeitpunkt, in dem eine Uebung schon vorhanden ist, sondern der Zeitpunkt, in dem die Uebung erst einsetzt. (Vgl. S. 31). Das verlangt eine vorausgehende Ueberlegung, bewußt oder unbewußt. Simonius selbst sagt übrigens auch, daß die Pflichtuberzeugung in der Regel eine gegenseitige Beobachtung oder Verständigung voraussetze. (Vgl. S. 31). Da muß man fragen, warum ist es noch notwendig, die Geltung überhaupt noch "so weit als möglich" (S. 75) festzulegen. Deshalb glauben wir, daß, solange wir in dem Bereich des starren positiven Rechts verbleiben und weder das Naturrecht noch die Sanktionsgewalt festsetzen können, das wirkliche Geltungskriterium des Rechts nicht zu ermitteln ist. Vielmehr müssen wir das positive Recht in seinem Werdegang erfassen: das positive Recht gilt nunmehr nicht auf Grund einer Widerspiegelung auf das sogenannte Naturrecht in dem bisher verstandenen Sinne, sondern in Beziehung auf sich selbst. Denn die Geltung bedeutet für uns ein Harmosieren im Denken, ein wechselseitiges Bejahen der Denkelemente und das Wegdenken des Widerspruches und verbildlicht eben den Werdegang unseres positiven Rechtes, die ldee in Funktion. Das Geltungskriterium ist nicht außenstehend. Was gilt, ist die Vernunft; sie trägt nämlich die Geltung in sich. Dieses positive Recht, das wir zugleich als

Naturrecht in unserem Sinne oder Idee bezeichnen können, löst alle Tatsächlichkeit in der Vernunft, sie löst sie, die für die allgemeine Fakultät der Intelligenz nur in abgeschlossener Starrheit besteht, in eine dynamische Bewegung. Der Blickpunkt richtet sich dann nicht auf eine bestimmte Periode, für die man nach unserer Meinung das Geltungsproblem nunmehr nicht zu erörtern braucht.① Für uns muß sich der Blickpunkt auf das positive Recht überhaupt richten in seinem Werdegang, in seiner Dynamik: hier ist das positive Recht die Geltung selbst.

Es dauerte einige Zeit, bis von den Naturrechtlern, zwar noch im Bereich des Dualismus, das Vorhandensein von Gesetzen, Urteilen, Gewohnheitsregeln usw. als eine viel selbständigere Tatsache, als sie es zugeben sollten, anerkannt und damit das Schwergewicht der Auseinandersetzung vom Naturrecht auf das positive Recht verschoben wurde. Heute heißt es nun so: da die Gesetze, Urteile usw. notwendigerweise unvollständig sind, ihre Lücken und Fehler haben, muß neben diesen noch etwas bestehen, das dieses positive Recht kontrollieren, kritisieren kann.

Das Naturrecht wird auf diese Weise zu einem idealen Maßstab für die Frage nach der Gerechtigkeit der positiven Satzung, eine Vergleichsbasis für diejenigen, die Kritik an dem vorhandenen Recht üben und Vorschläge zu seiner Reform machen wollen. Das Naturrecht ist ein System von Funktionen geworden. Es verlangt nicht mehr das absolute Beziehen der Geltung des positiven Rechts auf es, sondern es ist das ewige Zentrum geworden, wo nur die Kriterien für eine Kritik geliefert werden. Um nun an diesem Punkt das Verhältnis von Naturrecht und positivem Recht zueinander besser zu erörtern, glauben wir, zuerst fragen zu müssen, wie führt es im allgemeinen die Rolle

---

① Simonius selbst verbildlicht unsere Gedanken ganzklar: "Dieses Kriterium (opinio necessitatis) gestattet aber nicht immer ein ganz sicheres Urteil. Zunächst kann es eigentlich nur für die Gegenwart gefällt werden; denn die Pflichtüberzeugung beruht auf der Erwartung eines zukünftigen der den Zwang ausübenden Personen. Die Erwartung erfüllt sich unter Umständen nicht; dann hört, wie wir sahen, die Geltung sehr bald auf." (n. a. O. S. 75). Solch Gestaltungskriterium kann nicht das wirkliche sein.

der Kritik und der Kontrolle durch? Um darüber sprechen zu können, haben wir zwei Möglichkeiten: die eine wäre, eine Menge fertiger Normen aufzustellen und dann den zu kritisierenden Gegenstand fortwährend auf diese letzten Normen zurückzuführen. Zu welchen Konsequenzen ein derartiger Normalivismus führt, hat Carl Schmitt in seinen Ausführungen über "die drei Arten von juristischem Denken" autgezeigt.① Uebrigens ein Naturrecht, das ein so komplettes System mit unwandelbarem Inhalt, eine Art Code ist, das mit dem Bereich des positiven Rechts parallel ginge und die gleiche Tragweite haben würde, will auch niemand heute ernstlich anerkennen. Wir können es deshalb auch beiseite lassen, bzw. auf das darüber bereits Gesagte verweisen.

Die zweite Möglichkeit des Naturrechts als Kritiker am positiven Recht aufzutreten, besteht darin, daß ein lebendiger Mensch auf Grund seines allgemeinen Verstandes die Kontrolle, die Kritik ausübt. Außer diesen beiden Möglichkeiten gibt es nach unserer Meinung keine andere, oder jeder andere Weg—falls überhaupt noch einer besteht—führt notwendigerweise zu einer dieser beiden Möglichkeiten zurück: entweder ein inhaltvolles Normensystem oder ein denkender Menschengeist. Diejenigen Versuche, das sei hier nebenbei erwähnt, die das Naturrecht als Freiheit, Gerechtigkeit oder Gemeinschaft oder suum cui que tribuere ausgeben, tun nichts anderes als neue inhaltslose—aber scheinbar inhaltvolle—verbindliche, Sollenssätze aufzeigende Worte—wie übrigens der Begriff "Naturrecht" auch—aufstellen. Diesen Worten kommt aber weder die strenge logik eines Naturrechtssystems noch die Fähigkeit zur Klarlegung der wirklichen Vernunft zu. Denn unsere Vernunft ist nicht so ohnmächtig, sich im bloßen Sollen zu erschöpfen, sie ist die sich wissende, erkennende, gestaltende und verwirklichende Substanz, das Sein und Sollen in einem. Dieser Geist ist eben nicht bloße Freiheit, Gerechtigkeit, Gemeinschaft oder anderes mehr, sondern ist der Geist selbst in seiner Ganzheit.

Wir kommen deshalb noch einmal zurück auf die zweite Möglichkeit, die

---

① Carl Schmitt, *Die drei Arten von Juristischem Denken*, 1934. S.23.

der Kritik und der Kontrolle eines objektiven Geistes. Für unsere Betrachtung ist nur diese Möglichkeit von Bedeutung. Positives Recht, wie wir es bisher klargelegt haben, ist nicht der Buchstabe des Gesetzes, nicht der Wortlaut eines Urteils, sondern allein der darin zum Ausdruck gelangende allgemeine Rechtsgedanke. Positives Recht ist in seinem Werdegang das Denken und die innere Bewegung des Rechtsbegriffes. (Es hat in unserem Sinn keine Lücke, Lücken sind nur die metaphorische Anwendung eines Wortes; solche Lücken erscheinen nur, wenn man das positive Recht in seiner augenblicklichen Lage betrachtet.) Da die Funktion der Kritik selbst schon, wie wir ausgeführt haben, einen Menschengeist voraussetzt und nur in dieser Weise geschehen kann, so ist die Kontrolle des Naturrechts über das positive Recht nur die Kontrolle der Vernunft über die Vernunft selbst. Das Naturrecht ist nicht nur an sich sondern auch seiner Funktion, der Kritik nach kein System von fertigen Normen, sondern ein Menschengeist. Wir blicken hier in die dialektische Spaltung unseres Geistes in subjektiv und objektiv. Wenn man überhaupt von Kontrolle, von Kritik reden will, dann kann es nur geschehen in der Form eines gedachten Widerspruches, einer Entgegensetzung, die schließlich in das übergreifende Ganze aufgehoben wird. Der Charakter einer außer uns stehenden Kontrolle fällt damit gänzlich weg; das Verhältnis erscheint nicht mehr in der Form von zwei entgegengesetzten Persönlichkeiten, sondern als zwei ineinander wirkende Momente desselben Denkens. Das Verhältnis ist also in kurzen Worten eine in einer Ganzheit ruhende Nichtteilbarkeit und Nicht-Entgegengesetztheit.

Soeben haben wir das Verhältnisproblem des positiven Rechtes und des Naturrechtes zueinander in ihrer Geltungsfrage und in ihrer Kontroll- und Kritikmöglichkeit betrachtet. Wir haben versucht, den Dualismus zu beseitigen und glauben dadurch in das Verhältnis dieser beiden wichtigen Probleme neues Licht gebracht zu haben. Aber der Gegensatz Positivität und Non-Positivität erfordert noch weitere Untersuchungen.

Um diese Entgegensetzung nur als zwei abstrakte Scheinbegriffe anzusehen und um aber die Einheit dieser Dualität endlich zu begreifen, müssen wir uns eine Zeit vorstellen, in der es zum Beispiel noch keine Schrift gab. Dann wäre es möglich, daß sich unsere Vernunft statt als "scripta", die "manent", immer als "verba", die "volent" äußert. Stellen wir uns nun eine Person, eine Autorität jener Zeit vor, die etwas über Recht ausspricht. Jedes Wort, das er sagt, ist das, was er denkt, vorausgesetzt, daß unsere Gedanken sich immer restlos aussprechen lassen. Zwischen seiner Aeußerung und seinem Denken besteht eine Gleich artigkeit, eine Identität. Was man von ihm hört, ist das, was er denkt. Dadurch, daß jemand ihn anhört, betätigt sich seine Vernunft zugleich als subjektiv und objektiv. Zwischen Positivität und Non-Positivität besteht kein Unterschied weder im Wesen noch im Zeitverlauf. Nach der Erfindung der Schrift ist der Sachverhalt nicht anders geworden: (Lassen wir die Beeinflussung und die Bereicherung, die die Schrift ihrerseits wieder auf unsere Gedanken ausübt, beiseite). Das Gesagte, das Gedachte scheint zwar verdinglicht zu sein. Aber verdinglicht sind nur die Schreibweise, die Aussprache, die Töne. Zum Beweis, daß eine entsprechende Entgeistigung nicht stattfindet, führen wir ein einfaches Beispiel an: Geben wir zum Beispiel ein Steuergesetz einem Laien und bitten wir ihn, das Schriftstück zu lesen und zu verstehen. Dieser Laie schaut das Stück Papier an, liest sehr gut, aber versteht gar nichts. Er kann lesen, aber es ist klar, daß das Geschriebene in keiner Beziehung zu ihm steht. Dieses Schriftstück hat zwar eine Positivität, aber diese Positivität bedeutet noch gar nichts. Wir verstehen das Gesetz, weil wir es jahrelang studiert haben, das heißt nichts anderes, als daß wir diese Dinge in unsere Vernunft eingeordnet haben, in uns zum Begreifen gebracht haben. Diese Dinge bilden mit uns einen organischen Zusammenhang, so daß wir nicht nur verstehen, sondern auch weiter denken können. Mit anderen Worten: Wir können etwas nur verstehen, wenn wir uns darüber, vulgär ausgedrückt, Gedanken gemacht haben, wenn diese Dinge nich mehr Dinge, sondern einfach Geist sind, wenn der Geist im Dinge erweckt und dem Geist als Ganzheit einbezogen wurde. Es ist deshalb zwar möglich, die Vernunft in der Positivität erscheinen zu lassen und dadurch die Positivität für die Welt erkenntlich zu machen, aber Positivität ist nichts, wenn sie nicht Vernunft ist. Indem der Geist sich verpositiviert, gewinnt er die "Tangibilitat", die "Berührbarkeit", die "Erkennbarkeit", aber dadurch verliert er die Kontinuität, den lebensfähigen Schwung (l'élan vital, Bergson), die wirkliche Geltung vor sich selbst. Denn unsere Intelligenz kann nichts anderes begreifen als die Resultate einer Tat, deshalb schwebt sie auch nur von einem Zustand zu einem anderen Zustand; es ist unsere Intelligenz, die im Gegensatz zu unserer Intuition jedes Leben in einem verpositivierten Zustand sieht. Sie betrachtet das Recht entweder als positives Recht oder als Naturrecht, aber beide doch in ihrer starren Positivität. Und wenn sie zum Beispiel Rechtsgeschichte treibt, so betrachtet sie ein positives Recht im Verhältnis zu einem anderen, sie kann nicht die reine Mobilität der Rechtsgeschichte begreifen, den Werdegang also in unserem Sinne. Nehmen wir als ein praktisches Beispiel, das in unser Gebiet vorteilhaft Klarheit bringen kann: einen Film, der läuft. Dieser Film, der uns die Mobilität des Lebens zeigt, ist weder die einzelne Aufnahme, noch die Summe der letzteren, sondern der Film selbst, Aber unsere Intelligenz kann nur abschnittweise einzelne photographische Aufnanmen in Betracht ziehen. Die reine Mobilität, der Werdegang, ihre Ganzheit bleibt von der Intelligenz unbegriffen. Der Film[①], der läuft, (aber Laufen, sei hier bemerkt, ist schon eine sehr starre und ungenaue Bezeichnung des Lebendigen selbst), ist zwar in den einzelnen Aufnahmen enthalten, aber er ist zugleich jenseits dieser einzelnen Aufnahmen und von ihnen unabhängig. Natürlich ist diese Ganzheit nicht von der Zeit gelidet worden, sondern sie ist auch von der Zeit unabhängig; sie ist eine reine Bewegung. Genau so ist es mit dem Recht: die Rechtsvernunft, die Idee ist in einer Positivität zu erkennen, aber sie ist weder die Positivität selbst noch die einzelnen Positivitäten als Summe. Sie ist in ihr enthalten, aber sie ist davon unabhängig. Sie ist die Positivität in Bewegung, in der Ganzheit, die Positivität als Leben. Deshalb können wir jetzt sagen, wenn wir neben unserer Intelligenz noch die intuitive Methode benutzen, und dadurch

---

① Dieses Beispiel entleihe ich von Heni Bergson, *l'Evolution creature*, S.240.

das positive Recht als einen Werdegang klarlegen, daß dieses "verpositivierte" Recht (aber nicht "verdinglichtes" Recht) und die Vernunft, die Idee ein und dasselbe sind. Hierfür dürfen wir einige Sätze von Karl Larenz heranziehen, die unser Problem treffend kennzeichnen: "Soweit also noch... von einem Naturrecht oder Vernunftrecht gesprochen werden kann, ist dieses nicht ein dem positiven Recht entgegengesetztes, und ein im Gegensatz zu ihm zeitloses, gültiges System von abstrakt allgemeinen Rechtsvorschriften,... sondern das dialektische vernünftige. Wesen des Rechts, das sich nicht in abstrakten Rechtssätzen aussprechen läßt, vielmehr als die innere Bewegung des Begriffes den Sätzen des positiven Rechtes zugrunde liegt und ihnen Vernünftigkeit gibt. Es ist das positive recht selbst, aber nicht ein einzelnes positives Recht, als besonderes zeitliches, bestimmtes, sondern das positive Recht seinem Begriffe nach als vernünftige, allgemeine... das positive Recht als Idee." ①

Wir haben das Verhältnisproblem bisher so erörtert, als ob wir immer weiter in die Abstraktheit und Leerheit vorstoßen wollten. Aber das kommt, so hoffen wir, nicht aus einem Mangel an Einsicht in unser Thema, sondern es ergibt sich aus der eigenen Abstraktheit der beiden leeren Begriffe: Das Naturrecht im Gegensatz zum positiven Recht. Damit wir aber in dieser Beziehung zu einem neuen Blickpunkft gelangen können, müssen wir an das eigentliche dynamische Wesen unseres Natur-Positives Recht und des Positiv-Naturrechtes wieder erinnern. Wir haben es definiert als die idee des auf die Streitfunktion Bezogenseins der allgemeinen Vernunft, der gesamten kulturellen Erkenntnis oder in analytischer Form ausgedrückt, der verschiedenen Erwägungen, von denen wir im ersten Kapitel einige genannt haben. In einem einzigen kurzen Wort ausgedrückt, mag es als Kultur bezeichnet werden. Kultur ist der Weltinhalt, das Erleben überhaupt, die harmonische Interdependance des Erlebnismaterials. Sie ist die Realität. Durch diese Realität würden wir das Aufgehobensein des Gegensatzes zwischen dem

---

① Karl Larenz, Einführung in Hegels Rechtsphilosophie, 1927. S.26.

sogenannten Naturrecht und dem sogenannten positiven Recht sich vollziehen sehen können. Denn wenn wir gar nicht nach dem konkret Wirklichen fragen und immer nur in dem sogenannten Spezialgebiet verharren, so werden wir niemals erkennen, ob zwischen den beiden entgegengesetzten Rechten überhaupt eine Bindung besteht. Es scheint, daß das Naturrecht immer die Tendenz hat, ein größeres Gebiet zu umfassen als das positive Recht, zugleich aber muß es doch wieder als Recht bleiben. Diese Diskrepanz, Unklarheit und der dadurch bedingte Gegensatz zwischen den beiden resultiert daher, daß man die Realität und deshalb notwendigerweise die Idealität ignoriert. Man überspezialisiert eine Denkweise, die eigentlich am deutlichsten der Spezialisierung zuwiderläuft. Man schaltet alle weltanschaulichen, wirtschaftlichen, soziologischen, historischen, moralischen und politischen Erwägungen aus. Man bleibt in einem engen, künstlich erzeugten Sprachgebiet und verfährt deduktiv. Aber sachlich ist es so selbstverstandlich, daß das Recht seinen Inhalt nimmt nicht aus sich selbst, sondern aus dem Leben. Wenn man übehaupt nach einer allgemein gültigen, sacherfüllten Rechtsidee sucht, so findet man die Idee unseres Lebens, unseres Daseins, der Wirklichkeit. Das Rechtsgebiet erfaßt das gesamte Kulturgebiet: Das wird besonders klar, wenn man von den Konflikten zwischen den in der Gemeinschaft Stehenden abstrahiert und an die meistens sich im Frieden regelnden Fälle denkt.

Wenn wir zwei Konfliktpartner in einer einzigen Ordnung oder in zwei verschiedenen Ordnungen einer Gemeinschaft harmonisieren wollen, soll das nicht die Bedeutung haben, als ob eine außenstehende, von den Ordnungen gesonderte Vernunft noch für das Harmonisieren selbst vorhanden wäre. Diese harmonisierende Vernunft, die sogenannte, spezielle Rechtsvernunft, ist in Wirklichkeit schon in der Vernunft der Ordnungen, in denen die Konflikte entstehen, zu finden, das heißt, aber mit anderen Worten, die sogenannte Vernunft des Rechts ist nicht anderes als die Vernunft der Kultur selbst in ihrer faktischen und historischen Konkretion. Karl Schmitts Ordnungsgedanke geht eben auch davon aus, daß jede Rechtsinstitution in ihrem vollständigen

Kulturgehalt zu erfassen ist. "Die Normalität der konkreten, von den Normen geregelten Lage und der von ihr vorausgesetzte konkrete Typus ist also nicht nur eine äußerliche, rechtswissenschaftlich außer acht zulassende Voraussetzung der Norm, sondern ein inneres, juristisches Wesensmerkmal der Normengeltung und eine Normativbestimmung der Normen selbst. Eine rein, situationslose und typenlose Norm wäre ein juristisches Unding."① Sie wird sinn- und beziehungslos. Die abstrakten Gesetze können die organische Natur des Rechtsinstituts ja auch nie erschöpfen. Die Gesetzgebung, wenn sie die Wirklichkeit beanspruchen will, muß immer aufs Neue in die Ordnungen Einblick nehmen, und ebenso muß man bei der Rechtsanwendung wieder die Gesetze in den organischen Zusammenhang des Institutes einfügen. Die Rechtswissenschaft hat sicher diese Besonderheit, daß sie niemals geschlossen und allein bestehen kann. In Wirklichkeit verfährt auch niemand in der Jurisprudenz mit sogenannter Rechtskenntnis. Cardozo untersucht zum Beispiel, wie die großen Richter überhaupt ein Urteil fällen. Es stellt sich dabei heraus, daß sie die Fälle im allgemeinen so entscheiden, daß den Urteilen ein außerordentlich willkürlicher Schein anhaftet. Cardozo meint, die Richter wüßten wirklich nicht sehr genau, welche Kenntnis sie während des Aussprechens eines Urteils benutzt haben und er schreibt ihnen deshalb eine intuitive Methode zu. ② Dem stimmten wir absolut zu. Aber außerdem sind solche, anscheinend willkürliche Urteile tatsächlich nur dann zu ermitteln und zu verstehen, wenn wir einsehen, daß hier die subjektive Vernunft, der objektiven Vernunft, dem Wesen der Gesamtkultur so nahe gekommen ist, daß sie beinahe identisch geworden sind, das heißt, die Richter haben nichts anderes als ihre tiefste allgemeine Vernunft benutzt, die Kulturvernunft. Die Rechtsordnungen gewinnen also Sinn und Inhalt und Positivität nur durch das auf die Kultur-Bezogensein. Denn das Recht ist nur Recht, wenn es mit der Kultur eine Ganzheit bildet.

---

① Carl Schmitt, *Die drei Arten von juristischem Denken*, 1934, S.23.
② Cardozo, *The Growth of Law*, London 1924, pp.89-93 und Cardozo, *The Nature of the Judical Prozess*, London 1922, pp.167-177.

Aber nachdem wir nun erfahren haben, daß die Rechtsbasis nichts anderes ist als eine Kulturbasis, so hat eine Unterscheidung in Positivität und Natürlichkeit des Rechts keine Berechtigung mehr, denn von einer positiven Kultur oder von einer natürlichen Kultur zu reden ist sicher sinnlos. Kultur ist in unserer Auffassung immer zugleich positiv und natürlich, statisch, dynamisch, real und ideal. Kultur braucht gar kein außenstehendes Kriterium, sie gilt von selbst. "Der reine Begriff der Kultur ist die objektive Vernunft; die faktische Kultur ist die historische Konkretion der Vernunft durch die vernünftigen Subjekte"①sagt Münch. Die Kultur ist das gegenseitige Durchdringen, das Ineinanderwirken von subjektiver und objektiver Vernunft: sie fördern einander, sie entwickeln sich, sie lösen sich in einer ewigen Dynamik von der gewalttätigen Statik. Die Kultur ist die Strömung des Menschentums, das Leben; sie kann nicht immer real sein, denn sie geht ständig vorwärts; sie kann nicht bloßes Ideal sein, denn sie erscheint in der Konkretion und muß sich gestalten. Sie umfaßt notwendigerweise das Sein aber auch das Sollen. Die Kultur in ihrer Positivität ist nur eine Erscheinungsweise der subjektiven Vernunft.

Die Kultur in ihrer Natürlichkeit ist erst die Erhöhung in das Allgemeine. Aber da die subjektive Vernunft immer wieder durch Denken, durch das Bewußtsein in das Allgemeine hinstrebt, so bedeutet die zu erreichende und erreichte totale Venunft schon die Lösung in die Ganzheit, das Aufgehobensein der Positivität und der Natürlichkeit selbst. Das Recht als die Idee des auf die Streitfunktion-Bezogenseins der allgemeinen Vernunft oder der Kultur, das Recht als die Idee des aut die Kultur-Bezogenseins der Streitigkeiten kennt keinen Unterschied von Positivität und Natürlichkeit.

Widerspruch und Gegensatz sind nur die Bewegung des "Tao", Ausdruck und Deutung sind bloße Funktion des "Tao"②.

Alle Dinge in dem Kosmos entstehen aus der Seinsbenennung, Aber sie

---

① Friß Münch, *Kultur und Recht*, Leipzig 1918, S.27.
② Vgl. Laotse, *Tao Te King*. § 40 und § 28. (Eigene Uebersetzung).

lösen sich wieder in die Ureinheit der reinen Geltung.

Wer die Nicht-Positivität begreift,
aber doch in der Positivität bleibt,
der ist die Ordnung der Welt selbst.
So verfehlt er nicht den wahren Sinn des Lebens
und kann die organische Wirklichkeit endlich verstehen.

Ich wurde am 14. Juli 1907 in Ou-Hing, Provinz Tché-Kiang, China, geboren. Ich absolvierte 1926 das Sun-Fan-Szi Gymnasium in Schanghai. Von 1926 bis 1930 studierte ich Literatur und Philosophie an der Universität Tchen-Tan, Schanghai und erwarb den Abschlußtitel. Ich setzte mein Studium 1930 in Paris fort und erhielt 1933 die Licence de Droit. Von 1933 bis 1935 studierte ich in Frankfurt am Main.

King-Sien Joei

论实证法与自然法的关系*

> 不偏之谓中,不易之谓庸。
> 中者,天下之正道。
> 庸者,天下之定理。
>
> ——《中庸》

引自程子对《中庸》第一条的注释:孔子的学说,由其弟子子思记录。

---

* 芮沐先生博士论文的中文译文由北京大学法学院高薇副教授翻译。

目　录

导　言

第一章　实证法

　　第一节　实证法的真实形式：几项权衡

　　第二节　权衡与普遍理性的交汇

第二章　自然法

　　第一节　亦化入普遍理性中的自然法

　　第二节　对既有自然法观点的批判

第三章　实证法与自然法的关系

　　第一节　自然法与实证法的关系：效力问题

　　第二节　实证法与自然法的关系：自然法的批判及控制功能

　　第三节　化入文化中的实证法和自然法：普遍理性的真实显现

导 言

在本文中,我们不想否认自然法诸概念的历史存在及其实践和政治基础。自然法曾一度作为一套由漂亮的流行术语组成的系统成功地对我们发挥作用。但目前仍有必要就其撰写论文的原因就在于,这一空泛的概念不仅主张一种历史正当性,还要对法学持续性地发挥方法论上的作用。对这第二种要求,我们却不能让步。

就此而言,我们对自然法在一般立场上是否定的。另一方面,我们又十分清楚,也不可纯粹历史性地构建实证法,以及任其无意识地自我发展;我们必须除将实证法作为一个对已发生事实的阐释外,还要在其当下状态中创造展望性。要求实证法具有展望性,这在某种程度上又使实证法看起来与迄今为止的自然法相似,颇为妨碍我们对自然法的反对立场。我们认为挽救这一局面,不能通过制造一个新的二元性,而要让实证法在一个形成(Werdegang)中消解。这种动态的实证法应当同时包含所谓的更高位阶的法和低位阶的法。

简言之,我们所主张的正确方法应当既非一个单方面现实主义的,也非一个单方面理想主义的,而是一个理想的现实主义的,或是一个现实的理想主义的方法。这一方法不能作为纯粹先天性的以及演绎性的,或是作为纯粹后天性的以及归纳性的而得以建立。唯一可行的出路是,将鲜活的、动态的有机体系作为我们理性的前提;这一出路实际上就在于,一方面我们从不忽视对象的具体性,总是对之深入地进行探寻和钻研,而另一方面,我们要养成一种全面的、直觉性的本质观。为此,这一研究必然要着眼于整个文化领域;当然不能说我们否认一个关于某一特别领域的技术的实际知识;而是我们认为,通过为实证法创设一个更为理性的内涵,我们可以就此赋予实证法赖以存在之活力、生命以及正当性。

第一章 实证法

第一节 实证法的真实形式:几项权衡

当我们一般性地提出"什么是实证法",这是在追问实证法的本质及其组成元素。我们的观察方法因此是一种分析式的和静态的,是从它的个别表现形式及其当下状态来把握实证法。

在这一意义上,实证法就是被"制定"的法;实证的意思是指"将思想设定为实存状态"。作为实证所界定的法是指那些在被观察的时间和地点正被作为法而使用的。作为实证法的,最后还包括那些文化规范,它们虽然与国家强制力不直接相关,却作为实证法发挥作用。因此,我们称之为实证法的,是一个规范整体,以公式化表达就是,通过立法、通过法官判决以及通过习惯所"制定"下来的规范整体。这三种活动将我们使共同体和谐的这一愿望——这也是人们的需求——变为坚实的、最终的规则。所谓的实证法的主要特征就在于它形成于一种"制定"的必要性,一种规则性表达的必要性。

法律是实证法,这是毫无疑问的。甚至于有断言称,法律是实证法的唯一组成元素。尽管存在争议,立法无论如何都是最有力以及最迅速的对于今日法律的表达。因为法律进行一般性的规定,并因此达到最大的影响范围。但正是法律的一般性的特性,使得那种论断,即它们是法律创设的唯一渊源,丧失意义:为使一个不可避免地存在模糊性及漏洞的一般性规则能够适用于不断涌现出的、特别的情况,人们还需要其他的补充性规定。

对于如何将法官的判决进行归类存在着更多模糊之处。我们必须面对两个问题,法官的判决在多大范围内是实证法的组成部分?以及实证法在多大程度上通过法官的判决被创造出来?或者法官的判决仅仅被视作一个对实证法的解释而非直接被视为其渊源?

施汤浦(Stampe)说道:"在所有那些情况下,当法官需要法律规范,却无法依据刚刚所描述的路径(逻辑性认识)作出判决时,他就必须借助于法发现,以法官的补充解释加以替代。"艾伦(Allen)则仅赋予法官解释性的角色:根据他的观点,只有在这一意义上法官实际上创设法律。不过,无论法官事实上担负了何种功能,解释性的抑或补充性的,于我们而言并无不同,法官的判决总是应当被列为实证法的本质组成部分之一。因为,无论是立法还是法官的判决,这两种活动都具有实证性这种表达的特征。因为立法者和法官服务于同一个普遍理性,所以他们二者是这一理性的创造者和承担者。他们表达上的区别在于创造之范围而非创造之可能性。

就习惯法而言,其作为国家法之法律渊源的属性被严重低估。人们或是指出,习惯法只在立法者许可时方才有效,其实现总有赖于一项法庭判决或者行政机构的行为,或是主张,在实践中很少存在习惯法。习惯法也常常被这样一个评论打发了事,即习惯法很快将彻底消失。这种看法对如下事实有着错误的认知,即大部分的习惯性规则不仅在其生成,而且首先是其进一步发挥作用,都只能归功于事实上的遵守及反复实践。它们从起源上便与国家颁布或国家承认没有关系,而是生长于一种确定的、已经存在的法律关系之中,或是生长于一种共同体之确定的、独特的法律观当中。

习惯法的实证性与立法以及法官判决不同,后者存在于一种完全能够被识别出来的"制定"行为中,但习惯法在具体性上并不低于这种制定,从而不能否认其作为实证法组成部分的独立属性,尽管这一具体化过程可能持续较长时间。

目前为止论述的都是关于实证法的实体形态,关于它的抽象特征。这仅仅是对于实证法组成部分的一个分析,以及对下述问题的阐释:什么是实证法形态的组成部分。我们知道,它是关于某物的实证性;我们拥有立法、法官的判决以及习惯法规定这三种实证形态。但是,这个某物是什么,这三种活动作为实质表明了什么?

对此,通过一个分析性的、静止的观察方法无法获得答案。为理解真正的实证法,我们必须寻求从整体上进行把握:也就是说,我们必须捕捉实证法的"形成"。"实证法若是如此就算是形成了,具有了法的形态。但是这一形态绝非完成状态。人们可将之称为形成中的形态,如果我们无须担忧这个'形成'被理解为无意识—机体的形成。处于完成的形态在理论系统中,在法学的思想殿堂里,和在实际案例中,在法律的裁断中存在的一样少。"目前为止,人们总是横断式地观察实证法,因而获得了一个实证法的静态概念,无法在其理性的完整性中理解问题。

不过,为使我们之后表达的观点变得简单些,我们还必须进行一些分析;为此,我们退后一步,为将形成中的"形成"作为一种静止的形成予以理解并提出问题:实证法如何形成,一部法律,一项判决,一个习惯法规则如何形成?哪些权衡因素进入观察并形成了关于法律的实证性、判决的实证性或是习惯法的实证性方面的思想？简言之，我们研究实证法的形成，我们探究作为立法者及司法者基石的精神形式以及探究那些伴随习惯法规则形成而出现的思想。这些还都是以分析性的形式发生，而我们将不得不采用一种更高层面的阐释方式来提升这些考察方法。

我们首先处理法官的问题：此处的情况较其他两个领域明显更易辨识，因为我们可以借助已经存在的判决来追踪法官的立场。另一方面，由于法官在多数情况下仅扮演了立法者身旁的次要角色，并将其功能限制于法解释，法官的独立性因而就凸显于那些地方，即法律存在漏洞之处以及一般性条款的运用之处。我们暂时将注意力集中于上述情况。

人们很少意识到，在寻求一个有效且富有启发性的标准时会陷入何种窘境，以及在司法中人们怎样持续地被从一个不确定的表述驱使至另一个。一般而言，在德国私法如此众多具有多重意义的表达中，如"滥用、无条件的、不合法的、案件的理性衡量、自由裁量、公正、道德上的义务、诚实信用、善良风俗"，以最后这两种最具代表性，它们是极其众多的案件中至上的原则。人们会说，行为是"不合法"的，或者构成"滥用"，就是因为这些行为根据诚实信用的观点及善良风俗的规则的评价构成上述结论。可以理解，帝国法院将"诚实信用"原则作为一项在整个民法典中具有支配地位的基本原则予以承认，并通过司法审判将其地位确认下来。但是，因为这些基本原则曾一度被置于价值体系的顶端，这意味着，这些基本原则并未指向任何具体内容，因而人们又向下寻求，寻求其他一些大致是位于其下位的标准。例如在帝国司法裁判中有如下表述："关于合同，第242条之规定将进一步引向此基本原则，在合同关系展开的过程中，各方都需顾及其知晓的另一方的特殊利益，务必将尽可能地避免对他方造成损害作为其行为指引。"在另一项判决中，我们得到如下指示："因此，一个正当的拒绝接受部分履行的行为，在履行义务是可分割时就可以被视为对拒绝义务的滥用。"这样的例子我们可以随便添加。这是在绕圈子，而根本找不到任何出路。只有在一种情况下能够将指导性的原则和真实的情况联系到一起：我们得有勇气，能将"善良风俗"树立为生活中涉及的所有公平正义问题的支柱性准则。

事实上，所有这些来回的相互参照仅仅意味着一件事情：它们隐藏了我们的主观性并营造出一种假象，似乎我们不过是在法律的框架内进行判断。而几乎不容否认的事实是,正如在裁判前总是预先存在一个法官一样,恰恰在一般性条款中表达着普遍理性。

在涉及法官判决的情况下,人们却并不那么容易地关注到法律背后的理性,因为法官仅仅被赋予了一种次级的法律适用者的地位,也因为人们假定在法律中和立法者那里已经包含了这些理性;但当从法官判决转移到立法这里时,相同的怀疑仍会出现。在这种情况下有助于解除这一怀疑的方法是,要反对立法者过强地受制于恣意,这种恣意导致立法者在所持立场上遭到普遍的不信任。在此基础上,人们就去寻求一种新的、绝对化的标准。

这种永久的逃避以及寻求一种外在于我们的标准,寻求第三种绝对性,这种对现实的永久逃避是不能理解的。人们也根本不考虑立法者的恣意多大程度上在个案中是可能的,以及这种恣意意味着什么。

当我们谈论的是单个个体的时候,当然不会存有争议的是,恣意性总是一定程度上存在的。但是,当从个体的主观理性出发,不会有比在法律的情况下更大的错误了,由于人们忘记了共同体这一前提,法瞬间便失去了意义。强权不得不求助于法律,因为其自身不容置疑的重大利益需要法律。法律只涉及普遍理性的表达,而对于普遍理性,恣意性仅在一定程度上是可能的。

而且,即使试图通过使用强权将自己的恣意强加于其他人——除非恣意恰好与普遍理性相统一,以及除了在主观理性之外还有非理性存在这一情况,在不考虑这两种情形的条件下,恣意仅能够提升普遍理性的反思性,并以此加速自我否定或者抵消其自我效力。就这点而言,那些非理性的因素并非在所有情况下均是有害的。相反,它们是生活本身的一个部件,其令生活继续展开,并使那种可以发展出最终及最全面理性的活力自我构建。因此,对存在之理性的怀疑以及寻求一种新的约束性,这种恣意已经甚过了立法的恣意。

那些对我们所说的普遍理性没有认识,因而对法官判决和立法缺乏公正认识的人,继续寻求并认为习惯法才是至为重要的;人们说,在习惯法这里,我们不需要担心恣意和强力,法律的形成在这种情况下是自发的,而且可以归因于人民的法律意识自身。这或许是一种正确的认识,条件是只要人们不再将法律理所当然地看作一种自足的表象,不再将法律的实证性视为一种完整的秩序,而是将法律界定为法律秩序承担者的基本精神形态。因为根据流行的法律观点,习惯法起源于两个要素:习惯和法律确信,一种应然的确信。法律确信,根据我们的解释,简言之,不过是秩序承担者的观点自身:它源自我们的普遍理性,而普遍理性自身是一种人类权衡的有机体。因此,我们或许可以说,理解习惯法的学说对我们而言顺理成章,当然要避免经常发生的片面性错误,即将立法和法官判决这另外两种活动误认为具有和习惯法相同的基础。

不过,对于每一种实证性——被考虑的总是行动的那刻而非结果——必定存在一个普遍理性,如果我们不做进一步的探究,这一基本事实可能对于我们而言看似模糊、无法理解、也许还是多余的。因为在实证性之处,论及的实际上并不是一个普遍理性的存在,而仅仅是让一些权衡发挥作用;它们将非常明显地存在于一项立法的动机,一个法官判决的论证,还有习惯法之中——有意识或无意识的,如果它们尚未被记录下来的话。不过,这些权衡对我们而言不过是一个——针对其自身的特定的——称谓,大概就是有机的理性整体的一部分。我们将把这些权衡分为五个范畴简要地加以观察:

一、道德权衡

我们对于道德的理解是,它是一种关于我们周围人或是我们自身的某种具有约束力的确信;它是一系列的规则、戒律、禁忌;它是某一社会的类型化被给予性,与其他社会被给予性一样要求一种现实性。道德上的权衡对于法律行为而言,其重要性正如空气之于生命。那些通过确信、传统或者决定性的思索从而遵循道德者,在一个社会共同体中展现出立法者及法官无法忽视的权力。为了说法律行为是否因为违背了"善良风俗"而导致无效,或者某人因为"侵权行为"而应承担责任,或者一种"得利"是不当的,法官,同时也是一个具有道德性的人,必须知晓如何评价所涉及的人在其所处的环境中是如何行为的。一个较为成功的尝试是来自希伯特(Ripert)对于立法以及司法判决中道德要素的系统性研究。虽然其著述仅限于法的一个领域——债权,但毋庸置疑的是,他对法律其他领域的研究也同样会取得类似的成功。实际上,总是可以看到正义及公平理念被引入法庭的判决之中:《德国民法典》第157条、

第 242 条之存在,是为保护(人们)免于遭受无理的、违背法律及公平的要求。

二、历史权衡

我们把历史权衡理解为最广泛意义上的传统。我们也可以说,当下就已经成为历史。于我们而言,历史权衡的对象将不仅是制度,因为制度从某一特定时刻起就已经存在并因而只能被历史性地阐释。我们还将把整个传统、习惯、习俗以及信念,这些在我们今日社会中居于主导地位的因素,都纳入我们的观察之中。已经被我们作为实证法起源所认识的习惯,以及在我们关于人类的普遍理性分析中被作为第一种权衡而阐释的道德,都可以作为历史权衡的要素再度被引入我们的观察。问题的核心在于,它们均具有过去的约束性力量;对于它们存在上的差别、意识力量的程度以及它们在整个社会秩序中的位置,我们都可以先搁置一旁。重要的是法官、立法者对于历史权衡的立场。因为今天我们看到,历史研究的任务就在于通过对过去的阐述唤起对当前的理解以及锐化对于未来发展可能性的展望。一些法律现象的当前形式几乎完全来自于其历史,因而仅仅能够从其历史生长中去理解它们。如果不关注其历史基础,所有权、合同、土地制度是无法被理解的。有意识或者无意识,情愿或者不情愿,法官实际上总是将一个普通人的日常行为方式纳入考虑,包括他的习惯,他的信念,以及某种特定职业所具有的习惯做法。

三、经济权衡

经济占据我们社会生活中一个重要的部分,因此在法律中权衡经济的必要性不言而喻,无需过多解释。"经济",施塔姆勒(Stammler)说道,"本质上是社会生活的实质,是社会的组成元素"。在这一意义上,经济权衡正是对实证法的补充,这是现代社会生活的要求。例如在 19 世纪,由于欧洲社会的变化,一个法律秩序中的崭新学科形成了:劳动法。此外,对于土地的分配和使用问题以及信用问题对物权法的新发展产生了深远的影响。在最近,我们知道,例如在处理货币升值的责任时,无论是法庭还是当事人在面临这种争议时,只有在具备关于货币问题及当时法律所规定的相关知识时,才能够确定给付的多少。经济不仅是作为一种权衡,它的引入属于法律存在、法律理性本身。

四、政治权衡

我们将所有那些旨在为塑造一个未来社会的观察,称之为政治权衡。这些权衡我们必须在以下范围内单独考虑,在每一个对于未来的想象中隐藏着主观性和不可操控性的元素,因此政治权衡具有非常大的危险性或是没有帮助的。另一方面,公共机器的构造决定了只有一小部分人来运作社会共同体的政治,公共活动的其他部分,立法性和司法性的只是政治的功能。事实上,每一个政治的权衡都不过仅仅是一个未来展望,正如这是每一个行为和认识所固有的一样。只要一个客观的认识是可能的,那么客观的政治权衡就同样是可能的。当然通过政治活动,政治纲要的设立仅仅是一个小圈子的责任这一事实,似乎使得政治权衡与一个政府已经建立起来的政治纲要别无二致。但政治从来就不是一个纲要,它是理性的有生命力的活动,这是从过去到现在并在未来不断得到贯彻的。政治领域不意味着与诸如经济或是道德相应的领域:因此,谈论政治洞察力比谈论政治权衡更好。不过,另一方面,我们所谈论的政治洞察力或是政治权衡是建立在纯粹的知识政治学之上,而与精神政治学,如卡尔·施米特对敌友的区分,毫无关系。知识政治学是理性,敌友之分是非理性。斗争的政治仅仅是通向真正的政治、知识政治学的一个阶段。唯有如此,我们才可以避免非永久政治的主观性,并谈论一个实证法的形成。因为,每一个法律秩序就是精神政治学意义上的持续不断的去政治化,尽管如此,立法者必须同法官一样具有一个真实政治意义上的政治视角,否则,它将保持在一个永恒的教条主义之中,使法律不再与现实的要求保持一种统一。不过这个政治的洞察力需要持续性发展,也就是说它不是无理性的,而必须是有机的(如"形成"这一词语所反映出的)持续性向前发展。法律秩序要求的不是一个政党政治,而是一个政治的哲学。

五、法律或逻辑权衡

人们也许会说,如果我们放弃对各种不同种类权衡的列举,那么从这四种并非法律的权衡中还识别不出法律的形成。除此之外,必定还存在一种纯粹的法律权衡。法律和非法律的权衡存在差别吗？究竟是否存在着一个那样的法律权衡呢？

我们必须对这一问题给予否定的回答，至少当我们就其在一个社会的初始状态中予以观察的时候。我们当然不想去构造一个自然状态。我们所称的是,所谓的法律秩序是在一个时期内形成的,在那时还不存在法律、完备的法律原则,而仅仅由一个法官承担着纠纷解决和推进社会共同体生活的功能;他依据所具有的经验和知识裁判纠纷,他权衡所有生活中可能的情况,他就是不能从法律的角度权衡,原因十分简单,因为彼时尚不存在任何法律秩序。如果判决的作出能够使双方都感到满意,则人们就说,法官是公正的;那么这个判决大概就已经被认为是一个法律思考的开端了。但是,我们无法进行判断,是否这个判决将会成为一个先例。无论如何,法官在判决时更基于他的一般认识而不是依赖于某种法律思维。这种一般经验和认识形成了我们所称的非法律的衡量。自然,这些建立于非法律知识之上的判决以及随后基于那些考虑的公开规定,大概成了法律系统的一个开端,但从根本上,法律的知识仅仅是对于非法律知识的适用以及进一步加工,它们的作用实现于解决争议之时。

无疑,为了省力并为创造一个系统,能够赋予我们所获得的知识一种持久性以及一种统一的形式,我们记录前人已经获得的知识,拓展它们的概念,最终一般化它们的原则。在我们的特定领域,这些传统被称之为:法律。这种方法的核心在于得出一个一般性的规则,这是人们通过注释、争论和经验阐释所挖掘出来的,它又被作为一种被给予性而被观察,其自身应当不言自明地包含推论的动机。

可很快人们就遗忘了规则和原则的起源,并且连推导出这些基本认识的方法也将被忘记。最终人们会很快忘记,所谓的司法知识仅仅是非法律规则对争议案件的一个运用而已。以这种方式,人们就生活在一种法律的"自负"之中。这一滥用就在于,将实证法的整个系统锁定在一个数量有限的逻辑范畴之内,而这些,由于其在很大程度上事先确定了并且在其本身基础上无法被理解,它们无法总能与形形色色、变化多端的生活要求相适应。事实上,法学在所有学科中是那个最无法自生自足的学科。卡多佐部分正确地认识到:"在法律中,与在其他学科分支中一样,从经验中归纳出的真理引向新的演绎的前提。"也就是说,法律仅仅是对归纳性知识的演绎。因此,如果我们想谈论实证法的形成,在此必须作出的权衡,并不是那种法律权衡,而至多是关于一个合乎逻辑性的权衡,也就是逻辑性权衡。我并不否认,建构和三段论是不可缺乏的:因为区分的过程仅仅是人类精神发展至理性主义。我真正所指的是,唯逻辑性的限度从未像在法学领域中一样如此被收紧。法学总是要求那些与之相分离的、抽象的、分析性的追溯至生活本身。生活有其自身的逻辑性。

第二节　权衡与普遍理性的交汇

当我们将五种权衡纳入到分析之中,并不是说我们不能考虑其他的权衡类型。只不过,提出新的权衡并不是重要和必要的,当我们认为,虽然分析更为细化的概念总是可能的,但列数那些最为根本的以及被作为原因所认识的权衡,即根据我们的看法构成实证法之形成的那些权衡,应该已经足以向我们表明,所有这些类型必须同时化入一个整体,即理性、理念之中。

因为实际上这些权衡当然从不纯粹或是单独出现。为理解一种权衡,我们就需要考虑所有其他权衡。在分析某一权衡时,人们已经找到了另一种权衡的方法。例如,逻辑要使独有的原则扩张于其边界的最大范围。而我们总是需要将一个原则在其历史的可能性上进行理解。历史的观察为一个纯逻辑过程创造最大的现实性,我们可以说,只有一种逻辑,就是历史的逻辑,也即一种具备历史性背景知识的逻辑。至于现在说什么是政治、经济、法律或者逻辑之间的相互作用,我们并不需要对此花费过多口舌。"政治",施塔姆勒说道,"是这样一种活动,旨在形成良好的社会状态。社会状态是被规定下来的人与人之间的关系"。即它是有关于,一方面包含人际关系的最高逻辑性,另一方面包含人际关系的社会状态(它同最广义上的经济相应)。政治是一个意志。但它要承担一个导向,这必然地通过传统进行教导,依逻辑在方法上整理,在系统中被规范,并服从于社会状态的活跃的要求。也许人们对于道德会完全是另一种说法,即它是一个封闭的领域,是一个思想上特殊的范畴。对我们而言,道德是"与社会现象中的其他共生的因素互助连带的。一个特定社会的道德情感、道德实践，对于智者而言，总是与经济和政治状况，所获取的知识、气候和地理条件以及该社会过去的状况相关。迄今为止，其因为上述因素的影响而演变，同样地，它们在未来也会发展变化"。

这种对于不同权衡间相互作用的认识使我们可以说，所谓的权衡只是一种观察方法规律性的改变。因为历史权衡所讲的，不过是对人类生活的观察，是对过去的"我们"整体的观察；对未来生活的观察形成了所谓的政治权衡。那些构成经济的、道德的以及逻辑的权衡则是对当下"我们"的观察，包括所有关于"我们"的信仰、确信以及外在的逻辑性。这些权衡所涉及的并非置于我们之外，而是我们精神基础的焦点。不过，有一点还未被充分说明，不同的权衡本身不能相互分离，因为它们未经分析地出现在我们的思想中。它们首先仅仅作为一种包含整体性的存在观出现在立法中、法官的判决中以及习惯法的形成中。虽然分析并非不可能，但是在这一时刻，在整体性适用的时刻，对具体权衡进行分析必定不是正确的做法：分析是一种特别的操作，人们只有在事后才可以作出。在本能的时刻，它们呈现为一种要素的相互作用，在初始时并不能以某种特别的形式被认识。它们形成一个整体性概念，而不是一个要素的总和。这种我们精神存在的集大成不是一种综合，也就是说不是一种智力的运作，以独立要素的清晰存在为前提，而是相反，上述所分析的权衡仅仅是对这个整体性概念的薄弱分析。这个集大成形成了一个有机的整体，被我们识别为实证法的精神基础，其形成的前提，被我们称之为人类的普遍理性，称之为理念。

第二章　自然法

第一节　亦化入普遍理性中的自然法

具体的权衡消解于理念之中，消解于理性之中，看似是某种对我们而言非常任意的想法。但即使不上升至最高层面的抽象性，仍旧非常明显的是，外在的意义经验——其中也包括纯粹的对于不同的权衡的吸收——只有在下述情况下才获得适用，即当其多样性被置于统一性之中，也就是说，当我们将这一多样性内化，并通过理念唤醒获得真正的存在。人们对外界世界的认识完全基于其对内在理念的理解。理念不过意味着我们生命中的真实生活本身,意味着在我们精神中对外在世界的生动加工。我们的理解并非一种外在于事物本身的行为——首先是这类理解,通过它精神把控了人类、民族和时间的本体——而是穿透本体,使之不维持不变。理念、理性完全是一种人类和作为客观存在的自然的中介。它是宇宙的秩序原则,是使我们认知存在的可能性,是我们的思想本身。这一整体性,即理念,是我们最为全面的精神财富。理念不仅是一种空间上,也是一种时间上的思考。它也不是一种简单的目标,因为目标是一个静止的点,一个并不运动着的点。理念是全面的,我们不禁要想到帕斯卡尔(Pascal)所作的非常优美的形容:"到处都是中心,无处有边界。"理念是一种想象,它形成于被思考的多样性的联结。它是被想象的、被期望的、可自我实现的可能。理念设定了这个世界是"什么",当我将这一外在权衡的集大成看作一个有机的整体时,我指的是,它同样是对生活的认识以及人类目的和目标的源泉,它是实然的再生产,是伴随着应然的实现。

第一,理念是有机的、稳定的,同时又是有活力的,因为它包括除存在本身之外更多的内容,当它将现实并非只是在其静止中以及在其分析性的状态中呈现,而是在整体性中,在一个最为活跃的因素的相互作用中呈现,当它仔细全面地审视实然,以及对必要性不在其冷酷粗暴中而是在其作用的可能性以及方法选择上深入考虑,它实现的比应然更多。这无疑是施塔姆勒的一个巨大贡献,将法律上的问题在两种情境下,即印象和意志进行区分。不过,实然和应然根据我们的理解还相互关联。为此,梅茨格(Metzger)尝试这样理解,"应然仅是意志和动机变化的一种特殊形式"。因为不仅仅是一个对于未来经历的想象属于意志,它还包括一个对被期待事项的实际存在状态的想象,梅茨格认为,应然可以从社会存在中引导出来,也就是说,能够从人类状态的自然存在条件中引导出来。我们不想否认这种可能,但我们希望能够对此作更多说明。因为,被想象的存在已不可能百分之百地相对应那个静止的存在。它应当已经被加工,已经与我们创造性的冲动相混合,它就是构成意志本身的东西。这种活跃性状态中的意志并非从其存在之中推导出来,而是它(活跃状态中的)总是超越它(存在)。因为当我们说,应然当是从实然之中推导出来,这也就是将其置于一种从属地位;无论如何,这两种范畴的思想并不融合于一个更高的统一性中。为了将实然和应然作为一个统一的和同一的范畴进行理解,我们必须为形象化的表述引入冯特(Wundt)关于表象的理论。每种表象都会在情感发挥作用的状态下加深翻倍。我们可以将表象作为实然进行观察,或者如果人们愿意的话,将其作为心理现实的客观方面,而感觉或者应然,正如我们所称之的,则是作为反面的主观方面。然后,当我们将这种具有两种不可分的主客观方面的统一体从动态上加以把握的时候,我们就获得了一种实然—应然的视角,从而解决了这个问题,这恰恰是我们的"理念"。

第二,理念又超越于主观性之上。为了获得理念并为了理解理念本身,我们本来必须同时使用理智上的方法和直觉上的方法,可惜人们普遍将直觉视为主观主义的先锋,并特别地回忆起直觉在理念世界中扮演的角色。因为,直觉赋予我们的理性以活力,这往往是我们匮乏的。直觉实际上不仅仅是主观主义;根据柏格森(Bergson)的看法,直觉是自我意识以及冷漠之本能。直觉给予我们对一个客体进行思考并将其无限扩大的能力;将我们引入了本真的生活领域,后者是一个变化多端的充盈以及一个不间断的创造。当然,仅有直觉的方法不足以实现理念。此外,所有的创造还需要钻研,有意识地深入到事物中,深入到一般性之中,使精神沉浸其中的整个直接性和个体性得以被去除。所有的创造就此而言都是一个尽可能完全消除我们单个的特殊性的过程。获得一个理念,除了本能的方法之外,还可以通过深入理解和对于对象的精准研究来获取,也就是通过一种将所有客体在其完全的具象中予以理解的能力来获取:通过理智的方法,通过思考的方法。思考得越深入、越清晰,感受得越广泛,理念就越引人入目、越有魅力。批判主义所做的无非是借助于一般主观主义来寻求获得科学的客观主义。它将认识客体视为思维主体在科学认识活动中进行思维活动的结果。但是,理念最为独特之处在于,其力量强度取决于我们的精神、我们思考的努力程度以及内在观醒(本能)的能力,而它又促进性地反作用于这些因素。理念不仅仅是被思考着的,同时也是被感知的,是智识和本能一体的。关于理念,康德说道:"它不是任意地被臆造的,而是通过理性的本质自身而被阐述的,理念因此必然涉及的是完整的知性运用。"照我们的解释来说,完整的知性运用还应当包括直觉。在这方面,理念是一个永恒的任务,从不可能停留在主观性上。

第三,这个理念本身还未被命名,其大概能从许多不同的权衡中被辨识出来,但却不仅是这些权衡的总和,绝不等同于它们。理念既不是法理念,也不是法律的理念。因为在这种理解下,理念很容易与法律概念相混淆。它的内容也不像大多数法哲学家所主张的那样,指向一种特别的思想,比如说社会共同体的思想。社会共同体的生活是一个事实,本身不能说明什么。将社会共同体看作一个最高的理念,只能在某个时代中去理解,在这个时代,个人主义产生了许多不可能的影响,换言之,给出这样的评判是对过去一个时代的艰难回应。但是,当人们对人类整体的发展进行更深入的观察就会清楚,纯粹的个人主义从未产生过,人类总是以一种共同体方式生活。社会共同体本身还不能提供什么线索;因为在此意义上,指向共同体思想的,不仅是法律的理念,还有文化、伦理、艺术的理念等,并且对于那些希望用共同体思想来划分一个特别领域的法哲学家们,大约这样一般性的概念很难对他们有什么用处。但实际上,我们的理念已经具有了一项内容:它从不单方面倾向于社会共同体;它只是很难被确定,很难被定义。"理念本身",正如黑格尔所称,"不能理解为某物的理念"。理念本身的存在不过如其自身那样。在直觉上也许每个人都很清楚法律的本质。法律不过是人类的规定。"它自身并不独立存在,确切地说,它的本质就是人类自身在某一个特定方面的本质。"也许我们最好将这个理念称为——如果竟要为其选择一个特殊表达的话———种涉及普遍理性的调解功能的理念。

第二节　对既有自然法观点的批判

这样一个动态的、与调解功能相关的普遍理性同时包含实然和应然,并以此将主观性和客观性相统一,也是我们想象中一般意义上所称的自然法思想;我们也完全可以将其称之为我们的自然法观。

我们今天必须把早先的自然法理念视为不合适的。那些自然法学家均从人类原始的本能特征出发,或是个体性的,或是集体性的形式,并假设这种本能特征,作为人类个体的本能或是自然状态下的社会,是理想状态。以此为出发点,他们建立了一个完整的规范系统(我们暂时保持该系统的历史正当性)。但是否正是这种人类本质值得作为理想状态看待,还存在着疑问。这个关于人类本性好与坏的艰难问题向来为哲学所探讨。限于篇幅,本文不可能对此进行讨论。对我们而言选择一个中间的道路是更可取的:我们以此为出发点,即人类的品性在其自我建构的过程中是自由的,也就是说,它是中性的;向好或向坏的倾向度同样大;人类在自然状态中的品性除了每个人之为人的资格之外都是具有解释空间的。因此,当我们唤醒一种人类天性时,我认为,我们走在一条危险的道路上,绝对无法获得评判标准,或者是从一个错误的出发点开始赋予此建构一个具有误导性的、人为的绝对性。在此,我们不想否认人类天性的存在。我们可以,譬如,将人类作为一个活生生的有机体进行观察,可以接收感觉印象。不过仅仅这样简单的装置还远不是人类,不是生命,它仅仅表现了一个生长性的功能。构成人类存在的东西,是接受外在、同时将其进行加工并作用于内在,就是思考。通过思考人们获得理念;或者思考就是运动的理念,即理性。因此,我们找到了理性法的概念,作为一个纯粹的称谓比自然法的概念更恰当。

但是,那些提出理性法的人,又相信某种确定的理性的预备,换个更好的表达,他们确信,人类究其本性已经具备一个终极的、完备的、绝对的、在我们看来静止的理性,以至于人自身仅需要依据其相应地行动,并模仿既存样板。但是,根据我们的观点,人类理性是理念最终流入的地方,是一个永恒的任务,一种持续的自我发展、自我塑造的思考。

但是,当有观点认为,如马尼克(Manigk)所言,历史上出现的自然法被证明是不存在的时候,仍不足以否定自然法的理念。马尼克所理解的理念,其实仅仅是一种对此前自然法的模糊的回忆;最原始的元素已经失掉了,仅留下一种历史的回响:如同一幅壁画,它的颜色以及艺术绘画随时间的毁坏而褪色或者仅能感到一缕此前的形态。就像一个在一段时间之前死去的人,对其专横的回忆仍旧令人恐惧。而无论是绘画的一缕,还是专制者的行为,总归都是过往的余音。这一自然法的理念是一个来自于过去的理念,一个没有未来的理念,这当然不是我们所理解的自然法理念。由于马尼克徒劳地努力将这种理念完全重建并进行理解,那么可以确定的是,它可能有必要具备新的内容。对此马尼克阐述道:"自然法绝不是某种不同于一种个体有意识形成的对习俗理念的生活表达的东西,适用的法律与之不协调或不再协调。"我们观点中的自然法理念也不完全是一个习俗的理念,而是一个关系到普遍理性调解功能的理念,就是全部文化认知上的,包括习俗上的。

更准确地说,所有迄今为止的自然法的尝试都源于一种不满足,源于一种希望,即对现存状态的扩展以及对可替代物的必要想象。但是,这一想象的生成,要么通过我们不进行一般性而总是能够进行个别性的思考,要么在于,我们总是做好准备,接受一个可能的矛盾。而且,想象还可以自我生成,当我们无力在真实的变动中把握已有的现实,以及我们运用错误的观察方法使自己获得关于已有现实的一种昏聩的感觉的时候。由此,总是会从外部产生一个新的绝对性:最典型的例子是自然法,它同既存的法律一样具备同样的实证性。现代的自然法,大概已经不再需要立身于一个实证的法律体系,尽管如此,它仍然一如既往地要求同样的绝对性,一个外部原则的绝对性。

所有这些都来自于"自我"的无意识,来自于一个并不深入的关于我们客观精神的确信,来自于一个对我们思想的怀疑,对理念活跃力量的怀疑。但是人们也许可以说,我们这里所提出的,是一个有关普遍理性调解功能的思想——自然法,如果人们愿意根据我们的观点来称呼——也许正如同之前的自然法系统一样存在于实证法之外。但这可能是错误的:一个那样创立的原则也仅仅是外在的,只要实证法并不化解于其中。我们在论文第一部分所作的努力就是将这一解决方法表现出来并证明,实证法的形成不过是一个有关普遍理性调解功能的思想,或者以分析性的形式表达:不同种类的文化的权衡。在这种观察下,自然法和实证法将统一以及同一。接下来我们就能够着手进行第三部分的分析,探究自然法和实证法之间的关系。

第三章 实证法与自然法的关系

第一节 自然法与实证法的关系:效力问题

在对迄今为止如何理解自然法,以及我们对自然法的另一种理解进行说明之后,现在对自然法和实证法之间的相互关系进行阐释也就相对简单。不过,当我们谈论一个关系的时候,我们就已经设置了一个双重性的前提。我们在第一章中已经大致表明，实证法实际上并不是一个静止的概念，总是以法律的形式被约束，相反，其自身是一个形成过程。在第二章中我们澄清了，这个形成过程并没有独立于我们存在的机制，且其自身可以是动态的，它不是一个与主体相分离的、完全独立的客体（那样的客体实际上是不可想象的），而是我们的理性本身。如果我们能够发展地并变化着去理解自身，这一实证法的形成现在还可以变得更加可被理解。这一运动中的"我们"，作为活跃的精神，就是理念、理性，或换种说法，就是我们观点中的自然法。因而自然法和实证法之间的关系无非是我们自身主体与客体间的辩证法关系。它们之间不存在相互的关系，它们就是统一和一体的。说到实证法、自然法以及它们之间的相互关系，是纯粹的、不真实的抽象性。通过抽象性，人们将两个概念并列建立起来；人们让其人格化；让它们说话，作出命令、给予批评和下达判决。然后，人们总是意图将全部的优先权让与并不存在的、所希望的，并将存在、真实置于它们之下，因为人们总是在其分离的状态下、在其眼下的状态下观察实际存在，从而产生一种变动的、不断提出主张的不满足。人们将存在物化，去精神化。但是，在现实中，我们的精神作用于其中一个就像作用于另外一个，理由很简单，因为它们是一样的。这是精神在辩证法上的展开。

理想的法律，法的先天要素，法律的道德正当性，自治的、其效力直接来源于价值的法律，永恒的、自发的、自由的法，这些便都是自然法。自然法具备所有特征，人们直接拒绝实证法的所有效力，即实证法仅仅在符合自然法的时候才获得效力。不过只要自然法自身还屈从于一些不稳定性，那么与自然法密切相关的实证法的效力必然是无果而终的。静态版本的实证法——作为一项法律，一部法典，一个独特的习惯法规则，一项独特的判决——在现实中仅仅是一个事实，并由此给我们以深刻的印象。而事实却毫不触及实际的适用问题。实证法的存在归因于有别于同所谓的自然法相一致的其他理由和标准；例如权力的制裁。只要我们不抛弃静态实证法的领域，就会导致其他极端理论，将这一事实或者那些由此从心理上所引导出来的：意识，一个脱离了法律施行而遭受统治的强迫，作为法律的适用标准进行理解。虽然西莫尼乌斯（Simoniuhs）作为这一观点的代表，也认可理性是习惯成自然观念预先存在的重要标志,且法律观念若取决于法律条款的批准,则判决将是最为稳定的。但是,西莫尼乌斯没有看到,通过单方面对于惩罚的强制力的强调,将形成对被命令者以及强制力施行者的消极立场,并因此导致法律共同创造的事实既被统治者也被其他层面的人所误解。一个屈从性,一个对于义务的确信之可能,是建立在这一基础之上,即我们强迫自身并相适应地确立我们的行为。一个对于义务的确信并不仅仅表明为一种对置于我们本身之外的惩罚权力的存在的确信,而应当来自于一种对存在那样义务的基础的认可。实践已经存在的时刻并不重要,实践开始的时刻才重要。这要求一个有意识的或无意识的前置性考虑。西莫尼乌斯自己还说道,一般而言对义务的确信,以一个相互的观察或者理解为前提。由于人们必定会提问,为什么还有必要"尽可能宽泛"地确定其效力。因此我们认为,只要我们停留在静态实证法的领域内并且既不能确定自然法也不能确定惩罚的权力,真正的法律的效力规范就不能确定。其实,我们必须将实证法在其形成中进行理解:实证法的有效性从现在起不建立在迄今为止理解的所谓自然法的镜像上,而是与其自身相关。因为效力对我们而言意味着思考中的和谐,一个对于思考元素的相互肯定以及对矛盾的放弃,而且效力同样阐明了我们实证法的形成,理念功能。效力规范并不是外在存在的。有效的,是理性;因为其自身就带有效力。这个实证法——我们能够同时将其作为我们理解的自然法或是理念予以描述——在理性中消解了所有的现实性,理性将所有的现实性消解于有活力的运动之中,后者对于一般的知识学科仅仅存在于封闭的静态之中。那观察视角也就不针对一个特定的时期,根据我们的观点,人们对于效力问题从此以后不再需要进行阐述了。对我们而言,视角必须一般性地投向实证法的形成,投向其动态:这里,实证法就是效力本身。

第二节　实证法与自然法的关系:
自然法的批判及控制功能

　　法律、判决、习惯法规则等的事先存在作为一个完全不依赖于人的事实,自然法学家是经过了一段时间才承认的,虽然仍旧是在二元论的范畴内,而且他们也应当承认;由此,争论的重点就由自然法向实证法转移。今天,应当这样说:因为法律、判决等必然不完整,并存在着漏洞以及错误,必须在它们之外还存在着一些东西,能够对实证法进行控制和批判。以这种方式,自然法将成为质问实证法令的正义性的理想标准,成为那些对现存法律进行批判并对其改革提供建议者的比较基础。自然法成为一个功能的系统。它不再要求实证法的效力绝对与其关联,它已经成为一个永恒的中心,并仅仅给出批判的标准。现在,为在这一点上更好地对自然法与实证法之间的相互关系进行阐述,我们认为,首先必须提出疑问:一般而言,批判和控制的角色是如何扮演的?为就此进行说明,我们有两种选择:一种大约是建立大量更为完善的规范,并将可被批判的对象持续地归因于这些规范。这样一种规范主义会导致什么样的结果,卡尔·施米特在《论法学思维的三种模式》中进行了阐明。此外,自然法,一个具备永恒的内容的完善系统,一种法典形式,与实证法的领域平行存在并具备同样的作用,这到今天也没有人愿意严肃地承认。因此我们也可以将它放在一边,并参阅已经被阐释的内容。

  将自然法作为对实证法的批判的第二种可能性在于,一个鲜活的人基于其普遍知性而进行控制和批判。除了这两种可能性之外,根据我们的观点不存在其他的可能性,或者每个其他的路径——如果确实存在的话——必然会回归到这两个可能性中的一个:或是一个内容充实的规范系统,或是一个思考着的人类精神。那些尝试,比如在这里同样提到的,把自然法充当为自由、正义或共同体或各得其所(suum cui que tribuere),不过是提出了一些新的毫无内容的——虽然看似内容充实——具有约束力的、表现为应然陈述的词语,正如"自然法"概念那样。但无论是自然法系统的严格逻辑,或是对真实理性进行解释的能力都与这些词语不适宜。因为,我们的理性并不是这样无力地局限于应然的范围,它就是自我了解、自我认知、自我塑造的以及自我实现的本体,是实然与应然融为一体。这个精神就不仅仅是自由、正义、共同体或是其他更多,而且是一个拥有整体性的精神本身。

  我们因此再次回到第二种可能性,即客观精神的批判和控制的可能性。对我们的观察而言,只有这个可能性具有意义。实证法,如我们到目前为止所清楚阐释的那样,并不是构成法律的字母,不是一个判决的语句,而自身便是在此处获得表达的普遍的法律思想。实证法在其形成中,是思想和法律概念内在的运动。(在我们的意义上不存在漏洞,漏洞仅仅是词语的比喻性的运用;那些漏洞仅仅在将实证法在其此刻的状态下进行观察时才浮现。)因为批判的功能本身已经——如我们阐释的——以人类精神为前提并仅仅能够以这一方式发生,所以自然法对于实证法的控制,仅仅是理性对于理性自身的控制。不仅根据自然法本身,而且根据其功能以及批判来说,自然法都不是完备规范的体系,而是人类精神。我们在这里将视角投向我们精神在主观与客观的辩证性的分离上。如果人们想要谈论控制、批判,只能够以已经被思考过的矛盾的形式,以在全面的整体性中被消解的对立的形式才能成功。在我们之外存在的控制的特征因而完全被去掉;关系不再以两个相互对立的人格形式来表现,而是表现为同一思想的两个互相作用的要素。那么,这个关系简单表述就是一个在整体性中存在的不可分割性和非对立性。

第三节　化入文化中的实证法和自然法:普遍理性的真实显现

我们刚刚从效力问题和控制性以及批判性的可能性上对实证法和自然法之间的相互关系问题进行了考察。我们尝试排除二元论,并相信通过这样可以将新的视角带入这两个重要问题的关系之中。但是,实证性以及非实证性的对立还需要进一步的分析。

为了将这一矛盾性仅仅作为两个抽象的虚假概念看待并为了最终理解这一二元性的统一,我们必须设想一个时刻:譬如在此时还不存在文字。那么我们的理性就有可能不是作为"书面的""永久的",而总是表达为"口语的""短暂的"。我们现在设想一个人,一个在其时代的权威人物,一个对于法律有所评判的人。他所表达的每一个字都是他所思考的,以此为前提可以得出,我们的思想总是能够彻底地被表达出来。在他的表达以及思考之间存在相似性和相同性。人们从他那里所听到的,便是他所思考的。通过他人的倾听,他的理性同时获得了作为主观性和客观性的证实。实证性和非实证性之间,无论在本质上以及时间进程方面都不存在任何差别。在文字被发明之后,情况也未发生改变(让我们将文字对我们思想的影响及丰富放在一边)。被言说的与被思考的虽然看似被物质化了。但是被物质化的只是书写方式、发音、声调。为证明一个相应的去精神化并没有发生,我们举一个简单的例子:我们给一个外行人一部税法,请求他阅读并理解这个文件。这个外行人先看了一下这几页纸,仔细进行了阅读,但完全无法理解。他可以阅读,但很清楚的是,所写内容与他没有关系。文件虽然具有实证性,但是这个实证性还不具有任何意义。我们理解法律,因为我们已经年复一年地对它进行了研究。这不过是说,我们已经将这个事物置于我们的理性之中,为使我们可以对其进行理解而将该事物带到我们自身之中。这个事物与我们形成了有机的联系,以至于我们不仅仅能理解,而且还能进一步地思考。换言之,当我们——用庸俗的表达就是——可以如此进行思考,即这个事物不再是事物而是精神,在这个事物中存在的精神被唤醒,而精神作为整体性被纳入进来的时候,我们才能获得对事物的理解。据此,使理性在实证性中显现出来,并由此使实证性对于世界而言变得可被认识是可能的,而实证性若不是理性,则实证性什么也不是。通过自身的实证化,精神获得了"物质性""可触性""可知性",但却失去了连续性、能生存的活力,其自身真实的效力。因为,我们的理智只能理解行为的后果,因此它从一个状态浮动至另一个状态;这就是我们的理智,与我们的直觉相对,理智看到了在一个实证化状态中的每一个生命。理智或者将法律看作实证法或者将之看作自然法,但二者均处于静止的实证性中。例如,当理智研究法制史时,它观察一个实证法与另一实证法的关系,它不能够理解法制史的变迁,一个我们论述意义上的形成。让我们举一个实际的例子,一个能为我们的领域带来有益说明的例子:一部放映中的电影。这部电影为我们展示生命的变迁,既不是对于个体的拍摄,也不是个体的汇总,而是电影本身。但是,我们的理智,只能一节一节地考虑单独的影像摄制。纯粹的灵活性、进程、其整体性在理智中无法被理解。放映着的电影(不过在此要注意,放映已经是一个对生命力的非常静止的、并不准确的描述),虽然被包含在单个的拍摄中,但它同时又外在于单独的拍摄,也不依赖于它。这种整体性当然不受时间的影响,也不取决于时间;它是一个纯粹的运动。法律于此也正相同:法律理性,理念在一个实证性中被辨识,但它既不是实证性本身也不是作为总和的单一实证性。理念包含在实证性之中,但是并不取决于后者。它是运动中和整体性中的实证性,是作为生活的实证性。因此,我们现在可以说,当我们除了理智之外还利用直觉的方法,并以此将实证法作为一个进程予以阐明,那么这个"实证化"的法律(不过不是"物质化"的法律)便与理性、理念是同一和一致的。这里,我们需要引用卡尔·拉伦茨的几句话,其确切地阐明我们的问题:"只要还可以……谈论自然法或者理性法,那么它就不是一个与实证法相对立的,一个与之对立面上永恒的、有效的、抽象性、一般性的法规体系……而是辩证的、理性的法律本体,它自身并不在抽象的法律语言中被表达,而是作为概念的内在运动成为了实证法成文的基础并赋予了它理性。这是实证法本身,但并非个别的实证法,特别是一时的、特定的,而是实证法根据其概念作为理性的、一般性的……作为理念的实证法。"

到目前为止,我们对实证法和自然法关系的问题进行了解释,好似我们总是想要进一步地在抽象性和空洞性中探索。我们希望,这不是来自于一个对我们主题理解上的瑕疵,而是源自两个空洞概念本身的抽象性:自然法及与之对立的实证法。为能够在这个关系中获得一个新的视角,我们必须再次记起我们的自然—实证法及实证—自然法的动态本质。我们将其定义为与普遍理性的争议功能相关的理念,全部文化认识上的,或者以分析性形式来表达的不同权衡上的,对于各种权衡我们已经在第一章中提到了一些。用一个独特的短语表达,大约可称之为文化。文化是世界内容,是体验,是体验材料之间和谐的相互依存。它是现实。通过这一现实我们能够看到所谓的自然法和所谓的实证法之间的矛盾的失效。因为倘使我们完全不对具体的现实提出问题并总是停留于所谓的专业领域,那么我们将永远不会发现,是否在两个相互矛盾的法之间存在着一种联结。看起来,自然法总是具有一种倾向,即比实证法包含更广泛的领域,同时它却又必须依然还是法律。这种不一致性、模糊性以及由此造成的二者间的矛盾导致人们将现实性并因而必然地将理想性忽略了。过于专业化于一种思维方式,这其实最明显不过地与专业化背道而驰。人们排除了所有世界观的、经济的、社会学的、历史的、道德的以及政治的权衡。人们停留于一个狭窄的、人为制造的语言领域并以演绎法行事。而事实上,法律并非从其本身获得内容,而是源于生活,这是不言而喻的。当人们总是希望寻求一个普遍适用的、满足实质的法律思想,那么人们会寻找到我们生活中的、存在中的、现实中的理念。法律的领域包含了整个的文化领域:当人们不考虑社会共同体存在中的冲突,并思考大多数和谐关系中的情况时,这显得特别清晰。

当我们想要将两个彼此冲突的对象在一个唯一的秩序中或者在一个共同体的两个不同的秩序中加以和谐,这不应具有这样的意义,好似一个外在的、从秩序所分离的理性能够为和谐性而独立存在。这一和谐理性,所谓的特殊的法律理性,实际上已经在冲突生成的秩序理性中被找到,换言之,所谓的法律的理性不过是文化理性本身事实和历史的实在化表现。卡尔·施米特的秩序思想就是由这里出发,将每个法律制度在其完全的文化内容中进行理解。"因此,由规范所规制的具体情形的以及由规范所预设的具体类型的常规性,不仅仅是一个法学上可以忽视的规范的外在前提,而且还是规范效力在法学上的内在本质特征,以及规范本身的一种规范性规定。纯粹的、毫无情势关联和类型化的规范,在法学上是不可思议的。"它是没有意义以及不相关联的。抽象的法律也从不能够将法律制度的有机本质耗尽。立法,当它要求现实性时,必须总是重新审视法律秩序,同样地,在法律适用时,人们必须又将法律融入制度的有机关联上。法律科学无疑具备这样的特殊性,它从不是封闭的并且能够单独存在的。实际上,也没有任何人在法学中以所谓的法律认识行事。例如,卡多佐研究了大法官们如何作出判决。一般而言,法官作出的判决带有不寻常的任意性。卡多佐认为,法官确实不确切知晓在其作出一项判决时究竟运用了哪些认识,因而将这归因于直觉的方法。我们对此绝对赞同。但那些看似任意性的判决,实际上仅仅在下述情形中能够被作出并被理解,即当我们认识到,这里的主观理性和客观理性与整个文化存在如此相互接近,它们几乎已经完全相同,换言之,法官不过是使用了他们最深刻的普遍理性,即文化理性。法律秩序仅通过与文化相关的存在获得了意义、内容和实证性。因为法律仅仅当其与文化形成一个整体时,才是法律。

不过,在我们现在已经获知,法律的基础不过是一种文化基础后,对于法律在实证性和自然性之间所作的区分就不再具有正当性,因为谈论实证的文化或是自然的文化无疑是没有意义的。文化,根据我们的观点,总是同时是实证性的和自然性的,静止的和活跃着的,真实的和理想化的。文化完全不需要一个外在存在的标准,它自身即可发挥作用。"文化的纯粹概念是客观的理性;现实的文化是理性主体对理性的历史具体化。"明希(Münch)说道。文化是主观理性和客观理性的相互实现和相互作用;它们相互促进,自我发展,分解在一个强力维持的静止状态的永恒活跃之中。文化是人性的潮流,是生活;它不可能总是现实的,因为它持续向前发展;它不可能是纯理想的,因为它表现于具体性之中并必须自我塑造。它必然地包含实然也包含应然。文化在其实证性中仅仅是一个主观理性的表现方式。文化在其自然性上首先是提升到普遍性的水平。但是由于主观理性总是通过思考,通过意识以求进入到普遍性层面,因此可以达致的和已经达致的完全理性就意味着主观理性消解于整体性之中,也意味着实证性以及自然性本身的废止状态。法作为普遍理性或文化的关涉争议功能的理念,法作为争议的关涉文化的理念,并没有实证性与自然性之分。

> 反者道之动,名者道之用①,
> 天下之物有生于名,名复归于无(纯粹效力之始)。
>
> 凡界定非实证性者,
> 却停留于实证性之中,
> 这便是世界秩序本身。
> 他便不会错失生活的真意,
> 终将理解有机的真实性。

---

① 参见《道德经》第40章及第28章(作者自己的翻译)。

不受虚言，不听浮术，不采华名，不兴伪事。

中编

1936—1949 年文献

爱斯嘉拉:《中国法》书评[*]

爱斯嘉拉系巴黎大学教授,现任国民政府顾问,对中国法律素有研究。本书材料丰富,批评确当,文笔亦清润谨严,比诸本国相类的著作,有过之无不及。单就本书中列举的参考书及其他关于法律方面的材料来说,本国已很少有它那样详尽的出版品。一方面固然应责备本国学者的不努力,另一方面我们也得怪本国公家机关不予学者以便利;因为爱氏利用了外国大学教授及我国政府顾问的地位总能收集到这许多材料。这本书,我希望有人译他出来,使本国学生在研究法律的时候得到一种兴奋。外国人批评本国事物,有时固不免隔靴搔痒,但往往能以局外人地位具独到的见解,这是有裨于我们学问长进的。

全书除短短的绪言外,共分五章:第一章,中国法律思想;第二章,立法制度;第三章,司法制度;第四章,法律教育;第五章,结论。第一章关于中国法律思想乃全书最有精彩的一章,我们换一个次序拿它放在最后讨论,现在先以其他各章的重要内容介绍于读者。

一、法律教育

本年六月间我们在《明日之中国》刊物内曾发表过《中国法律教育问题几点》一文,我们的结论不期与爱氏本章内所云大部分相同。爱氏的立论乃根据于国际联盟的《中国教育之改进》的一个报告书,关于学校之地域上分配、行政组织、财政独立,中等及一般教育程度之过低,法政学生数额之过高,考试与节分制之应予变更,及留学政策之应予改革等普通问题,其意见在与该报告相契合。至于对纯粹法律教育方面,第一他说:中国的法律教授地位太不稳固,其行止与政治官无异,凡主脑人

---

[*] 原文刊于《中国法学杂志月刊》1936年新编第1卷第4期。

物退休或调动时,嫡派教授亦往往随之而退休或调动。故教授之聘任为期普通仅及半载,至多亦不过一年。至于俸给更是菲薄得可笑,于是一般教授为生存计,皆不得不计谋其他出路。在上海,他们什九兼营律务,在京都则往往同时兼充公务员。在这种情形下,要有好的教育成绩,可称是妄想。第二,作者谈到现在各大学内教授法律的实情时,声称教授既不能专心于学问,故在上课时亦只能限于读条文译意了事,或根据外国粗浅的教本翻译塞责,更谈不上国外大学中的各种切实工作如会谈练习等了。他引以为最奇怪的一事,乃本国各大学法律系内简直像没有法制史及法律思想史那一课似的,学生们对于霍勃士、孟德斯鸠、莫姆孙及许多美国教授似乎都有相当的认识,对于本国的韩非子及沈家本等却茫然不能道其人。国际联盟专家报告书内也有同样的批评:"现在不幸得很,中国的学生们,除了本国的东西外,似乎对任何其他国家都有很清切的观念。"中国的法律教授也特别喜欢拿大题目或时鲜题目来考学生,例如"狄骥之法律上贡献"等,而不及判例及习惯法上诸问题。第三,就法律学术界的努力方面来说,情形亦同样混乱。他说:本国的法律翻译或论著关于公法及政治者居多,讨论私法及纯粹法学术(La technique du droit pur)的书则寥若晨星,即有之,亦仅限于意译条文,且更不问法律之已废除或已颁布与否。至于比较法著述,则单介绍几个外国法律概念,极少对于问题有深刻及谨严的研究,所引证的法律,亦全视著者留学某国而定。本国的习惯法则漠不顾及。爱氏以为理想的法律著述当具坚实的历史根底,并须用中外治汉学的方法,及根据条文、习惯、判例、学理去畅论中国的法制,后者之技术方面亦必合理地加以探讨,其与中国古代法之关系,比较法学上之解决办法,社会暨经济上之影响等均须面而顾到。

二、立法制度

在这章里,爱氏对本国各种法律偏于叙述,批评较少。关于立法技术,他说:中国的法律非但不嫌少,倒还嫌多,除了正式的法律外,尚有所谓条例、章程、规则、规程、细则、通则、大纲、办法、简章、法程、总则、辨例、则程等,法文总称之为 Règlement。此外更有种种命令。他说规定一多,结果反使一般人对法律的观念模糊,而使法律丧失其效力。尤甚者,中国法律对同一事物往往同时有几种不同日期的规定,中国立法之最大弱略,即在任何种法律内都找不到废止前法的条文。所以要研究中国法律,通常很难知道哪个是切实施行的条文,或偶然碰到一条文,更不知这究竟是否为施行中之仅有的一条。考其缘由,则因法条之利弊尚未发觉前往往已经修改,或法律虽已颁布而尚未施行时已被修削,法律的性质因此变得极不稳固,挽救的办法当为在最短时间内施行已颁布之法律,而在施行后许以较长的实验机会以见其利弊。关于法律内容,爱氏仅对民法及刑法有较详细的批评,对其他法律则仅限于节略叙述。中国的刑法,他是称颂备至的。他说这是现代中国最优秀的立法作品,这也许因为中国数千年来始终拿刑法的眼光来垄断法律之一切的缘故。但是矛盾得很,刑法典内各种概念虽都分析得极详细正确,但详细正确的犯罪分析后面,却没有一个正比例的刑罚处分。且中国刑法科刑过宽,短期自由刑之处分过多,以致监狱时有人满之患。他说肉刑的取消并不一定与中国环境适合,以理论牺牲实际为刑事立法所大忌。至于民法,他是不赞成民商事合一法典的,作者认定中国商人有其特殊的精神并阶级。中国形式上虽无商事法庭,但事实上中国商人仲裁判断的事自古已有。况且没有商事法庭,我们也不能就推论说不需要独立的商事法典,例如意大利就是没有商事法庭而确有商事法典的。再,许多特殊商事法规之存在也不能作为反对独立商事法典的理由,因为许多采民商法划分主义的国家也不免制定许多事上特殊法规。爱氏曾充商法教授,其主张民商法划分,也许是有理由的。

三、司法制度

爱氏对于中国司法制度之观察大致如下:第一,关于审级制度,他说三级三审判虽已大部分实行,但这究竟是否为司法组织上的理想,尚属疑问。乡间简单的讼事一审即可结案,普通诉讼如经两审程序,人民的权利也可得充分的保障了。第二,关于诉讼方面,爱氏认为程式过繁,费用过高,看守所更拥挤不堪。因程式过繁,故案件不能速结,法院工作亦因此过分繁重。第三,关于强制执行,此乃爱氏认为中国司法制度中缺点最多的一部分。他说中国的风化人情,绝对不近于强制执行,诉讼的结果普通终是和解,绝对的执行好像违反中国人的中庸之道及礼让的习惯似的。内地固然如此,即在通商大埠的银行界,实业界内,此种精神仍继续存在。加以诉讼的迟延,上诉停止效力的产生,中国人姓字的捉摸不定,债务人因此尽有充分的时间变动其财产状况,外人对之,殊感困难。第四,关于中国法律解释制度,爱氏在这方面素来发生极大兴趣,且认为最值得研究。他说若能拿中国大理院、最高法院,及司法院的解释例及判例作一个笼统的研究,就其技术,其改革法律及创造法律之作用,其对社会之影响加以探讨,必定能成功一部洋洋大观的杰作,帮助我们对中国法律得到一个明确的了解。他还译了董仲舒判决的七件事证明此种解释例在中国历史上的存在。末了他说:"因为有这种法律解释上的技术,孔学的精神庶几也能在法家之建设中得到一部分的恢复,道德与法律庶几得重合于一,也因为有了这个方法,中国始能抛弃其法律上欺人的外表,而渐渐地,坚决地造成一个表示固有心灵的法律系统,也因为有了这个方法,中国哲学上法礼两概念才能停止其永久的对抗,即一般妄想强使中国接受希腊罗马式法律概念的人,或一般倡言须绝对服从自然界教训的人,因有此解释例的技术,也可以得到合理的调和。"

四、法律思想

我认为这是本书中最重要的一章,非但爱氏其他各章内的议论大部分以此章为根据,即使我们要在本书内有所得益,也应该在这章内去找。这一章也分成四部分:一、中国法律思想的基本观念;二、法家思想;三、中国法律的科学及技术;四、中国法律的精神。对于中国法律思想的基本观念及法家思想的叙述,我们可以不提,因为差不多都是我们知道的。唯有中国法律精神及所谓中国法律的科学及技术两点,值得我们再申述一篇。关于法律精神,爱氏说:"在西方,法律是神圣的东西,是'人神之后',是无上法命。对社会上一切的行动,法律都作抽象的规定。"至于东方则不然,社会上公认的标准是自然的规范,是道德,法律仅是威吓人的刑罚。这种自然法,中国人从他的直觉能力得来,而认为是调和社会与宇宙的唯一信则。而且这种自然法在中国确是在实行的自然法。反之,希腊时代自然法的性质则完全不同,她虽也是切实事件的哲学解说,可是从来没有被视为系统,可以随时随地得到切实的结论的(其后十七世纪一度繁盛的自然法学除外)。但是在希腊时代我们遇到一种现象,这种现象在中国却没有发生过，当时也没有发生的可能，这就是法律道德名词意思的变易。原始时代的道德观念渐渐表示唯理的、现实的形式，换言之，即是从具体到抽象的一种变迁，中国却没有经验过这种变迁。他说中国的法律观念与道德观念并无分别，在西方，道德仅为完成法治的旁及物，在中国，则法律反成扶助道德统治的附属品。所以一般的责任观念也不同，中国并没有对个人的法律上义务，却只有对社会系统，换言之，对自然规范的笼统责任。他还引证了葛拉奈（Granet）在《中国之思想》一书中的话："这种物与人间之融合是一种互依互助的柔性制度，决不能根据于任何绝对的规定——法律——而产生的。中国人对于偶然有极深的情感，对于切实事件有极大的尊敬，人事与宇宙的关系又似乎极度的密切，故谁都不相信任何秩序内的原则可以有强制及必然性的。不论社会或自然，总之宇宙是整个的。绝对的事，抽象的事，或法律都不能生存于中国。因此往昔法家及辩士的议论也永远找不到一般人的同情，举凡齐一律的事物、利用归纳或演绎或其他紧扣的计算或理论所建设的制度，都在鄙弃之列。在中国人的认识中，秩序一观念内实在没有法律的任何成分。"以上系叙述中西法律概念之不同，第二点我们谈到爱氏所谓中国法律的科学及技术方面。在这段里，我们可以看到爱氏全书的结论。爱氏在这方面的议论是根据于仇尼的著作而发的（参见F Gény: méthode d'interprétation 1919, Science et Technique en droit privé positif 1922）。仇尼分法律为两极端："原得"（donné）与"外构"（Construit）。所谓"原得"就是社会一般的情状及一般情状中产生的意识及理想，要对"原得"发生清楚的观念，可用科学方法探讨之，或用其他比较隐约的方法，如潜意识、信心、直觉、感情等获得之。与"原得"对峙者则为"外构"，"外构"的意思就是在"原得"上面加以构造，使原始的规则经改革或柔化后得实行于社会间，简言之，这是讨论法律技术方面的。仇尼分"原得"为四：物质"原得"、历史"原得"、唯理"原得"、理想"原得"。至于"外构"内，可包含下列七种方法：一、现实法形式上渊源之应用；二、法律规则实质成分的简化手续；三、形式主义；四、范畴之应用；五、以紧扣的逻辑分析概念及研究其运用，这就是所谓"法义创建"（Construction Juridique）；六、用名词及句法之方法使思想更清切更稳固；七、以虚构及制定的方法来克服事实上的困难。仇尼在他著作内对以上

"原得"及"外构"之各种成分有极详细的探讨,其结论是:"原得只能给我们一种笼统的模糊的标准,范围极不确定,可是推动力很大。它用我们心灵的各种方式来表演自身,例如用直觉及信心等,故其能力较我们一般的意志还强。然而要想发挥之,使之成为具体的适用的规则,则又不可能了。是故'原得'之为物,一方面是它动力的深厚影响,另一方面则是它切实效力及表示能力之薄弱。"但仇尼又说:"法律上的原则是从社会实际界中脱胎出来的。在理论上,除非智慧的方法(procédés intellectuels),能帮助上述原则找到一个足以牵制一般意志之方式,则我们根本就不需要它们。盖在人与生活之间,虚文的思想成分越少,则社会规律之效力亦愈强。若欲使法律实现,则减少或完全消除智慧上的纯粹创建当是理想的步骤。"爱氏根据仇尼所定的"外构"成分,先对中国的法律技术加以探讨,结果认为这实施法律的理想功夫,再没有比中国做得更透彻。在中国的法律系统内"外构"占了极小部分,虽经法家在这方面下过一番功夫,但成绩甚微,终究是"原得"得了胜利,迄今中国仍旧在这种精神下求法治。作者自己也渐渐对抽象法律的万能加以怀疑。他说中国有两千五百年的儒教精神,确实不易放弃,即使要加以改革,法家的主张及学说也足支配而有余,所以中国人要做任何种新的发明,在他自己的文化内仍找得到原动力也。

关于中国的"天人交感的宇宙观""道德化的法律思想"及"原得"超过"外构"的现象几点,本国的法律专家都有很深切的体会,爱氏并没有新的叙述,我们也不必再加批评(参看吴经熊之《法律哲学研究》及英文法学论丛第 205 页)。但是因为中国有这种思想及现象,于是就说法家的主张及学说已能发生改革儒教精神之效力,则我们不能赞同。盖如仇尼般西洋学者,他们体会到抽象文化的缺点,才主张"绝对地减少或完全消除智慧上创建"的。爱氏也有同样的感觉,但是他比仇尼多见到一点:就是仇尼的结论却与中国礼治的情形相符合,于是就想拿一个在西方环境下找到的结论应用于中国思想界,这是他误解我们的需要了。在中国人面前讲儒教,讲中庸,讲直觉,讲"外构"之不需要,这好比"江头卖水","半瓶能摇,满瓶是不会动的",要我们附和他,赞同他,自是很难。我们认为中国的道德"原得"尚不足以言治,我们还需要科学的法律"外构"以定其基础。仇尼的第二个结论,本已从一极端走到他极端,至于爱氏说我们法学不须外求,则更未免过火了。法家内我们承认有许多很可以应用的成分,但是我们还缺乏对这方面的科学的系统,我们希望本国学者在这范围内加一番努力。从大体说来,这是一部参考材料极丰富的中国法学通论,其中包含问题极多,很能启发我们研究的精神。爱氏在结论一章的首头小字内说这些结论是经中国政府要求而作的,也可见本书的重要性了。

司法院对行政法令之解释*

民国十七年十月二十日公布同年十一月十七日修正之司法院组织法第三条谓:"司法院院长经最高法院院长及所属各庭庭长会议决议后,行使统一解释法令及变更判例之权。"(按宪草案对此点规定亦同。第七十九条:"司法院有统一解释法律命令之权。")宪法解释权之问题如何,本文内暂不论。按各国对法律命令解释之权,普通分别归责于最高法院及行政法院两处:最高法院担任普通法律之解释,行政法院担任行政命令及规则解释。而其解释行为并不能于争端发生前由某方之要求而采取抽象解释之形式,解释权当与判案同时行使之。故欲知各国对法律命令之解释如何,通常当要求之于判例中。至于本国现行制则与此不同;概括言之,其不同点可分为二:第一,无论实际上解释之任务归属于最高法院或行政法院,解释例一律当以司法院名义公布之;对最高法院一方面,司法院统一解释法令及变更判例规则规定甚详;对行政法院一方面,则全不提及。然以模拟法推论之,其程序当相同。唯因其对行政法院之解释,并无明文规定,而事实上司法院解释例内具关于行政规则之解释者又甚多,因此发生以下问题:此等关于行政法规之解释是否出于行政法院之手,而司法院仅担其名,抑完全由司法院为之。本问题之回答,实有关政府组织及职权之逻辑甚大。第二不同点,本国司法院之解释,完全脱离司法院之判例而独立,且以其所解释者,规定当为抽象的疑问,解释例之效果,乃自与判例之为某某切实案件所关系又不同,因此发生以下第二问题:行政规则之经司法院事前抽象的解释与行政本身之精神,是否相宜?

夫此类抽象的解释例存在于判例之外,固亦有其历史上理由。明清

---

* 原文刊于《明日之中国》1936年第1卷第2期。

两代,于律之外,尚有例案,以补充其不足。此类解释例,虽因过繁,几经修削,但仍系于律后,以成整个的典范,解释例与律之有同样制裁力及法律上效果,殆不成疑问,今日司法院于判例之外,仍准各处请求解释,想亦是依照明清前例;唯其法律上效果,则甚堪讨论。至其保存解释例之理由,要不外因本国民众或公务人员对法律认识甚嫌不足,如能予以请求解释机会,未庶非促进法治之道;且事前对法律之解释,往往能使讼事减少,因此经济上负担亦可告轻。

以上理由,如遇人民个人间或团体间之事项或已能解说司法院解释例之存在。因此处如生争端,终须赖系属于司法院之各机关处理之,故司法院本身之权限问题无论如何不致发生;且即无争端,乃事涉社会上实际情形,司法院虽定不准作具体之启问,而于请求解释之呈文中,往往已能窥其背景,则虽为事前抽象之解释,解释例对将来之效果亦不难于目前捉摸之。反之,对人民与国家间之事项或国家机关与国家机关间之事项,其情形绝异,上端理由已不足为之解说。

司法院统一解释法令及变更判例规则(民国十八年一月四日公布)第四条谓:"凡向司法院请求解释法令者,由司法院院长发交最高法院院长分别民刑事类,分配民事庭或刑事庭厅长拟具解答案。"第五条谓:"最高法院庭长受前条之分配,拟具解答案后,应征取各庭庭长之意见。"第六条谓:"前条解答案经各庭庭长签注意见后,复经最高法院院长赞同者,由最高法院院长呈司法院院长核阅,司法院院长亦赞同者,其解答案即作为统一解释法令会会议之决案。"阅此数条,知所谓"解释法令会"者,其中竟无行政法院之成分。又第四条第二项谓:"其向最高法院请求者,最高法院亦得按照前项程序办理。"此处亦无对行政法院之同样规定。固然,行政法院组织法之公布,尚远在司法院统一解释法令及变更判例规则公布之后(民国二十一年十一月十七日),但时至今日,后者亦未经修正。考之司法院参事处编纂之司法院解释例汇中,实际上亦无直接向行政法院请求解释之情形。试再细察之,则司法院解释例中一部分皆关及行政事项,且请求解释者又往往即为行政之最高机关。例如于行政法院组织法公布后,所有关于诉讼法之解释仍由司法院而非行政法院为之(见院字第一〇五五、一一三〇、一一六五、一一六八、一一一八号等),又凡涉及各种行政机关权限问题之命令,如官吏服务规程,区乡镇坊调解委员会权限规程等(见司法院解释院字第一〇六一、一一三九及一〇六二号)亦经由司法院直接解释之。且此种解释权亦早经司法院统一解释法令及变更判例规则第三条一项明文规定:"凡公署、公务员及法令所认许之公法人,关于其职权就法令条文得请求解释。"

大司法院本系司法权之最高机关,其大端包括最高法院及行政法院;故解释例之出之司法院,名义上实无可指摘。但视之实际情形,则统一解释法令会议之组织内,并无行政法院发表意见之成分,故关于行政事项之解释例,名义上虽出之司法院,实际上实出之于最高法院。(见司法院统一解释法令及变更判例规则第四条)最高法院乃审判关于普通法律争端之最高机关,使之插足于行政上命令及职权分限之解释,殊未免有负组织精神之逻辑。依著者之意,法令之解释权与关于法令争端之审判权当系整个而不能分析之作用;不可经最高法院审判之事,当然亦不可经其解释。乃行政上命令及职权之问题显属行政法院处理事项范围之内,在现行法制下,凡有关上端各事之解释,须先请求行政法院之意见,始是正当。且行政法院之组织,亦自有其法律上,政治上之理由在。盖无论何种事项,必有专职以司之,例如普通法院之有民刑事庭是;关于行政事项,自亦宜有其专管之职。且每国家对其行政事项之解释权及审判权,亦必不愿全付之普通法庭,此乃国家主义进一层理解之下所宜有之考虑。若以解释权及审判权悉予之普通法庭,则凡普通法庭取反抗行政之态度时,其解释审判必严,而普通法庭取附和行政之态度时,则其解释及审判又必甚泛而乱;绝不类利用行政法院之反能促进行政法及便利行政执行。我人故不能因行政法院不能保障民权,故须取消之或使之徒成空名;即如英美制之不另设行政法院,亦未能完全保障民权,而其弊反使组织上之清楚及分限被牺牲。是故在本国现行制下,如上举各例内行政院向司法院请求解释,殊觉其不甚合理。或谓就最近公布之宪法草案而言,即宪法之解释亦将归之司法院,则何必斤斤于法令及职权之解释。但如据此宪草细视,则知非特行政法院,即最高法院之名义亦被取消;司法院在宪草内已成国内一切解释之唯一最高学府,不论其他,在逻辑上固已较现制为一贯。且宪法之解释究与行政法令之解释不同。盖行政法令本身之任务已为解释及执行正式法律,故其实际上之存在,即以能解释正式法律为先决条件。更明显言之,法律之下更具命令形式,简接即为予该行政机关以充分之解释权,则其所为命令如有难解之处时,当然仍由其继续解释;若以此项解释复调之司法院,或其他机关,则不知司法院又将以此项工作调之何人。至于宪法之解释,究系偶然。其性质在保障一民族之精神上安全,其自身本不足以治事;必有非宪性之法律更为详细规定,以补充之不可。且所谓宪法解释问题,大部分集中于违宪问题;如有此种情形发生时,解释权之付于司法院自较付之立法院或行政院更为妥当。

此外,对普通法律解释不发生之纠纷,往往对行政法令之各种解释忽成极重要问题:如请求解释之权利义务问题是。司法院统一解释法令及变更判例规则第三条载:"凡公署、公务员及法令所认许之公法人,关于其职权就法令条文得请求解释。"依此条文,凡遇行政上命令需要解释时,下级机关与上级机关皆得请求司法院解释。则遇上级机关如此解释,而下级机关以为不确当,并主张司法院或最高法院解释者,上级机关又将如何处理。此种情形,非但对上级机关之权威成疑问,即以行政效率本身而论,亦甚觉荒谬。又下级机关即对解释问题毫无主张,究应向何方请求解释,仍是问题。且行政高级机关即对法令有疑问时,向司法院请求解释,是其义务否。考之事实,行政机关当无此项义务。盖试阅行政院请求司法院解释之事项,如院字第一一三九号之咨问等,稍对法律有认识者,殊觉其多此一举。既无请求解释之义务,则已经解释者,其解释例对行政方面具束缚之能力否,又成疑问。但对此疑问之回答,依著者之意,仍系负态的。盖既能随意请求解释,则当然亦能随意不请求解释。既能自由决定解释之需要与否,又何能冀其对已解释者遵守。

但且不论司法院对行政法令之解释确当与否,且不论此项解释权应属司法院或行政院,兹问事前的抽象统一解释对行政事项是否相宜。司法院统一解释法令及变更判例规则第三条第二项谓:"请求解释以抽象之疑问为限,不得胪列具体事实。"实际上请求解释之公牍无不多少列述具体事实,即该项所谓"抽象之疑问"一辞亦甚不妥;度其意,想系只准关于法律之疑问而不许请求解释事实上之难题之谓。此为各国最高法院素守之成规,本无可指摘。但此种事实与法律之分限本身已甚困难,对行政法令之事项为尤然。如准事前请求解释一方司法院既不知其事实,自不能尽量地使法律与事实接近,他方面行政者既得司法院之抽象解释，仍得自由引用之于其自便之事实上，对抗者则因有司法院解释之权威，更不敢有所争执，此弊较之普通法律经解释后为尤甚。此外，普通法律，无论其为法律本身，或法律之解释，其宜于抽象性之可能自较行政法令为大。观之各国普通法律能编成法典而行政法令不能一端明之。盖行政法令之为物，自较普通法律易于遭受变革，其内容亦富于伸缩性，抽象性事前的解释不宜于此处，亦殊易解。再者，普通言之，解释法令如能于判案时行之，其能磨砺我人对于法律之认识甚多；法律本非仅仅条文，时需事实以充实之，凭空解释实系绝对不可能事。最高法院普通只审查法律一端，并非因不需要顾及事实，乃因下级法院已为事实上之处理，此层工作殊可省去也。至于对行政法令则不然，现制下行政法院徒等空设，仅依司法院之几许抽象解释，其于法学进步上少贡献及促进，可想而知。

总结以上所论，事前的抽象解释，除证明司法院为本国认识法律之唯一机关外，别无其他功用。对行政法令，其效更微。以行政法令一端而论，解释例之有效与否，尚视请求解释之为义务或权利而定。此外，即令此点不发生问题，现行制下之司法院解释例，亦系违反分权思想。因现行制下之司法院法令解释，实完全出之司法院隶属下之最高法院，而非行政法院，亦非行政法院及最高法院之和。最后尚宜补充者，即著者此篇之评论，全由"令"乃行政规则一出发点构成，如司法院组织法第三条所谓："统一解释法令"之"令"不应作如此解者，则本文当然失其线索。

中国法律教育问题几点[*]

我国尝试法治有年,而见效甚微;推其故,当因法律教育之未受充分促进,及未完全合理化有以致之。以最近状况而论,其缺点当有四,试胪述于下:

一、本国治律人才缺乏

夫法治国家,非特立法司法者须具有法学智识,即一般行政人员,工商农各界服务者及民众亦皆需法律常识。夫法治之精神,用具体的方式出之,即上者立善法,下者服从,居中者正当执行之是。如故上者不能立对社会全体有利益之法律时,固已无所谓法治,但即置法律之良善问题于不问,如无能服从法律之民众,亦属徒然;乃对法律为诚正的服从,需要法学之认识,对法学之认识复基之于法律教育。更进一层言之,如已有善法,已有能服从之民众,而不能副法律之精神执行之者,不论其为善意的或恶意的,法治之欲望亦难期满足。考本国,则立法者滥立不合实用之法,执行者更有往往连解释法律都不能者,至于民众则皆法盲耳。于是秉性凶恶者,因不知法,亦不愿知法,亦无从知法,而横行逞私;秉性懦弱者则因不知法,无敢与任何人争正当权利与义务,一味退让与忍耐;表面上,此种退让与忍耐之精神固能减少争端,而增加和平,但不知争端减少之反面,尚藏有忍受社会不公平行为之牺牲在。最可怪者乃最近教育部通令全国各大学限定法科招生名额之一举,而各大学复有完全取消法律系者,其结果:法律系固取消,而政治系林立,乃政治系之不质实与浮泛,视之文法科又何如!考之事实,且不论普通行政机关,即司法院辖属下之各机关内,以余个人之认识,至少有百分五至百分十公务员系非

---

* 原文刊于《明日之中国》1936 年第 1 卷第 3 期。

出身法科之人才(秘书处及庶务科等处尚不在内);值此宪政欲施,法律认识须极端尖锐化时,竟有全国如此缺乏法律造就之现状,宪政之成绩如何,亦可以预测矣。

二、偏重现行法而疏忽对法律本质之研究

或谓法治之概念似与民主政体相吻合,却不能与权力集中之国家相接近。此种见解之出发点,一方面为民众与政府关系之误解,一方面则因受不正当法律教育之熏陶所致。夫现代所谓总体之国家,非但其权力必集中,即其政治思想与国家观念亦须统一;故民众与政府并不占于敌对地位,其思想与观念在政府指导之下,当完全与政府思想及观念相拍合。既有统一之基本观念,则无论何种法律,其解释之倾向自同。倾向既同,则权力最集中之国家下,亦能使最理想之法治实现,例如德国国社党制下之国家法学会,即尽力于此点,我国最近有中华法学会之设立,其宗旨当亦不外乎此。往时一般人之见解所以以法治与国家权力集中两概念相对峙者,即因于法律条文之后无统一的基本国家观念、思想与准则;故凡解释法令时,我之意见如此,他人之意见又如彼,加以民众与国家关系之误解,则政府如此行动时,民众之代表必借口护法起而反对之,国家之整体乃失。夫无论何种法律革新,其要旨必为由民族精神产生之国家,贯以法律而统治之。国家之有组织与否,全视其法律之能否贯彻统治而定,法律之能贯彻统治与否,又视该法律后有否与此民族之精神个性相吻合及切磋之基本思想与观念而定。此项基本思想与观念与准则之灌输,则全赖法律教育。最近德国柏林大学教授叶克哈氏排定大学法科之课程,对历史一方面之课程竟有七种之多,关民族一方面之功课竟亦有七种之多,关于经济五种,关于法律哲学一种。反观吾国,最重要之法制史竟全付阙如,或有之则仅列于选修课程中。或谓本国民国以来之法律改革采于欧、美法制之者多,即欲研究法制史亦当研究欧、美之法制。此种谬论当然不值一驳。盖法律之为物,每国有其本色,欧、美之法律条文,在其输入时,必已不能全如其原文,故其法律上效果亦随输入而脱落。一旦输入,经本国社会之引用后,即与本国社会之精神特性相连合而受其血脉。此时所谓欧美之法条,固已成为纯粹国产之法条。其关键则在能受本国社会之融化与否,不能融化者,固仍为外国法律,于本国

何用,能融化者,则已与本国之法制铸成一炉,不研究我国过去之法制,又何以知其系。

三、研究外国法不得其法

再者,以此研究法制史需研究欧、美法制之一点出发而绝对的理论去,则凡法律之脱胎于某邦者又只需研究此又一邦之法律。故最近司法会议内关于法律问题第四案有提议特设德国法班者,其理由为:"我国与司法有密切关系之各种法规取则于德国人之著述为最有实益……学法律者通晓德文不唯在学校时便于自修,至日后出而办事时遇有法律上疑难问题,亦可翻阅德文书籍寻求母法之解释,以资参考。"代表中国法律教育界之理论如此,实际上则各学校所谓外国法一课,终偏于某国一国法律,又如彼。例如:朝阳学院(民二十二年课程)等处,所谓外国法者即英、美、法是此种见解甚误谬之处,即在认他国法律为母法,而欲偏重之;但依我人之理论,他国之法律输入我国时,早成我国之本有物,早已脱离其母子关系,输入后唯一的任务,即为谋本国社会上之利益,其眼光在将来而非过去的。故同一法条,该本国之条文即脱胎于他国,其解释及引用则因境地之不同可完全相异,即详知该国特种之法律,亦何大用;何况我国各种法律,其发源地正不止为某一国。著者绝对非系反对研究外国法律者,但我人研究外国法律之目标不同耳,我人研究外国法,不能因外国与我国法律有母子之关系而研究之,当因外国法整个之系统,之技术,之方法而研究之。盖研究与我人有母子关系之法律,最多仅知其法条之来源及解释但似我人已有所述,法律解释之取材,绝对地当于本国谋之,对本国社会实际状况有彻底之认识后,始能对本国法律为与本国社会吻合之解释;本国之社会情形,本国之法律仍居主地位也。我人所以欲勉同学者着重本国法制史及其他关于中国法系之课程者;乃因本国法制史能授我人对本国法律精神上连续性之认识。至于对外国法,则决不能以历史的观点及实用的观点研究之,而当以方法上的观点,技术上的观点参考之,在此观点之下,则何能仅偏重一国法律。是故我人切实之建议为:各大学当设比较法学系,而不可以暗藏某一国法律之"外国法"标题释实。此外,此次司法会议尚有建议而认为应即设立之法学编译馆,其任务为"专司译著法界需要之法学参考典"及"研究一般司法改进问题"。对于著作及研究各工作,兹且不论。至于翻译之工作,可分为两层,即译法典及译书籍是。译法典之工作,已有司法部编纂处,立法院编译处及其他各机关之法制部等担任之,自无再另立一机关之必要。至于翻译书籍之工作,则著者以为,除数部偏于哲学性及方法论之外国著作外,凡法律书籍皆无翻译之可能,可译书籍为数之微,使我人对为此项工作特设一机关之一举亦不表示赞同。

四、本国各学校法科着重知识之灌输而不及方法之教授

此端为本国法律教育之最大弊端。夫大学教育之目的:当不在尽量地增加我人实际上智识,而在使我人于复杂并继续增加之智识中有所以统制之、整理之、规划之之方法。大学教育之目的:当在使我人能独立地思想,而不仅记忆事实。如欲对法学有真正之认识,必须有理论的,有系统的,及知识引用的预备;仅对法条有表面上之认识,固绝对不足,必须对法律之精神,其内构造有深切之研究始可。至于本国法科之学生则不然,对保险法、破产法、国际法、票据法、公司法等不重要课目则特别欢迎;考其所以对此有特别兴趣之原因,则非因保险"法"、票据"法"之"法"有吸引力,实因保险法、票据法、公司法等可使之增加一种极浮泛的"保险""票据""公司"各事实之认识;反之,遇其他所以灌输法律精神之基本课目时,则头摇耳聋,不闻不问;考试时教授所出之题目,亦必者为一类事实问题之比较。询之如何判决一案,则具直觉能力者或能猜透得一半解决。至于欲使其表示对法律上之能力、之了解、之工作方法,即如何应用其对法律上之认识、如何以条文挨步地依逻辑证明其解决、予其解决以法律之上理由时,则无人能之。国内各法科固亦有诉讼实习,但仅实习其对法庭上之各种形式,至于实际上如何判决,则从无此种练习。市政府对中山大路上花草地块,以有刺铁丝网栏之,如有人非跨越草地而被此铁丝网划破衣服者,其赔偿责任问题如何,理论上之争端如何(行政法)。再如往菜馆午餐,侍者以菜单进示,因即定菜,与入座后,于桌上觅得菜单而点菜者,其法律上分别如何(民法)。对无论何种法律问题,我人如已有法律的思想之造就,即可迎刃立解,否则虽满贮各科智识,亦安能应用之哉,盖法治之精神,即在熟谙法律的思想之方法,而法治之厉行又即

在以此方法解决社会上之各种折冲。

　　结论,法律是逻辑,法律是组织,是生活之规模,是生活之理解,法律是计画,法律是自范,法治者,即使国家之生活逻辑化,组织化,使人的独断减至最低限度,而以理智预计之方针替代其统治,欲建立法治之基础,先必改善其教育,因作此文。

占有概念之比较*

法国法之占有问题可分为占有(Possession)及管持(Détention)两问题。① 管持问题又称为不稳固占有学理,或主观理论(Théorie de détention précaire,théorie Subjective)。盖依日常通语,对一物占有云者,即指该物在我人势力范围内之意。表面上占有乃一种事实,初未涉及对该物之法定权利;仅有占有之事实而对该物无权利可享受者,比比皆是。但普通所谓势力范围,若以为之占有之定义,亦将不能以占有与管持区别清楚。因管持之外表虽与占有无异,双方皆表示有"体素"(Corpus),但据传统学理,占有于体素之外尚具"心素"(Animus)。② 所谓"心素"即对某物具行使某种权利(所有权)之意志或意思,且不论此项意志或意思确有根据与否者是。凡同时具有心素与体素者,此事实即为占有。因其着重处为占有人之心理成分,故其理论亦成为主观理论,反之,仅具体素者,则为管持。管持事实之成立,虽皆具有甚正当名义,往往由于所有权人订立契约,或经法律或法庭之规定而成,——例如承租人、受任人、受寄人、质权人,夫对其妻之财产,及监护人之对未成年人等,皆为管持人,该管持之名义即由承认一他人之权利而生者——但该人等皆无"心素";彼等所以执此一物,固非欲以物收为己有,仅为他人行使权利。因此,彼所有权人欲自主行使权利时,可收回之,管持人亦有返还该物之义务。乃亦即因管持状态之继续与否完全依所有权人收回之意志而定,其性质甚显暂促,故该管持问题,又称为不稳固占有原理。在法民法第二二二八条内,可窥见此项分别之余迹:"……该管持或享受由我人自身

---

* 原文刊于《国立武汉大学社会科学季刊》1937年第7卷第3期。
① 管持一词,乃管有与持有之综合,法民法并不分清,一概以之对抗占有;至于德民法则不然,当于其后详述之。
② Colin et Capitant, Cours élémentaire de droit civil 4 ed. p. 873.

或他人以我人之名义行使之。"①

唯该法条以占有与管持混于一条,此项分别本无理由存在,——尚当于以下详述之,——今法国法既欲为此分别而又规定如此混杂,其易滋疑窦,自是意料中事。

夫法民所以不承认管有人为占有人者,乃因依据 Savigny 之理论②,管有人并无 Animus domini 自认为物主之心理(Animus rem sibi habendi),对物为己占有之心理(Sunt in possession, sed non possident),有占有之外表而无占有之实质。

管有人因非占有人,故亦不能享受占有之效力,如占有诉权,及取得实效等。此项分别系使心素及体素对立,而视心素为占有成立之重要条件。且其所组成之法律关系当与根据于意思表示之法律关系异。换言之,即此项心理成分之成立须具有意思表示有效之条件,例如关于行为能力各种法规等皆得准用。此种学理显系出于误会。盖占有乃一种事实上状态,初与法律关系之成立及条件无关。其后学者亦见及于此,乃有尹林者(Ihring)③出而创立客观理论(théorie obejective),谓占有人之意思与占有之事实无涉。但尹林及其后基克(Gierke)④亦未完全取消心素。盖谓占有人之意志虽不能独立促成占有,占有之事实要不能纯然脱离意志,但此意志并非独立的站于事实外,而系包含于该事实管领力范围之内。是故心素亦变为事实成分,换言之,此处所谓心素者,乃对占有事实之自觉力。此项意志已非为对行使某权利之意志,而为对占有事实本身之意志。此心理成分非因证实某种权利而生,乃仅限于事实势力之自觉。盖谓在对某物外表势力关系一旦成立之后,心理成分存在或变更固于该外表势力范围之继续毫无影响,但正在占有之一刹那间,若无占有之自觉力,则即在外表上亦决不能表示占有之事实。此种占有理论谓为客观理论虽无不可,称之为新主观理论当更确切。然已脱离法国法学

---

① Art. 2228 Code de civil français La possession est la détention ou la jouissance d'une chose ou d'une droit que nous tenons ou que nous exerçons par nous-mêmes, ou par un autre qui la tient ou qui l'exerce en notre nom.
② Savigny, Besitz im römischen Recht 1865.
③ Ihring, Der Besitzwille 1889.
④ Otto v. Gierke, Deutsches Privatrecht II 133ff.

对占有观念之界限而进入德国法学之理论矣。

新主观理论之所以仍为主观理论,尚不在对于占有须有自觉之一点,而在实际上虽无自觉力而必须假定之一点。由他人代获占有之各例内,不论一般委任或个别委任,受委任人无论知悉与否,因已假定该委任人确有获得占有之愿欲,故凡受任人所获得之占有皆当归之委任人。再凡已具专为占有用之设备例如信箱等者。再如占有物在屋主人监护内之各例(Custodia),无论屋主人知悉与否,占有当归之屋主人。凡此各例内,新主观理论者咸谓该占有人之所以获得占有,仍因其具有获得之意志,唯此项意志为假定之意志。但无论各例内理论之结果在实际上与后来客观理论所获者全同,其假定之甚属独断,确系显然。此外,新主观学者尚引证德民法八百六十七条作其理论之根据。德民法第八百六十七条谓①"凡物出占有人势力范围内到达一他人占有之不动产内,且当时该物未经占有者,该不动产占有人应准许该占有人寻觅并移出该物……"例如所蓄猫由屋内逃往邻家,行路人帽由风吹落入人家等。一方面,物既落于某屋主人势力范围之内,依以上所述新主观主义之理论,则无论该屋主人知悉与否,皆应假定其为知悉而以占有归之。但心素存在之假定亦有其限制,本例内各事全出偶然,实无再为应用之可能。新主观学者乃掉转论调,谓凡无真实或假定之意志时,根本亦谈不到占有。盖德民法第八百六十七条既准许原来占有人寻觅及移去其失落物,是法条已明文规定该屋主人因无占有之意志,故失落物虽已到达其势力范围内,彼仍未获得占有。心素之存终是占有获得之条件,法律规定甚明也。然此处该屋主人所以未获得猫或帽之占有,新主观主义固谓此因屋主人未有占有之自觉,但后来客观主义尚有其他理由为之解说。②

盖在其他甚普通之例内往往虽无占有之自觉,而仍应使之获得占有者。例如某继承人发现遗嘱内规定遗赠一项,该受遗赠人对遗嘱之存在

---

① BGB § 867 Ist eine Sache aus der Gewalt des Besitzers auf ein im Besitz eines anderen befindliches Grundstuck gelangt, so hat ihm der Besitzer des Grundstücks die Aufsuchung und die Wegschaffung zu gestatten, sofern nicht die Sache inzwischen in Besitz genommen worden ist……

② P. Schwab, la théorie possessoire objective thèse Paris 1007. Saleilles, Elément constitutifs da la possession 1894. Cornil, Traité de la possession 1605. M. Planiol et G. Ripert, Traité pratique de Droit civil francais Les Biens 1926.p.155s.

毫不知悉。继承人误会受遗赠人已接受该遗赠物，乃以该物送去，但该受遗赠人适因故外出。此处须注意该受遗赠人并非商人，对日常货物可预计其进出者。该物又非受遗赠人日常需要之物品。而赍送该物之仆人对该物之内容来历亦一无所知，其主人只嘱其交付物件完事。受遗赠人之仆人更以为该物为主人所购，或竟屋内并无一人，守屋者因带有钥匙故启而置之屋中。该受遗赠人究愿接受该遗赠物否，无人知之，即彼自己亦无从知之。或竟遗赠人本为继承人，因丧失继承权，故对微细遗赠物一概欲加拒绝者。本例事实上地位与上述各种偶然与物接触，如猫帽失落等各例全同，占有人方面无占有之意志亦同。此处欲为意志之假定，亦觉不可能。乃依新主观理论，该受遗赠人当绝未获得占有。但考之我人良知，此处占有之确定与否，实甚可考虑。依客观理论之出发点，我人当谓该受遗赠人已具占有也。然则何以第一类举例中占有人不获得占有，而此处一例占有人似宜获得占有。新主观学者之占有自觉理论显已不能解决此问题，其解决之理由当于他处觅之。盖依客观理论，占有之独得，仅为一种事实上势力之存在。依社会上客观观念，凡该事实上管领力能不顾占有人之自觉意志而存在者，即为占有之获得。固然，事实上势力本身轮廓模糊，不能确定其存在时，亦有旁及于心素之必要。然此占有自觉意志之探讨，仅为确定该事实上势力而用，固非如传统理论中之以此心素为占有唯一重要成分可比，或谓主观权利（Subjektives Recht）之获得包含一意志之事实，且根据某个人意志之表演而生，此固法理学中公认之原则。然此原则除为建设一权利之合法性质外，初无他用。而占有之目的则在对一仅具外表之事实加以法律上规定，与该事实主人之内心意志毫不相关；所重要者乃社会上大众对该事实主人之地位作何感想。此种社会上对某事之影像，即谓是客观境界，无论其个人作何思想，凡社会上客观的观念以为其有无占有时，占有之成立与否当即确定。固然，凡事实本身不足以昭示占有之存在时，亦有探讨心素之需要，但所探讨者仍非该某人之真正内在意志，而为其与物间关系之客观表示。是故社会以之为标准者，仍为其对一物之态度。至于该态度与其真正内在意志符合否，可不论也。换言之，该内在意志之表示——该态度——亦视为事实成分之一。因此我人可得两种结论：
（一）凡需要探讨占有人意志时，所应考虑者非心理之真实情形而为心理之外表。若遇心理已成具体的法律名义时(Causa possessionis),考虑此法律名义已足。该法律名义之有效与否亦不必问。我人所探讨者为占有人已表示之意志而非该意志所能产生之效力。(二)凡依社会当时情形及该占有之环境,事实上势力能脱离任何心素而独存时,仅考虑此事实上势力已足,不必再顾及此内在意志。总结之,客观主义之占有理论亦即占有问题中之社会心理探讨。今可再举数例以明之。商人某对其所进货物,惯例置之店中,某日因故他出,有送物来店,彼固未尝预定也。就其外表而言,社会观念对之当与货物已定者同。再如该商人所接到之货并非彼所定者,情形又与前例大异。且其后该商人复将误送之货物退回,然在其未发觉货物差误时,其外表固已接受此货物,此外表已足建定其占有。再退一步想,误送之货到店内时,该商人实时抗议,且拒绝留置该货物,然彼此拒绝者为对该物之权利,而非占有。盖彼至少已接受一种暂时的寄存,寄存即可产生占有。更进一层论,该商人于事前正式表示将拒绝接受货物,即暂时的寄存亦一并拒绝。例如某书店通函出版者不愿接受某项不道德书籍。但于信函未到达前,货已送出,货到达时适彼外出,伙计处亦未叮嘱不为接收该书,因此即列陈柜内。该商人究获得占有否,我人仍当下正面的答复。盖在此种种例内无论假定或真实的意志虽俱无,但占有仍宜归该商人,是无他,社会客观观念使然耳。总之,凡货物赉送非出于偶然而由正当手续促成,凡货物交代出自原来占有人之意愿而极明显执行者,不论该物占有人之意思如何,在酌量实际权利之下,客观的占有当视为交换已成。

总观上述,在占有客观主义之理论下,心素与体素之分别,已不能成立。法民内所以尚有此项分别者,乃因误会其发源于罗马法,因推重罗马法,故又保存之。[①] 至于德民法则已完全采用客观理论。心素与体素之分别既消灭,则凡外表已造成物之势力范围时,即为占有。更不必再分出管有一门(Détention)。管有人即占有人,占有人所享有之各种保护及权利,管有人乃亦得享有之。

但德民法虽以管有与占有同化,他方面仍因实际情形之需要而别立

---

① Aubry et Rau, Traité de Droit civil tII p.122 s. 5e éd.

持有(Besitzdiener)一格,德民法第八百五十五条①谓:"雇用人、学徒、伙计或基于其他类似之关系,受他人之指示,而对于物有管领之力者,仅该他人为占有人。"管有既与占有同化,而复另立持有,是持有与管有或占有必有所不同。但为明了此种不同点及持有之需要起见,我人试先探讨其地位及范围。第一可注意者,即德民法八百五十五条不用定义之办法,而只举数例,然后以"其他类似之关系"一语扩大例子之应用范围。换言之,此种类似人等即非占有人,故占有人所享有之各种保障,持有人皆不得享受之。占有之保障有三,即私力救济权,及两种物上请求权,占有物返还请求权及占有物保全请求权是②。骤观之持有人对物,如遇外力加害,可谓束手无策,但他方面如求之于普通法条内,则德民法二百二十七及二百二十九条固规定有普通之私力救济在。德国民法第二百二十七条③谓:"对紧急防卫必要之行为,不为违法,紧急防卫谓为自己或他人排除现时不法之攻击所必要之防卫。"第二百二十九条④谓:"以自助之目的而为物之押收破坏或损害,或以自助之目的,拘捕有逃亡嫌疑之负责人,或因负责人有容忍义务之行为,须阻止其抵抗,其行为,以不能适时受官方援助,且非为实时处分,则请求之实行成无效,或有巨大困难之虞者为限,非为违法。"所可注意者,此处普通私力救济权之行使,当具两种条件,一即立时防卫,一则不能适时受官方援助。至于占有私力

---

① BGB § 855 Übt jemand die tätsächliche Gewalt über eine Sache für einen anderen in dessen Haushalt oder Ewerbsgeschaft oder in einem ähnlichen Verhältnis aus, vermöge dessen er den sich auf die Sache beziehenden Weisungen des anderen Folge zu leisten hat, so ist nur der andere Besitzer.

② Selbsthilferecht des Besitzers: Besitzwehr und Besitzkehr § 859 BGB. Schutzansprüche des Besitzers: wegen Besitzentziehumg auf wiedereinraumung § 861 BGB. Wegen Besitzstörung auf Beseitigung und Unterlassung § 862 BGB.

③ BGB § 277 Eine durch Notwehr gebotene Handlung ist nicht widerrechtlich. Notwehr ist diejenige Verteidigung, welche erforderliche ist, um einen gegenwärtigen rechtwidrigen Angriff von sich oder einem anderen abzuwenden.

④ BGB § 229 Wer zum Zwecke der Selbsthilfe einen Sache wegnimmt, zerstört oder beschädigt oder wer zum Zwecke der Selbsthilfe einen Verpflichteten, welcher der flucht verdächtig ist, festnimmt oder den Widerstand des Verpfliehteten gegen eine Handlung, die dieser zu dulden verpflichtet its, beseitigt, handelt nicht widerrechtlich, wenn obrigkeitliche Hilfe nicht rechtzeitig zu erlangen ist und ohne sofortiges Eingreifen die Gefahr besteht, dass die Verwicklichung des Anspruchs vereitelt oder wesentlich erschwert werde.

救济权,则凡具普通私力救济之第一条件成立时已可行使。但更进一层言之,持有人若仅具德民法第二百二十七条及第二百二十九条之防卫,则德国立法者未必即须另为规定。盖总则编内所立法条,非独雇用人、学徒、伙计等可应用,在全部民法规定下之人,固无人不能应用之。德立法者之意志显非如是,另立持有一格必尚有他故。德民法第八百六十条即可证明之①,该条谓"依第八百五十五条为占有人执行管领力者准行使第八百五十九条规定之占有人之权利。"第八百五十九条所规定之占有权利,即占有人之两种私力救济权。采其意,德立法者必尚嫌第二百二十七条及第二百二十九条对持有人所持物之保护为不足,故再准其行使占有人之私力救济权。至于德民法第八百六十一条第八百六十二条之返还请求权及保全请求权则仍归占有人保留之。我人宜注意者,即此种持有人无论如何不能以第二百二十七条、第二百二十九条及第八百六十条所付与之防卫手段对其授权人,即物之原来占有人。盖占有人与持有人之分别及其间之关系当不在心素(animus)一点,即谓持有人无为已占有而占有人有之之一点。在客观主义下,亦根本再谈不到心素,我人已于前段说明之。统观德民法第八百五十五条所举各例,雇用人、学徒、伙计等似皆为店主或其他主人之占有利器。其对物之行为咸受主人之训令,则此种主仆间之关系,当必为法律的关系有如契约者无疑。既有如契约之法律关系,则凡外表上可资社会以明了人与物之关系者,社会必以之作为此种关系之标准,是固无可否认者也。则此处持有人与占有人之关系似乎亦当求之于此等契约中。但他方面,德民法内之持有必非以契约为其特性,亦系显然。盖持有与占有之关系若基于契约上,而管有与占有之关系亦复基于契约上,则持有与管有又将如何分项。且如委任契约内,受任人完全受委任人之指挥训令,今将谓委任契约亦只产生持有而不产生管有乎,显非正论。其实持有事实之确定,尚非出于占有人与持有人间法律关系之抽象性质,所以确定之者,乃第八百五十五条内雇用人,学徒,伙计之类似人。盖其他管有人如受任人、受寄人、承租人、质权人者非但须有能力对第三人作为物之抗护。且此种抗护咸须由

---

① BGB § 860 Zur Ausügung der dem Besitzer nach § 859 zustehenden Rechte ist auch derjenige befugt, welcher die tatsächliche Gewalt nach § 855 für den Besitzer ausübt.

其自主，以其本身之名义出之。此盖管有人对物之责任使然，而契约之他方亦有利使其以本身之名义行使其权利。至于持有人则不然，其行为之范围完全受制于其主人，毫无自主权可言。是故除私力救济权系为立时抗护所需要者外，其他占有请求权等一概仍归之占有之主人。另一方面，管有之所以与持有有分别者，乃因管有人与持有人对占有人之地位不同。夫受占有人之指示及凡占有人欲领还对象时，具返还之义务，此则在管有人及持有人处完全无异。但管有人具返还之义务，只以合契约条件者为限。物主人决不能用武力或其他强项手段抢夺之。且也，如物主人于要求返还时不偿清管有人所支出之费用时，该管有人尚能享受留置权或竟直接起诉。至于持有人则全无此种权利可享。物主人欲取回该物时，持有人仅有返还之之一法。此外，管有人以主人之物收为己有时，仅犯妨害信用罪，至于持有人则成为窃盗罪。更进一层言之，若有某第三者为物主人之利益而作对物之干涉时，持有人亦不能对该第三者作第八百六十条所付与之私力救济权。总之，凡持有人对物具切实的自主力，使其管领能不论时间之短长表演其独立性者，此种持有即可促成占有。反之，人与物间之关系不能表示该人有自主力而仅为实现他人占有之利器及作用者，则仅为持有。持有人乃为他占有之利器，持有本身仅为他占有延长及最单纯之表示。管有亦为为他占有，然其所以能同享占有之保障者，即因其管领虽为为他占有之媒介，要其对占有物尚有极明晰之个人利益及责任在；且其所以处置该占有物者，亦不直接受任何人之指导如机械者然也。

　　总观以上所述，德民法虽因采取客观理论而以管有与占有同化，但仍不能不另立持有一格。且也，该持有之问题又系相当复杂。细察之下，持有内又可为以下的分项：凡持有人皆无占有物上请求权；凡持有人仍得引用普通法之私力救济权以对抗第三者。此外，依靠主人之持有人又可引用占有人之私力救济权而非依靠主人之持有人则无之。分析相当复杂。故或谓何不径使持有人亦享受占有请求权之应用，如此则占有人持有人之分别亦可取消。对依靠主人之持有人而言，（雇用人、学徒、伙计之类）或谓主人出门时，以占有请求权付与此辈，于理于情皆不合，主人在家时则主人自可起诉，以占有请求交与仆人亦属无用。然对一般非依靠主人之持有人而言，如行人经风吹帽落人屋之例内，假定该帽复由第三者实时窃去,该持有人——即屋主人——岂无利益向该第三者请求归还窃物,而不受对方之抗议谓彼非占有人故无权起诉。假令能做到此点,则占有与持有之仅剩分别,即持有人虽有各种占有之保障而仍不能以之对抗物之原来主人。反对此项德国民法之分别者,尚举瑞士民法以证明之。

瑞民法除第九百十九条外①果无其他任何规定,表面上似以持有绝对附和于占有之内。然此仅因本问题,理论复杂,虽为划一之规定,瑞士立法者欲为司法者故留空地耳。② 但他方面,则仍断然取消德国民法内之第三种分别。覆述之,德民法内三项分别为:(一)完全享受占有保障之占有人(包括管有人。)(二)非独立性之持有人(雇用人、学徒、伙计之类)对第三者具有私力救济权之抵抗力(无论普通法的或专属占有的)而对真正占有人无抵抗能力。(三)对任何人无抵抗能力之单纯持有人(落来帽之屋主人。)

此德民法中之第三种分别,瑞士民法毅然取消之。因实际上此项分类甚不需要。其理由亦已于上段说明,且亦可于瑞士民法草案意见书内见及之。③ 但若谓瑞士民法已完全取消占有及持有之分别,则又为过甚之辞。因瑞士民法虽未明文规定,然理论上,仍准许此种分项之存在。且在瑞士判例内亦尚存在。据何勃 Huber④ 教授之意,此仅为使司法者对本问题得充分解释之余地,以免受法规之无谓限制。是故瑞士法内之占有持有分别,可谓是司法的而非立法的。

综此三国对占有、管有、持有之态度,法国法以采取主观理论,万事皆以心素为标准,故不为管有与持有之分别,径以管持对抗占有。心素之如何难以探讨,已见上端。德国法立法较迟,致有充分之时间利用学术界最新理论,因采取客观理论而以占有为原则。但遇管领之外表有特殊情形者,则另立持有一格,以应其用。然非谓持有乃客观占有之例外,与其谓是例外,无宁谓是客观原则之一特殊应用更为妥当。但因持有地位之相当复杂,故德民法规定亦不能完全称善。瑞民法于是再使之简单

---

① Code civil suisse art.919 Celui qui a la maîtrise effective de la chose en a la possession……
② Wieland, le droit reel dans le code civil suisse Tome II P. 359.
③ Code civil suisse: exposé des motifs p.289 ss.
④ Huber, Die Bedeutung der Gewere im deutschen Sachenrecht 1894.

化而又不为之明文规定,以期学术界对此方面为更进一层的探讨;司法界亦可不为立法者之限制而利用新进理论。

至于我国民法,则第九百四十条与德民法第八百五十四条(该法条第二项除外)及瑞士民法第九百十九条(该条第二项除外)全同是为我国民法采取客观主义之明证。

换言之,即管有与占有之分别,在本国民法内亦已取消。关于持有问题,则我国民法仍采德国明文规定之一法。第九百四十二条与德民法第八百五十五条同。

本文仅限于占有内各概念之叙述。至于占有之保护,占有人与所有权人之各种冲突及持有保护之是否完善各问题,尚当于他文内讨论之。

司法院解释例之检讨[*]

民国十七年十月二十日公布同年十一月十七日修正之司法院组织法第三条谓："司法院院长经最高法院院长及所属各庭庭长会议议决后，行使统一解释法令及变更判例之权。"最近宪法草案内亦有类似之规定第七十九条："司法院有统一解释法律命令之权。"考之西方法制，该项解释权普通分别归责于最高法院及行政法院两处（参看法国之 décisions de conseil d'état 及德国之 Entscheidungen des Verwaltungsgerichts）。最高法院担任普通法律之解释，行政法院担任行政命令及规则之解释，而其解释行为又不能与争端事实发生前由某方呈文要求之，其解释结果如何通常非求之判例中不可。至于我国则不然，解释事项独成一例。制度既异，其性质及效力亦有所不同。司法院解释例对最高法院判例之关系如何，行政命令及规程之解释将于行政本身何种影响等皆成问题。不揣浅陋，试为探讨之。

夫此类解释例独立存在于判例之外固非出自新时代之特创，实有其历史上之理由在。明清两代于律之外皆有条例以补充其不足，其后解释例虽因过繁几经修削，但仍系于律后；表面上律与例实无分别，彼此同具制裁力及法律上效果，殆不成疑问。但时至今日，政制一变，司法权与立法权既截然分项，往昔所谓条例者，今日乃成为解释例，往昔全由官方发觉特殊情形，编成条例，附于律后，立即使发生法律效力者，今日则亦准许民间团体各方官署自动提出疑义，请求解释。解释之机关亦非立法者而为司法院。既经解释，则更不附之律后使成整个的典范。是今日之解释例实际上殆与往日之条例大不相同，往昔明清汇典之条例至少可视为一种补充法律，今日之解释例则已成为杂有判例性质之独立制度。

---

[*] 原文刊于《中国法学杂志月刊》1937年新编第1卷第5—6期。

实际上虽如此,在理论上则司法院解释例固亦有其确定之范围。司法院组织法第三条不云乎,统一解释法令会会议具统一解释法令之权。法律乃司法院解释例之当然目标,至于"令"内所包含各种对象是否咸属解释力范围则已发生许多疑虑。盖而行政规章之具法规性质者自无待论,然实际上仅就具体的事实而规定者,实系行政处分,然亦往往采取命令形式,此种非抽象的规定且占"令"之大部分,究系司法院解释例之目标否,大可怀疑。事关行政与司法权限之折动甚大,当于以下再讨论之。此外解释例院字第一〇五八号称:"径复者:准贵部本年一月六日致本院秘书处函以中美无线电报合同适用民法条文疑义请予解释等由,业经本院统一解释法令会会议议决:建设委员会与美国合组公司所定报务合同既订明互相合作通报,未为共同出资经营共同事业之约定,即难认为民法上之合伙。"此处司法院直接解释者显系一国际私法上之契约,而非我国之民法。再该号解释例后段谓:"再来函尾开另请查复一节,查捷克民法一千一百七十五条所谓组织以盈利为目的之公司难与我国公司法第一条相类似……"此又系司法院自认有权解释外国法律之明证。非但如此,司法院解释例本身亦复再为解释之目标。院字第一一一二号谓:"……业经本院统一解释法令会会议议决:院字第九一八号后段所谓合伙人有争议者系指……"等仅无数例子中之一耳。我人若再加以宪法草案中规定司法院对宪法之解释权时,司法院解答范围之大,之重要,殆可想知。

然此非谓司法院解释事项完全漫无限止,以著者所见及者而言,当有下列数项不属于解释范围。院字第一一五〇号谓:"陆海空军审判第三十九条有无脱漏文字,不属于解释范围,应不解答。"唯视其原函中辞意,其所以发生此项法条中有无文字脱漏之疑问者,仍因法条意义不清之故,司法院回绝解释,不知有何根据。且依解释制度之一般理论而言,解释任务实包括字面上解释(Wörtliche Anslegung)及补充解释(Engänzung)等方法,若法条文字有脱漏非印刷上偶然错误者,司法院固不宜置之不答也。再院字第一一二八号原咨中呈称:"据中国企业经营股份有限公司呈:为对于公司法第一百四十五条第二项准用同法第二十八条关于股份有限公司之董事非经其他股东全体之统一不得为其他公司之无限责任股东之规定发生疑义恳请解释到部,查所举疑义计有四点。原文如次:(一)查无限公司之股东对于公司债务负有连带赔偿之责,故必须以自己之全财产为公司债务之担保,若同时再为他公司之无限责任股东,对于本公司之担保力量即有不足之虑,法律为顾全其他股东之利益计,自不能不有非经股东全体之统一不得为其他公司无限责任股东之限制。唯有限公司之股东对于公司债务并不负连带赔偿之责,则董事兼为他公司无限责任股东于本公司制股东并无利害之关系,何以对于前项之限制亦在准用之列,此认为疑义者一。"此呈探考法律缺点殊为周详,但司法院据以"原呈第一点为立法问题,不属于解释范围"。推诿之,态度实非正当。盖若法律条文并无可滋疑惑之处,则司法径行声明法条本来立法理由,于此已足。若谓法律确有不当,使应用发生困难者,则以著者意见,司法院解释任务之范围既如前见之大,更无理由推脱系立法问题而不为解释。夫立法者抽象之见,要不能对特殊情形面面俱到,偶有疏忽,情实可原。以解释抽象法律及应用于特殊情形上之责任归司法院及其附属机关,确系正当办法,以其较立法者切近事实界也。然则凡法律未规定者,司法院必用判例及解释例之方法补充之,法律不合逻辑不合实际界者,亦必用判例解释例之方法纠正之,庶几立法与司法两者之间,能声气互通,各盖其事。须知解释例决非以讲解法律灌输法律常识所认可了事。司法院以其地位之高尚正直尚负有倾倒及改革法律之使命,参之西洋各国最高法院之责职,即可了然。最后,司法院统一解释法令及变更判例规则第三条第二项谓:"请求解释以抽象之疑问法令之疑问为限,不得胪具体事宜。"是可见具体事实亦不属解释范围,此点关涉解释例与最高法院判例之关系,分别及其本身之效力问题甚大,兹另段阐述之。

  盖考之一般国家,解释例与判例分项之事实,实不多见。法院判案时要不能不为法律上之解释。今我国解释例完全独立,则判案中之解释与解释例中之解释其性质上又将如何分别?如性质上全无分别,至少亦须有其他理由解说此项独立解例之存在,否则解判之分项岂非一极不经济之办法。或谓解释之权系出之司法院院长,而判例则属之最高法院,名义上固大不同也。但若细查司法院组织法第三条"司法院院长经最高法院院长及所属各庭庭长会议议决后行使统一解释法令之权"之规定,则知解释之权虽属司法院院长,解释之实务仍归最高法院及所属各庭,表面上分别岂能引起性质上之分别？或谓请求解释例之对象只以抽象疑问为限，而最高法院之审判究为某特定事实之审判。唯查民事诉讼法第四百七十三条，最高法院之终审特点即在对事实及证据毫不调查，而只限于审查原判决之对法律有无违背。反之，证之事实，司法院解释亦并不完全限于抽象之问题，甚且有甚如判案者。原呈中仅以真名姓代以甲乙丙等字眼，即谓系抽象陈述，要求解答（见院字第一一九七号、一零一三号、四九六号等），实则仍系审案之变相。且也，司法院本身之态度亦极不一致，院字第一一七九号对原呈"兹又在押之刑事被告因要事须回家一行，呈请管狱员许可派看守长带同还家，旋即带回收押，此种情形该管狱员是否构成刑法第一百七十二条第一项前段之罪，有二说焉"等作"即无盗取囚人或便利其脱逃之故意，自不构成刑法第一百七十二条第一项之罪"之解释。而不及十二日后于院字第一一九九号中对原呈内关于旧刑法第三百七十一条、第三百九十三条所包含之概念及应用发生疑义事，则以"除第一问系属具体事实……应不解答外"驳回之。同样性质之疑问径以两种不同之解答敷衍之，是请求解释者亦有幸不幸也。然则解释例之独立标准究系何物，判解例之分别又在何处，我人仍不得要领。或又谓判例乃事实发生后之判断结果，解释例则系争端未产生前之法律上咨询反响，一者为善后，一者为预防，其目的迥异。解释例之长处即在使讼事减少，人民经济上负担因此改轻。虽然，我人于上端不已述及乎，请求解释原呈中往往皆系真正事实，虽仅以甲乙丙代真姓名，总不能掩饰其具体性质于万一，则如原呈中法律疑点陈述不清，司法院对事实又隐约窥见一角时，解释例之结果势将弊多利少。盖使讼事减少固属法院理想之一，然其直接目的究以促进法治精神为重。在某种情形下法院遇特殊事件本可以现实法迁就法理者，今因解释例之故，反不敢表示其进取改新之精神，殊可叹也。试举一例以明之。院字第一一九四号附原呈谓："……查现时社会上麻醉毒品以红丸最为流行，其为害社会较鸦片尤甚，吸食之者用枪用灯与吸食鸦片无异，此项枪灯亦系专供吸食红丸之器具，但制造贩卖之者究竟应否科以刑罚，解释禁烟法不无疑义。查社会上普通红丸其所含成分与鸦片所含成分并无相同，此项红丸似在禁烟法第一条第二项规定鸦片代用品之列，而同法第七条之规定则仅及于专供吸食鸦片之器具，此外亦无关于处罚制造贩卖专供使用鸦片代用品器具之规定,制造贩卖之者自难论科以罪刑,此其一也。又查司法行政部法医研究所复函内亦云,社会上普通红丸亦有含有鸦片烟膏,红丸之害即甚于鸦片,为贯彻国家厉行禁烟之政策起见,于鸦片之意义自应为扩张之解释……"但司法院之解答则为"法无处罚明文,应不为罪"(Nulla poena sine lege)司法院之保守无法不为罪之原则,亦可谓之至尽至善矣,然因此其解释例之意义亦丧失殆尽。盖无法不为罪之原则原非天经地义,所重要者仍为国家之治安政策及社会上公平。在法治精神下扩大或修削立法者之抽象的法实为司法者之当然任务。立法者当时固何能料及鸦片之外又有红丸之可能,然其从事谨慎尚能另加"鸦片代用品"一词以救其弊。但总不免疏忽,故既订定之于前,复简略之于后,此种立法者之缺憾要全需司法者愿纠正之。今以解释例与判案独立及谨守抽象原则之故,其自视乃亦较严,凡法律由差错不齐者竟不愿据以"据情判案"(Interessenjurisprudenz)之态度(注:"据情判案"与"据文判案"Begriffsjurisprudenz 对峙)改换其面目,扩张其基础,所以保全法律之安全性者固已尽其所能,然此正解释例所以不及判例为圆活与切实者也。盖若司法院仅以立法者之身份讲解法律,则无如直接以此项任务归之立法院当更合情理。今既以司法者之意义免为解释而其态度间又不敢尽量发挥判案者之精神,非驴非马,介乎立法与司法之间,其性质亦实难琢磨。但此仅我人切实探讨之结果,窥其理论,解判之间当尚有其他之不同点在。司法院组织法第三条除规定司法院院长又行使统一解释法令之权外,尚指明其有权变更判例。而其所以变更判例之方法当仍以解释例为之,是则解释例在地位上固已较判例为高。而所以较高之理由则又因判例向无特别解释法律之规定,其审判事实仅限于某指定案件之故。总结之,则因判例在理论上并不如解释例之有普遍性及统一性也。至于实际上如何,我人已于上端见及。以上种种皆足证明关于解释事项之政制虽变,但其本来之倾向——即视解释例为附从法律之历史上倾向则仍存在。

最后,我人可以司法院解释行政命令之权稍予讨论。盖司法院对此种行政事项之解释虽不及普通法律之多,要亦甚伙。例如关于诉愿法之各种解释(院字第一○五五、一一三○、一一六五、一一六八、一一一八号等)又凡解释之涉及各种行政机关权限之命令,如官吏服务规程,区乡镇坊调解委员会权限机关权限规程者(院字一零六一、一一三九、一零六二号等),皆甚重要。但反察司法院统一解释法令及变更判例规则之规定,则第四条谓:"凡向司法院请求解释法令者,由司法院院长发交最高法院院长,分别民刑事类,分配民事庭或刑事庭庭长,拟具解答案。"第五条谓:"最高法院院长受前条之分配拟具解答案后,应征取各庭庭长之意见。"第六条谓:"前条解答案经各庭庭长签注意见后,复经最高法院院长赞同者,由最高法院院长呈司法院院长核阅,司法院院长亦赞同者,其解答案即作为统一解释法令会会议之决案。"阅此数条,知所谓"解释法令会"者其中竟无行政法院之成分。又第四条第二项谓:"其向最高法院请求者,最高法院亦得按照前项程序办理,"此处亦无对行政法院之同样规定。固然,行政法院组织法之公布较司法院统一解释法令及变更判例规则公布较迟,一在民国二十一年一月十七日,一则为民国十八年一月四日。但远在民国十七年十月二十日公布及同年十一月十七日修正之司法院组织法第一条内,不已预订司法院下有行政法院之组织,既预订之于前,无不亦正式规定之于后。但即云在行政法院未组织前,司法院统一解释法令及变更判例规则并无兼顾之必要,乃行政法院既组成后,前者至今亦未予以修正,其故为何。夫司法院本系行使司法权之最高机关,其大端包括最高法院及行政法院,故解释例之出之司法院,名义上本无可指摘。但一视其行政规定,则知统一解释法令会会议之组织内,并无行政法院发表意见之机会。故关于行政命令之解释事项,名义上虽出司法院,实际上实发源于最高法院。但最高法院乃审判关于普通法律争端之机关,今使之插足于行政命令及职权之解释,虽经声明只以抽象之法律为限,总不免有负组织上之逻辑。依著者之意,法令之解释权及关于法令争端之审判权当系整个儿不能分析之作用。非经最高法院审判之事,亦不得经其解释。行政上命令及职权之问题显属行政法院处理之范围,请求该院之意见于先,自较正常。且行政法院之组织亦自有其法律上政治上之理由在,无论何种事项必有专司之职,行政法令一端当亦不能自视为例外。再每国家对其行政事项之审判解释权,要亦不愿全付之普通法庭(参看 Maurice Haunriou, *Précis de droit administratif*, 1929, Paris p.942s.),此乃国家主义进一层理解之下所宜有之考虑。若以解释权及审判权悉予普通法庭,则凡普通法院取反抗行政倾向之态度时,其解释审判必严;反之,普通法院取附和行政倾向之态度时,其解释及审判又必甚泛而乱,其弊在使国家组织上之清楚及分限皆被牺牲,而其所得者有何利。

再举凡对普通法律解释不发生之纠纷,往往对行政法令之解释又忽成极严重问题,不论其他,即以请求解释之权利义务一端而论,司法院统一解释法令即变更判例规则第三条载:"凡公署、公务员及法令所任许之公法人,关于其职权就法令条文得请求解释。"依此条文,凡遇行政上命令需要解释时,下级机关与上级机关皆得请求司法院解释。则设遇上级机关如此解释,而下级机关以为不确当,并主张请求司法院或最高法院解释者,上级机关又将如何处理。固然,在中国政治未上轨道时,此种纠葛亦绝对不致发生,然此要为我人法学者所不宜忽视之一点。此种情形非但对上级机关之权威及地位成疑问。即仅以行政效率本身而论,亦有阻碍。退一步言,各机关即对解释权限毫无分歧主张,然我人究竟向何方请求解释,向直辖上级机关请求乎,抑径向司法院或最高法院请求,仍是问题。且行政最高机关接得下属对法令解释之请求时,有无确切义务转向司法院请求解答,考之事实及规定,当然此种义务。既无请求解释之义务,则已经司法院解释者,其解释例对行政方面束缚之效力如何,又成问题。但此疑问之回答想仍系负态的,盖既能随意请求解释,当然亦能随意不请求解释,既能自由决定解释之需要与否,又何能冀其于已解释后遵守其解释。

综结以上所论,解释例制度内实尚包含不固定之事实甚多,有待学者为之研究。解释例之目标为中外法律、条约、国际契约、命令、解释例本身等固属过宽,但其所谓法律缺漏,立法问题,事实问题不属解释范围者,则反又觉其自限过严。且最重要之问题如中国于判例外需要独立之解释例否,及行政命令之是否宜于事前解释,要皆有考虑之必要。著者见及各解释例附原呈中请求解问态度之往往幼稚,知本国民众及公务人员对法律常识尚感不足,准其请求解释未庶非促进法治之道,故亦非绝对反对解释制度之存在者。但总之,我人收案要不宜过滥,且凡百组织者皆当有其逻辑,不得过分矛盾,即如行政法院不加入统一法令会会议等规定,咸须立予改革,始合正旨。兹因法学界对解释制作详细研讨者,竟绝无其人,故草此文,以为抛砖引玉计。

自然法与实际法*

引 论

在知识及学问之界限内,我们观察的方法每被划分为二:一是理想的观法,一是实际的观法。实际的观法系就社会上正在演化的事实加以正确及完全的认识;但因这种现实的社会状况往往不能使人满意,因此激起批评的眼光,再由批评的眼光发现改进的线索。理想的观法,即系拿这种由批评的眼光发现的线索加以整理使成系统。事实据之必须趋向理想,理想应引导事实,它们是相互维持,彼此补益的;事实过分离开了理想,我们的环境必致永远留滞于绝无改进的境界,反之,理想过分超越实际情况,我们的意念也必将流为幻想而毫无实用。法学既是学问之一,自也免不了实际及理想观法之分,实际法与自然法之名称由来即在此。不过,我们用理智观察万物的时候,事实上能否有这两种分析得如此清楚的观点呢?即有之,它们又能否如此理想般地相互维持,彼此补益,而不反往往背道而驰,使我们的思想百般支离呢?这却正是我们应该探讨的一个问题,这事实上如何及理想上应该如何(Sein und Sollen)的问题占据了哲学上的中正部分,而尤以在法律上更表示其重要性,更多荆棘,亦更多困难(参看 Metzger: Sein und Sollen im Recht 1920)。

---

* 原文刊于《广西司法半月刊》1937 年第 76 期。该刊文章转载自《法律评论》第十四卷第十三期。本文成文比芮沐先生的博士论文略晚,内容与博士论文有大致相同的部分,其中"实际法"一词在博士论文中译为"实证法"。这一方面遵循了汉语通译原则,一方面也考虑到这一汉译术语已在中国使用多年的实际。但为最大限度呈现芮沐先生著述之原貌,本文仍旧保持"实际法"的表述。——编者注

一、历来自然法之各种方式

自然法在欧洲开明时代(Aufklärungszeit)前后确有其历史上及政治上存在之理由,不满现制的人们乘着当时社会革命,编出几个名为自然法的口号,对当时民众倒有相当的吸引力及制裁力。不过,无论这些口号在政治上号召力如何强大,它们在法律学术上却从未标榜出任何明白的方法来。那时候的自然法与其说是为改造实际法制的,不如说是为攻击一切政治制度而产生的,更较确当。自然法也会被人加上各种想入非非的名词:如理智法,理想法,上乘法,法律的先验素,法律的道德根源,不变法,自由法,独立法等等。但无论它套上任何名目,亦不论它究为法律制度抑为一切政制而产生者,其出发点与基本思想终是一个:就是人类个人的天性和理智。但这自然法所标榜的天性和理智却与我们实在的天性和理智不同,并非无善无恶,或可善可恶的。它是一种抽象的天性和理智,静的而不是动的,固体而不是液体的。它是从全人类的性和理智中抽去了参差不齐的成分而余下的一个纯理智纯性,绝不类我们实在的性及理智永远保守着平均及中庸状态。我们可以说:它是一种在拔萃状态下之特创的性和理智。往后之法学者就在这出发点下建筑了一个周密不漏的法制整个,谓有绝对的价值及功用;创造实际法的各种立法,判案,解释事项即完全须依它的规定而行,换言之,实际法的内容及基本材料都须发源于自然法,它以自然法之存在为存在,因此特丧失了它的独立性。(参看 H. Grotius: De Jure Belli ac Pacis 1625; Samuel Pufendorf: Elementorum Jurisprudentiae Universalis Libri II 1660; Christian Wolff : Institutiones Juris Naturae Et Gentium 1754.)

过了些时候,学者们也认出这种解说的谬误。因为历史昭示我们:实际法确实会独立地存在,且眼前还继续地存在着。这种历史上的认识使一般法学者一变其排除实际法之论调而仅限于批评。他们说:实际法虽有真切的存在,然而它有缺点,且规划亦不周详;在它范围之外,必须有一种管束它,批评它补充它的原则,才能使它保守正当的常态。这样一来,自然法的地位也由主而宾,变成仅以衡量实际法的工具,为供给改良实际法者作借镜,作比较。(自 Kant 和 Savigny 以来这是自然法学者的普遍倾向。)自然法放弃了它绝对固定的系统而成为广泛的功用发动力。实际法(System von Funktionen)也因此稍稍恢复了它的重要性。此点比之前说,虽相差无几,思想上自己进步多多,不如前者那样呆板了。

在此种以自然法为作用动力的时候,同时也有人主张自然法只是一种思想(idea),一种纯然的思想,或称为具有内容的思想。譬如说:自然法就是道德思想,就是自由思想,公平思想,社会思想等等。其内容之范围或竟并不确定,尽可随时随地更变的。而且这样以思想作标题的自然法,它的作用尚非直接的批评及管束,它先以导引我们的志趣于某一方向为目的,批评与限制仅是第二步工作。(这类议论可以新康德派自然法学者代表之参看 Rudolf Stammler: *Lehrbuch der Rechtsphilosophie*, Berlin 1922.)这一点较上述两说似乎更完全,然而仍系太宽泛,其质实方面仍不易揣测;以应用之不便故,在法学方面亦谈不上有所贡献。

其实自然法之致用既如此宽泛,则又何必保存此项自然与实际法之区别! 知行只是一个,人自会不到字旨而已,这点还需我们充分为之解说。

二、它们共同的缺点

据我们所见,自然法既以人类的性或理智作出发点,而这性和理智又系固定而不变的,则依情理论,实际法绝不能对它发生密切联系,因我们的性和理智是否纯然是善,纯然是恶,纯然是强,纯然是弱,永远不变而抽象的呢? 这是个先决问题,学者对此从未加以注意。依我们的意思,实际上的性和理智确系有好有歹,有明有昧的;设若自然法即以此作出发点,则以它为标准为渊源的实际法,自也不能不跟了它变动,随之明昧好歹起来,试问这还算什么标准呢。

上端所述各种对自然法之解说其实皆基于一种不满现状的心理,因为人们希望能扩充此现况,改革此现状,于是不期而然在幻想上产生了一个替代物的追求来。但这种替代物幻想之产生皆由于我们专以一己之所欲为他人之所欲,不能为大体着想使然;或者因为对实际演变的事实并无确切的了解及完全的认识。在无可奈何中,乃振起反抗的旗号;简言之,是因为对于我们一己没有信任心,对于他人的一已也没有信任心,非但没有体会到客观思想之存在,即对人类思想的弹性能力亦产生怀疑之故。总而言之,这一种理论建设都根据于一种误会:就是认人类性和理智的本体是二元的。但据我们的探讨,我们觉得只有拿我们自己的意见误认为社会上唯一生存的意见时,才能视旁人的意见却与本人的对峙,因此发生二元的论调。但若能设想一个第三者,在某一指定时间内拿我们社会的整个加以认识和理会,则彼所理会到的正非系一人之意见,他一人之意见,或我一人之意见,而是我们意见的辩证之和,他所认到的是我们社会整个的普遍,切实一元理智,——永远在生动中的一元理智(参看 G.W.F. Hegel: *Grundlinien der Philosophie des Rechts*)。由这一个认识推论去,则法律的确也没有自然与实际之分,竟可说:法律只有实际的,此外并无所谓自然法;不过这个实际法非静的而系动的,更明晳言之,普通所称自然法,其实即动的实际法之精神。

三、本文作者之观念

实际法并不就等于纸上的条文,它是我们理智的现实物,但这里所谓理智,非自然法学者所标榜的抽象理智,而是人类的普通及切实理智。这切实的理智是一元的,所以它的现实物法律也绝不能非一元的。这切实的理智能综合许多离散的要素,而归之于一家,它是思想与意欲的结合物,——一个趋向于现实的结合物。我们可以说:它是有机的,它能动能静,纵横合观,在思索事物的时候,它非但得明了其真相,即对事实内最纤微的成分和它们彼此间错综的关系,亦必搜寻无余,此外,除顾及事实之本身外,它还旁搜侧及,探讨其如何着实躬行,和躬行本身的程序及方法,最后且揣摸到行后的影响及一切的利弊问题。

大概,我们在实际界内所得到的印象,就在感受此种印象时,它们已由内理智为之整理排列,而使与天赋的创造慧力相合并。这种外界与内智所结合的成绩,已非纯粹的客观物或主观物,而是客观主观的合综物。我们的理智从外界自取了各种印象及见解,琢磨之,比较之,再反证之,指摘出了它们的矛盾和冲突点,更进一步工作,又归宿之于整个整元,所以在如是如是的静态中,早包含着必须如是的理想强制力,换言之,如是如是及必须如是(Sein und Sollen)两者是相互生发的。王阳明集里有几句话,可以引来结束我们这段意思:"他说知是行的主意,行是知的工夫,知是行之始,行是知之成,若曾得时,只说一个知,已自有行在,只说一个行,已自有知仕"。他前几句还应用二元的语气,到了末后,始拿二元归束于一元,说知行是一了。套在我们的问题上,则"知"就是我们所谓如是如是的情形。"行"就是必须如是,应该如是的现实体。

拿以上各段笼统看,最重要的倒还是那理智是动态而不是静态的一点。若不了然这点,则法律每刊录在纸上时,势必以为它已变成刻版文章,须待外来的东西整理并补充之了。罗马有一成语谓:Verba volant scriptasipie manent,"言语说完时,已飞得无影无踪,文字写录后,即永能遗传下去",换言之,言语是动的,文字却是死的。依我们看,这个观念正还有修正的必要。我们试幻念到一个还没有文字的时代去,假令那时有一个现身说法的人,他想着一句,说一句,若人类的思想完全能用言语表达出来,那么他所说的一定就是他所思的,彼此毫厘不差,人家所听到的也就是他所思就的,彼此也毫厘不差,因此他在讲人家在听的时候,我们所云理智就同时证实是主是客。主客是理智的两面观,在时间上,在本体上,理智的现实不现实不发生任何影响。理智并未因现实或不现实而变更其主客观之可能性。以字创造以后,印刷推行到现在,情形初未稍异,有了文字,我们的理智未尝就变为静的而不流动的。在法学方面,顾弄楼说(W. Glungler, *Rechtsschoepfung und Rechtsgestaltung*, München 1929, S.13),"实际法固然有它现成的状态,但它的形状却永远在继续演变之中,并不固定。并且它的演变也是有机的而潜意识的。我们无论在法律的理论方面或在切实的判里研究,终找不出说:法律有终了不变的形态。向来学者因为不明白这点,所以终是横断式地看法律,因为不留意到它纵直的演变,以及理智自为范围之能力,所以堆砌出来的概念,也是呆滞而不合实际。研究法制史时,也有同样情形,从一个时代的实际法参看到又一个,只用分析隔离的方法,却永不想合它们的观察,去顾到法律的纯活态纯变态。"譬如电影场中看电影,这影戏正演着我们人类生活的一部分,生动活泼与真无异。但我们试拿下这部影片一瞧,则发觉这活动的影戏实系无数单张的摄影拼成。然而影戏里面的活动生活决不就等于这几张的摄影拼成。然而影戏里面的活动生活决不就等于这几张单独的照相,也不能等于这无数片照相之和。我们普通观察的机能固然只能拍摄生活中的零页断片,不过要了解我们整个的生活,我们还得用直觉力去综合这许多断片。盖这部影片虽系包含这单张摄影之中,但同时却超越了单张摄影之物质范围而独立的存在(参看 Henri Bergson: *L'Évolution créatrice*)。法律呢,无非如此。它固须得现实才能使人捉摸到其内容,但法律并非这现实行为,也非许多现实形体之和。综言之,法律是现实的活动态,是玄吕,是本体,是有生命的现实。罗伦之说(Karl Larenz: *Einführung in Hegels Rechtsphilosophie*, 1927, S. 26):"假使我们现在还谈得上自然法或理想法,那么它绝非与实际法对峙的一个,它绝非永远存在或永远有效的抽象法规制度,它是实际法自己辩证的理智本体。这理智本体也决不能用抽象的虚文化译之,它是实际法成文的根源,深藏于各种法律思想中的一种内心运用。实际法所以能视为理智的产生物,也即由此。清楚些说,它就是实际法本身,但非某一种或某一时指定的实际法,而系实际法思想之普遍的纯粹的本身。"

上面说法律就是我们切实理智的现实。理智是辩证的,一元的,所以法律也不能变成多元的或二元的,因此自然法与实际法两名称之对峙,原因思想之支离之故,实际上并不需要,因她们的根源完全相同也。但有更进一层的看,则知它们的取材及内容亦无不同。盖实际法的成分,概括的可以分成立法,判决,及习惯三项,但立法者,判决者,及习惯造成之各社会分子,他们在完成各个别工作时,绝非凿空杜撰,其思想也必有所从来,有所根据,这种作思想之根据及实质的材料,约略也可分为下列几项:道德上的权衡,历史上的,经济上的,政治上的,逻辑或方法手续上的商榷等,换言之,社会文明之一切都在顾及之列。脱离了这种实际的社会生活,我们根本就不能明白法律究从何处产生。或者有人反对说:但自然法是由先天几个原则及概念演绎出来的,它并不发源于实际界,然而却能无时无地运用于实际上,例如不该杀人,不该偷盗等语。不过杀人偷盗等许多抽象概念,若不拿它们引入于切实制度之下,则无非是此空虚名词,其内容其实用皆无从获得,因为不是所有杀人行为都犯杀人罪,也非所有偷盗行为就犯窃盗罪,战时的杀人,自卫的杀人,执行刑事判决的杀人,都不能规入于法定杀人概念之下。至于偷盗,更须在某种所有权制度下才能发生意义,窃盗的范围实完全随所有权范围之广狭而定的。同样是自由,公义,公益,名誉,信义等一类概念。它们若得有实际的社会情况做背景,则它们存在的必要实可使我们怀疑。法律并不像其余一切纯粹科学,先具一个原则,即可继续地推理演绎下去。譬如法人是一个概念,称它为人原是一种虚构,然而因为它称作人之故,就拿自然人的一切禁治产及行为能力条例都引用上去,岂非大谬。总之,就概念尽力地演绎能使我们脱离实际界,概念是人类思想之利器,固属必要,但决不能任它们已变成抽象空虚的时候,仍视之似富于原动力。我们若专在字句上兜圈子,势必造成种种毫无根据结论,若再依了这类抽象的结论去实行,恐怕就要闹出口舌乱子,因此危害治道。法律是学术中最不能逃避实际界的一个,因为每在立法手续之后,尚须遇事判案或执行,以一般的条例配合于特殊环境上。是故假使要对社会事物作过当的处理,在应用法规时,必须尽力追究其本身的精神,盖在对实际生活之参互错综完全认识后,我们才能使法律之应用无削足适履,牵强附会的弊病。总结之,大凡法律上的理论,苟与实际世情不合,即不可为迁就此理论,随便引用法条,强词夺理地文饰抽象无实的概念,明白了这一层,亦可知自然法造成于几个概念或原则之说实系差谬,亦且违反法学上基本旨趣的了(以上参看 Stampe：*Unsere Rechts-und Begriffsbildung*,1907)。然而除此说法以外,更无其他说法。由概念砌成的法律既不能成为有用的法律,则有用的法律当系能符合实际情形的一个。此即我们所谓动的实际法。换言之,实际法外无所谓自然法,因自然法之内容即实际法之内容,自然法之实质亦即实际法之实质也。

结　论

本文第一点仅述历来自然法之各种方式,随后我们指出自然法之缺点,说明自然法所以不能存在的缘故,第三步工作即按次拿我们自己的见解一层层发挥。我们说:自然法与实际法是一而二,二而一者,因为同样的根源不能生产两个对峙的事物,而具有同一内容及实质的东西,更不能有两个决然不同的名称。何况取消了自然法,并不等于取消法律的进步,取消了二元论,我们的理智并非即缺之理想及希望素。盖人类在思想时,任何人皆同时并及事实与理想,在思想之整个中,亦根本分不出理想或事实。我们个别的理智能力,其积度固有高下,可决不能说实际立法者完全缺乏理想,而批评实际法者其观念中全系理想。只有拿实际法脱离死物之人才能生此偏见。须知批评实际法者其认识中必早有实际法,同样现实法律本体者,此现实之功夫即为彼理想也。简言之,我们整个的社会都在推进着法律,非因法律有自然与实际之分,才有此推进,却因实际法本系永远在演进状态之中;实际法是现实的法,现实即系动词,其意盖谓继续地现实之谓也。

文化的奋斗*

在非常时期谈文化沟通和平时谈文化沟通似乎稍微不同。在平时的光景里,我们感觉上以为时间很充分,不妨以有闲阶级的态度对任何方向的文化都发生欣赏的趣味。但是到了非常时期,生活立即紧张起来,平时泛漫的缺点,经环境的压榨也立刻尖锐化起来。种种行为我们就不得不用逻辑去统制他们,事事也须有个目的。在文化沟通的任务上,情形也是一样。进一层说呢,平时生活尚未紧张的时候,我们何不也如此做。

但是在我们在没有谈到文化沟通为什么要在目的化观点下讨论以前,我们得问一问什么叫作文化。

文化这个东西自来就没有规划分明的定义,然而大致上我们对它却都有一个虽模糊而仍统一的观念。这种普遍的观念是什么?就是说文化是人类一切生活表现的容积,它是某社会某种族整个社会生活、经济生活、政治生活、精神生活——科学、艺术、宗教——及一切风俗习惯的历史上遗留。这许多具体的生活表现就造成所谓某指定社会的文化、用这种观点来谈文化,文化的旧成就都得在过去时代里面去找,我们生在当世的人似乎只有消极地接受及顺受文化的自由变化,要对它有创造性的统制却谈不到。但是我们觉得这个观念是不正确的。依我们看,——社会各种具体生活之所以造成文化倒不在这种生活个别表演的本身,而在种种生活状态于不期然间造成我们一种客观的头脑(Mentality)。简言之,文化之所以为文化,完全在各种"文"物之能潜移默"化"我们的头脑。这种客观的头脑一旦造成以后,它的魔力是很大的,一民族、一社会的整个时代的生活便受到它的影响又岂止整个时代呢,它竟能继续地影

---

* 原文刊于《文化国际》1938 年第 1 期。

响到我们永远的生活,假使我们在文化上不下以一番改革功夫的话。Max Weber 在他那本 *Die Protestantische Ethik und der Geist des Kapitalismus* 书里面会举出一个例子讲到西欧基督教——与天主教教宗不同——所以引起资本主义行为的事实;R.H.Tawncy 也有同样的观察。我们本国的情形更是一个好例子。表面上战前几十年来社会的组织不无变动,政治制度固然换了面目,经济制度也受了影响,旧式的家庭制度更在迅速地淘汰中,但若说中国民族的旧脑筋整个儿已换了模型,那就早得很呢;在非常时期尤其感到这方面又赶不上的痛苦。其实呢,文化本身也不过是些具体的东西。例如文学、哲学、政治制度都是有旧籍可考,遗迹可寻的,可是文化的变形——头脑却不然,它是个无形无踪捉摸不到的潜势力;我觉得最难铲除最难变换的就是这种隐潜的 Mentality。

我们没有说这种识力的倾向——头脑——不是许多年来社会制度所造成的。但是一种智能模型既经造成而不去进化它,它跟着就不断地产生同样的社会制度而永无停止。我们必待各种文化具体现象的自然变演而所取得变化后的新头脑吗?绝不。我们得同时并进地变换它们,更好的是先掉转我们的识力的倾向——头脑。

文化之为物绝不是静止的。它是永远在动,而且这个动的行为又决然地可以由我们支配的。说得夸张些,文化的基本性就是 Dynamic,但这 Dynamic 却又不像自然界内一般初生物的混乱,它是基于我们深思熟虑的一个有条理的进行。文化革命社会革命在世界上不知发生过几次,但是因为促进文化改进的人往往过于依赖突然的冲动而缺乏冷静和合理的思考,所以终止于失败。欧洲十九世纪内就遇到一连串失败的革命。到了苏联,我们继看到文化奋斗发生着效力。所以我们说,文化的推动需要有对现实有确切认识而同时能理想的人去办理;这也就因为文化之为物并不是无定向的,并不是没有选择的。

这样说来,我们谈文化岂不有些像在谈政治,而事实上政治生活当然不就是文化。可是由另一方面讲,文化的奋斗也不能不带着政治的质素。政治的特质是什么呢?它第一是找仇敌对象,第二是向对象进攻。它消极的是在铲除自己观念里的矛盾,积极的是在创造和建设新的内在力。所以文化假使具有政治的性质,那么它也就不得不这样奋斗。我们早已说过,文化不是静止的,被动的,也不只是历史遗留给我们的东西,它是道道地地的一种新生活新头脑的奋斗，它是 Kultur Kampf。许多人以为我们这次抗战是在保护我们的文化，其实他们是因为宣传的缘故而用词欠了妥当。我们应该知道，我们这次抗战是纯纯粹粹为保卫国家民族而抗战。当然，国家民族不存，文化必然亦是流亡。可是话要分析清楚。日本人此次所摧残的，不是我们整个儿的文化，而是我们文化的具体的、琐碎的表演；我们的文化还在我们的头脑里。它武力侵略而我们直接受威胁的是我们的国家与民族。它要消灭我们的文化，老实说还没有这份能力；这也是我们预料它最后所以必然失败的原因。我们文化的奋斗与抗战还是两件事。请不要误会我们的意思，以为抗战与文化完全站在对立的地位；正因为它们有强度的连带关系，所以更应该分开来谈。我们要为文化奋斗也正因为要增强抗战的效力，可是抗战是一事，文化奋斗又是另一件事。文化建设绝非在单纯对外的目标下所可解决的，同样，在外交方面，我们也可以举个例子来谈。外交的进展与文化奋斗在理论上也是两件事。我们不可因为目前外交的需要而与某国站在同一的战线上，因此即须转移我们文化奋斗的方向。不，我们文化开发有它自己的立场、批评和改革。事实上，这改革的方向确与我们现在外交上与国的文化是采取同一方向的，但是这完全是偶然，也可以说是必然的事情。可是外交仍是外交，我们的文化改革还是其他的一件事。换言之，在外交需要转移视线的时候——这点很难想象，但是这是我们的理论，——我们的文化奋斗还是随着她固有的理由而前进。固然，我们这样的对世界前进文化的努力绝不会耽误我们和在同样文化下国家的邦交，可是我们文化的中心绝不能全然放在外交的观点上，这是可断言的，本刊提名为"文化国际"所启示读者的误会，或者即可因此而得到一个正当的解说。我们要采取国际间最优秀、最合理、最彻底的文化作为我们文化的批判的根据，可是我们所要的是一个固有的文化。我们慢谈"文化""国际化"的组织，我们先谈"文化""国际化"的采纳。

　　或者有人说：这样的文化奋斗何能于抗战及抗战时期的外交有利？抗战事件是严格地向我们要求着一致的阵容。这一点，我想没有人敢有心肠否认。不过我们假若再细细地分析一下，难道我们向民众呐喊者，我们为保卫我们的主权、人民、土地而抗战，简言之，我们为保卫我们的国家民族而抗战，这还不够吗？我们使人知道，我们为我们的国家民族的生存而战斗,难道这还缺乏什么愤恨的力量吗？文化是国家民族的生活状态,抗战期内这方面正在经过健康的破坏与建设,何须谈保卫。并且,我们现在所损失的是土地建筑等的一部分,可是我们的文化却还整个儿存在着,也将永远地存在于世界上,不论中国国族的命运是什么样。

我们的文化有它自己内在的保护力量。国族命运所以影响于文化者,只有它的发展而不是它的保护。假使中国为它的生存而继续地奋斗,则发展我们的文化正是我们现在抗战时期最需要的事情。试问促使日本帝国主义如此横行侵略而引起此次抗战事者,有人敢说不是我们原有文化的弱点吗？这次抗战,说句很残刻的话,物质上确是损失,精神与文化上却是一种获益。而其所以获益的缘故,则就在使我们觉悟到文化的价值是在奋斗而不在保卫。我们只要保卫我们的生存。至于文化,只有使它发生动力。这样,我们的抗战力量继会增加。

再说罢,在我们的意识中,文化的奋斗也绝不致涣散我们抗战的注意力。何以呢？理由也很简单,就因为这两件事情并没有相同的活动区域也。前者属于国民的思想与生活,后者则属于全国政权的实务。国民新头脑的奋斗绝不会放弃抗战实务视线的集中。"抗战第一"界限意识是太清楚了,它不容许我们对这一点上再有丝毫的狐疑。当然,假令单纯的拿这两个概念——人民思想与政权实务——排比起来,说它们永远不互相抵触是不可能的。但在某条件下,这却又是可能的。这个条件就是不要以为任何模型的文化都有奋斗的价值。我们所努力的还须要有奋斗性的文化。我们今后不能面顺着消极的自由主义而行为,结果这必将等于反文化、反抗战。我们奋斗的文化是有 Esprit Militant 的,是有 Kampfgeist 的,是有战斗性的。换言之,是一种与抗战精神相符合的文化,又可以说就是抗战的文化,只在这个条件下,文化的奋斗继不和抗战实务违反,相抵触。

我们说了许多关于文化本身的事情,我们说文化的结局是我们的头脑,但这种头脑现在须立刻换转过来,以应付这次严重的抗战,这一点我们并不是不能做得到,因为文化根本就是一个动的有定向的而且可以由我们支配的要素。但是虽则这是一种有定向的奋斗,却仍与政治不同,并且还须和政治的实务严格地分别开来使它们不相互掣肘。不过要使它们不冲突，其实也只有一个办法，就是选择一个与抗战精神有同样精神的文化作我们奋斗的立场，我们既然明白了现在，文化是什么东西，而我们需要的又是那种文化，那么我们文化沟通的目的化观点（Teleological point of view）也就因此了然。我们的文化奋斗是选择的，有定向的，我们也认为只有在这个定向下，这个选择之下才谈得上有文化。

客观论与反玩具论的外交观[*]

自从捷克被牺牲了以后,捷克的"帝国主义"(?)(注:原文如此)当然已没有再发展的希望了,于是乎欧洲和平。

欧洲既然能和平,亚洲何独不能,于是乎连篇累牍的文字公布出来,来纠正所谓一般国人之"阵线外交观念",称之为"国际玩具论",并自称为"纯客观"之事实探讨。最好是更创设一个中国"和平奖金供献给张伯伦"。否则中国人岂不是"不仁不智"么?

我们没有说欧洲大战如能发生于我们必然有利,反之,我们也不说欧战不发生在此场合下就能有利于我。至于主张欧洲和平于我有利之非阵线外交论者,他们也有他们的理由。

第一,英意在地中海对峙的情势缓和了(原因),所以英国"在太平洋上的发言权也就加大"(结果)。假使国际情势是如此简单,恐怕中国也就早打了胜仗。也许这不是我的结论而是他们的希望吧。事实证明了发言权是否加大;而且发言权即使加大,是否专为救国发言而已。

第二,英法在欧洲情势紧张中,"便有委托美国维持远东之形势"?现在欧战不起,"英法在东方力量加大,英法的合作自然更加强,这是有利于中国的",不信任有阵线外交可能的人居然也愿拿英法美联合起来讲,阵线中只缺了一个苏联。至于他们对中国事件之联合可能性有多少,他们是否必能于有利于我们之场合中联合起来?这几个问题,反对国际玩具论者曾下以探讨的功夫吗?他们自己反拿国际情势玩具式地摆布着,何矛盾如此之甚呢?

第三个原因是日本虽经换了外相,可是亲英政策却没有变换。并且"日本外交政策是随欧局而动摇"的,欧局紧急时,日本不需要亲英,欧

---

[*] 原文刊于《翻译与评论》1938年第2期。

局和缓时,于是又亲英,因为日本亲英于欧局缓和之时,所以可见欧洲大战于我不利,所以欧洲和平于我有利,这个理论真是不知所云,本国的外交却让帝国的外交方针来确定与反证,这只有客观论者才能由此想象。

其实这辈客观论者、反玩具论者,自己就不免有主观及玩具式排砌国际强势之嫌疑。不说别的,且说欧洲情势与亚洲情势,其间虽息息相关,但显然是有着极不相同的地方的,不能谓在欧洲和平阵线之失败,即是在亚洲此项实际之不存在,在外交上虽不能据感情而任意作玩具式之情势排砌,然而外交何用？外交之作用就在尽力地联合有利于我之情势而使这个情势去抵住有害我之敌力呀。在相当保留下,外交演变固不能谓带有一些玩具宗旨,否则既不以人为玩具,人将以你为玩具,此点证之事实即甚明显。英国之传统政策,第一原则为均势之排布,第二原则为和平商业之可能维持,而此二原则中尤以第二原则为更重要,在此第二原则下,才有此种客观论者谓"他要求和平,分区求和平,妥协的和平"之表示,才有中国东三省、阿比西尼亚、西班牙、奥国、捷克牺牲之事实,换言之,在此种第二原则之下,第一原则也可牺牲。经济之安全支配了政治之动力,政治活动之无能力支配经济上的安全,在英国之政策上,最是尽情地能表露出来。然则在某种时期,在某种地位,英帝国之资本主义者若在其对外利益内发现着寄生性,于是自行地淘汰或被强迫地退出其利益范围时,则英国的第三原则就产生了。这第三原则就是"泰然退出势力范围,以维持其他利益之和平安全",此第三原则为第一第二原则之当然结果,但却为英国本身所从未标榜而也是客观论者所从未"观"到者也。

且事实上英国之对华利益确已至此阶段。英帝国自一九一四年欧战后,以它大部分投资倾入于自己的正式属地而竭力减少它对于其他国家之投资,这是尽人皆知的事实。也就因为这种投资之大量减少,所以此次英国对中欧各国政情变迁之不关痛痒,我们也约略早已看到。那么英国对于中国的态度无疑的也是同样的,它认为中国人民解放运动之蓬勃,并不比日本侵略所占据之危险有利于他,因此,与日本妥协之举动,已成为屡见之事实,而援助日本在东三省扩展的也就是康柴恩"帝国化学托拉斯"。以我们的观察,无论在均势之排布,或是"和平商业之维持",或其直接结果"退出经济势力范围"原则之应用下,我们都没有玩具式排布国家情势的能力，可能的倒退还是反被国际情势所排布。最近有人提出外交政策改革，我倒以为首先要紧的是训练这般准客观论者的头脑而使他们真正能客观化起来。我们要谈外交，绝对不能在某种眼光下谈，不能怕主义，也不能怕阵线，在外交上这种都是自有其存在的客观价值。假使利瓦伊诺夫怕民主主义与法西斯主义，也就根本不能在欧洲活动了；假使罗斯福怕共产主义，也根本不愿意再来同苏联订什么协议。外交所以与内政不同也就在此点，其次，在外交上最忌的是投机，狂呼你们在亚洲有利益呀，你们的利益给人家抢去了呀，这种"赖皮"外交是要不得的。外人对华之利益，其干涉之愿望，其间并没有必然的联系性，唯物论究不是机械论。在社会现象之领域中，最无益的方法，是分离事实的部分与玩弄实例，假使不能把握住与所考察的问题有关系的事实的总体，与其间相互的依存关系，即不免有流入主观的嫌疑，这于建立外交政策是无益的。此外，我们觉得在我们的外交思想领域中，还有一个观念须加以修正，这个观念就是以为外交是正义。外交固然靠我们的正义宣传以促进它的进行，但是外交却不是正义。你尽管循规蹈矩地去走，至多也不过援用了国联盟约的十六条，结果还是兜进了一个"八卦阵""乾坤圈"。人家用政治，我则用法律，结果才知道法律还是政治。外交是主动的，我们可以坚决地说，外交是必须要以"玩具"的方式出之，假使我们认为欧战是确能解决我们的亚洲战争而需要的话，我们就应该向此方向做去。这话表面上看来，似乎说得太天真，但是我们的意思是说纯粹地靠外交一方面的活动是不足够的，在这种外交活动之外，我们还需要国际间政治的活动。这种政治活动除了他本身意义之外，还包括着情报与间谍两方面。假使我们的外交观都是些又"仁"又"智"的正人君子，那么我们只有请他们吃香槟酒了。

最后我们希望研究外交的人，不可因为要维持他们的客观而拿他们的理论中心点都放在他国去。换句话说，我们应该多多注重本国自身的利益而来评述国际情势，我们的外交眼光应该绝对地处于客观的民族自立的立场上，才可以发出主动的效力来。

地中海之海军势力比较[*]

最近英意海军之协定及法意间关于海军之谈话使地中海情势之问题又一度紧张,此点已足证明欧洲冲突之全盘解决固尚有待于地中海各利害关系国家之事前能调协也。至于其谈话及协定之结果如何,且暂不问,但该国家等在地中海中所能支配之海军实力则为我人不应不知之事实,仅叙述之于下。

一、意大利在地中海中之海军实力

意大利海军之威严,曾一度在 Lissa 失败而受损失,但在十五年中,已经全部整理且恢复其旧状,最近慕索利尼曾谓"国家平时之地位即以海军战斗力之标准决定之",故其建造海军实可谓不遗余力。

以此一九三四年即有三万五千吨之铁甲舰两艘实行起造。

一九三五年,潜水艇二十艘,鱼雷驱逐舰四艘,鱼雷舰十艘。

一九三六年,潜水艇十二艘,鱼雷驱逐舰、鱼雷舰十六艘。

是故一九三六至一九四七年一百七十万 Lires 之预算本年当加至二千万。

最近意大利之海军当有下列之内容:

铁甲舰 Doria 式之旧舰两艘,Cavour 式装新舰两艘,Vittorio-Venetto 式尚未应用之全新舰两艘;

航空母舰一艘;

巡洋舰、重舰十艘,轻舰十六艘;

鱼雷驱逐舰五十六艘,其中六艘为最近建造者;

鱼雷舰七十五艘,其中三十二艘为一九三一年以后建造者;

---

[*] 译自法文《新欧洲》周刊(Europe Nouvelle)一九三八年七月二日。

潜水艇一百零六艘，其中六十艘为一九三〇年以后建造者。

Doria 式之铁甲舰两艘，每艘二万二千吨，现皆在重建中，不能谓即可应用。至于二万四千吨之 Cavour 式舰两艘已完全重建成功，配以最新式之设备，例如速率增加，铁甲更坚，炮口增大（十寸至三百廿寸），防空高射炮亦大为增多等是。

三万五千吨之 Vittorio-Venetto 式铁甲舰两艘皆位有三百八十一寸口之大炮九尊，对于速率、保护及能力种种作用可谓已达最新技术之顶点。

巡洋舰十艘中，七艘为一万吨重，乃建自一九三一至一九三二年，现各装有二百零三寸之大炮八尊；置有一百五十二寸大炮八尊之轻巡洋舰十六艘，只有两艘为一九二九年以前之产物。

至于潜水艇，仅以数字而讲，固较法国为胜，但在吨重方面，则较法国为差，因其潜水能力只为地中海本身所用也。

统观之意大利海军之总吨数并不与法国相差多少，其总额现为五十六万吨，其中十六万吨为铁甲舰，七十九万吨为重巡洋舰。若至一九四〇年，总吨数必将到达七十万吨有奇，其中二十三万吨当分与阵线舰队，则与法国平等之希望几可完成矣。

二、法国在地中海之海军实力

在欧洲海军地位中，虽因英国之宽容而使意大利与德意志之海军竟占英国海军实力百分之三十三，因此与法国相差无几，然法国海军之实力仍可列为第二。法国海军之总吨数现为六十万吨，一九四二年可增至八十万吨，其中阵线舰队当占二十万吨。

可怪者，亚比西尼亚及西班牙事件之产生，却不曾使法国海军增加之速率增高。

以目前计，法国海军现有：

一万吨之巡洋舰九艘；

轻巡洋舰九艘；

鱼雷舰及潜水艇小队若干；

航空母舰一艘。

但以上之实力，于必要时，即得以大西洋之海军补充之，大西洋之实力如下：

铁甲舰四艘，其中一艘在重建中；
轻巡洋舰四艘；
航空母舰一艘；
鱼雷舰及潜水艇小队若干；
重巡洋舰之内容大概与英意两国同样舰相等。

旧式铁甲舰如 Provence 等皆已经过修理，配以最新式之设备，例如置有炮口三百四十寸之大炮十尊等，对于保护方面亦无可非议，但速率则只为二十一里，较意大利 Cavour 式之铁甲舰已相差矣。

此外法国最近曾新建铁甲舰两艘"Dunkergul"与"Strasbourg"，置有三百三十寸大炮八尊，其速率为二十九点五里，但吨数及铁甲则较意大利之 Vittorio-Venetto 稍差。

又一九三七年法国政府曾决定建造与英国 King George 相同之铁甲舰两艘，名称 Richeluir 与 Jean Bast，应用时期大概非至一九四〇年不可。最后，一九三八年五月二日命令曾规定建造总数十一万吨之船舰，其中当有三万五千吨为阵线舰队。

三、地中海中之英国海军实力

英国海军在地中海之优越地位已自十七世纪而存在，除十八世纪末稍有短期之间断外，其地位直至今日，乃从未动摇。概括言之，英国之方针乃在地中海中维持一较法意两国海军相比尚为优胜之实力，并断然占据所有各重要海口。自苏彝士运河开盘后，英国即占据 Port Said 及埃及，一九一四年大战后又占据巴拉斯丁及希普鲁（Chypre）。

但嗣后意大利之空军大事发展，英国几世纪之地中海独霸乃大受威胁。一九三五年由意大利侵略阿比西尼亚之结果，以致外交上曾一度紧张，英国海军，因鉴于意大利南部及西西利（Cicile）两方面突然攻袭之可能，乃退出地中海中部马尔泰（Malte）岛占领地即包括在内，因此，地中海之两端，直布鲁陀（Gibraltar）及 Post Said 与 Haifa 乃暂为英国海军之避难所。当时虽经法国允予援助而给与东西海面各根据地之利用，但察之将来，英国海军恐有渐成"洋面实力"之趋势（Sir Samuel Hoare 之语）而将放弃地中海矣。

现时地中海中英国海军之实力如下列：

阵线舰一队,包括五铁甲舰;

重巡洋舰一队,四艘;

轻巡洋舰一队,四艘;

航空母舰一艘;

鱼雷舰三小队;

潜水艇若干小队。

统观以上所述,大概与较法意两海军优越之条件尚相符合,但此处须注意者,即英国岛部本身尚有所谓 Home Fleet(家乡舰队)者,于必要时,亦能参加地中海之战事。

其实力当如下:

铁甲舰十艘;

航空母舰十艘;

巡洋舰十艘;

鱼雷舰、鱼雷驱逐舰及潜水艇队无数。

铁甲舰之方式如下:

King Georges 式,一九三八年,三万五千吨,置有三百五十六寸大炮十尊;

Hood 式,四万二千吨,置有三百八十一寸大炮八尊;

Repulse 式,三万二千吨,置有三百八十一寸大炮八尊;

Nelson 式,三万四千吨,置有四百〇六寸大炮九尊;

是故一九三八年一月一日对英国海军作总计算则为一百三十万吨圆数。

一九三六至一九三七年及一九三七至一九三八年之计划现在成就者有:

三万五千吨之铁甲舰五艘;

航空母舰四艘;

巡洋舰十七艘。

以上种种想于一九四〇到达时即将应用。该时英国海军之总吨数当为一百八十万吨,在海军部支配之下者有二十铁甲舰及六十二巡洋舰之战斗力,同时更有二百艘鱼雷舰乃专为保护帝国交通线而用。

以此海军之实力与法意比较自是雄厚多矣。

非常时期的私法关系*

在美国二月份的一本"现代杂志"(Livinge Age)里面看见一稿写中国这次因战事而人民避难的情形,旁观者清,这篇记录的作者引以为最惊奇的事实却是中国各处战区的难民,不费政府一些心力,一刻儿就搬个精光。他似乎在研究这许多生命的去所,结果是发现中国无论哪个人都有朋友或亲戚可以投奔而且能够对于双方的生活上不发生任何冲突,这证明了中国人弹性力的强和自治能力的高,固然这也许是对的,但依我们看,这也是引起中国人忽视法律的倾向的一个缘由。这般忽视法律的人当然也并非全无理由,非常时期内理由尤其充足,一到战时期间,各种生活状态都是极度的紧张而且在极高速度的进行中,因此我们四周的环境也在瞬息万变,要使法律紧随这种种万马奔腾的事实似乎甚不可能,于是乎大有爽性一律不管之概。但是这种见解了然是差谬的,社会情形虽然变幻百出,可是动的程序究是许多静的阶段所做成。在理论上,战时期间最重要而且最难维持的即是社会上的秩序。法律的作用正在维持秩序,中国人自治能力强,可是秩序的表现却很差。我们且不谈我们国家与公民间的关系,其法律规定到什么程度,至少民众私人与私人间的来往确是缺乏着法治的意味,所以我们问在非常时期内,此中关系应如何例外地规定。

假如我们拿各种人与人间的接触都看成一种债的关系,权利行为固然产生债的关系,侵权行为刑事行为也视为债的关系的发生,那么我们可以说在非常时期内的非常环境确实需要我们对债的关系重加确定,而且这种新的债务关系的确定又是根据于下面几个基本思想的。一、自由意志论调的改变。法学里面的传统态度是拿自由意志的理论 Théorie de

---

* 原文刊于《时事类编》1938 年第 15 期。

l'autonomie de la volonté 理论作一切债的关系的解释标准,社会的整个立场是被忽略的。但是在非常时期内,我们觉得再不应该如此做,我们再不应该受这种陈旧理论的羁累而不体味到种种实际环境所启示我们的客观价值(Objective Wert)。所谓客观价值乃是一个社会在某指定时期内所感觉到的一种精神倾向的普遍心理,在这个时期内,凡为论事判事,我们就应该拿这种心的要求作标准。二、债务人的尽力保护。这里我们所讲债务人稍与法律上的概念不同,范围较广,实包含有经济状况处于被动地位的意义。概念上虽则不同,但是实际上法律里面的债务人确往往与债权人对立,而受它的经济的支配。所以同我们所提出的债务人的观念也不能说相异,那么在这种情形下,非常时期内第一个受困顿的显然还是一切的债务人。譬如债务关系本在延续中的,现在却因为非常事故的发生所以须得早日结束;对于这种困难,债务人往往不能应付。这样的办法,很可以使全国的商务完全停顿而社会趋于不安宁的状态。我们并非说非常时期不是一个赖债的好机会。但是就因此,所以我们更应该在这方面努力加以确定。三、阻止债权人之乘机榨取暴利。我们觉得在非常时期及战后社会恢复状态时最可怕,而且可忌的情形就是社会经济的畸形发展以及新富阶级的乘机突起,具体的讲,非常时期的投机的事业可分为两类:一类就是资本的固定以期在战后拿固定的资本坐收高价。另一类呢,就在眼前,以高价贷现他的固定资本,取得暴利。这两个方法虽然不同,但是做这种事业的大概是一类的人。翻一翻二,其目的还在乘机取利。以上种种情形,在私法上都可以发生很大的问题。我们在下面逐一拿上述各种基本思想再加以分析的补叙,不过对于第一点因为篇幅不准许,只好零散地在本文中叙述了。

一、债务人的地位加强与保护

在普通民众生活里面占着最重要地位的当然要推买卖,租赁,借贷等一类的关系,我们现在先就这几种关系看在非常时期内有无变动的必要,再论其他。买卖契约因战事开始而发生问题的,我们可举出危险担保的一端。我民法第三七三条说"买卖标的物之利益及危险自交付时起均由买受人承受负担",假定买卖契约没有这一条来管辖而只依照债编通则里债的给付行事,那么非常时期的一切出卖人也可说已得到充分的方便，因为通则里面第二二五条说"因不可归责于债务人之事由致给付不能者，债务人免给付义务"。买卖虽是双务契约，这条通则当然仍是通用的。并且这第二二五条里面所谓不可归责于债务人的事实，也就是各种第三者及外界的事实以致债务给付不能的种种，例如飞机轰炸运输器具等。然而经第三七三条规定后债务人（此处出卖人）的地位就受影响了，他在标的物交付前竟仍须负一切不可抗力之灭失及损毁；但在非常时期内不可抗力的事实，非但范围扩大，且其可能性也例外地增加；所以我们觉得在这种情形下债务人的危险负担，似乎未免太重了一些，这是不利于一切战时商务的。为本国经济的顺利起见，我们觉得这种处理是有修改的必要的。第二谈到租赁契约。这里，我们可以拿城市乡村房屋之租赁及耕作地之租赁分两方面来讲。租赁契约也是双务契约，但是我们所着重的是承租人单方面的债务。在非常时期内，战区扩大，难民移徙，后方各种机关，企业及民众皆须有房屋与土地来安顿他们。若以平日租赁关系当事人的地位而论，那么出租人对承租人有两种确定的权利，一就是请求承租人支付租金，二是以租赁物出卖他人而间接使租赁契约停止。关于支付租金一项，这是个大题目，在非常时期里面我们希望能够准许债务人"延偿"（Moratorium），但是很难规定的是这种"延偿"的程度及范围；本段末了我们当再加以详细的论及。至于租赁契约对于第三人的效力，这却是历来中外法学者争论最多的一个问题。问题是这样的，假如租赁契约是债权关系呢，那么租赁物出卖的时候，租赁当然不能对抗第三者买受人，反之假如它是物权关系呢，地位又不同了。第三者买受人就非得忍受租赁契约的完终不可。一般新的民法原则上是认承债权关系，而实际上却规定承租人可以得到物权性的保护。我国民法就是依照这个倾向而立法的，第四二五条说"出租人于租赁物交付后纵将其所有权让与第三人，其租赁契约对于受让人仍继续存在"；第四二六条又说出租人就租赁物设立物权致妨碍承租人使用收益的也准用前条的规定。但是我们觉得在非常时期的立场上这种保护确还嫌不足。因为我国民法第四六三条只规定租赁关系在契约期内对买受人继续存在，却没有说契约终止后什么样。那么依普通情形而论契约羁累一完，买受人当然能另外支配其所有物。因此，租赁契约在原出租人那里本可以继续存在的，现在换了出租人就得另想别法了。在非常时期内，这种情形，对承租人是否十分方便,很成疑问。依我们的意思在这种特殊环境之下,无论任何出租人,——原出租人或买受人之出租人——对租赁契约非但须保持其继续存在,就是在契约期间终了时,也须给承租人以某种继续契约的优先权。这至少对于战时期间的社会安宁是有利益的。对于耕作地的承租人,我国民法也有明文规定,第四五七条说"耕作地之承租人因不可抗力,致其收益减少或全无者得请求减少或免除租金"。这里"不可抗力"的概念,我们以为可以尽量地扩大:假如耕作地承租人的家庭因以壮丁服务或兵役调遣使耕作地收入减少或全无的,也可因为有"不可抗力"情形而使他减少或免除租金。此外,政府应当禁止出租人因承租人之不付租金而终止契约,即使说出租人自己有耕作之可能的时候,也不能任他随便收回,还得令他一方面自己耕种,一方面负担佃农家族的生活。第三关于借贷,我们在这项内只指出消费借贷的一端:就在这一端里,我们也只谈到对于金钱出入有关的事情。更简单些我们还可以拿它总括在"延偿"Moratorium 的大问题里面来讲,这点我们上面已经提到过。什么叫作"延偿"呢?这是一种非常时期法律政策的名称。到了战时或其他非常事件发生的时候,民众一致的倾向就是清算他们日常的债务,大有从此生活一概可以停止的现象。可是假令这种清算运动扩大起来,社会就难以自免于崩溃。"延偿"的意义就在使政府停止某种债务或法律的效力。欧洲大战时,有许多国家在这方面就有整个的法规(参照立法院编译处文稿)关于显著的债务延偿规定,我们可以举出票据到期的延偿,银行存款的延偿,保险金及租金的延偿等等,土地登记的期限也可以由政府规定其延搁程度。总之,凡是因战事而可以为迟延给付作辩护,并且对于社会公益并无妨碍的事情,政府皆可用"延偿"的手段来处理它们。

二、债权人经济地位的统制

在抗战时期,我们第一件忧虑的当然是抗战结果的本身,但是后方经济组织也并不是比它不重要;两者相扶而行,实际上不能使其缺于一端。所以站在后方组织地位的人就应该随时随地留意并计划到如何维持经济,如何使它不崩溃,不畸形发展的问题。对于这种种,我们却早应该有准备,本段内所讨论的就是在法律方面的准备方法。这里我们所谓债权人其实也就是有钱阶级的代名词：一至非常时期，凡是稍有资本的人都免不了要怀着乘机取利的谋略。不论他们是垄断工商业，或收买大批土地或者小而至于在非常时期增加他们借款，租金及现货价格的收入，他们都有在战后造成特殊阶级而使国内资本主义意外发展的可能。国内资本集中与国外资本大批地流入，假如国家不早期统制，同样有影响中国整个社会的危险。可是我们却不希望抗战的胜利又从经济的不均匀状态中失掉它的效果。从纯粹的法律理论上讲呢，那么我们的准备方法可有三个。一是开发权利滥用的理论 Abus du Droit，二是确定不当得利的解释，三是采取暴利行为的刑事惩罚。一，详细地分析起来，中国是对于权利观念最不清楚的一个国家，既不清楚，如何能滥用，用语似嫌不正确，但是实际上权利滥用的具体结果确很显著地存在着。其实呢，所谓权利滥用，在中国只不过是某指定事实，赋予人们一种优裕地位的利用，所以要铲除这种权利滥用的事实，照理我们只要确定每个人的事实地位使它变成法律地位就可以了。但是事实上却没有这样简单，所以我们以为要铲除它，只有使法官及民众头脑里都存着一个坚确的客观价值；无论什么人的行为就可拿这个客观价值来作量尺去量它。这是民主政治的基础，也是一切社会进化的根源。二，关于不当得利，我国民法第一七九条说"无法律上之原因而受利益致他人受损害者应返还其利益，虽有法律上之原因而其后已不存在者亦同"。这里我国民法和他国民法类同，不当得利之返还只限于无法律上原因及他人受损害的两端。严格地依条文解释，所谓法律上之原因当只限于与法律直接有关的原因，例如其受益乃基于法律明文规定的或者基于债务关系，侵权关系，物权，亲属关系等的。简单地说，都是些实际法的原因（Cause im Positiven Rechts），至于超实际法的一切解释，当然不在其内；否则第二句"虽有法律上之原因而其后不存在者亦同"就没有意义；因为假定法律原因就等于公平，正义等一类超现实的思想，那么根本就无所谓"存在与不存在"，因为那种客观价值都是没有时间性的。那么我们就得问，假令已有法律上的原因，难道人们就可无限止地受利益而致人于损害吗？我们以为对这点尤其在非常时期内是需要一个具体的调整的。防止经济畸形发展的第三个办法，是暴利行为的刑事惩罚。所谓暴利行为，我国民法里面也已有明白的定义：第七〇四条说"法律行为，系乘他人之急迫轻率，或无经验使其为财产上之给付,或给付之约定,依当时情形显失公平者,法院得因利害关系人之声请撤销其法律行为或减轻其给付。"本条的来源是德民法第一三八条第二项及瑞士债法第二一条。它可以在非常时期应用的还是因为"乘他人之急迫"的一句,但所谓"急迫"也未必时常可以应用;"急迫"两字是否应解释为一切在非常时期乘人之危而取得暴利的机会?假定不作如此的解释呢,那我们再也想不到这七〇四条有什么用处。此外,我们觉得只准许利害关系人声请撤销暴利行为也还不够尽我们保护被害人的责任。苏联的民法比我们彻底得多,它第三三条里面说"当订约人因急需关系已订立显然于己不利之契约时,法院依被害人或主管国家机关或公共组织之请求得认契约为无效或停止其效力于未来时间",这里非但"急需关系"四字含义已较我国民法所举实例里面的来得广泛,就是请求撤销暴利行为人的范围亦大大地扩大;就站在纯粹立法技术的立场上来比较两国法律,我们也应该效法后者。我国的刑法呢,它也同样地太偏于具体规定,逐条地看去它里面只惩罚了由"欺诈而得""利用未满二十岁人之知识浅薄",或"他人之精神耗弱"的利己行为和"乘他人急迫,轻率,无经验"的重利行为,至于纯粹的乘人之危的暴利行为则全未规定,这方面我们还希望立法者亟加修改,否则不正当的行为正是层出不穷,必致不可收拾始止。而且我们这里还可以顺便地说:我们对于刑事的司法也不可拘泥于陈旧的理论,非法无刑的道理(Nulla poena sine lege)早经打破。保障私人自由的理论也早为防卫国家社会大体的理论所替代,凡事只在人为,只要我们都有一个客观的理想,就不怕法律规定的不严密,就是条文很宽泛,我们还能得到正确的解释。

最后,我们觉得既然谈了许多关于私法的事情,我们就不得不谈到司法的本身,因为这就是连系私人与私人间的一切利害关系的。这里,我们也可以提出两个原则:就是在非常时期内,第一,凡属程序繁重的我们却应该使之简快,对这点,本刊第十二期内已有谢冠生先生很详尽的阐述;第二,程式之凡属专以制裁债务人的皆可暂行延搁。譬如说,破产宣告的暂行停止罢,破产法的大题是在组织破产财团保障债权人的权利,那么,在非常时期内,我们最好能想得办法使破产去继续营业。再如公证制度,其中一部分也是专为债权人获到机械式清理的方便;这方面本来也只有暂行的规则,在非常时期内我们觉得就是完全停止施行它也没有大妨害。其余关于司法方面的"延偿"办法,尚有甚多,我们可举出关于取得时效,消灭时效及法院送达,执行及上诉程式的种种延搁。这些,政府都应该明文规定它们。末了,我们可以再提到非常时期法官的任务,我们以为法官在非常时期内绝对地不应该拘泥于法律的成文,无论应用哪种法律的时候,他们都应该拿眼前的客观环境作前提;而其中最需要注意的就是防止有产阶级的乘机取利和各种债务人在战时期间发生的困顿状况。总之,非常时期的法官须多多与民众接触;许多战区的地方法院竟可随回民众而时常流转或竟参杂于游击队中与军民并流。这是很理想的,好在现在法官训练所已准备恢复工作,我们希望他们拿这种高的标准来训练学生。

德意志虎视下的捷克[*]

相离对奥施用压力没有几天，希脱拉在议院里讲演，他拿德国重整军备以来对捷克的侵略政策，重又明确地规定了一下。到了德国实行并吞奥国的时候，他对捷克的侵略手段，已能更切实地表演出来。

法国政府也曾为了这两件事煞费苦心，并且对法捷间所订协约重加审查。所以柏林与布拉格政府间关系的真正价值是值得加以正确认识的。此外捷克国内德国少数民族的问题，也是一个很重要的问题。捷克本身是一个许多民族的复杂的综合体，国内每逢事变，她政治上凝固力的厚薄如何，民气又怎样，都自然地引起我们的好奇心。最后捷克国内军备的程度，她对德抵抗力的施展也是本文内应讨论的问题。

一、捷克国内的德国问题

假使我们知道德国人侵略心理的将永远存在，那么我们也可以知道捷德两国的地理关系必然有一天会使他们发生悲剧。波希米亚地域的组成是很奇怪的，它直伸入德国疆界的内心，高原一角，四面环山，它的形状简直像一个巨大的城垛。它在战略上是一面控制着德国的西里西亚，一面控制着奥国。德国若要伸张势力范围于维也纳及乌克兰，波希米亚的占有是必要的。照理呢，这个城垛式地域的沿边，因为是有高大的山与深厚的树林，她也是波希米亚的自然疆界，历史疆界，更可说是必要的疆界。不幸得很，捷克境界波希米亚地域的一旁却住着二百万日耳曼主义的德国人。这种对峙的地位鬼蜮般引诱着德国人建设他们的侵略计划。起初只是政治上的插足，后来竟渐渐地军事深入了。

---

[*] 本文为法国阿孟哥著将军所著的译文，译自法国《两地杂志》(Revue Des Deux Mondes)1936年4月，原文刊于《时事类编》1938年第18—19期。

二、捷克国内德国少数民族的问题

波希米亚王国在历史上曾有七世纪的存在,她那时是一个整个的国家,并且经过哈泼司布(Habsburg)皇室承认的。这国内居住的捷克与德国人,他们的日常关系素来就很困难。因为德国人一向就自认为较优秀的民族,所以合理地应该做统治者。这种恶化的关系有时竟造成种种不可遽信的残酷行为,但同时斯拉夫的民族心也一天天显著地在觉醒起来,这种民族的觉醒力量在过去一世纪内竟有伟大的表演,最终于一九一八年占了上势,以致造成今日的捷克国家。但是这个新国家的造成自初就经过德国少数民族的反对。后来德国国内国社党得了胜利,这个反对的形势也就一发不可收拾。所以到了一九三三年的当儿,布拉格政府竟除了决定解散其国内国社党外,想不出其他好的办法。可是在一九三四年十月一日有名叫海伦的竟宣告了"故乡阵线"(Heimatfront)的产生。这个"故乡阵线"也就是今日苏台德山地德国大党的来源,这党的人数大概占有捷克德国少数民族的三分之二。苏台德党的第一步骤就是声言他们少数民族受宪法的调弄,他们要求权利平等。

这种抗议究有多少根据？它的实际上价值又如何？

实际的情形是这样的,捷克国内的德国人对于他们的文化经济事业都完全自主地管理着。他们大部分盘踞的乡镇,也由自身经营其行政。无论在地方的、省方的会议中或众议院或参议院中,他们也有依赖的代表实际,一直到现在,捷克耗察(Hodza)内阁尚有过三个德国人。

学校是处置少数民族使他们减少民族感觉力的一个办法,可是现在捷克却不这样做。德国儿童念书的学校都是用德语来教的。教学,监学及其他行政人员也都是他们本国人。

非但此也,他们种种私人生活或商业来往也完全有用自己语言的自由;这一点还经宪法条文特别保障着。并且各地居民人数凡超过百分之二十的时候,行政机关(包括司法行政)就须依照其呈文的语言来处理其事件。事实上,他们自由的程度还不止于此。各种行政官署都准许他们自由参加,他们的待遇并没有和其他少数民族有何分别。

海伦党的第二个抗议是说政府造成他们种种经济与物质上的不利地位。

事实上固然,经济的不景气也影响到苏台德山地德人占据的各地;这些地带的工业尚代表著捷克工业的重要部分。其他一件对于德国少数民族不利的事实就是最近捷德商业关系的降落;不过这是德国经济闭关政策的结果,与捷克木身无关。

　　这种事件,捷克非但不能负疚,在他,他还尽量地在可能范围内援助着德国少数民族的生存,例如,实行失业保险及决定钜项工作计划等。对于经济不景气的挽救,捷克政府实可以说已是不遗余力地在做。是故德国少数民族的说捷克大多数民族缺乏善意而压迫他们,这是不正确的。

　　但是任何一件事情本可以消弭于无形的,经海伦党的故意夸张,乃又使双方产生不信任的心理。非但如此,海伦党在柏林国社党指导之下,还向捷克政府要求着一个独立的政制。这等于在民主政治的捷克里面再加上一个完全自治的"独断国家"(État Totalitaire),这是多么可笑。况且在地理上,经济上,这一点也是做不到的。总算起来,捷克国内现有三百三十万德国人,但这些德国人却并不住在一个地方,他们造成八个岛式的人群,分散在捷克各地。假使准许苏台德山地德人组成"独断国家",该地带四十万捷克人及其他散处在各地的七十万德人就无从处理。并且占有德国人全数三分之一的"活动党"Activistes 也被牺牲在内。这后者政党里面的群众都是很有健康理智的人们,他们是很忠于现政府而又喜欢以和平方式解决一切问题的人们。

　　而且经历史证明,这种独立国家的创设也是不可能的。行政上更将发生绝大的困难,因为海伦党所提出的独立制并不找到一个有经济单位的地域。照我们看,捷克国内现在对立着的民族两方面都应该相互谅解,他们却承认与德国合并是等于毁灭国内全部的经济的。其实呢,海伦党的行为也根本没有拿捷克国内德人的利益作前提,它的利害中心反在德国,海伦党的党纲,假使有人看过的话,就知道是完全与希脱拉国社党的相拍合。很直截地说,德国的意欲是想拿苏台德人作前驱,为她在东方的活动开道路。当时威廉第三就这样做,他想把奥国里面的许多民族日耳曼化,以为他进入巴干康司坦丁,及近东的计划作准备。可是政策却引起了欧西人士的恐惧,而拨动了奥匈(L' Autriche-Hongrie)的革命运动,结果是欧洲大战。德国现在还想如此做,他似乎在发慢性病一般,上次世界大战的教训难道还不够吗？并且假使捷克的疆界已被取消了，德国人就将控制着东欧洲的一切政治与经济。这个危险是很大的，战后所以阻止德国帝国主义跋扈的方法，至此即将尽废。捷克国内也有一般人对德国取一种中立的态度而利用海伦党作一个对德的联系，因此也可以像波兰一般，改造捷德关系于至少两年至十年的距离。但是大部分捷克人是认为这是使自己国家奴化的政策。他们不愿意这样做，他们一方面情愿对国内德国少数民族尽着十二分的义务，可是一方面却愿意永远保留他们民主的自由。

三、捷克国内的其他少数民族并其凝固力

捷克国内还有其他的少数民族，七十万马基牙人（Magyaris）、四十五万屡丹人（Ruthenes）、八十万波兰人。而大多数民族则又分为捷克与斯洛乏克（Slovaques）两种民族。但这后者两种民族间都是十分融洽的。他们的语言虽不同，可是两方面都是能用自己的语言来传达意思而使对方了解。

四、捷克的军备

捷克对于她的国防十分努力，所以她现在也很有自信心。这个国家本由大战后和平协约所造成，最初是依赖着国联来维持集体安全。因为她是民主国家，所以她也反对统划大量军备，军队的范围因此收缩得很小。一九二〇年时候，她竟拿兵役的两年制减成十八个月，再减为十四月。一九二九年当经济不景气的时候，对于军费的经费竟减至极危险的地步。最后在一九三四年，她始又拿兵役制恢复至两年。布拉格政府知道国联无法禁止德国的重整军备，所以她从一九三五起，就决定重新组织他的国防了。

先是一连串军事法规在贝奈司（Benes）领导下经布拉格政府颁布。一九三四年正式军役为二年，后备军训练期为十四星期。一九三五年空防组织也经法律规定。一九三六年讨论了整个国防计划和国防借款。一九三七年对于国民卫国的措置也有了规定；国防借款为二十亿而且继续地在国库可能范围内增加。捷克本身就是一个很富有的国家，她的工业也是她立国最重要的成分，所以可以说她能组织一个强有力的国防

军,我们是绝对相信的。

现在她的陆军包括十二师,每师步兵四团,每团又分成三营及二爬山分队,分队再组成七小队。此外,十二营边防兵,三团轻炮兵,及部分机械化的重炮准备兵,四大队马兵,及四团高射炮兵。总计她有十八万兵力。她的空军也是很可观的,从三联队已增至六联队,据最近消息,恐还超过此数。她的飞机,一部分是从英法输入,可是她自己的出品也是有特殊的效力。

五、捷克在战略上的地位

许多人以为这种不利于捷克边疆的形势,可以使捷克遭受重大的打击。但是捷克人民却具着极大的勇气,因为她相信对于她的生存发生兴趣的还不止她自己一个国家。有许多国家对她虽没有明显直接的关系,却都是生死相系着。现在捷克与罗马尼亚、犹哥斯拉夫、法国、苏联通订着很可靠的协约。

当然,她最怕的是一种突然的侵略行为,不过捷克参谋总部一定知道如何逐步地防卫。而且目前空军的形势也特别地好,她永远站在取攻势的地位,因为波希米亚高山可以说是直伸入德国的心地。此外,捷克也准备了各种与战略上有关的地点,以期和外来的援兵相拍合。

但是战略上最细致的问题是德国向其进攻时,捷克两面边防的问题。换言之,就是她能不能一面得到罗马尼亚,再一面得到波兰援助的问题。这个问题是大可研究的。加上现在德国的防线已是扩展至维也纳,而且那边又都是些平地,捷克将得不到任何自然防线的帮助。协约各国的任务第一是在南面助捷克抵御匈牙利,但是因着柏林—罗马轴心的结果,这一点似乎受到相当的影响,但布拉格还是乐观的。

假若德国从奥国方面打来,这也使捷克很担心,所以她最好北面向波兰取得联络,而作成一个密切统一的阵地。捷克如能与波兰合作,那么她们兵力可有四十二师之多,而德国现在却只有三十七师,因此德国从西兰西来的实力就可不怕。北面既然毫无顾虑,则捷克的兵力就可用来专诚对付西方,更其是西南方的侵略。

但是不幸得很,波兰自己虽则也受德国的威胁,却坚决拒绝对捷克作任何军事上的协定。不过无论如何,捷克独立问题的解决,其重心恐怕还离不了华沙。法国与英国在这方面想不会放弃对波兰用压力;同样,对罗马尼亚及犹哥斯拉夫,她们也可以用兵力及合作态度来发生影响的。

照目前看,德国已遇到种种困难,使她一时不敢就采取军事行动。她必定先用经济手段及军事联络去笼络匈牙利。再呢,她可增强捷克国内的海伦党势力,使它发生分化作用。捷克政府也知道自己的弱点,但她必须倔强抵抗。不愿意在德国统治下偷图生存,她决定为她的自由而奋斗,为世界和平而奋斗。

意大利之经济现状*

欧洲各国目前景说最坏的无疑是意大利。它在财政上及经济上之困难较任何国还要紧张；德国尚比它好一些。这种种我们都是可以拿事实来证明的，但是若依据了这些情形就推测它的将来，说它的经济不久就要崩溃，那也似乎过火一些。因为意大利政治经济之能否崩溃还须视它政治倾向之决定而定。

我们先问慕索利尼要使意大利成为一个自足自给的国家，这个计划究竟能否实现？我们的回答当然是否定的。非但我们很自然地要否定这回答，我们目前还能说：这种计划是非败不可。此事的原因很多，试先拿其最重要的几项说出来。

第一个现象可以证明意大利经济没有办法的是因为它预算一年一年好像有定期般地在亏空，出入之相差在一九三五至一九三六年为一百三十一万万，一九三六至一九三七年为一百七十九万万，一九三七至一九三八年为一百二十万万。以一九三六至一九三七年之相差而论，其数确实可观：盖已与当年一般的普通收入数（二百三十万万）几乎相等。收入之数实际上只能对付出纳之相差，然则整个之支出将何从清偿？概括地说，意大利公家费闻每年必须超出收入在一半以上。

第二个现象是本年二月与五月间证券市场。价格之降落至百分〇十六以上。法国《经济生活》最近一期中谓此种证券价格降落显系全国储蓄不足所致。意大利政府在去年中曾决定征收各种股份有限公司成本之税，各公司闻之乃群起增加其成本，以作对付此项税收之准备，但成本之增加恰成为储蓄之提取，换言之，成本固然增加，全国储蓄却因之减少。结果等于国家向自己贷款。乃因意大利之全国储蓄总额本，甚低

---

* 本文为译文，原文刊于《外交研究》1939 年第 1 卷第 1 期。

微,于是公司成本之增加亦即市场证券数之税高乃引起证券本身价格之低落。

第三个现象是一九三六年农村全年收获之不良,至本年一九三八此项收成亦无好转。希望,仅此一点,已足使罗马政府对贸易平衡大发其愁,法国《每日经济新闻》(Bulletin quotidien)最近曾发表关于《意大利之经济与财政》之论文一篇,内谓意大利一九三七年之商业收支尚欠利息二亿五万万,然则此种收支相差之结果,能使现金外逸,乃为尽人所晓之事实;但在他方面意大利中央银行之准备金数却未曾实见减少。推其原则,当因意大利于正式准备金外尚藏有其他秘密准备金。该论文谓"此种收支之不能相抵,意大利之'外汇调剂所'必首受其衡,盖'外汇调剂所'固为意大利一切外汇外金之支配所,兼岁有相当准备金之去处也"。

第四个现象,实际上亦可谓是上述诸现象结果,盖因农村收获之不良,军备重整,自给自足政策之实施,市价乃狂妄地上涨,生活代价之指数自一九三四年之六二已升至过去五月间之九九点七。而他方面,同样现象之又一面,意大利人民生活程度乃亦大为减低,例如密廊城一九三五年一月份关于食品零卖之指数为九五点九,一九三八年一月份,则只为七二。

第五个现象为自过去为春季起,意大利一般生产力之减弱,然此不仅意大利为然,意大利本身之现象亦全系世界不景气一般现象之反响。此项生产力,以本年四月份与往年四月相比,其指数自一一三点六降至一〇九点一,为十五月来第一次之降落,此项生产力降落之必非虚伪,即由其他种指数,亦可证明之。

以上所述只系意大利一般的困难情形中最重要之几端,其所以有此困难者,除自然情形中军备之扩充外,不外乎因意大利事实上并无客观的自足自给可能而强欲实行"握大需"之政策(Antoneie)。兹再就意大利"握大需"政策之结果另段论之。

有一点是普通一般人所极端忽略的,我们在这里应该首先唤起读者注意。意大利不论在资本方面,或工业原料或有能力之人工方面,俱是一个最贫乏不过的国家。在这种苛刻的条件下,就是有"握大需"之计划也是决无成功的希望的。何况实际上现时意大利也就根本没有这个整个的计划,我们所看到的只是一些零星杂散的实施手段。意大利本愿意想学着德国,但是我们忘记了德国补充原料(esaojk)之所以可能,完全就因为某种出产品能由某种原料交替变成其他原料的缘故,那么实际上我们还得先要有这种补充原料才谈得上原料戏法之变。其中最重的两种就是煤与木,但是意大利却连这两种基本原料也没有。

要明了意大利愿意与外界脱离其经济依赖性到什么程度,我们只需看它最近轰动一时的"小麦斗争"。从一九二五至一九二九年六千二百万关多量(一关多等于五十基罗)的小麦,到一九三四年至一九三八年其每年平均量即增至六千八百万关多。表面上看来,这是一种斗争的成功。但是假使我们再致细地观察意大利的经济状况,我们就可以知道意大利的农地是何等地贫瘠,那么假使要扩大它的播种地面,意大利就不能不应用一般可用亦不可用之耕种地或竟减少它其他的农产品。播种于山石或干枯地之结果,乃是使意大利农产品的成本加大,而使其价格较一般世界的价格特高;上面所说意大利人民生活代价的提高也就是这种政策的反映。他方面,小麦生产的增加恰又成为其他农产品减小的原因,例如。

	一九二五至一九二七年 千关多数	一九三二至一九三六年 减成千关多数
大麦	二,四五七	二,一四六
裸麦	一,六五五	一,五二八
荞麦	六,二五六	五,三二九

此外,某种农产品的增加,不但使其他生产减少,连意大利全国的农畜也大为减少。

	一九〇八年额	一九一九年额	一九三〇年额	一九三六年额
麦地面积	四,五〇〇,〇〇〇	四,五四二,四四〇	四,八二二,七一六	五,一三二,六七七
马	九五六,〇〇〇	九九〇,〇〇〇	九七九,〇〇〇	八一六,〇〇〇
有角畜	六,一九九,〇〇〇	六,二四〇,〇〇〇	七,〇九四,〇〇〇	七,二三五,〇〇〇
猪	二,五〇八,〇〇〇	二,三三九,〇〇〇	三,三二二,〇〇〇	三,二〇六,〇〇〇

(续表)

	一九〇八年额	一九一九年额	一九三〇年额	一九三六年额
羊	一一,一六三,〇〇〇	一一,七五四,〇〇〇	一〇,二六九,〇〇〇	八,八六二,〇〇〇
山羊	二,一七五,〇〇〇	三,〇八三,〇〇〇	一,八九三,〇〇〇	一,七九五,〇〇〇

上列一表,可以说已是提供得很清楚的了,但是我们要明白自给自足的尝试在农产方面,还是意大利最容易举办的一事。至于在工业品方面,情形的坏那就更不必谈了。

以上种种情形,对意大利的经济而言,当然是很严重的问题。然而在意大利的独裁制下,形式上并不是完全没有办法的,就假定种种方法已被用尽,慕索利尼也还有使通货膨胀的一个最后出路。在他的政府手下,就是有暂时间的生活代价增高,收获不良,证券市场的市价减低,资金利准紧张,一般生活程度的降落,这种种至多也只能够使民间发生一些不满,于意大利全国治道之影响是不至于像其他民主国家一般的危险的,因为在意大利,一切都是受着国家的统制,不过话也要说回来,这种严重的问题我们也不能过分地轻视它,这问题之所以严重,倒不是因为意大利经济本身之无办法,而是因为意大利,就因为它经济,财政之无办法而变成德国的一个附属物。事实上我们已经看见意大利在许多场合已不能不用德国送去的技术人员。慕索利尼"握大需"的尝试,到今为止固然没有使意大利成为一等的强国,却反将意大利变成一个德国的殖民地了。

法国政府的右倾*

一九三四年以果断的手段处置了法西斯运动的阴谋,使它不能利用史太维斯基的案子,因此遭受武装解除而最后至于没落,这不能说不是现任法内阁总理达拉第的大功。后来一九三六年赫礼欧解去急进社会党的总理职,急进社会党加入人民阵线,领导这党的也是现在这位达拉第。但是这次达拉第上台组阁,却与前不同了,他竟立时开倒车,向德国倚门卖笑;它的遭受意大利要求殖民地的侮辱简直可说是咎由自取。我们想大概因为一九三四年时候的左倾使达拉第做了内阁总理后有几天就倒台,所以现在学乖了向右转了。或者是有其他原因?法国的急进社会党就它的性质上说来,其实是一无"急进"的现象,二无"社会"主义的基础。不过因为它因袭法国大革命的精神,拥护共和政府和民主政治最热力,所以也可算在前进的动力里面去。它代表的阶级是法国的中层阶级,也就是知识阶级如教员、公务员等,此外农民及退伍军人等一类人也属于此。这个阶级显然照例是右倾的,但是因为写历年来遭过法西斯派的攻击,又碰到杜迈格、赖伐尔等内阁无技巧地削减其收入,因此感觉它的地位动摇,被逼而倾向于左。但是它现在既然得势,情形当然不同。急进社会党《事业报》六月六日曾说:"老实说,一个大党,依靠它的宣传和环境的得力,在国家政治生活中取得一个重要的地位的时候,那就不能再做旁观者或批评者的把戏了。它必须要担起责任来,因为'成功'是有义务的!"这段话很明显的已表出它的手段。一时间右派《时报》也曾说:"急进和反动是同一的东西。"所以我们可以说,急进社会党的加入人民阵线,完全是为它自己取得政权。它既拿到了政权,因为他的意识立场关系,就不能不联络大资本家、军火商,和银行而愈趋愈右了。右

---

* 原文刊于《翻译与评论》1939 年第 3 期。

派人物竟以之与杜迈格相比,可见其性质的相同。法国的急进社会党自愿做德意的附庸,我们问它是否忘了布朗易,德雷非司、史泰维斯基各事件的教训,它难道不怕再造成一个法西斯的狂潮吗?这次达拉第和德法西斯的拉手是否非出于法国新法西斯领袖都里哑的活动,这还待我们以后来证明他。但是达拉第的这种违反民众行为,在他自身当然是自骗;在另一方面,以我们的观察,是只能促进民众更大的团结的。我们看这次法国罢工的总数,全国工人参加的竟在数千万以上的一点,就可以知道了。在这种情形下,人民阵线的势力是只有增强,断没有减弱的道理的。事实上,法国共社两党所进行的工会统一运动和单一无产政党的建设运动也一天一天地在迈进着,人民阵线的内部决不致因为产生投机分子而被破坏的。

凯末尔之死和土耳其的将来[*]

凯末尔死了,他死在欧洲大战后最骚动的一个时候,也正是一九一八年至一九二五年国际政治上所有建设一股脑儿都崩溃的时候。我们问,这个新土耳其创造者的死,对于土耳其本身有什么影响,对于巴尔干及近东的政治又有什么影响?但在回答这些问题以前,我们先看看凯末尔过去的事业。

一、政权的取得与共和成立

在一九一九年的时候,小亚细亚的景况是很可怕的。战争的结束使本已只存阴影的政府,现在变成连一些影子都没有。联军的兵驻扎在康斯坦丁诺波耳,准备对违反合约者作处罚。同时国内少数民族也起始捣乱,要求独立,争抢地盘。对于这种混乱状态,一般的欧美政治家却看着满心欢喜,因为他们要的就是土耳其的分割和消灭,劳合·乔治甚至希望这个古国的名称也整个儿取消。

但是正在这个危急的时候,土耳其一部分地方叫作中阿那多利的,继续抵抗,不承认任何国家借土耳其的混乱状态作永远驻军兵的理由。

在凯末尔之前,土耳其也有几个政治家知道,假使要使土耳其继续生存,它只有暂且放弃一切征服来的土地,而集中全国的力量于小部分的国境。凯末尔就是被饬去征服一切自主独立的小国体的人,土耳其的唯一领袖就此产生了。

嗣后爱次轮会议与西伐斯全国会议的历史大概是尽人皆知,无庸赘述的。土耳其本有的苏丹,知道凯末尔的势力是雄厚,竭力劝投降。可

---

[*] 本文译自法文《国际论坛》(La tribune des Nations)1938年11月10日,原刊于《翻译与评论》1939年第4期。

是苏丹自己签订的赛佛尔条约（Traité de Sèvres）使全国一致地不满，同时希腊人在萨加利亚吃了败仗，凯末尔的地位于是一天比一天牢固起来。斯密纳（Smyrne）亦经土耳其人烧毁。凯末尔就变成了全国的英雄。"凯旋"意思就是战胜者。洛桑会议因此不得不变更赛佛尔条约而使土耳其变成一个自由的国家。一切不平等待遇也由此取消了。

这一点在精神上是很有显著的作用的。"凯旋"战胜了欧洲各大国的外交家，也使他对内取消教主制的工作更形方便。回教的教主，在伊斯兰语言内，也称 Calife。从六百八十年起都是世袭的职位，从一五一三年起，却兼充了土耳其国家的帝皇。可是一九一四年的圣战减弱了他的地位，赛佛尔条约与土耳其国家的分割，又使人民对他丧失了信任，最后凯末尔的出现与他的历次战胜就结束了他的威望。全国会议且公布他是叛国贼。那时凯末尔曾主张更选教主，但第二个教主在极短的时期内也不得不下台。一九二四年三月三日全国会议就宣布土耳其共和政体。在世界史上，三月三日是个重要的日子，和凡尔登条约、土耳其之袭取康斯坦丁、维也纳的被围、实可相提并列的。其意义就在于土耳其人对伊斯兰让步的最后固定。这个日期固然是土耳其终结其欧洲命运的日子，但也是默化墨德国家从地球上消减的一天，也是回教统治寿终正寝的一个纪念日。所以那时候对凯末尔的这种措置，世界上一切回教集团的反响是很大的，但是土耳其共和国总统却完全置之不理，只管继续他的建设工作。在脱离一切羁累——苏丹的、希腊的、宗教的、法律的、不平等条约的、英国的、法国的羁累之下，凯末尔起始建筑他的新国家，一个领域与政治源于亚洲而文化属于欧洲的新国家。

二、土耳其是土耳其人的国家

凯末尔的口号是"土耳其是土耳其人的国家"。我们知道凯末尔建设工作的最大阻碍，一方面是伊斯兰因为以它阿拉伯宗教的性质，对全国人民的精神、政治、物质都是有无上的影响的，他方面，就是几个大国的侵略了。这两种势力是他奋斗的对象。

但是凯末尔并不拿一切庙宇关闭起来，也不将一切教人驱逐出境，他所攻击的是回教势力对个人生活的影响。所以他第一步手续是拿宗教与国家分开。默化墨德的宗教领域仍旧得留，可是它对人民生活的作用却从此铲除了。他方面土耳其共和国仅曰实施它的瑞士民法、意大利刑法,和德意志的商法。凯末尔也取消土耳其人素来常带的红白小帽子,凯末尔也取消多妻制,凯末尔更强迫土耳其女子出街不得戴面巾,并且准许她们参加任何社会生活。至于男子呢,一律改换西装。这种种的改革看来好像在表面,实际上则土耳其全部的旧生活就因此改变过来了,比仅仅关闭庙宇,驱逐教人的办法,当然聪明万倍。

在文字方面,更有重要的表演,原有的阿拉伯字母都一律改为拉丁字母。阿拉伯语言,也从此禁止教授,祈祷的时候,也强迫地必须用土耳其语言。最后在一九三二年宗教法典也译成土耳其文字。

但是"土耳其是土耳其人的国家"这句口号还有一个重要的意义。凯末尔的原则是叫一切土耳其人都回本国来住。他所以这样做的缘故是因为看见犹太人的所以立不起国来就因为犹太人都分散在外面,而不肯返回本土的原故。所以在一九二三年到一九二四年间,凯末尔拿希腊人、保加利亚人和阿每尼人竟换转了八十万土耳其人来,康斯坦丁于是就变成了一个纯粹土耳其人城市。

可是上项口号还有一个意义。土耳其直至共和国成立,不论任何经济上企业、铁路、工矿、其他一切工业都在英国人、法国人、德国人的手里。凯末尔就尽他的能力使土耳其达到脱离外国监护的地步。土耳其并不是十分富有的国家,这件工作是他最艰苦的一桩。

为完成这个"土耳其是土耳其人的国家"的原则,凯末尔就不能不和外国保持很好的关系。土耳其对莫斯科的友谊,有一个时候是很密切的。这个时候就是叶奴玉当外交部长的时候。过了些时,这个关系也差不多和对伦敦、巴黎、柏林的关系相仿了。至于英德呢,土耳其和它们订立过很重要的经济条约的,但是在这种情形里,要竭力保持土耳其的独立性,这是一个最细腻的任务。土耳其和意大利的关系,简单的只可说过得去,因为慕索利尼的侵略心实在不能使土耳其十分放心,尤其是在罗马对阿那多利及楼老司岛(Leros)要塞宣言以后,两国的关系不能十分来得紧凑。至于土耳其和法国则从去年七月起虽则没有使土耳其变成法国的联盟,确将以往嫌隙的状态改善了不少。

实际上讲,土耳其的最近外交政策,可以说都是根据和希腊,犹哥斯拉夫、罗马尼亚所订立的巴尔干协约以及一九三七年七月八日和阿富汗、伊拉克、伊兰所订立的沙达白条约（Pacte de Saadabad）而来的。

巴尔干协约是一九三四年在希京亚信（Athines）签订的，和犹哥斯拉夫与罗马尼亚同样也参加的小协约，有相类的作用。第一是维持巴尔干的现状，第二是避免一切大国对巴尔干内部的干涉。第三是促进巴尔干各国间的密切合作。这个协约尚希望阿尔巴尼亚和保加利亚也参加。土耳其是其中最活动的一分子，这也是因为巴尔干协约是联系土耳其于欧洲唯一的东西。这个协约的又一作用，乃在当德国的经济势力竭力地膨胀到东欧洲的时候，仍能使巴尔干保持平稳，但凯末尔亡故以后，这个协约的稳定性是否能发生同样的效力，这是很值得研究的。

至于一九三七年七月八日在推黑蓝经伊兰、阿富汗、伊拉克和土耳其各外交部长所签订的东方协约，或称东方互不侵犯协约，这确是更重要不过的外交成绩了。这是土耳其要在一部分近东领导外交的意向的表演，经过这个协约的签订，土耳其想法联合各阿拉伯国家的意向更是明显。伊拉克一部分人甚且对之后发生惊慌，以为这是巴格达（Bagdad）政府受安格拉（Ankara）政府笼络的一种表演。苏立门王（Belmet bey Soliman）被刺的原因也不外乎就是这种恐慌。另一方面看，伊拉克本身近年来也渐渐变为重要了，自萨河底的阿拉伯和伊拉克签订了条约，埃及也加入，伊拉克的地位就好像是阿拉伯世界的小亚细亚的桥梁，土耳其和伊拉克的友谊关系因此是绝对地重要的。这是土耳其回复对它于近东势力范围的一个起点。

三、叶奴玉和明日的土耳其

凯末尔死了以后，当选为土耳其共和国总统的是叶奴玉，他非但是个战士，而且也是个外交家，凯末尔在萨客利亚的胜利他也曾参加着，土耳其在洛桑会议的胜利，他更是一个活动者。他在一八八四年九月二十五日出生在阿那多利的依司米地方，他是康斯坦丁炮兵学校的学生，毕业后参加了一次战事，就做遣往保加利亚交涉使节的军事顾问。在欧战中他积极地表演过战略的本领。阿那多利革命的时候，他就投往凯末尔，萨客利亚的胜仗就是他打的。和平以后军人都变了外交家，洛桑会议中土耳其的胜利是他办了许多交涉。土耳其共和国的宣布使他做了政府中主脑人物的一个，嗣后就不断地对政治、经济、外交上有极大的贡献。叶奴玉生平最重要的一点，是他对苏联的同情，因此在某时期内会脱离了外交上的积极生活，人家怪他不该使莫斯科的势力过分扩张到安格拉来，其实这也是不正确的，实际上确是因为叶奴玉对苏联的经济组织在某些方面极端地佩服，因此想在土耳其内效法组织，尤其关于农业的一方面。

但是叶奴玉此外还有一个特点，他一方面对西欧各大国的影响是深恨入骨，一方面却比凯末尔对宗教的信仰也较强，所以在内政方面，也许旧有的宗教势力或竟会比前扩张，回教集团的形式，也要能坚实地组织起来，至于在外交方面，那么，叶奴玉没有上台以前，本来就和阿拉司对立，阿拉司是代表西欧倾向的，巴尔干协约就是这个倾向的表演。叶奴玉是代表东方倾向的，与苏联接近以及回教集团的加强就是这个倾向的表演，凯末尔未死之前，他是很能利用这两个倾向的对立，但是叶奴玉继承凯末尔，阿拉司当天就告退了。现在在土耳其担任外交的是桑乔罗（Sandjogoou），这是和叶奴玉同一倾向的，所以不久的将来，我们也许能够看到伊兰、伊拉克、阿富汗与土耳其的更形联合，苏联的同情也许更增加些。但是我们不要疏忽了德国的潜势力，德国的经济影响积极地都在巴尔干国家内发生作用。

土耳其的地位在地中海和近东的政治上是不可忽视的，可是若要他对世界的安全上所有贡献，还须看叶奴玉能继续凯末尔对土耳其的独立工作到任何程度，并且也须看他最近来的政治倾向呢。

德国要求殖民地的原因[*]

值此欧洲风云万变,好久没有听到希脱勒的要求殖民地的声浪了。最后一次听到他提起这事的时候,还在国社党执政六周纪念演辞内,可是就在这一次演辞里面,他对于殖民地要求所应用的字句音调已经不如上次孟兴初次暴动纪念日上所威胁的来得凶恶。难道德国殖民地的要求就将如此结束了吗?抑是他在猛吞东欧未消化之前,无暇要求收回殖民地?抑殖民地的要求根本就是一个幌子,摇东则西喊,摇西则东喊的?但是我们以为德国殖民地的要求,为德国着想,确是一个值得要求的目标;这非但是手段,简直就是希脱勒建国政策的最后目的。"普天下皆我殖民地也"这句话至少在最近是这位神经质独裁者头脑里所掀起的巨浪。

一般人所容易看到的是殖民地要求的经济原因,这个问题已经有许多人讨论过,例如《世界政治》第三卷第三期张道行先生的《殖民地与资源重行分配问题》一篇论文内,就有很详尽的分析。他的结论是:不论在资源,投资,市场,人口哪一方面,"不满足国家所提要求殖民地重行分配的理由似乎都很难成立"。我们虽不能说殖民地的保有对它母国完全没有经济上的帮助,这一点张道行先生也很周密地提到,可是殖民地在经济上的援助实际上确是并不大。以德战前的殖民地而言,我们这里可以提出一封由克来蒙梭签名而实则由劳哀·佐治的秘书凯氏(Phillip Kerr)所写的信。这信是附带着和凡尔赛和约文件一并送往德国的,后来在一九三三年始经人公布出来,内中有一段说:"德国殖民地的商业在德国的全部商业中永远是占着一个很小的地位,在一九一三年对于输入只是百分之半,对输出也只是百分之半。例如棉花,可可,橡皮,棕树果,

---

[*] 原文刊于《外交研究》1939 年第 1 卷第 3—4 期。

烟草之类在德国全部进口中只占了百分之三,所以德国在财政上或商业上或工业上若有所改善,显然这是不能以他的殖民地现状作标准的。而且德国所有殖民地的气候和种种自然条件,也难于使他吸收多少德国的移民,这点视战前德国人民居住于殖民地的人数之少就可知道了。"劳哀·佐治是主张宰割德国殖民地最力的一个人,当然不能希冀他有相反于证实。然而德国战前殖民地,于她经济上极少有援助,这要为不可争的事实。不过也有人说:这是因为德国战前在她殖民地上没有尽力开发的缘故,但是这个在无论什么时候都是一个没有把握的问题。

经济理由既然不能解说殖民地的要求,一般公法学者就爽性想拿表面文章来辩护或攻击它。这类表面文章,就是所谓法律问题;分析起来,大概有下列几个主张:主权归属于主要协约国及其联盟国说,主权归属于受任国说,主权归属于国联说,主权归属于统治地人民说。第三说是普遍的由德国学者一方面提出的,第一第二说是由和德国对立的国家为驳斥国联主权说一点而提出来的,就中第二说受任国的侵占欲当然暴露得最明显,至于第四说那就是说公道话的人所提出来的了。奇怪得很,除了上述几种主张以外,德国本身确没有提出什么主权属于德国自己的一个说数,她就简单的实行要求着收回。但是一个委任统治问题为什么发生了这样许多解释的不同呢?这就要怪法律根据本身的矛盾了。凡尔赛和约第一一九条说"德国为主要协约国及其联盟的利益起见,放弃其对于海外领土的一切权利";而国联盟约的第二二条第二款则又说实行这个原则的最好方法,莫如以"此等不复属于从前统治国的土地由富力上或经验上或地势上最能担任而愿意担任之先进国以代表国联之名义及委任之资格行使其护育之职权";最后盟约第二二条之第一款和第四款却又说,某些委任地人民若已发展至可以暂时认为独立国的程度的时候,受任国即须拿这些"人民的福利及发展作为文明的神圣任务而加以指导"。窥看上面几个条文,凡尔赛和约和国联盟约本身内显然就藏着三种不同的主张。最易于驳斥的自是主权属于受任国的主张,因为这是明白地违反和会"不并吞"的原则的。至于主权属于协约国的主张,这也只不过想掩盖"单独并吞"的事实,而不得不采取共有之说。至于德国学者所提出的主权属于国联说,其实也是无甚大用。德国自身现已不属于国联,所以主权就是属于国联,从国联到他本身还得要兜一个圈子。英法法学者所提出的反对理由是这样的:他们认为国联并不是一个超国(Super État),联合会内的分子仍都是些自由的国家,而且国联也并没有可以执行一切的处分权,因此主权的设立,土地的分配都不能属于它,它只有一种监督委任地的行政的权利。日本在前年十一月六日还曾经正式宣言,她的由委任所得的权利,并不是由国联而是由国联未产生前各战胜国相互间的协定而来的。国联本身也曾对鸭泼岛(île de yap)事件这样的下过一次决议说,土地分割权并不属于大会而只属于行政院。但是我们以为不论根据以上哪一种说数,主张这些说数的人恐怕都有因为要忠于其国而就故意歪曲理论的嫌疑。他们的出发点都是不正确的,至少是不合理想的。依刘曼化先生著的《委任统治地之主权归属问题》,我们假使能够多搬些私法上的概念到政治范围内去,那么这个殖民地问题也并不是很难解决的问题。因为依据私法上的观念,这里除了当地的人民以外,任何人都谈不上有什么主权,假使该地人民尚没有发展到自主的程度,那么和亲属会议相像的国联就替他找一个相当的监护人也未始不可。但是第一个监护人因为发了神经病失掉了监护人的资格,现在他虽然主张已经恢复旧有的精神状态,可是假使对于这方面不有特殊的表演和功绩,我们也想不出有什么必然的理由可以恢复他监护人的地位。

但是这种法律上理由,无论经那一方面提出,终究还免不了有表面文章之疑,希脱勒本身就不屑提出来。他只狂喊着:"在平等与理性的立场上要求殖民地重行分配。"最近他还明令禁止再提到"我国原有的殖民地"几个字。他简单地就只要和欧洲其他国家有同样价值的殖民地。就是在他暴动纪念日上的演说里面,他也没有指出要拿一切的殖民地都收回。他就向着英法说话。他说:"假如英法的政治领袖人物愿意和我们在和平与友好中共同生活的话,这是我们引以为最荣幸的事,现在我们只要知道我们的殖民地为什么违法地被夺去,除了这问题以外,我们对英法实无其他的要求。"日本是他的联盟国他当然不提,澳洲的委任地他也没有提,比利时的没有提,这好像证明了他并不要收回全部殖民地的意思;他只要求着其中最重要的部分,就是在希脱勒自著的《我的奋斗》里他也说:"我们到了德国全境充满了德国人的时候,假使确定粮食不足维持我们的生活,我们就有一个道义上的权利去取得其他的土地。

但是日耳曼人的向西南进行将永远停止,我们的视线当向东移转,欧战以前的殖民地和商业政策因此将告一结束,我们必先成立一个新的领土政策,这个新土地的开发就在俄国和他的周围的土地上。"据这一点看起来,希脱勒与俾士麦好像有着完全相同的意见:后者曾说过,全世界的殖民地也不及朴茂莱尼(Pemeranis)乡村一个农人的骨头来得有价值。但是过了一九二四年以后蔼泼将军(general von epp)领导下的要求殖民地声浪就渐渐可以听得了。于是一阵的商业船只军事舰队的建设,最后我们看见了一九三五年的英德海军协定,使两国的海军成为一百与三十五之比,最近德国却又威胁着英国要退出这海军协约,这证明她事实上也根本早就超过了一百与三十五之比的吨数;现在他的潜水艇舰队还正在积极地增进中。我们假使拿这一点德国海军的重新发展和上述英法保管的委任地是希脱勒的目标联合看起来,我们隐约地也就能猜测到各种表面文章底下的实在内容。说简明些,希脱勒所要求收回的是和他眼前战略最有关系的殖民地。在德国要求殖民地最紧张的时候,英国官方会议曾发表过意见谓,关于德方提出之殖民地重行分配问题,若无各关系方面一致同意而完美之办法,英国不欲讨论之;换言之,即如德国拟利用殖民地以为军略上之根据地,俾德国空军及潜水艇队,可自此威胁英帝国之交通线,此种危机一日存在,则英国即一日不愿以殖民地给德国。再看希脱勒本年一月三十日之演辞,他说:"再有进者,就反对德国改善其军事险要的一点而说,必须等世界各国一致取消其险要上的优势而始值得一听。"在他们这样针锋相对的言辞中,我们已经能够看到殖民地要求的症结点了。

这些殖民地分述起来,就是英国管理的坦卡尼加,英法分管的喀麦垅和多哥兰,就中尤以喀麦垅为最重要。大概德意假使要在欧洲和东欧有所作为,他们最怕的当然是英法的联合,而英法可以联合的,那就靠他们本身的主要命脉——航海线。因为这几条航海线乃是他们和海外经济重心紧密联络的唯一可能条件。这几个重要航海线,一个就是地中海,一个就是好望角。我们不要认为苏彝士运河的开凿,已使好望角这条路线失掉了意义;这个好望角路线自从菲洲各地为各强国分别地全部占去了以后,已造成了一个有着特殊个性的经济联系,他的作用早已不是仅仅使轮船兜圈借道的了。

但是我们要知道,起自一九三五年以后,意大利却霸占了地中海的路线。迄至最近,这可说已是一种确定的演变。他的飞机,舰队和潜水艇已十足地布满了地中海中部。她在西西里,在陀代坎尼(Dodicanese)和利比亚(Libya)沿岸都有非常牢固的据足点。英法倒无论军舰或货船,假使不得到意大利的允许,简直就不要想通过地中海的横面。而且意大利最近又在邦的要拉(Poute Uaria)岛做上了要塞,这样一来,墨冼拿(Messina)海湾也就被拦住了。

但是地中海这条线倒并不是英法绝对需要的路线,假使意大利垄断了英法的第一条路,英法两国只要还能保住好望角的一条路,使他们和远东的经济命脉打成一片,那么他们还可以反过来在直布鲁陀和苏彝士两方面把意大利围困起来,使意大利和她的殖民地倒反被切断。这样呢,罗马—柏林轴心就没有希望取得胜利。所以依我们想象,希脱勒的要求收回殖民地,恐怕就为要对付这只棋子喀麦垅的陀阿拉(Duala)埠于是成为他觊觎之中心点了,这个陀阿拉埠的确是一个很重要的地方。它居领了英法第二海线的战略地位。它离开好望角或达加(Dakar)都差不多距离,前者三五〇〇基罗米突,后者四三〇〇基罗米突。这是乌里江(Wowri)口唯一的一天然要埠。它并不十分露在外面,因此他的容量可以接受一万吨左右的大船。只要再稍稍再加以建设恐怕再大的舰队也可以进去。再者乌里江口岸又是一个深湾,左右三十基罗米突,深亦如之。小岛和半岛散布其间。这是一个潜水艇,和水上飞艇万万梦想不到的好隐蔽去所。海口的对岸是西班牙的飞难度堡岛(Fernan Po)海岸和几个岛之间的两线道,一是三十基罗米突,一是七十五基罗米突,这两个口道是显然十分容易防守的。在第一处,假使在陀阿拉装上大炮,第一口岸的横里就全部可以轰到。德国想得到西班牙的联络未始不和这事有些关系,法西斯军在西班牙的活动更是有助于这点的证明。所以假使德国可以得到喀麦垅的收回和西班牙飞难度堡岛的占领,实际上菲洲兜行的海道就全部被它控制。万一英法和意德两方发生冲突,那么意大利在地中海把守了邦的要拉岛,德国在菲洲锁住了陀阿拉,英法的咽喉就被人捏住。英法因此又将被强迫地不干涉德意的发展,像现在不干涉西班牙问题一样。

讲得再严重些,那么利比亚的南岸和喀麦垅的北部相隔只有一千基罗米突,中间是法国的属地,假使德意在两面一齐夹攻将法国的守兵击退,这时候从脱立北立(Tripoli)到陀阿拉之间的菲洲就将完全落在罗马—柏林轴心里了。

再另一方面站在空军的立场上来看,那么从多哥兰和喀麦垅,利比亚和阿比西尼亚边界周围的九百基罗米突内,德意的飞机也都可以到,因此在赤道左右的英法属地就完全在飞机动作的范围内。至于喀麦垅的地点那是更适中了,东南西北可以拿它做空军袭击的出发点。所以英法若要保卫他们的土地就非有超出意空军数倍以上的防空作用不可。否则交通路线一被轰毁,整个儿菲洲就可成为荒地,整个儿菲洲就变成为毫无出息。

我们讲到这里,自知这张菲洲的战略图给我们画得太灰色,而且也于德意太有利了。但是我们知道喀麦垅和多哥兰到现在都还安置在英法的手里。对于这一点劳哀·佐治在一九一九年已就看到,所以竭力主张完全割去德国这部分的殖民地。克来蒙梭就比较近视了。

但若说德国收回殖民地的目的是要占据战略地,它当然要否认的,一般人也可以为希脱勒的殖民地要求既扩大为全球天然富源的分配,也好像它的着眼点并不就在于战略上,但是这种多是偏激之谈。国际上一种行动,一种目标,都不是单纯的只有一用;完全以"威望问题"而冒国际上的大不韪,在现代战时准备的情形下,恐是很不可能的了。就说德国要求殖民地是在于求资源,照希脱勒的野心,他理想中的资源地恐不就是委任制的一些土地罢。而且希脱勒踌躇满志于东欧的时候,资源问题不能说已不是一部分地得到解决,但是我们认为这个殖民地的要求,德国是决计不会放弃的。他所以不甘放弃的缘故,举一个例来说罢,就等于日本对我侵略,不能不说已得到甚多的资源供给与输出增加之可能,但是他最近却又非占领海南岛与斯巴脱拉島不可。希脱勒的野心假使仅在欧洲,则许多殖民地根据地的占领至少暂时是不需要的,但是它假使预备要和英法正面冲突或甚至于要破坏英帝国的统治,那么我们篇内所提及的重要地点是在收回及占领之必要中。他的用意当在分化英法而使意大利的牵制力增加,最近意大利在地中海中的发展实是可怕,占领了阿尔巴尼亚,又要预备侵略希腊,英国海军所受的威胁当是不小;假使德国占领了旧有的殖民地,因此握住了战略上的根据地,那么好望角的海道也就断了。但是也因为这些根据地与英法生存利益太切身,所以实际上它们绝不会不发生轰战而放弃的,因此德国收回殖民地的声浪也就因为这种英法不放松的精神而变成为单单的口号或声东击西的手段。在国际上,和在日常生活上一样,一种行为并没有绝对的生存致用,生存致用的决定,看行为客体的反响如何;反响如此,则行为是这个,反响如彼,则行为是那个了。

从法国宪法论及国民大会的常川设置机关问题*

其实呢，法国可以给我们参考的宪法早已成为过去，一八七五年二月二十五日宪法的最重要部分已经被一九四〇年七月十日的新宪法顶替了。法国的民主从此染上了独裁的颜色。然而这带上纳粹色彩的宪法却非我们所可以发生兴趣的一个。这次法国虽然战败，甚至变换政体；但是在这重要变动发生之前，它总算是一个头等的民主国家，则其民主政体的宪法中，当必有给我们可借镜的地方。我们本国现在正在预备实行宪政，而我们的宪法又是公认为属于民主性的，然则我们可否参考一下法国的宪法呢？据目前各方面对五五宪草的意见，其中当以国民大会是否须成为常川机关的一端争论最烈。我们就对这一点看法国宪制史上有否使我们借助的地方。然而我们为什么单独要参考法国的宪法呢？那是因为一般人认国民大会所以不设立常川机关的缘故，其原因乃在我们需要直接民治而不需要代议制度；但我们参看法国宪法史的结果，却看到一点，那即是直接民权并不能有多大成效。

依我们的认识，一个国家之有宪法，他这宪法里所规定的政体是否属于民主性，最容易看出来的一点，就在它是否拥有代议制度（Système représentatif）。我们可以说代议制度是确定民主政体的一大标志。

这一点是有人反对的；因为一般的民主国家不是全有代议制度，其中也有厉行直接民权，而其民主政体更属显著的；再如我们的五五宪草也是其中的一例。五五宪草所规定的国民大会，据一部分人意见，是不应该像欧美各国一般使它化成代议机关。金鸣盛先生在时事类编宪政宪草专号内说："总理会一再指摘代议制的流弊，倘认国民大会为与一般

---

* 原文刊于《法学杂志》1940年第11卷第2期。

国会相仿之物，实属错误。直接民权由国民代表代行，不过因多数人行使不便，改由少数代表行使之意，是量的紧缩而不是质的变更。故国民大会的政权仍当视为'直接民权'，不容与一般代议机关的'间接民权'相比。"但依我们看，在不论哪一个宪法里面，除了瑞士因为历史传统的关系，及美国西北一部分省份因为地方小的缘故，可以规定直接民权之行使以外，代议机关竟可说是表演民权的仅余办法。现在我们五五宪草拿四种政权交付国民大会，金鸣盛先生以为这仍当视为"直接民权"，但是实际上，这种情形早不能算为直接民权，而是的的确确"由国民代表代行"的政权了。至于政权不过因"人民人数过多，行使不便"，才交与国民大会的一点意思，则普天下之代议机关，其所以产生者难道都不是因为这个缘故吗？所以依我们看，五五宪草里的国民大会确已成为代议机关，至少是代替行使政权的机关了。而且我们可以附带说明，代议机关的任务虽在间接行使政权，却还是属于民主性的。

因此，我们觉得国民大会之是否需要常设议事机构，不论在政治上正反的理由如何，在学理上，这个问题是等于五五宪草究竟是崇尚直接民主呢还是代议民主的问题一样的。假使我们所要的是直接民主，那么政权既由人民直接行使，国民大会自不必再有常川机关之立。反之，我们事实上若觉得政情尚有困难，而须先走代议的步伐，那么国民大会势非成为一个常设的机关不可，否则即无以趋达于民主之大道的。当然这个问题的解决，内中也还包括其他两个问题：一个是我们是否确已倾向于民主？一个是国民大会若设有常川议会，其职务是否与国民政府五院的职权相重复冲突？我们把这两个问题放在后面附带提及。

我们先看代议制度与人民主权有什么关系。一部分的学者说："国民主权是无从叫人代表的——这种意见卢梭持之最力——而其理由则因为这主权是不能出让的；主权的内容就是人民一般的意志，一般的意志即无从由他人代表；或此或彼，其间并无折中的办法。"据卢梭的意思，一国的政府中，在形式上，也许有类乎代表人民的分子，可是这种分子决不能作各种最后的决定，最后的决定还得待人民自己来。

可是不论卢梭或其他学者如何说法，代议制度比较直接政治为方便，在十八世纪已成为不移的定论。孟德斯鸠即为反对卢梭最力的一人，他说："代议制的方便处，乃在代议员之能够尽情讨论议事；对于这种工作,人民本身就不十分适当,这也可说是民主政治的一大缺点。"除了孟德司鸠以外,德老姆(De Lolme)亦有同样的感觉,他说:"群众,真因为是群众,所以他们的行动,决非经考虑过的行动;议会讨论的目标,他们固然不容易认清,而他们所发表的言论,即有之,亦不是出于他们固有的意见的。"

归纳起来,法国学者反对直接民治的理由当有三端:一是属于实质方面的,一般民众对所选举的人物,或许认识得其大概,因此,还可自动行使选举权而不致发生流弊;但对其他一切如创制,复决,修改宪法等之政权,则彼等决无其头脑,亦无充分的余暇可使这种权力产生良好的作用。属于形式方面的理由,那是因为要使全国的国民,同时一起对一个问题加以周详的讨论与表决,一般的学者皆认为难以想象。固然,现代的社会已有报纸及无线电等物可资表决问题时各方面意见的传布及引导;但是这种利器却往往被党争利用为工具,而难能使民众得到一个开明决定的机会。而且表决起来,人民也只能说"是"或"否",此比之古代部落社会中在各种集合时,每个人能有登坛自由发表高论的情形,自大不相同。

而且实际上讲起来,一般的民众,尤其在农村社会里的民众,他们真正能了解政权之监督任务的,恐怕不多罢!他们直接行使政权的结果,往往反是牵掣国家的大政,而使之迟滞于落后的状态中。因为一般的民众,以他们平日的熏陶与教育而论,假使没有前进的政党为之领导,恐怕终是倾向于保守逆势的。此视瑞士各地,客观上甚多可称为良好的法律,因为人民复决的缘故,反而不能通过施行,也可以知道直接政治阴暗的一方面了。

证之最近各国国内情势这一端也更可显然。现今一般民主国家,因为实行代议制,政府的权力被牵掣过甚,因而不能抵抗极权国家的侵略。假使我们再要厉行直接民治,则直接民治较之代议制更要周折,是无可讳言。民治直接政治既以民众自身为出发点,则其底盘一大,运动自不会方便,既费时间,又多考虑,加上偌大的费用,其不经济、不得力任何人都不能否认。但是反过来讲,假如因为不方便而任处政权于不行使,那么我们又何必仍主张民主呢!

在历史上,直接民治曾经实地试验过的有瑞士、美国西北部各省及法国等地方；前二者因为特殊理由，也许有相当的功，但在法国，可以说完全没有卓著的成效。

在法国的宪法史里面，凡经过直接民治决定的宪法，确是没有一部不失败的。一七九二年九月二十一日的时候，法国国民大会（La Convention）通过一议案说："凡为宪法，必须经过人民通过。"那国民大会也就依此原则连续表决了两个宪法：一个就是一七九三年六月二十四日的宪法，一个是当时新历第三年果月（Fructidor 即法国共和历之第十二月在阳历八九月间）五日的宪法，前者却从未施行过。嗣后帝国时代的宪法修正案，同样是由人民直接表决的，结果却也跟着遭了同样的运命。最后，一八七〇年的宪法，其寿命也只长三个月。以上各种宪法都是经全民会议通过的。固然在当时法国革命后，政治生活及社会生活都时常起伏不定，亦难怪各种宪法之不能持久，但这也就是证明了由直接政治造成的宪法亦并没有更大的安定力。

在法国宪法史上，除了上面所述各种由人民表决而显无成效的宪法以外，还有其他几种人民直接政治的表演。但是这几种其他的表演也成了历史上的喜剧，近时希脱勒在德国所领导的各种人民表决就是这种喜剧的复显形。这种种都不能视为民主的政权；其实反都是独裁者统治的工具。第一次表演乃在法国当时新历十年花月（Floreai 即法国共和历之第八月在阳历四五月间二十日）。拿破仑公开地问人民是否赞成他"拿破仑做终生的领袖（Consul）"，人民只能回答"是"或"否"。第二次也是拿氏的杰作，他问人民"愿意拿破仑之直系婚生，非婚生，收养子女继续其帝王的系统否"，同样是"是"或"否"的回答。及至拿氏失败，帝国消灭，经过一度的民主时代，在一八五一年十二月二日却又来了一个 Coup D'état（政变），当时的总统即为拿氏的后代，名 Louis Bonaparte 的抄袭了他上代的技巧，又问人民愿否与彼以集权。这个人民表决虽然换了名称，叫作 Plébiscite，可是其内容及意义却是与前几个一样的。

人民政权的行使，在法国其成绩就如上述，可以说是完全丧失了政权的理想意义。当然我们所提出参考的只为法国，引证的范围未免太狭；尚有其他国家里面，其直接民治的经验并不同样的悲观。可是我们要知道，法国的革命是伟大的，其冲击力也是至大至坚，以这样大力的革命运动，在当时尚且不能扶植直接民主以成为巩固顺利的机构，何况在其他更小的国家并无彼之革命狂潮以发挥其民众的力量的呢！在后者这种国家里面，或是因为他们本已有一种形式上直接民治的传统——像瑞士——或则因为直接民治之初，根本是一个新兴国家，没有其他恶的传统势力来阻碍这新政治的产生——如美国的西北各省——除了有这两种方便的环境，若要厉行直接民治，其不能一蹴即就也可想而知。这也就是我们所以拿法国制宪史的一片作为引证资料而供之文中的缘故了。

但是我们假定退一步说，直接民主所以在西方没有成功的缘故，是因为它们对于民权政治还没有充分的认识；但即此也就可以说明了一点，那就是凡一个国家要厉行民治，而对直接民权的促进觉尚有困难或至少无多大成功的希望的时候，代议制度未始不是一种过渡的办法。换一句话说，一个国家若能及时发觉其直接政治之暂时不可能，那么它总还得找一个代议机关来代替行使政权，假定民主政治是被认为对国是人生俱有利而需要促进的话。

也许就因为这个缘故，我们的五五宪草拿人民应该直接行使的政权交付给国民大会了。这对于中国的目前，是一种很聪明的办法，虽则中山先生的理想是远过于此的。然则我们既把人民的直接政权交给国民大会，而表面上我们还要坚持说，这是直接政权的表现，那好像很说不过去，至少有些矛盾吧！在这种情形之下，欲行使由人民交来的政权，是否需要一个常川机关呢，这个问题的答覆就比较容易，实际上这已非关系人民政权的理论，而是涉及国民大会本身的组织的问题了。

有人以为选举与罢免二权，"当然不好经常行使，即创制复决二权也不过偶尔感到需要，才发生提案，才举行票决"。然而依我们看，在这种政权的本质里面是看不出它们经常行使的需要的！既称之为"权"，那么这"权"的需要行使与否，当然须随权利主体的方便及感觉去决定的；客观上，我们初无预为之限制的必要，可能，与理由；换一句话说，在这政权本质里面，并不包含着"偶然感到需要"的必定性。

甚至我们可以说，在这政治实情尚有大可整顿的现时，政权行使的需要，非但不"偶然感到"，而且将很多地感到，然而要随时感觉到需要而依此需要以行使职权，则一个常川机关实在是必要的了。

选举权当然是一个不成问题的政权，它不需要时常行使，选举的事务也不需要一个常设的机关天天去讨论它。至于罢免权已是觉得比较麻烦，因为罢免的事情不是像选举一般的可以一次举行即告完毕的。但是论到创制权——自动感觉需要而创立新法的权力，或复决权——感觉现法不良而重复讨论该法的权力，那更不是一朝一夕可以完成的事情；其中必须有一个常设的机关，天天准备着，天天讨论着，才能使这种权利得到充分的发展。

不过这样一来，人民政权既然要时常行使，那岂不要和宪法中规定的其他五种治权相重复或冲突吗？这一点我们应该这样讲的：照中山先生的意思，选举罢免创制复决是人民的政权，是牵掣政府的几种权力；而行政立法司法考试监察是政府的治权，是政府替全国工作的权力，所以性质上它们是不会冲突的。而且假使要冲突重复，则其冲突重复的缘由当不在国民大会常川机关之有无，即在人民自主行使政权的时候，这种情形恐怕也还是不能免的。不过在事实上，那么立法的治权固可与创制及复决的政权相冲突重复，而监察的治权也可与罢免的政权相冲突重复，这种种固然我们也应该估计到的。

但是在后者其情形已不若前者的容易发生。何故呢？因为监察院所可弹劾惩戒的，未必即是五五宪草内所规定的人民罢免权所可罢免的，其范围之大小正不必相同；前者所弹劾惩戒的，是一般的公务员，而后者所可罢免的，仅为有限的一些高级官吏。这里附带可以说明的：在这种罢免制度之下，我们的政治情形实酷似西洋的内阁制，即内阁对议会负责的制度。但即使我们除去罢免权不提，而专就创制复决政权可与立法治权之重复冲突的一点讲，分析起来，其间情形也不足使设立国民大会常川机关的立场因此减弱。我们要知道：中山先生所以拿治权与政权分开，其主要目的乃在使治权方面工作方便，并非说政权的主体绝对不能做治权的工作。万一治权的主体不能负担其正常的活动，那治权的主体并不是就不能自己出马或找人来代替的。是故当治权的主体工作紧张，建设毫无疏漏的时候，同样的工作既经做完，或计划在做，就不怕握政权者再出而做第二次以成"越俎代疱"了。反之，治权的主体若有不工作或工作不妥当的实情，那时候治权的主体当然也就不能禁止握政权者行使其政权。所以据我们看，政权与治权两者之间，在概念上它们并不是绝对不能拍合而成为相反的东西。治权之为物，即所以代替政权之不足及不能行使；政权之树立，则在挽救及补充治权之偏颇与不妥。假使行使治权并无不妥或偏激的地方，则政权自能"不常行使"，当无患乎此两性质不同权力之冲突与重复。

而且我们所以要使政权不致过偏发展的缘故，原因是要希望我们的治权，能"万能"，能发生"极大马力"。但是这后者两种情形究竟是理想，而不是实情。我们在政治现状之下，虽没有宪法，可是宪法里面所规定的一切，例如政府的组织职务及建设纲要与人民的权利及义务，事实上可以说没有一点不是已有零散的法律在规定着，现在的宪法只不过拿各种零散的法律集成大法而已。然则在现状之下，我们既已经设立了五权，而也有各种法规规定其五权的职责，所缺者唯是政权的行使，那么假使我们施行宪法以后，人民的政权仍没有行使的机会及场合——在不常设一个政权机关基础下这是很可想象的——试问与现状下之有五治权又有何种分别呢？若说治权之得臻"万能"及发生"极大马力"，是以压遏政权为条件的，那么在没有政权的现状下，何以我们的五权还是不能遵照中山先生的嘱咐，像一部机器般工作，而产生"万能"的效用呢？这一点已足证明政权机关常设之必要，而政权本身也不必限于"偶尔行使"一下了。

我们这篇文字的结论就此可以提出。我们假使决定我们政治的倾向是属于民主的——这一点当然是最重要的一点——那么实际上，直接民权或间接民权的问题至少在暂时间是无关重要的。扼要地说，民主的要素是在使民权得到一个切实行使的机会，直接民权既然暂时间不可能成立，而依照法国的宪制史及其他学者的意见又是不一定比间接民权即代议制度为方便，那么我们使国民大会成为一个常川机关，也是无妨大雅的吧！我们要知道，从前"猪仔议员"的经验是国民教育的结果，而不是制度上的症结。我们希望现时国民应已有较良好的政治认识，所以我们决不能口中喊着直接民权，而实际上再限制政权的行使机会。在现状之下，不设立国民大会的常川机关，这是等于简单地取消政权，又岂是中山先生的真意呢！

中国国籍法上可以商讨的几点[*]

中国人口的众多,和分配范围的广泛,假使我们没有黄种的特征,实际上是使国籍行政很困难的,值此抗战时期,恐怕更难免有许多弊漏发生。在前一个世界大战开战的时候,间谍的活动,在国籍法中取巧也是方法之一。普通地讲,一个国家固然应该有一个规定得很详尽的国籍法,但是重要的还是对国籍问题可采取的一般政策。有了这个政策,就可以使它在法律上具体化起来。不过依我们看,政策固然须要确定,法律也须要颁布,但是对于国籍法的实施还须有一个很健全的行政机构用来决定。譬如说,归化的量和质的问题。

要来归化中国的人,依国籍法施行条例第三条第一项第二款是需要住居地方公民二人以上的保证书的,内政部方面所供给的保证书式里就说:"……兹因某某人愿依中华民国国籍法第二条第五款规定,声请归化中华民国,并遵守中华民国一切法令,委无欺伪情弊,甘具保证书。"保证法固然须保证归化人的"无欺伪情弊",可是遍查国籍法,对于归化人本身的欺伪情弊却没有责任的规定。保证人须负责而本人不须负责是讲不通的。而且保证人究竟负些什么责任,不可得而知,实际上是很难执行这种责任的。

国籍法中诸如此类疏忽的地方很多;兹就研究所得,拿几端荦荦大者叙述在下面,还希望各方面指正。

一、关于固有国籍的

所谓固有国籍,乃是经法律规定依出生事实当然取得的国籍。即使这种国籍之取得到事后才确定,它的标准总是出生的事实。因此固有国

---

[*] 原文刊于《外交研究》1940年第2卷第4期。

籍和由归化所取得的国籍，精神上完全不同。国籍法第一条所以说：左列各人属于中华民国国籍：（一）生时父为中国人者；（二）生于死后其父死时，为中国人者；（三）父无可考或无国籍，其母为中国人者；（四）生于中国地，父母均无可考或均无国籍者。这一条第二款和第一款实际上是同一事情，不过计算固有国籍产生的时间稍有不同，所以固有国籍，不论依血统的原则例如这第一条第一款到第三款所规定的或者地土原则。例如第四款内所规定的，反正一生出来就当然的取得了。

那么照理讲。私生子和他父母的关系虽则起初没有确定，至少经他父或母认领以后，他的血统关系应当是和一般人丝毫无二的。但是我们的国籍法却强拿它排在第二章国籍的取得里面，结果就和固有国籍的情形不同。依国籍法施行条例第二条："依国籍法第二条第一款第四款及第八条取得中华民国国籍者，由本人或父或母声请住居地方之该管官署，核明转报内政部备案，并由内政部于国民政府公报公布之。其住居外国者，得声请最近中国使领馆转报。"换一句话，一样一个血统关系，事实上分别只不过因为后者暂时间不能确定他的父母，结果就须费这么多手续。不但此也，照国籍法第九条说，就这种方法取得国籍的人，有许多中华民国的公职是没有资格担任的。

或者有人说，那个国籍法的第二条是规定有涉外成分的私生子，但是这也不很妥当：为什么要对父母都是中国人的私生子全不顾及呢？假使父母都是中国人所要使他们的子女费上这许多手续，并且不能享受担任公职的权利，实在是不近人情的。

私生子在未经认领以前，他的血统当然不能确定，依固有国籍之地土原则，假若生在中国地的话，也取得中国籍；但是就说生在外国，那么是不能有中国籍的了，可是其后经他父母认领，我们以为还是当然成立固有国籍，而且还应该从出生日起算。为什么呢？因为我们国籍法的政策是偏重于血统原则的，我们看多少华侨，人家都认是他们国家的人了，可是我们还保留他们的中国籍，然则对中国父母的私生子为什么要特别严格呢？

二、关于归化的

但是最复杂的却莫过于归化的规定。国籍法里面关于归化一方面的条款,除了几条涉及它效果及程序的条文外,正式讲怎么样归化的只有四条,那就是第三条到第六条。但是照我们的算法,假使稍为笨拙一些的话,实在可以排成七八条,我们先拿它们规定的几个基本条件看一看。

国籍法第三条说:"外国人或无国籍人,经内政部许可得归化。呈请非具备左列各款条件,内政部不得为前项之许可,一、继续五年以上,在中国有住所者;二、年满二十岁以上,依中国法及其本国法如有能力者;三、品行端正者;四、有相当之财产或艺能足以自立者。无国籍人归化时,前项第二款之条件,专以中国法定。"

我们姑且不论第三第四条件的是否妥当,因为这种事情往往非归化人自己所能够判断的。而且理论上也好像不应该规定在法条里面,这种都是内部自己斟酌的标准;因为即使归化人满足这两种条件,内政部还是可以拒绝这个人归化的。何况品行端正,相当财产和自立艺能解释上皆甚困难;尤以自立艺能的一点为最难确定。"三百六十行,行行出状元",实际上没有不足以自立的艺能。立法者的意思想是因为中国人口并不甚少,外国无业流氓愿意归化到中国来的应当加以限制。但是我们已经说过了,凡来请求归化的人未必就能自认其品行不端或财产及艺能之全无。我国对于国籍之付予或拒绝事实上也没有上诉的可能。所以这种模糊的标准和自由斟酌实在没有多大分别;与其使之成为法律上的条件,不如放它在行政机关的训令里面,作为斟酌的根据,还来得妥当些。

讲到第二个条件能力。行为能力的判定依照一般法律不外分为三端,那就是年岁、精神状态及婚姻。一个人满相当年龄的就取得行为能力;没有某种精神状态而引起禁治产的也不丧失他的行为能力;没有满相当年龄而已经结婚也取得完全行为能力。现在这个国籍法第三条第三款里面却说,"年满二十岁以上,依中国法及其本国法为有能力者"。照这条条款看,好像年岁问题是被放在能力问题之外了;但是这在法律上是讲不通的。再则,年岁和其他能力问题既然给法律分开规定,中间一段文字"依中国法及其本国法"就不知道是管辖哪一种的能力问题了。年岁为能力的标准,我们知道全世界的法律也不是都确定在二十岁上,其中也有种种不同。其他的能力既然要按照"中国法及其本国法",年岁自无例外规定的必要。但是看看条款的文字,我们实在没有强加其他解释的办法。这是条文文字的不当。我想立法者倒不一定有意要拿年岁问题完全依照中国法,我们只要会曾看该第三条的第二项"无国籍人归化时,前项第二款之条件,专以中国法定"一点加上反向理论(Argument a Contrario)就可以知道第一项第三款是疏忽而不是有意的了。

再回讲到第一个条件,住所。那更须要加以详细的讨论。条文里说"继续五年以上,在中国有住所者",住所这个问题本是国际私法上很重要的一个问题。不过在国际私法里既然没有确定的住所概念,我们也只能应用民法上本有的概念。而民法上的住所概念乃是由"久住之意思"和住着之事实合而成的。若有久住的意思,年代和继续的成分倒没有什么多大关系,至少原理上如此。现在国籍法第三条里面却规定"继续五年以上,在中国有住所者",立法者的意思是否在改动住所的概念,这是很值得注意的。假使外国人在中国没有住所,照国籍法第四条的内容,曾在中国有继续十年以上的居所,也可以替住所。

但是全部国籍法恐怕要算这个第四条规定得最不合理。这个第四条说:"左列各款之外国人,现于中国有住所者,虽未经继续五年以上,亦得归化:(一)父或母曾为中国人者;(二)妻曾为中国人者;(三)生于中国地者;(四)曾在中国有居所继续十年以上者。前项第一第二第三款之外国人,非继续三年以上,在中国有居所者不得归化,但第三款之外国人,其父或母生于中国地者,不在此限。"这条条文可以说复杂得无以复加。它的不妥当地方很显然的有下列几点:

这条条文开头说"左列各款之外国人,现于中国有住所者……",那么既然在规定住所的问题,我们当然希望它下面也在讲住所,可是仔细一看,该条第一项之第四款及第二项又跳过去讲居所了。居所和住所是不是相同的概念呢?理论上当然不是一事。但是我们退一步假定住所和居所可以相提并论,可是那第四条开头所用的语气,现于中国有住所之外国人,"虽未经继续五年以上,亦得归化",好像下面各款各项所要求的年代都是很短的,岂知第一项第四款里又说"曾在中国有居所十年以上者",前后不呼应到这个地步,显然上是技术上的疏忽。

就因为第四条规定得这样不整齐,内容上的解释就发生困难。所谓"左列各款之外国人,现于中国有住所者,虽未经继续五年以上,亦得归化"和该条第二项:"前项第一第二第三款之外国人非继续三年以上,在中国有居所者,不得归化",究竟这条里面所要求的是住所呢还是居所,而所要求的是几年的住所或者几年的居所,很难捉摸。

于能模先生在他的国际私法大纲第七十七页上和国际私法第二十二页上,好像采取一种并合的办法。他说:"若欲其免除继续有五年住所之限制,必须'附带条件'非继续三年以上在中国有居所者,仍不得归化(参观我国籍法第四条第二项)则居所之重要可知也。"他又说:"使仅因其现于中国有住所,即免除其五年之限制,未免太宽故复加以三年之所居耳。"又说:"故亦不能因其现于中国有住所,即豁免其五年之期限,而必加三年居所以限制之,方为尤当。"又说:"若因其于中国一有住所,即不问其年限,亦未免太轻率,故亦以三年居所限制之。"于能模先生所根据的条文好像多了一个"仍"字,因此产生他理论上的两点:一点他以为三年居所的规定是一种限制,而不是一种宽待;第二点他以为五年期限可以不到,可是现有不满五年之住所上须加以三年之居所。

但是照我们的看法,法律所以要求三年之居所,实在是因为要免除五年的住所。普通一般外国人要归化中国,条件当然要苛些。但是有些已经和中国有一线联系的,例如第四条中规定的各种外国人,他们或者和中国有一度的血统关系,或者有出生于中国地土的关系,条件上自当减轻一些。所以三年居所实不是限制而是一种最低限度。

而且,假使照于能模先生的解释,住所上还要加以居所,然则居所和住所是什么分别呢,相差的不过是"久住之意思"一端耳。何时是住所,何时又是居所的起头,恐怕谁都分不清。现代各国法律上对于住所的概念,约略可分为三派,一派是根据于研究罗马法的系统而来的所谓 Pandekten system,德国、瑞士以及我们的现行民法即属于此,所谓住所,"id est animum habirandi perpetuo, er habitet, nam facto opus est",就是"以永久住的意思而住着,因为住的事实是需要的"。德民法第七条是"Wer sich an einem orte ständig nieder easter, begründet an diesem orte seinen wohnsitz"。第二类是法国民法和意大利民法。法国民法第一〇二条说"Le domicile de tout Français ,quant à l'exercice de ses droits civils, est au lieu où il a son principal établissement",意大利民法第十六条,原文不在手头,它的法文译文是"Le domicile civil d'une personne est au lieu où elle a le siège principal de ses affaires",所以这两个条文对于住所都是以事业中止为标准。德瑞系统里所要求的"久住之心理"和"住之事实"这里至少在定义上已不复要求,英国的判例素来是以 Permanent home 的标准来决定住所的。最新而最正确的住所定义当推美国法律学会所定的一个:American Law Institute,"Domicil is the place with which a person has a settled connection for legal purposes, either because his home is there or because the place is assigned to him by the law"。

然则看了以上各种住所的定义,我们就知道所谓"久住之意思"这一点已经并不是普遍地被采为住所概念内的要素。住所和国籍一样,是分配国家人民隶属的一种手段。一个国家觉得有认某人在他国境内有住所的必要,那么不必管他的意思怎么样,尽管说他有住所。至少在国籍法上,对于归化的条件,实不必再分住所和居所,因为假定强要分出来,那么相差的只是一个 Animus,住所减去久住的意思即成为居所。依于能模先生的解释,譬如某外国人有着我国籍法第四条规定的各种情形,已经继续在中国三年以上,说四年的,居所了,此外若仍旧要求要有现有住所,但是住所的久住意思并非一旦所可表演,假定说须要一年罢,那么一年的住所加上四年的居所,和本来所要求的五年继续不断的住所有什么分别呢?这分别等于两星期之于十四天耳。

依我们的看,那第四条里而住所居所之分别实在是最不幸的。要使归化方便,那么缩短住所条件的年代即已足够,而现行国籍法里面,一方面要缩短年代,一方面又要改住所为居所;假使照一般人的解释,还嫌此繁复不足,在已缩短的居所年代上再加上一个现有住所,那真是不可想象的事情了。

所以细细地加以分析,我们国籍法里准许归化到中国来的人大概可分为三类:第一类是一般的外国人,条件是在国籍法第三条里面规定;第二类是出生时和中国人不论在血统上或是地土上有一定关系的外国人;第三类是对中国有特殊勋绩的外国人。情形当然以第二类为最复杂,它条件是规定在国籍法第四条条文里面。现在试着给它们排一排清楚:

第一种是父或母曾为中国人者。此是指出生于父或母正脱离中国籍的人。条件是:

A.二十岁以上,依中国法及其本国法为有能力者;

B.品行端正;

C.相当财产或艺能足以自立者；

D.继续三年以上之居所。这自较普通一般外国人的条件来得优待。

第二种是妻曾为中国人者。此处"曾"字不需要：妻为中国而未脱离中国籍的更应使她丈夫得到归化的方便。条件是：

A.满二十岁与否显然毫无关系，因为依我国民法就是不满二十岁而结婚的也可以取得行为能力。但是照国籍法第三条第一项第二款的规定还是需要年满二十岁以上，依中国法及其本国法为有能力者；

B.品行端正；

C.相当财产或艺能足以自立者；

D.继续三年以上之居所者。

第三种是生于中国地的外国人。我们知道父母均无可考或均无国籍的人，假若生在中国地，当然是中国人。现在所讲的即是外国人而生在中国地的，所以要归化才可以取得中国国籍。归化条件是：

A.二十岁以上，依中国法及其本国法为有能力者；

B.品行端正；

C.相当财产或艺能足以自立者；

D.继续三年以上之居所。

第四种归化人出生于中国地而其父或母亦曾生于中国地者。这种人当然和中国的联系更深，所以归化的条件也更宽了。

A.二十岁以上，依中国法及其本国法为有能力者；

B.品行端正；

C.相当财产或艺能足以自给者；

D.国籍法第四条第二项末句说："但第三款之外国人其父或母生于中国地者不在此限"，是则继续三年居所的最低限度也可以免掉了；不论居所时间的长短，应当已经可以使他归化了。

第五种归化人是外国人其父或母为中国人者，这种外国人当系出生于父已脱离中国籍的时候，因为假使他父亲没有脱离中国籍，那么生出来的子女决不会变成外国人的。对于母亲而言，这里所包括的可有三种人：一种是母为中国人而父为外国人的，那么生出来的子女是外国人；第二种呢，母起先也是外国人，父死亡后，归化到中国来的；第三种呢，父母都是外国人，父死亡后，母再嫁与中国人而取得中国籍的。这种外国子女要归化到中国来只要两种条件：

　　A.品行端正；

　　B.现有住所在中国。

　　所以我们看了上述的种种，除了一般外国人须要充分条件，五年以上的住所，和对中国有特殊勋绩的外国人不需要任何条件的以外，其他的归化人，种类繁多，条件变动，单单看国籍法的条文。一时已经不能看清楚。然而立法者为什么不稍加以明确一些的规定呢。

三、关于丧失国籍及回复国籍的

　　国籍的丧失，依学理上，大概可分为当然的丧失和经手续的丧失两种。依照国籍法第十条和第十一条的规定，立法者的真意应当也是如此。可是我们再一看，就知道这两条条文并不是没有修改的可能的。

　　第十条说：中国人有左列各款情事之一者，丧失中华民国国籍：一、为外国人妻，自请脱离国籍，经内政部许可者；二、父为外国人，经其父认知者；三、父无可考或未认知，母为外国人，经其母认知者。

　　第十一条说：自愿取得外国籍者，经内政部之许可，得丧失中华民国国籍。

　　第十条的第一项第二款第三款内所规定的就是我们所说的当然丧失国籍；换言之，有认领事实的时候，因为母是外国人，当然就丧失国籍。可是第十条第一项第一款所规定的并非当然丧失国籍，照理讲应该放它到第十一条的底下去；我们拿第十条第一款和第十一条的条文互相一比较，就可以知道：它们都是自愿丧失中国国籍的例子，而且它们所需要的手续也是同样的，都要内政部的许可。现在立法者虽拿它们分拆开来，放在很不合理的地方，实在是没有正当的理由。

　　对于回复国籍也有同样疏忽的情形可以发现。国籍法施行条例第二条对于国籍之一般取得和第三条对于归化规定着两种不同的方式：前一种是地方官署核明转报由内政部备案，第二条是地方官署转请内政部核办。也可以说第一种的方式是事后的手续，第二种是归化本身成立的形式上要件。事情的严重性当然大有不同。现在关于国籍的回复，国籍法施行条例第七条说："依国籍法第十五条至第十七条，回复中华民国国籍者，准用本条例第二条第三条及第六条之规定"。然则看了这条条文，我们还不知道究竟哪一种回复国籍情形是用的哪一种手续。立法技术上的偷懒,莫过于此了。

我们就退一步,认为方式的分配问题是给我们猜到了说:国籍法第十五条规定的回复国籍所用的是施行条例里面第二条的方式,而国籍法第十六条规定所用的是施行条例第三条的方式,换言之,归化方式。质考内政部关于国籍变更的各项书类程序,里面倒确是这样排定的。那么应该我们所猜的是正确的了。

可是再一看国籍法的条文,那么国籍法第十五条里面明明说着"经内政部之许可",而第十六条里面也说着"经内政部许可",换一句话说,在国籍法本身里面两个条文所要求的方式是一样的,而施行条例里所要求的方式却是不同的,一个仅是备案,一个还须核办,后者才等于"内政部之许可"。

那么我们知道,所谓各种书类程序其实是没有法律上效力的。因为私人往往填写请求书不整齐,公家才代为设备。即它们是附属于行政命令里面,可是命令也得对正式法律让步。至于根本法若和施行法起冲突,则学理上都认为须依照根本法而不必敷衍施行条例的。所以假使依照根本法的规定,那么国籍法第十五条和第十六条所说的两种国籍回复实际上只需用一种同样的方式。何况那第十五条和第十六条内容上本来就是一种情形,因为我们在讨论国籍丧失问题的时候,已经说过为外国人妻而丧失中国国籍应该归纳到一般以手续丧失国籍的例子里面去,而现在回复国籍一章里。第十五条和第十六条所说的规定的正是这两种同样的情形。实际情形既并没有不同,立法理由自不可相异;所需要的手续也当然应该是一样的了。

我们讲了一大篇很枯燥的条文纠葛,对于读者和著者双方都是很不容易提起兴趣,可是我们研究一个法律问题却不能不这样做。区区不满二十条的国籍法,附带着施行条例也只不过十来条,却包含着怎样许多疏忽或错误地方。我们所举出的还不过几点比较严重的问题,假使吹毛求疵地完全写出来,或者竟会使人误会我们研究的真意。试想在这种情形之下,国籍问题自难得到一个圆满的解决,国籍取得时候的种种含糊通融,我们也就可以想象了。假使我们没有富有天然抵御性的种族色彩,这种法律是不足够对付一切的。

宪政的基础及其实施*

一、宪政与民主

宪政的意义,就其形式的表现而论,实在是简单得很。立宪云云,意思就是为国家制定一个根本大法,要人人遵守而已。一般人觉得国家一切政权的管辖极端重要,所以非正确地加以规定不可。制成一个相当固定的最高法,实际上也是增加这部法律本身的严重性。而且一个国家也有几个基本政策一时是不会变更的。例如:关于国民经济,教育,地方自治等等的大问题,都须要不断地加以努力,所以也得把它们预先确定下来,然后照着做去。宪法里面还有一部分也是很重要的,那就是关于人民的权利的一些条文。人民是国家之本,一国家能强盛与否,全视人民才能智德能否充分发展而定,人民的权利因此得加以妥善的保障。这种保障通常也是在宪法里面占着地位。但是宪法的方式本来就不是绝对的必要。在不成文法的国家,他们立国的基本原则往往散见于各种零星法规判例,习惯里面;就是在成文宪法的国家,因为修改这种基本大法相当不容易,所以许多新的重要事件,还有其他理论上好像也应该放在宪法里面,而没有放在内的事件,都须在普通法里面规定着。所以就内容讲,宪法所负的任务是和其他法律一样的。一切的民商私法不是在保护人民权利吗?一切经济立法不在设定计划吗?一切组织法不是规定着国家各种机构间的关系吗?所以有人说:宪法是个提纲挈领的大集成,不论是国家法律归纳而成宪法,或由宪法演绎而成国家法律,它们所担任的任务是一样的是一个法律的任务。

这样一讲,宪政差不多就讲完了。可是在一般人的观念里,宪政实具备着更重大的意义;宪政还包括着民主。宪政和民主两个观念好像永

---

* 原文刊于《政治建设》1940年第2卷第3期。

远不能分开来,分不开到这种想到宪法非想到民主的程度。

固然宪法和民主观念的相联合,是有它历史的来源,而且前者的主要作用是通常用来固定后者的制度的。可是民主这个制度有什么好处呢?理论上民主政体的实施使一个国家在决定事务的时候,可以满足国内最多数人的要求。而且这种事务的决定又是拿社会上一般的批评为它生存的基础的。民主政体可以增加公民的提创力,而同时也可以扩大它负责的范围;使他们对国家大事的决定每人都可以参加,反过来呢,这种决定内容之造成,他们也有方法去影响。至于大多数人民是否真能这样做而不受其他部分社会分子的排挤和压迫,那又是一回事,而且那要看民主精神表演的机构用什么方式组织。可是假定起初是民情不能上达而后来利用政治的力量取得这种地位了,这种地位就非用国家大法固定起来,使永远不再丧失它。宪法因此就变成固定民主内容的法律,所以谈起立宪也就离不开民主。

二、宪政与法律

但是这一点,我们已经说过,至少在理论上是不必要的。往往事实上决定了宪政,原则上却并不决定了民主。根本法的思想在我们古代已很成熟,一般政治家都劝执政者设立根本法,例如管子说:"上无固植,下有疑心;国无常经,民力必竭。"所以国家要有"常经""固植"的法律实是政治上的天经地义。但当时政治家所标榜的都偏重于执政者的主权,民权思想并不发达,因此也没有民主。所以在理论上,我们若参考古代对于宪法的观念,甚至于现代宪法的实施,宪法之存在是可以脱离了民主而独立的。只要执政者能励政自治,依照柏拉图的理想国,官吏都是些君子,不贪污,不偷懒,对工作有切实的认识,政治并不必然地和民众利益相违反。所以在这种理论下谈宪法,我们只确定了一点,就是人人守法,执政者自己订立的法律,自己也非遵守不可。不论其为宪法或其他特殊法,总之是一律须要平等遵守的法律。

但是我们就目前状况一看吧,恐怕除了学校里课本上的法律理论而外,没有人知道法律是什么东西。往往有人要奇怪,就是最紧急的命令,也能有石沉大海,无处捞摸之苦。问一问,为什么有令不行有法不执呢?唯一的借口,而也是最普遍的借口,是法律命令规定得不妥当,事实上行不通,法律不外乎人情,人情难免。但是仔细看一看大部分的法律,除了些设计的法律,因为经费的困难,无法执行外,其他都是些简单的逻辑所要求的法律。照我们的看法,若能用强力执行的话,是没有一条行不通的法律。目前的现象,其症结所在不在执行法律而发生弊病,而是在根本不能执行。固然对于用强力来执行法律,没有人听了是不害怕的;然而反过来一想,法律没有制裁,又何必订立法律呢? 我们往往因为人情的关系而避免制裁,因此借口说法律命令行不通,有人说:中国是一个专讲情理而不讲效率的国家,换一句刻薄的话,我们是一个行事缺乏标准的国家,真是慨乎言之。

那么假定在这种法律观念下施行政治,简单地设立一个宪法显然是不够的。因为宪法在本质上还是法律,既然同样是法律,若没有更强大的势力来促使它的实行,那还不是保留着我们现有法治的状态,何必多此一举呢? 这于是启示了我们接受民主的原则。

不过我们要明白,民主原则并非还是敷衍人事。我们决不能拿民主的社会和我们素有的个人自由主义相混淆。有人以为执法不彻底是民主思想,有人以为贩卖仇货也是民主必要的现象,那真是误解了民主。民主不是放任主义。民主社会是给人民一种要求政府执行法律,实施政策的一个合理办法。民主精神所注意的不在执政者对人民行政上的放纵,而是在人民自动地向政府积极要求执行法律。明白了这一点,宪政才能得其用,收其实。

三、宪法与政治

拉斯基说得很好:"广泛地讲,民主政体到现在为止,还没有在任何确定的程度内,找到适合于它的机构。"所以我们以为目前重要的问题倒不是要不要宪政而是怎样实行宪政;后者是一个严重的问题。有人说:宪法里面应该包括创制权及复决权,因为只有人民直接参政是真民主;假使民主只限于让人民选出来的代表来参政,人民不能统管一切的政治。创制权的作用,在使人民的意志可以断然表显;至于复决权的用处,乃在使人民代表的行动与人民意志相违反的时候,阻止这种违反大众意志的行动。但是事实上国家幅员一大,除了几个基本问题可直接由人民拿可否加以表决外,人民本身实在很难用这两种办法来推动政治。

希特勒的人民表决,一方面固然证实了人民参政力量的伟大,可是在希特勒利用之下他方面也反证了它的滑稽。至于大部分政治则事实上无从由直接民主去解决。人民人数过多,要它能自动地创制一种政治非凭借着组织的力量不可。假使我们没有背景,没有组织,任何人就不能希望有主张的机会而使所提出的主张发生效力。要组织要能积极主张,必须有政党。因此宪政固与民主相连,民主却又与政党相连。也可以说是人民意志的经理人(they act as the broker of ideas),没有政党的民主,它的有效与否是很可以怀疑的。

而且政党也往往不止一个,一个政党的民主,除非这个政党愿意自动地决定民主政策,这民主也是不可能的。世界上的民主,有的是两党制,有的是多党制。两党制往往是一左一右,一正一反,实在是呆板得很;假使某部分人,他们的政治意见完全不合于左或右的,若没有其他政党的组织,就无从发挥他们的主张。多党制因此应运而生。可是党派一多,政府中的大多数很难形成。要稍稍推动一些政治,政府的成立就须要由各党派之间调和组合起来;但是要促成这种组合,换一句较现实的话,每党若努力希望占有政权的一部分,各党之间,实际上已谈不上在负政治上的责任,他的大部分或全部分的时间就将负在斗争手段上。因此国家虽有政策,无从实彻,民众虽有意志,亦无从表现。除非极左极右上台,结果也恐怕再没有决定一种明显政策之可能,或意因为各政党彼此间倾轧,政府所执行的政策反与人民利益相违反的也有之。由宪政到民主,由民主到政党,上面所说述的各种情形逻辑上都是避免不了的;这里面包藏着一个觉不出的怪圈子。

本年一月二十日英国外相哈尔法克斯在上院发表的演说里面说:"独裁者享有种种的方便,其军备及政策可保守完全秘密,人民既不得知,也就无从反对。民主国则不然,政府无权禁止私人的批判,政府在准备和计划时的困难,实与日俱增。"在这一段话里把独裁和民主两个制度缺点都说出来了。

在独裁制下,政府有效率(至少在强于作为的政府),人民却无保障;在民主制下,人民有保障,政府却难有效率(即最欲有为的政府亦无法避免此点)。至于不能作为的政府,则不论在哪一种政制下,反正总是没有好结果。所以我们觉得讲了半天,问题还是不得解决,不过假使拿我们要求的标准减低,宪政的民主也并不是完全不能产生效率。相对的效率仍是可以做得到的。而我们所要求的,至少就目前而论,也就是做到这个相对的效率的地步。我们并不愿让一切无政策,无主义,无思想的政党取得利己活动的机会而拿法律来固定他们自己无确定能力的地位。

四、宪政与制裁

所以归纳起来看,实行宪政最重要的目的还是在促进治道。要促进治道,所以要收集民意,要收集民意,所以要推行宪政。可是我们尤其要注意的是如何拿民意化成实政,而不是简单地树立许多民主机构就算了事。这种机构就是用宪法来固定了恐怕也还没有用。我们目前不是有很好的监察机关吗?也有很好的参政机关。它们不能说不都是民主的现象,而结果前者除极小的案件外,无所使其弹劾之权,而后者则仅限于聆听政府的报告而已。社会上有许多不整齐的现象,实际上用不到政党的力量也可以纠正的。为什么没有人耐烦来讲话呢,大部分是因为明知说也无用。所以切实地讲,政治之改善,尚不在乎民权发展到什么程度,而在就在这已经发展的程度内,化权为实。这一点权而再继续更发展民权的基础。我们所以说一切权力的表演,不论民主独裁或别的政制,重要的在制裁本身。多少好的法律,正当的命令,就因为缺乏制裁的缘故而不能执行。一个国家在没有摆脱以人情料理一切技术行政的恶习以前,实在谈不上用任何政制。这个最底限度是须要做到的。任何法律,假使没有制裁,是等于空设。一部民法,设若不规定损害赔偿的办法,等于白订;一部刑法,不论在概念上研究到如何精密的地步,假若没有"刑"的规定,也等于废纸。所以每一部法律,每一道命令在没有想到如何制裁之前,可以不必亟亟颁布。我们决不能先事立法施令而等到行不通的时候,再加以妥协。宪政何尝不如此,目前谈宪政的人,大部分是偏于现实主义,都不肯对哪一种机构或办法使宪法里所规定的政策或保障得以实行的一点,加以研讨。好像产生了国民大会以后一切政治就自动能上轨道,一切法律就能自动制裁的一般。

我们固然希望能如此,可是这种做一步是一步的精神表演出来,推其源倒不是动机的错误,却是计划的不远。一部德国宪政史并不十分长,我们可以拿来好好的参考。宪政之起始,在没有到达宪政本身高尚目标之前,却先造成了投机者的造化。民国初年的猪仔议员和汪精卫在参政会内的密谋,却是前车之鉴。

或者有人说,民主政体虽常有不能推动政治之苦,但是要推动民主,除让民制政权来推动以外,也没有其他的办法;所以不是制裁是民主的先决条件,而民主却是制裁的促成者。固然,民主政体所要求的平等,也可以说一切政权的目的,至少在执政与未执之交界间,是准备着取消特殊阶级的特殊权利的。但一切的特殊权利却有它的固有组织;而这种组织在中国现状之下,是由一种很强固的个人感情范围联系着。无论对哪一种平等目的所加的努力,不论是经济上的,或政治上的这个努力所遇到的阻碍,就是现状下不能随便支配的机构。任何哪一种改革方案都将达到这种潜势力的抗御。照我们的观察,假使我们没有一个中立的政治机构,民主是行不通的。那么在这种对峙状态之上,除了向民主方向解脱民主的无效率以外,我们也想不出其他的办法了。

归纳起我们的前面零星所说的意思,我们只有一个中心思想,那就是,宪政之成功与否全视全国人民能严重考虑如何能切实促进政治之具体计划与办法而定。只有在把握住这种办法的时候,民主的宪政有成就它最大最高价值的希望。我们不希望宪政的实行是一个资本压迫的放任主义表演着表面平等的新世纪的开头。

二十九年一月三十日草于沙坪坝中央大学

司法界的人才供应问题*

我国现在的司法事宜，是由那为五院之一的司法院所主管。司法院下分设许多机关。关于司法行政方面的有司法行政部；它执掌着一切司法方面的人事，监狱，讼状，律师等事件，并担任着司法院解释法律的一部分准备工作。关于纯粹的司法事务方面则有三个管辖单位：一为最高法院；二为行政法院；三为公务员惩戒委员会。此外还有一个法官训练所，和在战后添设的法规研究委员会。故就机构而言，我国治权的司法系统可说是很完备。这里面当然也非完全没有可以改良的地方，尤其是在人事方面，但在制度上则划分甚为明了，无庸疵议。

在不久以前，最高法院因为管理上有失斟酌，发生了一件讼案，连院长都辞职了；那里面的问题比较严重一些。最高法院正是属于纯粹司法系统的高级机关，我在本文之内，即将讨论这一方面的人才供应问题。

一般地说，司法界之登用人才，确还讲些真实学问与年龄资格，不许任何人以交际联络而谋幸进。但就在这点上，司法界所显露的面目有时不免过分冷酷，以致人才的供需，不能十分相应。

纯粹司法的系统，就是那个专管审理讼事的法院系统，现在分为三级：最高法院、高等法院和地方法院。高等法院与地方法院的推事和检察官，本质上没有什么分别，除了高等法院院长是简任官外，其余都是荐任官。他们的服务年限与经历虽有不同，晋身资格却是一样的。所谓司法官的晋身资格不出下列五种：一、大学毕业；二、高考及格，实习期满；三、曾任律师；四、曾任司法行政官；五、曾任大学教授。此中当然还各附有其他条件，可是单纯地讲起来，这些就是几个基本条件。至于最高法院的推检，立法委员也是合格的候补人员。

---

* 原文刊于《星期评论（重庆）》1940 年第 6 期。

现在不论哪种职业，尤其是银行界，都很欢迎大学毕业生去充当职员，待遇亦相当优裕。只有法律学系的毕业生，想进司法界去，不能遭逢这样良好的际遇，苟非经过一番实习，不能充当推检。除了实习以外，还有一个非常苛刻的条件，即须呈缴专门著作，才算合格。需要实习是有理由的，任何人都能了解，因为学校里面所授的课程，大都偏于理论方面，以致新毕业的学生，不免欠缺一些实际常识，但要他们在那毕业的时候即有专门著作，却终不免有些故意为难。依据法院组织法，就是大学教授要做法官，也不必呈缴专门著作，何独对于才毕业的学生却有此种苛求呢？对于所谓"专门著作"，固然也可加上种种宽严不同的解释，但谓名词的通常意义，究是很明显的。

就是关于实习问题，办法亦欠彻底。所有高考及格的人，未必皆有实际经验，然而他们却不需要实习。这是不是与上段所述的要求实习之理由，不相符合？反过来说，倘若高考及格的人，也还须经过实习，那么，司法界的晋身之难，用一个基督教徒的比喻来说，岂不是像骆驼穿针眼呢？现在大学里面学习法律的人，数目一天少似一天，即有也不想进司法界去服务，这可说是势所必至，理有固然！

司法人才供给既不能视大学毕业生为主要来源，那就只可自行训练。法官训练所之设立，就是为了这点。在短短的训练期间，居然也能产生了一批可用的人才，成绩也算不坏。但是司法界的负责当局，因此益使外间人疑为有意阻碍大学生的正当出路，对于那些想进大学研究法律的人，可说是给一种消极取缔的暗示。

大学毕业生如果不来自行训练的如果不够，其他方面有谁愿到司法界来担任推检？也许司法行政方面的人，愿意转移到还比较切实的工作上来？可是实际的情形是：设或没有待遇较优的特缺（例如上海特区法院推检）可补，他们也决不愿放弃其所固有的轻松的行政工作，而来终日埋头于案牍之中！

律师呢？我们只要一看甄拔律师委员会章程第一条，便可知道他们的执照委实不易领到。为了提高他们的地位，并使人民权利可得确切保障起见，没有人愿请求司法当局放宽律师的资格。但是别的不讲，领着执照的律师至少已是一个大学毕业生了，而尚必须执行业务三年以上，方可改任法官，其规定亦未免过严。推事与检察官都不过是荐任资格，除了生意最不景气的律师以外,恐怕谁也不会对于司法工作发生兴趣。

最后一批的司法官候补者是大学教授;他们大多数是留学出身的。依照我们法院组织法的规定,国内外大学生一律平等,这很表示我们对于本国各大学的尊敬,可惜实际情形,却常拒绝与这高贵的观念接近!在国外大学研究法律的博士硕士乃至学士,回国后什么事情都可做得,就是要做一个简任文官,也不很难,谁愿意尝试那种司法官的生活?我认得一位很有学问的朋友,回国以后,毅然去任地方法院推检,但是从此以后,他竟逢人便说,这是他的生平经历中最大错误之一!也许这句话倒是他的最大错误,但这事实却很能够证明司法工作对于一般留学生的吸引之力;其中详情,自非本文范围所及,可不详述。那位朋友是一回国就去"穿针眼"的,过后尚抱这种遗憾,那些当过几年教授的人,当然更不愿去试当地各高院的推检。这当然不是一种很好的现象,但却是个不容否认的事实,教书匠本身不能负其全责。

简任推检,只在最高法院中才有此缺。想补此缺的人,必先具备数年荐任资格,富有实务经验,那是毋庸说得。唯有一种例外规定,就是关于立法委员的规定。他们因为有了立法上的经验,自应予以转入司法界服务之机缘。可是立法上的经验,不即等于司法上的经验,故在司法技术和实务认识方面,他们的隔膜情形,也许是与律师教授无别,或且更差一点,也很难说。但若因为这个缘故,就把他们降格至与一般推检并列,则以政治地位关系,似亦确为事实所不许。在未想出更好的办法以前,只有要求他们先行具备三年以上的立法经验。这种条件,不能不说很宽,然而做过三年以上的立法委员,似亦没有几个愿来担任最高法院的推检!

综观上述各段,我们所得的笼统印象是司法界对于后进分子之选拔与录用,颇有深沟高垒禁止逾越之意,根本违反了社会人事流动应求供需相应之原则。其中以对律师之条件为最苛刻;学生次之;教授是否稍佳,亦成问题;立法委员虽最受其欢迎,但为维护司法治权起见,实不应视立法机关为一供应司法人才之正常来源,事实上,这方面的供给数量,亦殊有限。

由于新人物之不得其门而入,现在我们的各级法院自然大部分要依靠老前辈来支撑门面,于是最高法院判例之中,遇着困难问题,我们还常见到"意志自由"一类陈旧学说。而民法总则篇中关于时效消灭及中断的规定,有时亦被应用到了除斥期间的情形上去。至于判例之编纂,尤其是残缺不全,刊出来的部分,至多似仅占其本量百分之一;选择是否妥当,也许还成问题。这种半公开的办法,可能是受了财力上的限制,但究不够供人参考,殊可抱憾。

　　本文中几点批评,除了末段以外,都是实实在在根据了条文发出来的,而且实际的情形,也与这些枯燥的条文所启示的,并无重大出入。现在各方面都在计议修改法院组织法,本文中所谈各点,也许会被一般议者所共注意;谨贡所得,期有裨于透彻的改革。

民主与集权的剖解[*]

一、一般对于民主与集权对立的态度

谈到民主政治与集权政治,一般学者往往拿他们两者对立起来,互相比较。这种态度受了国际间极权国家与民主国家战线分明的影响,是毫无可疑的。但在理论上,国际间的战争未必即是因为国内政治制度的异同而开启;其所以战,尚是因为世界财富分配的不均,具体地讲,是因为殖民地及交通线现状不合于战斗国之一的脾胃而战的。集权制度旨在使一方面在战争中获得敏捷的动作,而捉住胜利的机会;因为显然的,民主政体的结构够不上作战斗的工具,而集权组织却能发生有力的功能。

但在内国政治上,我们说到这民主与集权的问题,国际间事实的排列,就很能引起我们一种不正确的态度,偶因在外交上与旁一国家亲和敌视,结果可能使我们很轻忽地下一个结论说:我们的政制必须倾向于与我们亲和的国家的体制,而竭力避免和敌对国家采取同样的类型。殊不知内政与外交是绝对混淆不得的两种事物。与民主国家打交情的时候,本国内政未必然是能走民主的道路;同样,和集权国家求来往的时候,我们也毋庸放弃民主理想的企图。外交固可以因情势机遇而变动,至于内政却需要很郑重地加以抉择,抉择后在一个时期内是不必异移的。外交上换转友谊是情与势的机宜,而内政上确定一个体制是一国的根本立身大策,至少是当时当地的一个建设问题。

二、集权是手段而不是目标

我们头上已经说过,一般人拿民主与集权对比,据我们看是无对比

---

[*] 原文刊于《沙磁文化》1941年第1卷第2期。

的必要的，因为它们两者的特立是属于两异类的事物；在民主主义，其最显著的目标，我们人人都知道是个人自由与民权代议。但民权代议，在理论上好像是可以当为执政手段，但行之实际，却完全成为一个固定的硬壳，有形体而无动作，它是静的，横切面的，不是动的，纵直方面的。因此我们可以说，个人自由与民权代议，是民主的目标，并不是该主义的手段。然而在所谓集权国家，其主义固然赫然在也：在德国为国家社会主义，在苏维埃为共产主义，在意大利则为法西斯蒂主义。此三者皆为集权国家，但在这三个国家里面，所以集权，乃是用之为达到一种主义的手段，其手段本身乃是这些国家执政者认为实践其主义的必要过程，集权本身初未为其最后目标；此与民主之以自由不可少的要件者，情形截然不同。我们往往以目标与手段并提，其实是不相类的比较，结果却是将造成那种种不自然的结论来。固然这种集权国家，往往也因为要促成其集权，于是牺牲了一切目标，因此在外观上，好像集权本身是它的主义了，但在理论上固可能而在事实上也有实现的；即一般公认的民主主义的国家也在尝试着集权的步骤。

集权国家的意想，我们很知道。扩张大日耳曼帝国是德国的迷梦，继续罗马帝国是意大利的幻想；至于苏联以目前为止，想还是在完成它的共产主义。就这三国的目标而言，经过集权的手段，已是有相当成功的了。The end 可说部分辩解了它们。Means 目标的正当与否，当然是另一个问题——道德问题，但至少以最近视的眼光看，集权动作暂时间确奠定了它的国内的秩序。我们要知道，杀人的成由实不在乎那把可以切菜，也可为其他正当用途的刀。而在乎犯罪人不健全的头脑及想象有以使然。我们可以保证说，德国人没有沿袭苏联的集权党制以前，它是早已有着囊括四海，鲸吞天下的野心，俾士麦日记可查，一九一四年世界大战的史迹可寻。

三、集权与民主的真容

然则什么叫作集权？集权是个危险的名词，早有人拿来和秦始皇的暴虐专制相譬喻。但是集权概念中可包括的，其实并没有好些可怕的东西。用轻和的语调讲，所谓集权，就是中央政府的增加行政效率，全国公务人员的极密组织，假使有党，党也须有同机械般的组织；结果甚至牺牲一部个人的自由。严格讲来,除了这点以外,一切其他情形是不必糅入的。

然则民主是怎样的呢?我们试想民主主义为什么要失败于集权国家?民主的原始弱点是什么?集权制体所以能补充民主政治之不足者又在哪里?我们不能将民主与集权分别开来,以为前者办法少,后者办法多些。其实这里讲得太相对了,事实就不会正确。这两种政治的比较,当不在它们成效上量的多少,而在民主政治有着一个最显著的要素,它本质上已将一切可能达到的指定目标的办法自动除外了;换言之,民主失败的症结是自由主义。这种民主主义不可能有办法,所以现时世界上所有的民主现象,普遍都在文化与文明已臻高程度的国家内发现着,因为这种民主的本质是守成的,不是开创的。民主政治当得起我们一个固有概念的译名,也可以说是最能符合这固有的概念,包括的政治理想的,这固有名词即是"无为而治",西文本名也同样正确,叫作 *Laissez-faire*。所以即令这种民主政治具有最高无上的理想与目标,但是他先天而已放弃一切积极之途径,原因是民主主义套上了自由主义的裃子,然则集权或坏的集权我们先不管,不论民主政治喊着真理在我们这边,其失败是可以想象到的。目前国际间假使有一些对民主国家气势好转的话,而事实上确已好转而将抵制本有的暂时间的偏向,那是后者也采取了加强权力的途径。

四、民主还须集权

当然呐!我们假若愿意尝试集权,即不能无目标,也可以说有目标,始有集权之必要。无目标的政治,是最残忍的政治,为私人利益与财富的政治是真正的虐政。集权力而已,组织而已,有力有组织则能做事。工作的好坏,多少与成败是我们应该讨论的问题,至于力的存在,或者消灭他,或者利用他,他永远是工作的问题,而不是讨论的对象。政府之有力,有健全的组织是当然的定论。何况我们必以替代集权者,只是传统的民主,换一句话说即是"自由主义的民主"。而最粗浅的读者也知道自由主义下欲尝试直接民主是幻想的戏剧。不可能实现的。在自由主义下,要推动政治必须有许多党。但即令就这方面讲,党治仍不免是一个讲力的组织。在各党存在之间,残酷的力量,仍将表演着,没有战斗在,没有组织的党,它决不能自免于灭亡及淘汰。这在历史上例子太多了。

在野党之所以能胜在朝党,往往或因后者既执政,即不易找到一个奋斗的目标,既无前提,自不必要组织,因此即渐趋于里头。我们假使不反对组织,即不能反对党;不反对党,即不能反对集权,既将忍受集权,亦即无法反对其力之表演的残酷。秦始皇在中国的影响太深刻了,民间关于他专制的歌曲也太普遍了,于是不问是帝王的专制,或民主的集权都一概地仇恨。而又岂之在以自由作标榜的国家,结果还将受力的支配。

五、一个经济上的辩解

自由主义最明显的表演是在经济上;有人说,集权与统制,就中国目前经济状况讲,是行不通的,非但人口不能统计,人民的消耗也因分散在无数的乡村集市中而无从限制。实际情形如此,是无可讳言的。但是譬如物价上涨,统制的办法,依我看来,并不必要以人口统计为基础;而人民消耗的限制,对于日常必需品也并无多少限制的可能。所要限制的并不是一般民众的日常消耗,因此可以以缺乏人口统计为大题目之借口而废弃统制。但假令我们认囤积为消耗的话,那么这种活动,实际上并不在无数的乡村市集的,这种物质的增灭皆在少数集中的市场中。自种自给的粮食固然统制不易,但大量的囤积与市场集中是可能组织而也是必要组织的。一般所举以示其困难者,每谓各资本主义国家,所以能成功能统制,皆因为他们平时已有大量的商人在操纵市场,在战时只需统制这几个大量商,即是很容易的事了。本国既没有这资本的基础,统制自是很困难。话是不错。然而在本国到现时抗战的时期,大量的商贾为数固然不多,比较上都是些零散的小资本家,但究竟较之无数郑镇农村小市集的数目是少之尤少的。这些和国际间比较起来,虽则是甚小资本的商贾,但在国内确已是物质的多量集中者。那么这就是我们统制的对象,虽云任务并非不困难,但我们决不能坐视其困难而放弃其尝试之决心,或竟替自由主义再作张本。

六、民主之所以与集权对立 自由主义是其症结

我们参看上述各段,我们约略已能看出反对集权的并非民主政治,而却是自由主义,我若认自由主义即是民主主义(但这是错的)这种错误的态度,当然是容易了解。然而我们要知道,自由主义非但是集权的

对敌,即对于他自认为必然的伴侣——民主,也是使她毁灭的一个主要毒素。我们只要稍为考虑一下。其间委实即可明白大概。所以我们说,民主民议政体的不健全,无积极效能,都是因为自由主义根本阻塞了一切进入于组织的民主形态的道路。民主目标的不能达到,实际即由于自由主义在作祟。自由主义谴误了民主政体,也引起了现代资本的剥削,谁敢否认。但是信拜自由主义者,也还有一个其他的借口,那就是因为我们既认世界大同为理想,要达到这目标,自由主义当然是唯一的途径。然而何所见而云然?要完成世界大同的革命,得依靠经济上彼此间通调其有无的分配,这是公认的原则,但要分配至大同中每个分子绝无物资缺乏的感受,除了各单位力行其集权的组织,认清楚 Edonomic dingel 的法则以外,我们不能想象自由主义能担得起这样伟大的工作。

七、结论

所以我们认为放弃自由主义这一举并不足以妨碍民主的实现,也不足以阻塞世界大同的理想。我们现在的任务,即在建设一个有组织的民主体——集权的民主体。这个方略用不着远找,三民主义里面就是。三民主义所以与一般资本主义国家的民主性质上决然迥异的缘故,就是因为三民主义没有认领自由主义为其附属品。三民主义一方面保障了人民的政权,这是民主的现象,一面即否决了自由主义和个人主义有着革命的力量。它可说是挽救现代民主堕落的最好救星。其原因无他,只不过因为它是一个有组织的,有奋斗性,而目前始能担起对外抗战对内建设众人的主义。

法权收回后几个司法立法上的技术问题*

中国司法主权的收回，现已具体地实现；但这政治外交上的大成就，其作用虽很显露于外，而我们在快乐之余，于另一观点，亟应探讨的，恰是在技术上，我们今后将如何运用这收回的法权至于理想的地步。不平等条约的取消，其意义及影响所及是多方面的，但关于法权一问题，我们觉得也有一谈的价值；因为这是把政治，经济，社会等措置，引用于人民生活上的一个大关键。当过去领事裁判权尚未撤回的时候，许多运用私法主权的问题还没有解决的迫切要求；但现在情势不同了，我们当不能再以以往的方法，来应付今后的事实。这次十中全会决议，将司法行政部改隶于行政院，我们揣想对于法权收回的善后，且必有一番大大的努力；而此努力的成功，恐大部分还以一般人民对本问题的含蕴，能了解到何种程度为转移，所以不揣谫陋，谨将愚见数点，陈述于下。

概括地讲，完整的司法主权，应有两种现象：一，凡在一国家领土之内，不论内外国人民，都须对该国的法令，加以遵守；二，一切在一国内所发生的诉讼，不论内外国民何方为原被告，也不论诉讼是刑事或民事，也一律须受该国法院的管辖与审理。这两个原则，我们对于英美两国，在这次中美中英新约内已有明文确定。中英新约第二条谓："……英王陛下之人民及公司在中华民国领土内，应依照国际公法之原则，及国际惯例，受转化民国政府之管辖。"第二条谓："……中华民国政府同意对于英王陛下之人民，在中华民国领土内，予以相同之权利，缔约双方在各该国之领土内，尽力给予对方之人民及公司关于各项法律手续司法条件之处理，……与其有关事项，不低于所给予本国人民与公司之待遇。"

但追溯过去领判权尚存在的时候，我们司法主权的损失是很明显

---

* 原文刊于《当代评论》1943年第3卷第9期。

的。这司法主权损失的现象,我们通常或竟能看不到,但事实上这是一种很具体的损失。各国在我国境内有时派设领事,并兼做司法官的工作,有时设立终身推事;更有像英,美,日本,在我国竟有正式的法院。这种法院也同样给当事人以上诉的机会。一部分审级还存在于中国境内;不过,通常那最后的审级也就是他们本国的最高法院。因为这种特殊情形,乃有三种讼事,其案件虽发生于中国境内,但其审理却超乎中国主权之外,而全受他国外治法院的管辖的。第一种案件是:诉讼当事人双方为同一领判权国家的人,例如二英国人之间发生诉讼;第二种案件:是原被告对中国言,为不同国籍之外国人,而被告所属国乃享有领判权的,例如上次欧战以后,德国人为原告,美国人为被告的案件;第三种案件:乃被告为领判权国人,而原告为中国人的。这三种案件,不论民事或刑事,我国法院当时俱无管辖的权力。

现在法权是收回了;外国人的地位,不再根据于不平等条约的规定,而须依国际一般惯例来办理。那外国人民既在中国境内的任何地方有着旅行,居住,自由经商与中国人民相同的权利,则其必须遵守中国法律及尊重中国法院的管辖,也当然应与中国人民相同。但即就此完整的法治倘其中就包括了许多重要的技术问题。

先就中国司法主权的界线言之,在各国司法特权全部取消以后,今后外人之得以利用中国司法机关,是否可以完全不论案件之发生在何地?换言之,是否可以不论案件发生在中国境内抑或中国境外的外人案件,也可以无限制地起诉于中国法院?对此问题,外国法例都间接或直接地认为:一案件之目标或当事人,至少应与法院国有某种联系,才能发动这法院国家的司法主权。这项联系,或是住所,或是目标物所在地,或是行为地,可以种种不同。而例如法国,则明文规定:纯粹外人间的讼事,法国法院不予管理。但就在法国,这原则的重要性,也早为大量的例外所毁灭。至于我国,则在"对无约国人民民刑诉讼须知"第一条内,却相反地规定:无约国人民相互间之民事诉讼,应归中国法院审理。严格地解说,这规定的意思,当然包括案件不论发生在国内外之一点。所以照法权收回以后的法律讲,以一条外人的讼事很可能完全发生于国外,而理论上我国法院还是可管理的。但这项原则,今后是否仍然适用呢?抑须加以限制,而竟适用民事诉讼法的一般规定?我司法当局,亟在这点上应予以指示,最好对国际诉讼法的问题,能订立一有系统的规程,俾我国法院在受理这类案件之前,对主权及管辖的问题,不遭受重大的顿挫。

其次在确定司法主权与管辖以后,而进入于法律适用的阶段的时候,问题更多了。依一般人的观念,或以为在收回法权以后,对于外人的诉讼,我们非但可以应用自己的法院,也可以绝对地应用自国的法律。然事实上,问题并非如此简单。依现代一般国际法治现状,就在不丧失司法主权的范围内。各国法院,也应互言体让,在某种自定的标准与条件之下,适用外国法律。我们固不可仅仅以"中外之民情风俗,各有不同,语言文字,易生隔阂,而非竭尽心力,推阐尽致"这样泛说,但也不能独断独行,一味以支配自国法律,所能了事。此盖因国际来往频繁,外人之来内国,悉受其传统"属人主义"的影响,有似带其法律风俗以俱来的一般;这是国际间应有的平等待遇,绝不可与忍辱受耻的领判权现象同日而语,中英新约换文:中国外交部长宋子文博士致薛穆爵士照会第"巳"点谓:并于可能范围内,适用英王陛下法庭所适用之法律,就是这个意思。

这适用外国法律标准的问题,我们向有一部特殊法律在照用着,这就是民国七年八月五日公布,同日施行;而民国以来于十六年八月十二日,国民政府暂准援用的"法律适用条例。"

为明了这适用外国法律的情况起见,我们不妨举一个简单例子,作为引导,法律适用条例第五条规定:人之能力依照其本国法,今后设一法国青年与一中国商人订立买卖契约,而发生讼事于中国法院之前。该契约之有效与否,依一般国际间私法的通例,双方当事人的能力,当是决定点之一。是故该法国青年之是否成年,是否有行为能力,实关系到契约的效力与存在甚大。在本案中,一方当事人行为能力的缺乏,就可使这契约成为无效。我国法院,遇见此等案件,在发现一般当事人为外国人时,就须参考适用条例的规定;而这适用条例第五条就说须用本国法;因此那法国青年之是否成年,成年年龄复为几何等,即须由其本国法,也就是法国法来决定;而那诉讼关系的目标,——契约效力一点,也即以此为断。若幸而法国民法所规定的成年年龄与我国民法相同,那么表面上虽适用外国法,结果仍与适用中国法无异;否则若法国青年在二十一岁为成年,而中国青年在二十岁,则就因这适用条例的媒介,结果用及法国法,那法国青年不满二十一岁,就须以未成年论;那买卖契约,也就可以认为无效了,中国法院若违反这规定,而仍用中国法以为判决,那判决也就可以成立上述的理由。

我们所以举出这个简单的例子,原因是要提起两例问题。第一问题是关于司法的。依据上述例子,我们很容易看到:在某种情况下,我们必须援用外国法;而依现时国际惯例,此事也实是无可避免;再参看了自国的法律与新立的条约,这应用外国法律一点,更有着法律上的根据;因此非但对于他国人民,就是对自国人民,这必须应用外国法律,也成为一种公法上的任务。然就因为这一点,这对目前中国司法界,恰是一个极大的困难。严格地讲来,至少在通都大邑,华洋杂居的地方,司法机构的推事们,必须认识外国法律,熟读外国语言;最低限度,也得了解世界主要法制的内容。但这种要求,依情理论是似属过苛的。世界上有几许一般地能满足这等条件的推事?个别的法官,有着这种训练,是可能想象的;但这不是一般的现象。我现行民事诉讼法第二百八十三条,还有如此的规定:我国之现行法,为法院所不知者,当事人有举证之责任,但法院得依职权调查之。这条文当然不是最高明的一条。当时立法者,也许已经感到,这决定哪一方应负调查证明外国法责任的困难,所以就依照中国人的传统办法,使当事人与法院共负此麻烦的任务。但就严格的技术讲,我们既规定"依职权调查",法院就再无选择之余地,且似也再无用"得"字的必要。不过无论证明外国法的责任在何方,一点意思,乃是该民讼法第二百八十三条所取以为前提的:此即中国法院至少必有认识外国法律的机会,或至少须有调条外国法律的可能。这个假定,实际上已把中国法官对外国法律工作的义务减少至不可再低的地步。然而事实上,中国法院内能谙习外国法律的推事恰如凤毛麟角;而粗知主要外国语的,也不多见;至若调查之可能与机会,则因法院无藏书及资料室的设备,也觉得很困难。然则在现世时法权收回后,我们即不能置外国法于不顾,而事实上又无引用并研究外国法的能力,那最后解决的办法,又将如何呢?这一点,司法当局必已考虑到,但人才调练规模宏大,需时又过长,这也就成为一个很棘手的问题了。

关于第二点立法的一面,问题更形复杂,我们姑就国际私人间最容易发生的讼案,例如关于契约与财产权的事件以言之。就在这方面,适才所提到的"法律适用条例",依我们看,尚有很多地方值得再加研究。例如法律适用条例第二十三条谓:"法律行为发生债权者,其成立要件及效力,依当事人意思,定其适用之法律"(第一项),"当事人意思不明时,同国籍者,依其本国法,国籍不同者,依行为地法"(第二项),"行为地不同者,以发通知之地为行为地"(第三项),"契约要约地与承诺地不同者,其契约之成立及效力,以发要约通知地为行为地。若受要约人于承诺时不知其发信地者,以要约人之住所地为行为地"(第四项)。第一,这条文把契约的成立要件,及效力等事,悉数受一个"行为地"原则的管辖,这对千头万绪的债篇问题,是显嫌不足够的。第二,而所谓"行为地"之决定,这条文复以"要约通知地"为标准,这也是与我现行民法制度的精神,大相径庭。尽依我民法的规定,一个法律行为的成立,乃在其承诺意思表示到达,而非要约意思表示发出的时候。第三,再则,那条文的文字也往往有错误的地方。例如:第三项"行为地不同者"一语,以情理言之,这是十分讲不通的。盖一个法律行为之存在,与其他事务一般,也同时不能有两个地点。当然,在学理上,我们可能因所立标准的不同,而关于这一个地点发生分歧的解释,但一个行为还是一个行为,一个地点也还是一个地点。不过,一个行为却可有两个意思表示,而两个意思表示,则能有两个地点:"行为地不同"一语,大概是指"意思表示地不同"而说的。具体例子乃如:一在上海的中国人,与一在纽约的美国人,以信件或电报订立契约,上海的人所发出的意思表示在上海,纽约的人所发出的意思表示,乃在纽约。这两个意思表示地点是不同的。第四,最后条文内所云"行为地不同者,以发通知之地为行为地",这"发通知之地"也不知是指要约的发通知地,抑指承诺的发通知地;参照下文,我们当然知道这是指"要约的发通知地",但这终不免是文字上的疏忽。

以上种种缺点,其须要修正,是毫无疑问的。而其缺点的来源,显然是由于适用条例当时订立,倘远在我们现有民法颁布之前,而其后又通常未多应用,错误未被发觉,因此到如今也未加修正。但其中最重要的毛病,当推条文之过于简陋。我们重复地说,单纯的一个"行为地"的标准,是不足够对付这样繁复内容的债权行为的。但这里由过于复杂,本文性质,不容详加申述。

不过这里还有一个例子,也可用为证明适用条例之有修正的必要。试一考这适用条例法规的背景,这法规当时想因袭自日本,所以它所采的乃是大陆制度,这是很自然的事。大陆制度与英美制度的最大区别,就国际私法一方面讲,乃在前者采用"本国法"原则,后者采用"住所地点"原则。本国法原则与住所地法原则,两者的历史上渊源及其本身性质与需要,我们固不能在这里详述;但有一点是应注意的,那是我们适用条例四分之三的规定,都是以本国法为标准的一点。例如关于人的法律,关于租屋的法律,关于继承的法律,甚至关于财产移动的法律,几乎华洋诉讼的全部,都可用"本国法"来解决。然而事实上,世界现采"住所地法"标准的国家,例如英、美、丹麦、挪威及中美南美等国家,到处皆是。我国与这些国家的商业来往,也多而且繁。今假设一中国人与一英美人在中国法院前发生婚姻或契约的讼事。关于这两个契约的解释,依照适用条例的规定,凡遇当事人。意思不明,即须用其本国法。但实际上讲来,英美各国并无直接可用的本国法。在私法事件,除了统一的全国法令以外,英美等国所有的,是许多情形不同的地方法。例如英国,则爱尔兰、海外各自治领、印度、加拿大等都有它们独立的法律。美国的各省也各有其独立的法律。所以在英美人的诉讼里,当确定其国籍后,若真欲用本国法,我们一时实无从下手。缘故也就是因为,英美等国家所采的是"住所地法"标准。一美国人,若其住所在纽约省或加利福尼亚省,则在对华诉讼中,中国法院所应据用的也是纽约省或加利福尼亚省的法律,换言之:就是这美国人住所地方的法律,而非笼统的美国法。单纯地适用本国法,结果往往不能使我们获得解决中外案件的具体门路。所以在适用条例里面,我们即令不愿放弃这"本国法"的标准;也至少得把这原则补充成为"依其本国或住所地法"始可。

上面所举例子,或已能使我们窥见,这运用收回法权之一事,并非不能蕴藏着许多困难问题。但问题之多与复杂,使我们欲为畅尽的叙述,常应用超乎本文几百十倍范围的文字;我们择其尤要者简略一提,希望即能因此知道收回法权是一事,而运用这收回的法权却为又一事的意思。在叙述各问题的中间,我们也间接地指出,不论在司法或立法,技术上的缺陷,尚是未能全部避免。因此将来华洋诉讼,可以使我们遭遇到顿挫,也是意想中事。

我国自不平等条约订立以还,迄已百年;而呼吁于取消这些不平等条约者,也已是五十年。各国对我司法立法要求改进之处,我们也曾下过最大的努力。各种民、商、刑及诉讼法之颁布,正证明了,我们在法冶上,并不缺少伟大的革命力。但在华洋诉讼问题,则这如何运用此等可喜的新法于一案之一问题,乃因当时领判权尚属存在,实未能获得充分的注意;因此关于这方面的司法行政与立法原则,也就不能完备详尽。这是容易想见,但也是很可以原谅的。虽然,当初没有把这许多"间线司法"(恕我们杜造这新名词)的问题来作解决的对象,流弊想还不多,而今后则法权几已全部收回,而我们也已发觉了这固有的司法立法不足应付新来事实的情形,那么解决这善后的要求,就成为很迫切的一事了!我们具体的建议:一、比较基本的是详尽的刊布最高法院的判例,解释例,而谋除去历来判解例彼此间的矛盾,使人人能获到研究中国司法工作的机会,对中国司法之实体因此不发生误解;二、比较直接的,是赶紧重修法律适用条例,并编订国际诉讼法,务冀我们法院对于华洋诉讼能免去无所措手与不知适从的苦闷;三、比较久远的是希望我们学术界能赶紧成立一个国际私法学会与比较法学会,以求能继续不断地从事于此方面的研究工作,而讨得供给立法与司法机关以资料的一个基层机会。

　　全国各方,属导人民于不平等条约取消后,多自振奋,以谋革新,揣想在司法与立法方面,我们所应努力的,当在其技术的一部分,这也是本文所以作成的初旨。

开明自由的中路知识分子[*]

在这中间分子呈现着极度分化的今日,情形是又恐慌又可怜。每一中间分子,不论所属何种意派,多少都怀着一个信念:以为中间分子是阵线,这阵线且具有一份力量。从而替中间分子下定义,分析其内容的文章,似雨后春笋,各处都看到。他方面每一分子的内心也天天苦闷地自问:"我们如何能发挥力量,来配合目前社会上种种变动?"但这两种尝试——一为同道者排砌阵营,一为其自身的联合找一凭借。——迄今为止,可说是完全失败的。

中间分子,从某种观点看,实无法加以定义。我们称之为士大夫也好,读书人也好,称之为自由主义,知识分子,好人,第三路线者,都可以。但不论如何,这仍然是一群难以范围的人众,——流动性极大,而任何人心里存着似是而非观念的一批社会分子。这类人群,本质上就很难形成阵线,阵线之概念与中间分子包含的意义的任何一面,都相互矛盾着。我们不用探讨史实,也不须翻阅字典,这批人的存在,虽是社会中不可磨灭的一点现实,但与其说他们是有组织的阶级,毋宁说这仅是某批闲人在某种无系统的状态下生存着。一部分人似觉有理想,但说不上理想该定于何所。大部分反对政府,但对于求进步之如何做法,却也模糊得很。看着好似一群彼此能合得来的人,但碰到一处,心理就闹扭,你说你的,我说我的,谈不出任何结果来。他们在社会上所生的力量,至多也只是一种中性的抵消作用。所以也有人称之为社会的基础,一部分人更自誉为国家的砥石。但他们的态度,彻底地讲,趋于消极的多。政府无疑是倒退或蛮横的,但这倒是破坏与建设的先导。只有中间分子,除非社会变质,他们很少能自生自动的。与之与生俱来的惰性,使其行动始终代

---

[*] 原文刊于《中建》1948年第3卷第5期。

表了生硬与不彻底的选择。中间分子是社会中不合理的因素。

这批人的观念里无疑地存在着无量数的矛盾。依理讲,中间分子应该都是开明的,自由的,知识分子。他们的常识较丰富,观察较深邃,自然也应有更大的机会去了解现实。所有的知识可以帮助他们观察现实,而所享受的自由也可以提汲他们摆脱传统。因为所谓自由,当不仅指人身上的与环境物质上的自由——这些只在求排脱外界的束缚;自由应还包括能超脱自身观念的能力。一个人若不能认识现实,利用现实,去排斥其上代赋予的传统,开明知识自由云云者即成了无意义的泛称。纵令外表上确已取得无边的自由,想仍逃不了成为某种因素的奴役者。所以要鉴别何者为开明自由的知识分子,事实上很简单,方法就在观察他能否有扬弃内在矛盾的能力。

但这种矛盾却到处在日常生活言谈中表演着。其中一点使人最不能了解的,是对于金钱和社会生活之关系的观念。在这里一般人无疑都是二千年以前的人物。《论语》所谓"君子谋道不谋食,忧道不忧贫"的教训还在现代"君子"的须脑中盘旋着,发生种种的变化,或化成恩惠论的遗毒。时常可以听到的论调是:"你们吃的是白来饭,政府出了许多钱维持你们,还要什么?"在教育界的人们则可听到例如"教书不是职业""学生应安心念书"等等话。这种论调显然抹杀了现实。一部分人的观念上竟如此地不能想透政府的钱可能是从人民身上挤出来的!他们竟不能体会到目前社会中部分人民都已了解工作必须报酬,而且工作不论为人为己,徒乎的工作,或研究性的工作,却应该有报酬;有报酬的而且都是"职业"。宪法所谓人民有生存之权的就是此意。老实讲,依孔子的古义,读书人也并非这样阿Q。孔子或许比现社会上所有恩惠主义的知识分子还现实一点:他不说嘛:"耕也馁在其中矣;学也禄在其中矣。"比较之下,他显然认"学"之利得较无远大眼光的"耕"更丰富些,所以才劝人为学的。但现代人却认青年之争权利,成立会社,增加群治的动力为不然,还在想尽种种名词,种种技巧,把他们永远属守于感恩的束缚之下,这也可说是十分远古了。目前父母养儿子求其为老年的依靠者,已颇有人认为与时代不合。但找工作与求职业却仍然少有人认是应有的利得。这种情形我只能解释为自私,或是因为不能理解遗传观念的奴性。有这种观念的人称之为自由分子,开明分子,显属冤枉。这种观念的影响甚大,由于他们对金钱的来源与人之生存权所假定的基本认识,也就决定了他们一切做事处世的态度与能力;不论在任何解革之下,他们还是要讲恩惠备人事的。

由于这一点乃引起了我们想到人事与法律的判别。这是处世工具的一个问题,也是中间分子第一个想不透看不透的事情。在政治上社会上我们要争取权利,可用的力量我想约有三个:一是武力,二是法律,三是人事。这三种力量利用哪一个都可做到一部分的成功,但我相信弄得不好,工具反往往决定了目的的命运。工具不合适,目的通常称为空虚。而且世人有了工具,时常喜欢把它强化;在强化之下,工具却成了目的,真正的目的即为工具所遮掩。这是人类的大悲剧,也就是使怀具着多少良好心意的事业终于失败的原因。我们不反对目的不择手段,但手段往往将目的升华了:这好比走了一程路途,忽然走到了未曾预料的境地来,回头已远,目的地却不知去向了。很多良善之士,不能说他们的纲领不对,但是达到这种纲领的方法他们确鲜有知道而实践的。

在各种方法中,武力一端不能想象是民主自由的工具。至于人事的媒介,则是中国社会传统的立身方案;就中国人看,这大有其方便随和之处。且到现在为止,还没看见有人愿意摆脱这种方便。但这是迂回而费劳力的工具,作用所至,亦只限于社会的一小阶层,市村的一小角落,这最适宜于内圈,却不能普遍于大众。现代公认为合于众用的政治,武器,则只有法律。

我们不能想象真正的民主自由开明的人能利用其他的工具来达到他的政治理想。法律的工具虽没有武力般可以迅速地达到目标,但也没有人事活动之如此迂缓。固然,它仍需强力的制裁为其后盾,但这力之背景是间接的;它虽也不能完全脱离人事接触,为之推动,但人事活动既有所抵,也就不怕事实复杂,以至于不克驾御。它的轨道是公开的,不像人事关系尚秘密。它的举动须诉以理由,动机须申述明白,不像人事关系之只讲彼此会意。它需要众多人的讨论与自我批评,它需要黑字写在白纸上,因此每一阶段的行动得以固定,不像人事关系之可以永远张弛并留滞于情感观念之折冲中。法律讲究成效,因此须用头脑,需要计划。法律观念必须经过行动的考验,所以难于互争,细其主张,严于纪律。只有法律渗入了生活的每一角,人的生活才能合理化。法律并非如一般人误认是专为遵守的。守成的法律是统治阶级的法律,法律本质上是动的工具:不论是历史性的动,抑是奋斗性的动,都旨在取得此要求的目标。

但以上是我们学法者的一些教条,对于法律毫无信念的人,再说得生动些,也不会即便了解。所以向周遭一看:所谓开明自由智识分子者试问哪一个在想用这个工具来抵成他们所有的怀抱!放眼观察,大部分人的日常行动中仍满藏着权势武力的崇尚,与人事的怀恋。所以,可悲得很,政治上作守政,社会上竞争权利,这些事里面应有的规矩我们得创造出来。人类需要长时间去学习如何奋斗,而用什么工具奋斗。看!历史上所有的文明斗争方法都是些有规则的斗争方法,例如棋局,球戏,牌斗,梅花桩,用皮手套的拳击,依着国际公法的争战之类,但中间分子中有多少人却还未忘情于霸道人术呢!

有人责问我,在各方面无不用武力为争斗工具的今日,老兄尚呼喊法律,未免太天真,但回答这个问题并不困难。因为这里面问题上实尚有人我之分,以及理想与现实之别。我若遇街上两人打架,我的主张若是和平的,致此和平之道若认为必须参加帮打,这明显地是不合乎现实。唯一的出路是把二人拉到警局用手续来解决。这就是我所谓人我之分。在我,不论战争如何严重,我还得喊法治。但换一个面谈到人家应和应战之事,则问题实已转移了中心。这里,我们已不能站在人我的立场讲话了,从而移我的观点于两战斗分子之方向,则现实与理想的因素,就于此渗入。对于国共之战,大部分未成党派的中间分子是主张和的,他们的动机各有不同,少数认为政府干脆应该投降,让人家来干;这种人坦白率直,倒可以把他们撂过不谈。但另一部分人的理由却很难分析,有些是希望政协一题的局面重复出现,有些则根本不知替政府说话设法,抑是替另党说话设法。一探其动机,则无人不是在希冀现状继续维持,贪图他们已享受了一辈子的习惯与生活。和谈之谣我想终将成为和谈之谣。但战,或许对中国民族反而健康些。社会经济尽管破坏无余,同时也免不了生灵涂炭,但中国人的战斗精神却借以维持。我希望这场战事没有原子弹一样的东西把中国局面再弄成水浸炮竹般,破坏也不彻底,建设也没希望,而反将证明中国人的传统意识以为中路之道者,仍是立身处世的妙谛。

向好的方面说,"中间分子"都是些比较有独立思想,并知此抉择宽放开明的人。因为他们常识多,所以应抓住的选择机会也比较多,但事实上多少人尚留滞于抉择之道路上!就经济的立场,他们不能超脱世代的封建恩惠观;在选择处世竞存的工具,他们仍依恋于人事独裁的方便;在政治的观点上,他们贪图过去生活之继续,因此决定了他们的和战观。其所以永远留滞在这种境地,我想还是因为他们所过的生活始终是一个观念的生活。此谓中间阵容者,只是一种态度,一种没有行动的阵线。人类一有行动,这种超然的态度怎样也难能维持。思想的矛盾只有行动能解决,也可以说在行动中,中间分子之存在即被否定,但为中间分子自己找出路,唯一的办法也只有求之于行动。依物理界的原理,一个人同时不能有二个行动,但确可有二个或二个以上的思想与观念。代表开明自由的中间知识分子若能在思想上求得连贯,或观念上排除矛盾与悲痛,而造成一个阵线,那这阵线必定是一个改变生活的阵线。

论大赦[*]

最近政府举行大赦之说,因总统就职纪念而甚嚣尘上,参看中外历史,大赦一举大概有两种意义。一是国家遭受重大灾害,帝王自身表示忏悔;举行大赦,乃所以祈求上天之佑护。一期大难既去,宇内宁谧,全国表示欢忭,政府为怀柔宽大计,与全民同乐,于是宣告大赦,最近或将举行的大赦,显然应该属于后一类的。

大赦一事,不论其作用在忏悔,祈禳,或单纯的欢乐,多少可说是情感上的举动。在大赦的当时,鲜有人顾到囚犯出狱后对社会发生什么影响。盖事实上大赦者纵非不知囚犯过去有罪的严重,也非不知纵囚后谅无好果,但因凭信情感的指示,大家颇愿将不愉快的过去忘却。西洋字Amnesty,希腊文即是"忘怀"。为忘掉仇恨,忘掉罪孽,个人需要一种表示,国家民族也有同样的需要。

但中外一律,大赦的举动少有做到如此纯洁真诚的地步的,我们所见的实例,不是大赦连连循例地举行,就是行动稚气太重,不是以赦免为政治手腕,就是不能感情于仇恨,因此恩惠就难期能普遍。

循例的大赦,在中国古代,事迹最多。如汉高帝在位短短十二年,大赦有九次之多。至武帝临政,五十五年间更开了十八次的记录,到南北朝,则三年一赦,比年一赦,甚至一岁再赦,次数更是多了。宋代用赦尤滥。"郊赦"之举完全定期;至后且无岁无之。这种赦举虽则范围有大小,程度有强弱,但是表示帝王不加考虑,任意赐赦则一也。

本来行赦之事,在中国历史上,早成为王室庆典与祈禳应景必有的点缀。在迷信最盛的南北朝,几无事不可为大赦的机会。登极即位,启元正朔;立太子,生皇孙;娶后妃,护珍禽;郊祀天地,禳除灾祸……凭这

---

[*] 原文刊于《中央日报周刊》1948年第4卷第7期。

些事来行赦,这岂不等于民间赴会莅庙进香还愿的一般作用;其无严肃的意义可知。推而广之,以致元代西僧的所谓"都勒干豪",那更是以囚徒之福利作行赦的买卖了。

但大赦的另一种动机显然是政治的。尤其在叛乱平复,与民更始之际,政府往往有表示放怀为替新生命谋建设,而把一切旧恨遗怨洗拭干净的必要,简单地讲,在这种情形下,大赦是被公认为扶安人心的一个适当方法。天下大定,政治犯本对其刑责日夜忧虑的,今可改头换面,从此释然再做一份驯良平民。但就因为大赦之政治意义太重,史实上从不易见到真能抱着光明胸怀,诚恳地做这一件事的前例,我国史上第一件大赦,是秦二世为攻周章而释放乡山囚徒。这事太难认为漂亮的举动了。西洋史上第一件记载的,是希腊 Trasybullus 的行赦。当时三十个霸主及一部分人民都未被宽宥。至英国查利第二,在一六六〇年复辟,亦有所赦,但也将判处其父亲死刑的人除外。拿破仑在一八一五年有类似举动,乃十三个革命人物却仍留居黑单;著名的 Talleyrand 因此未免于厄运。

以上所举,只是中外史上几个比较显著的例子。一般地讲,普遍的大赦确是少见得很。此因赦令所至,不是免释的程度不同,就是范围有广狭。法国文豪嚣俄很微妙地描写大赦这事说:"我将蜘网上的蝇蝶释放,小哉赦免;但如诸多赦免,此犹徒增蜘蛛之憎恨。"

人类理智增强,无谓的形式次第排脱,大赦自无多举行的必要。且就其气息言,大赦乃是统治者片面的"恩"典;此与现代不分上下性的民主政治,举措上似有杌陧。所以在西洋,早有人见到行赦之不切实际。英国大赦最后一次在一七四七年举行。法国一八八〇年以后亦再无同样举动。英国此次胜利,且愿赶着废除死刑,但亦未尝有恢复大赦的企图。在司法制度正常,人民道德水平较高,政治意识不趋极端的国家,大赦的仪典的确似乎成为多余了。

国民政府于抗战胜利后,在三十六年元旦,曾颁布大赦令。其中除汉奸、战犯、贪污三项囚犯外,余者一律宥免。事隔一年,这次总统就职,犯汉奸贪污罪的,据说或有全部被赦的可能;至违反戡乱危害民国的罪犯,则显无望于幸免。但我们试将此种罪犯一为估计。对于汉奸的应否被赦,这一端社会上已有很多争论,但想来犯罪较轻的必已在释放之中,至尚未出狱而法院迟迟未判,或判而未决的,也类多罪重或狡猾之徒,这种人是否值得除免,颇成问题。关于贪污的罪犯,大部分评者也有同样看法。至违反戡乱秩序,真正所谓政治犯,理论上应该作赦免之对象的,对他们却仇恨正在增加和尖锐化中,即有大赦,显然恩令旁及,与他们无关。最后是那些杀人、放货、强奸、窃盗的人,即嚣俄所称"蚁蝇蛱蝶"之类的,这辈人不赦关系甚小,赦了也徒增犯罪指数;严格地讲,他们虽是一切大赦的实惠者,但却非大赦者所应属意的人。

至问目前全国的情绪如何呢?有否令人具有就此形式放怀宽纵的感觉?此则人人固知其无也。总统就职,非比帝王登极,其意义对全民而言,是他开始为国家服务与工作的起端。现代政治,尤当急切图治的阶段,总统不应仅是执掌仪典,实行严表的象征;要务甚多,大赦小事也。

最后我们要注意的,在法律上大赦也和特赦略有区别。特赦是专对个人而发,大赦则就一般罪犯为纵免。经大赦的人非但刑罚俱免,即犯罪事实也全数刷清。就法律的意义言,大赦告成,被拘捕的停止拘捕,被处刑的中断执行;罚金发回,没收归原;再犯者不成累犯,无职者恢复公权;盗贼成良民,奸徒为功臣。此中所产生的麻烦还不少呢。

谚云:"一岁再赦,奴儿喑哑。"我们希望执政者对赦事多慎重考虑些。

行宪前夕的一个违宪之法：论《戡乱时期危害国家紧急治罪条例》*

国府明令于三十六年十二月廿五日开始行宪。在理论上有了根本大法，人民有权问政，政府有所遵循；说民主基础由此奠定，亦不为过。

但是，我们希望一部宪法不只是一册条文的汇集。中国往昔的法典，常有替帝王装饰门面，而不预备实施的情形。大明会典中李东阳说："今之善者虽寝亦书。"这意思是说，凡是流行的思想，只要是好的，虽不一定适用，都可安放在法典里。我们希望现行的宪法不是这样的一部法律，不是抄袭人家的制度，表示我们也有这样一部宪法，作为近乎装饰品的一个文件。

行宪最起码的任务在保障人民的权利。但人民所要求的是：这些权利的保障，除在条文规定之外，尚须有一种积极的保障行动。依现行的宪法，保障人民权利的条文有十二条之多，规定不可谓不周详。但普通立法有时难免不和宪法发生抵触，假如有这种情形发生，我们必须立刻加以纠正。

历史上政府侵害人民权利所采用的手段，其影响最普遍的有下面几种：一、土地或实物的征收；二、过甚税则的规定；三、特殊刑法的订立。此中尤以特殊刑法的订立为独擅政府所最乐用。眼前就有一件事实证明这点，并且对我们的行宪给予惨酷的嘲弄。

在宪法施行前三日（三十六年十二月二十二日），立法院通过了一个《戡乱时期危害国家紧急治罪条例》（见附录），国民政府立刻公布施行。这条例把普通的罪型特殊化，把罪罚提高到最重刑的程度。普通的扰乱治安罪和妨害金融罪，在这个条例下都可成了特殊的刑事。这样的条例很容易流为溯及既往（ex post facto）的法律；违反着刑法上的最基本的原理。

这条例里面还规定了特种刑事法庭的设置（第八条）。设立这种特种

---

* 原文刊于《观察》1948 年第 3 卷第 22 期。

刑事法庭的动机为何，不难想象。宪法所以规定人民犯罪由普通司法机关审判，是因为普通法院有完备的程序，独立的判决，和上诉的机会，凡此目的皆在保障人民的自由与权利。一切特殊的审判，也就是一种规避由普通司法机关依普通法律去处理的审判。把普通刑事特殊化，再将它交给特种法庭，这完全违反宪法规定保障人民的权利及自由的基本精神。

不仅如此，有了这种特种法庭的设置，宪法第八条以下各条中所规定的一切程序上的限制，人身权的保障，以及普通司法机关的提审权，就将被剥夺殆尽！既有特种法庭，人民就不再"由法院依法定程序"审判了。既有特种法庭，人民也就不能再向普通法院声请行使提审权了。所以所谓特种法庭的设置，实际上等于把法院军事化，而同时却避免"军事审判"的恶名。

我们的宪法不应该只是抄袭他国现存宪法的语调，排列出一串不准备切实保障的人民权利和自由的东西。我们有了宪法，就应恪遵宪法的精神。现行的宪法或许尚有好多的缺漏，但若加以良善的解释，我们人民所应享的各种自由和权利之保障，实际上都可以于此中求得其存在。美国宪法第一条第九节第二段说："人身权（Writ of Habeas Corpus）的特益不得予以剥夺。"第三段说："褫夺公权或追溯既往的法律不得订立。"据一般学者的认识，所谓"褫夺公权法"（Bills of Attainder），是指任何不经由普通司法程序，而对于假定叛国罪或其他认为严重的犯罪处以最重刑或死刑之特定的罗织的法规。在此定义下，今日政府所颁行的这个"危害国家紧急治罪条例"无疑地便是属于这"褫夺公权法"的一类。最近立法院对行政院之以命令擅行邮电加价，曾有声有色地严重抗议，而对于人民公权的明显被侵害，竟毫不措意，贸然通过这样一个违宪的法律，其矛盾突兀，出人意料。

《戡乱时期危害国家紧急治罪条例》的颁行，对于行宪诚意是一个极大的考验。舆论对此若不警觉，这种"违宪之法"将会一天一天增多起来；宪政基础必至全被推翻。政府人员若不自慎其行动，彼等亦将会成为加害民主政治的罪人。大部分人民都不善于透视法律彼此间的联系，往往只看到法治的门面，而忽略了法治施行的实例。政府若以人民为可欺，以为言行尽可以不相符，这直是自欺欺人，迟早将被人民所弃。

违宪的法律依宪法第一百七十一条及第一百七十二条之规定，应作无效。但这无效究应由何人宣告？循何程序宣告？宪法规定解释权属司法院，但解释的过程如何，并未确定。我们是否仍将因袭现制，由人民先提声请，随后作抽象的解释？还是在具体的讼案中由人民随时提出违宪的抗辩，因此使不合法的程序进行中止？或竟对违宪的案件中一律许以上诉于大法官的机会？这些都是可以讨论的问题。这在将来，谋取人权的保障上，是一件极其重要的事情。再就本文所讨论的一事而言，依照"宪法实施准备程序"的规定，政府即须将一切和宪法冲突的现行法予以修正或废止。《戡乱时期危害国家紧急治罪条例》显然是与宪法精神不符的，政府既将修改一切和宪法冲突的现行法规，为什么在行宪的前夕，还要制定这样一个违背宪法的特种法律？我们希望政府能早日废止这个《戡乱时期危害国家紧急治罪条例》，以示政府行宪的诚意。

附录：戡乱时期危害国家紧急治罪条例

第一条　本条例于战乱时期适用之。

第二条　犯刑法第一百条第一项第一百〇一条第一项之罪者，处死刑或无期徒刑。通谋外国或其派遣之人而犯前项之罪者，处死刑。预备或阴谋犯前二项之罪者，处十年以上有期徒刑。犯前项之罪而自首者，减轻或免除其刑。

第三条　参加以前条犯罪为目的之团体或集会者，处五年以下有期徒刑。犯前项之罪而自首者，减轻或免除其刑。

第四条　依前二条之规定自首而免除其刑者，得令入感化教育处所施以感化教育，感化教育期间为三年以下一年以上，如认为有延长之必要者，得于法定期间之范围内酌量延长之。

第五条　有左列①行为之一者处死刑，或无期徒刑，或十年以上有期徒刑：

一、将军队交付匪徒或听其指挥训练者。

二、率队投降匪徒者。

三、将要塞军港军用场所建筑物、军用船舰、桥梁、航空机、铁道车辆、军械、弹药、粮秣及其他军需品、电信与器材一切供通讯转运

---

① 原文为竖排。——编者注

之器物交付匪徒,或毁坏,或致令不堪用者。

四、煽惑军人不执行职务,或不守纪律,或叛逃者。

五、以关于要塞军港军营、军用船舰、航空机及其他军用场所建筑物或军事之秘密文书图表消息或物品泄漏,或交付匪徒者。

六、为匪徒招募兵役工夫或募集钱财者。

七、为匪徒之间谍者。

八、为匪徒供给贩卖或购办运输军用品或制造军械弹药及其原料者。

九、为匪徒供给贩卖或购办运输军用被服之材料,与可充食粮之物品者。

十、意图妨害戡乱,扰乱治安,或扰乱金融者。

前项之未遂犯罚之。

预备或阴谋犯第一项之罪者,处七年以上之有期徒刑。

犯第一项之罪而自首者,减轻或免除其刑。

第六条 以文字图画或演说为匪徒宣传者,处三年以上七年以下有期徒刑。

第七条 犯惩治盗匪条例第二条第一项第三条第一项第四条第一项第三款之罪者处死刑,无期徒刑,或十年以上有期徒刑。

第八条 犯本条例之罪者,除军人由军法审判外,非军人由特种刑事法庭审判之。前项特种法庭之组织由行政院会同司法院定之。

第九条 依动员戡乱完成宪政实施纲要之规定应处罚者,其审判适用前条之规定。

第十条 前二条案件之审理,得许辩护人员出庭辩护。

第十一条 本条例施行区域,由国民政府以命令定之。

第十二条 本条例自公布日施行。

政府怎样替"特种刑事法庭"辩护*

不幸得很,宪法施行的同时,政府复推行了"戡乱"的措施。在立法手续上,先则颁布了《戡乱时期危害国家紧急治罪条例》,继又颁布了《特种刑事法庭组织条例》与《特种刑事法庭审判条例》。这类特刑庭现已在各地设立了,且亦已开始审判关于这方面的罪犯。普通法院原有类似的案件的,因欲脱卸责任,也不顾违反刑法、违反宪法,都赶忙着把条例颁布前已系属的案件移送到特刑庭去。

看了这种现象,不禁使人联想到欧西中古为统一宗教铲除异端而设立的"圣庭"(Saint Office of Inquisition)。"圣庭"对于人类文化的反面成绩又深厚又普遍,凡读过西洋史的人,恐没有不知其影响的。当时思想自由是没有了。人们为惧怕被焚杀,被视为具有妖术的魔祝,彼此怀着鬼胎。猜疑与仇恨代替了一切光明的行动;结果造成了当时社会的愚蠢与虚伪。这类影响今天在二十世纪的西洋社会各阶层中有时还能看得出来。设置这种法庭说来真容易,执政者——不论是教主或国王——只要应用其固有的威权,可以不费吹灰之力为之成立,但成立以后,再欲推翻这反动派的后果,却需要多少的革命精血!后世的冤孽须归罪于这无独有偶的"圣庭"者还多着呢。

法国实际问题高等研究院教授P.D.Alphandery对于中世纪的"圣庭"有这样一段记载,我们不妨把它节译出来。他说:"教主钦派的法官审理异端,起初是旅行各地。凡到一个地方,他们训告民众,要他们忏悔,并供认出所认识的异教人来。悔过与供认者可给予很轻微而秘密的惩罚,否则就难逃处死或长期的拘禁。在法国,这些'圣庭'的审问者受法国国王的津贴,路易第八资助最多。但审问者完全是由教主一人任命

---

* 原文刊于《新路》1948年第1卷第3期。

与裁撤的,大事且由当地传道的人中遴选出来。他们审问案子,裁量的权是绝对地大。他们处刑,又通常须与当地士绅商量。保护人民的律师虽向他们要求准予阅卷及有关的证据,但没一个不被驳回。被告或其代理人原则上虽有协助推进程序的机会,但机会等于虚设。至于程序,许多部分完全与常法异殊。审判程序与其说是审断个别的罪,毋宁是在断处犯人们的观念趋向。这种审问一些不受普通程序约束。圣庭法官随时可以传提人犯,随时可以拘禁人犯。被告者都推定是有罪的,偶或不到场也就视为犯人自白。被告人可有证人,但被告不得有证人,被告且不知何人在告他,更不知审问者对所告发的根据予以何种评价。无赖,村童,酒徒,娼妓一律都来做证人。这类程序显又非建于双方平等争讼的原则上。任何律师的出庭就被视为协助异端。审问经过有时可以拖延到很长的时日。程序随时开闭,也随时停止,停了又重复进行,目的只在尽量逼令被告自白,并招认出更多的同道来。经过'圣庭'审问的人从来未见有一个是无罪被释放的。"

这段叙述,若用作描写目前政府所设立的特种刑庭也还不失其为恰当,特刑庭的将来恐也就是这样的情况。奇怪的是,政府要攻击异端,难道普通法庭普通程序尚不足用以处人以罪吗?普通法院有什么神秘的力量使政府认为它不能达其预定的目的,而非设立特刑庭不可呢?我们认为普通法院显已是一个很有效力而且灵便的机构,说它不能治人之罪是不确的。但普通法院也确有许多保障人犯的措施,特刑庭之设立无疑是在规避这些政府认为给予人民太大的保障!

但我们也可为政府设法辩护。据我们揣测,政府的借口或可有两个:一是政治的,一是法律的。

那个政治的借口是:特刑庭之设立是专为对付叛党。立法院孙科就曾这样表示。但真正的讲,《戡乱时期危害国家紧急治罪条例》规定的范围广大无比。试举一例,该条例第五条第十款说:"意图妨害戡乱,扰乱治安,或扰乱金融者",处死刑,无期徒刑,或十年以上有期徒刑。但是不谈扰乱治安而先就扰乱金融言。固也,凭某种观点,扰乱金融的行为不能说对戡乱不发生重大关系,但对于全国人民生计言,则这当更是使人痛心疾首的事。我们唯冀这辈人能得到他们应得的惩罚,但在扰乱金融的罪里难道尚有分为"意图"妨害戡乱或无"意图"妨害戡乱的必要吗？设若戡乱是对的,任何种扰乱金融的行动自然也是妨害戡乱的。这样讲,一切扰乱金融的事势将都交给特刑庭审判。我们虽对贪官污吏奸宄商人之扰乱经济比扰乱治安还看得重,但将其全部交于不正常特刑庭处断,我们仍不信其为合法。而且,所谓"意图"妨害戡乱将来原属特刑庭自由判断的范围,除非我们能把犯人的头脑剖开以备询问,不然,仅就其行动外表看,发一张传单固可说是妨害戡乱,街上唱着,散着步也无不可认为有此"意图",更无论罢课、罢工、罢教、舞潮了。纵令我们不问对付共产党有无设立特刑庭的必要,与设立之后是否即能收戡乱效力,即仅就特刑庭是否专对付共产党设立之一端论,每个人都已在发生疑问。在未用周详的程序审断一案的真情之前,居然能断定某人是叛乱,某人是共产党,其夸大与自信也可说是十分过分了,无怪有人指出特刑庭之设立,防止戡乱是名,实行警察政治是真。

为特刑庭第二个辩护是宪法第二十三条的规定。该规定说:"以上各条列举之自由权利,除为妨害他人自由,避免紧急危难,维持社会秩序,或增进公共利益所必要者外,不得以法律限制之……"特刑庭既是立法院按正式程序设立的法院,我们就不应有所指摘,因这已不是违法的了。但治国图天下,技巧上恐未便如此简单。依宪法原理,司法权与立法权虽似专为控制行政而分立,然万一立法权与行政权发生联络——这点在新政府下眼见即将实现——而用法律与命令的方式做一切危害人民基权的行动,人民是否就无从抗议？说直截一些,宪法内设立人民权利一章,显非专为对付行政一项,司法权与立法权同时当也受其限制。行政人员因不得将人民任意逮捕拘禁,或用其他禁止或命令的手段使其做不愿或不应做的事,但司法人员也不应为广义的违法审断,立法机关更不应订立剥夺人权的立法。这些基本权利,每一个有良知的人都知是超出任何执政者支配范围以外的权利。我们不实行民主则已,若要行宪,则这些权利应是至高无上,神圣不可侵犯的保障。站在民众的立场,我们必须唤醒政府,使它了解这种缺乏明显意志的行动于政治前途是只有妨害,一无好处的。宪法有它固有的逻辑,任何逃避或掩饰的手段都须予以纠正。特种刑庭的设置就是这种行动中的一个。

美国最高法院关于保障人民权利的事有颇负盛名的判例几个,我们拿来可作借镜。一八五五年 Murray v. Hobokey 案中,一个税务人员因未将收得税额完全交清,国会即通过法案,用某种程序将其财产没收。这没收的程序无疑是合法的,但是否为"应有的程序"(Due Process of Law)？人民这样问。美最高法院回答说:"法律规定表面视之,只要求各种程序依法成立,依法的也即是合法的;因此立法权似未受限制。本案没收既经过国会通过,就也不能否认其为合法。"但这是否为应有这样的程序？立法权显然不能随意设立自以为佳的程序,第十四条修正案之规定(Fourteenth Amendment)非但约束行政权,也同样拘束立法权,我们不能解释它有将任何程序化为"应有程序"之自由。再在 Hurtodo v. California 案中,审判程序应否用陪审官一点发生问题,美最高法院又谓"在我国成文宪法是公认为保障人民权利与自由而限制代表人民的政府之侵害的必要典文。英国大宪章(Magna Carta)的原理已悉数录入我权利保障书(Bill of Rights)内。这些保障一切政府力的限制,立法的、行政的、司法的都无例外……"另一个著名的判例是一九〇五年的 Lochner v. New York。美最高法院在此更认纽约州诸处面包房工人工作时间一个法律违宪。法官 Peckham 说:"邦政府的行政警察权(Police Power)必须有限制殆无疑问,第十四条修正案不可使之等于虚设。否则立法者可任意认法律为保护人民的道德、康健与安全,就此毫无其他正常理由将一切法律作为合法。警察权之行政将成为随意侵害的良好借口。邦政府的权力事实上即将不受任何宪法的限制。但依我们看,每一个案中我们得问这警察权是否使得公正、合乎情理,而且适当。我们得问它是否不近人情地、不必要地或专擅地将人民的权利与自由剪削……"美最高法院就这一方面的宣示判例尚多,无从尽举。若只提其名,则关于保障言论自由与集会团体自由的,例如有 De Jonge v. Oregon; Herdon v. Lowry 等案;关于宗教信仰自由的有 Hamilton v. university of California; Pierce v. Society of Sisters 等案;关于被告有辩护人权利与自由的有 Moore v. Duply 的案子。

在这些例子里,违反人民权利的立法,虽经合法程序而成立,但都被认为违宪。在法律技巧上,美判例的内容因没有这样单纯,但其理想所趋是很明显的。我们既将人家的宪法抄袭来,何不也把人家宪法的解释同样地研究一番呢！

显然特刑庭的问题,不仅是单纯的特刑庭问题。这里面牵涉到我们全民族能否进入于上层政治水平的辨析,这里面广泛地影响到我们整个民族的信心与希望。中国自从接受世界文化一百年来,历经外侮内乱,长时间都在考验我们有否自趋于高尚政治境地的力量。特刑庭之设立,决不像孙科所说,竟是国民生死存亡的关键,据我们看,这是又一度证明中国人易于被传统的麻木、颓唐、无公所克服,而终于接受了这中古式的把戏。

大法官的解释权[*]

大法官的制度在中国是创举。他们的职权虽已确定在宪法中,但就一般人看,这仍是非常模糊的一件事。当局为什么要设立多至十七位的大法官,他们行使职权的意义又何在?在这行宪的时代,我们不能不略知其发展的可能。

我们大法官的前身是最高法院的庭长推事。据司法院统一解释法令及变更判例规则的规定,司法院有权统一解释法律与命令。从其题文看,司法院的解释权之最显著的一面是在统一全国的法令;所以其直接工作是解释,但主要的还在统一地解释。换一句话,法令的意义不明显,唯恐各地各机关缺乏一致的执行与实施,政府就设立这一个司法院解释会来解决法令间矛盾的困难。这个制度倒由来已久,明清已有前例,大清律例中之"例"就是指这一项相类的解释例。

这解释的制度不能不说是一个良好的制度。因为发动它的手续非常简易,我们只要抽象地提出疑问,不指明是某人的案件,经过一个会社团体的介绍,向司法院提出,司法院若认为法律上确有问题,它的解释就会下来。解释权从由最高法院行使改由司法院行使以后,解释例已公布了四千多号。其中成绩有好有坏,有革新以往的,有重复法文的,它可说尽了填补立法缺漏之能事。这部分工作做得非常平稳,至今除了少数学者对个别的解释例加以批评或表示疑问外,这制度本身却从没有人发生怀疑过。法国巴黎大学教授爱司加拉 Jean Escarra——前一度为立法院顾问的——且会推崇备至,称之为中国司法制度中良好的固有产物。

我们若问以往司法院解释例何以能于平静生活中完成其任务,则原因还在它的影响不大,而且所解释的都是些民间法律上很技术的问题。

---

[*] 原文刊于《新路》1948年第1卷第12期。

几部基本法——例如民、刑、诉讼等——原理相当清楚,只要司法院不过分曲解其含意义,事实上就不致发生不可挽救的恶果。再者,解释事件名义上虽及于法律、命令两项,但对于后者,除非它有与法律相类似的形式,是绝少有经过解释的。这也是司法权与政府其他各权没有磨擦的缘故。

如今大法官的任务没有如此简单了!在上述统一解释法律命令的两事外,现复加上了更重要的一件工作,那就是解释宪法。这个工作将使司法权与其他并立的政权发生剧烈的接触。我们可以揣想司法院以往所用以决定解释的技巧和程序,对付这现在的释宪任务恐已不够用了。

任务困难原因之一是因为目前的宪法是空而又空的一部法律。假如没有大法官行使解释权来使具体的法律和民间生活发生联系,我们真不能想象宪法在中国有多大用处。就我们官方的政治道德以观,这无疑是一个门面装饰。宪法的泰半内容须待实际问题来充实,是一个迫切的需要。司法院作填补的功夫也就是在考验行宪的诚意。例如宪法内关于权利保障的规定,我们尚不知道是否真对人民有利;对于院际关系,我们还看不出内阁实行到何种程度;这些都有待大法官来解释。困难的第二个原因是因为在此叫名的行宪政治之下,种种的利害关系将格外尖锐化,明朗化起来,大法官想再安稳地着以往事务性审判官的生活,自是很难。他们怎样能在许多政治暗潮之中维持其独立和高超,这是很成问题的。

此外,他们解释宪法的时候也不能再随便地含糊作他们的八股文章。解释一提案,必须附以详细的理由,即连他们自身的动机也应该加以分析。他们若有政治见解,也必须详述出来,供一般人的批评和观察。法律的陈述且须有学理上的根据,来源出处,连理契合,承上接下,面面俱到。最困难的任务是如何去领导现实,在政治上作一个开明的前驱者。大法官就此能不能胜任愉快呢?

显然的,当局对于大法官职权的内容应该赶快加以确定了,否则他们的困难将更形巨大。尤其需要指明的可有数端:例如大法官能否宣布一普通法律或命令为违宪;在任何官吏执行法律命令的时候,争讼者是否随时可以提出违宪的抗辩;大法官决定解释的当口,十七个人用何种方式来措置他们的意见。上面第一点涉及他们的权限,第二第三点则有关发动解释,决定解释的程序。就此我们还可以提供一些参考的材料。

我们大法官制度的来源是在美国,所以看美国最高法院的解释权是如何行使的。美国的最高法院,无疑的是一个有权决定普通立法为违宪的机关。这一点有三种意义:(一)普通立法在其生效前,美国最高法院当然不能决定其为违宪;(二)美国最高法院所可决定的乃为宪法所赋予的权利是否因其他立法而被剥削;(三)美国最高法院的解释并不就一个立法的一般规定为决定;它所决定的是当前的具体案件,所引用的法律之某一点是否违宪。换言之,当前案件中之当事人之权利必须因该具体立法之存在而可能受有损害或其他影响,因此必须最高法院为之纠正。

美国对于最高法院释宪的权力,毁誉各半,舆论颇不一致。其中最主要的批评是社会,经济,劳工的重要立法,往往都被最高法院所否决。后者之见解与政策过度地违反了社会主义;一切保障老弱,禁止长时间工作,提高薪准的优良立法,俱不克施行;此对经济繁荣,生活水平,社会之前进等事俱有巨大的影响。且赞成此种立法的,全国人数众多,乃缘最高法院有此解释权力,复因一特殊争讼人的感觉不便,竟遭其否决。甚多之法且已施行多年,并无恶果;公司、商行、工厂可能皆已设立,且依之为屏障,乃立法基础一被推翻,私人的损失即不可量计。最可议者,一般争讼最力的解释,最高法院法官仅以五对四之比(美最高法院法官只九人)通过其决定,是则立法之违宪与否,偶然的因素多,而肯定的标准少,现因法官一二人之见解竟随之而左右,此对国会中众多的可决意见言,将何以为情,此实非事理之平。最高法院的此种判决完全形同立法,其决定且显然在决定全国的社会、经济、政治政策,此与法官之身份不合,精神上且与民主政体下的代议制相违。解释权之行使,实际即成司法权之独裁,法官更将成为政治家的傀儡。

但在另一面,维护最高法院的美人也有强有力的理由。其主要点大致如次:最高法院所否决的法律,据统计言也未见其特殊众多。此等大部分为微小的立法,若有严重性的提案遭遇否决,则往往因其过趋极端,于社会安宁不利。且任何人不能认国会通过的法律都是良法;反之,最高法院的判决通常都附有原理上的根据,并非出自杜撰;即令判决偶有错误,同样案件发生时,仍可再予纠正。再维持最高法院之违宪决定权,实即是维持三权相克相生的良意;在保护人民权利的立场,这种否决实属必要。此制在英国之 Privy Council 中及南美诸国皆能实行顺利,解释权若被取消,行政与立法两权将使全国社会及经济完全改观,这对人民的保障威胁实大,宪法的基础亦必破坏无余。最后,立法之否定权交于最高法院,事实上亦最适宜:大法官皆为终身职,其政治立场类能超出党派;彼等具有优良的学问,崇高的道德,对所判案决不致被舆论所挟持,政治上种种不良影响自可避免。五对四比之决议方法亦并无坏处,持反对意见的仍可公布他的"异判"(Dissents),这并不损减最高法院的尊严,或反能影射各法官态度的公正。

依事后第三者的眼光看来,美国最高法院的解释宪法确是保守的顽劲多于提挚的精神;就在目前也仍属如此。在保护人民权利的借口之下,它曾击破了许多前进的法律。霍姆士的"异判"始终保留了"异判"的声名,而不克变为"正判"。唯这仅是就美国的国情而言的;反之,依中国的情形讲,则我们的需要恰恰相反。但这也不是说我们不需要新社会的立法,而只是说我们离开能个别地保障人民的身体、自由、财产已尚有很大的距离,谈到击破社会立法与否之一点恐尚嫌早吧!

大法官是国内目前意味新颖的一个制度。假如玩得像样,也确能收缓和政治或启发社会之利功。但美国最高法院已是很保守的了。我们所惧怕的是:目前这十七位的中国大法官非但不能替司法权伸张威能,做成立法与行政的擅断之监督者,或反踊淮而枳,变成当权的喉舌;当权说不出的动机,大法官可用严紧的语调,不着边际的法文,为之掩护,为之拥戴,替它理论出来。美国的最高法院虽不驱策政治,但至少不时有几员虎将出现,如 Holmes、Brandeis、Stone 之类的人物。在大法官制下,中国的法官是有史以来第一次逢到可以发表其见解与修养的机会了,今且又绘画着美国已见勇武的真品,自必希望其有所成就。

Materials and Cases for Comparative Legal Method 前言*

In the preparation of this book, which is a collection of materials from various articles and books of renown, I have three objects in view.

I have attempted, in the first place, to put together the four best-written papers existing on the Theory of Precedents. These four papers, which come remarkably from the hand of one single author, the well-known Arthur L. Goodhart①, will not only show the students the intricate workings of the Anglo-American Law in their essence, but also its place as a system of technique as related to the judicial manipulations of other countries, notably the countries of Continental law. The attainment of an understanding for the Theory of Precedents predetermines to a great extent the comprehension of the Case-law method.

But the study of that theory alone, though important, would often leave us uninitiated as to how the courts under the Common law system actually do to make out a rule through the threading of different lines of cases. Therefore, I have adopted, in the second place, a whole chapter from Patterson's 'Legal Method'②——a quite recent book and, in its kind, a rare publication, too,——as the chapter of cases serves to put graphically before the eyes of the students a synthetic picture of a group of co-related decisions. By working

---

* 本文是芮沐先生 1948 年编辑的 Materials and Cases for Comparative Legal Method 的前言。

① The first three papers are from Arthur L. Goodhart, Essays in Jurisprudence and the Common Law, (1931), University Press, Cambridge. The fourth paper is from a reprint of that article published by Stevens and Sons, Ltd. London, in 1934.

② The full title of the book is Materials for Legal Method by Dowling, Patterson and Powell, 1946 (University Casebook Series), The Foundation Press, Inc. Chicago.

out the synthesis along with the cases, the students would not fail to grasp the rich substance of a rule that is embodied in them.

I have left out the notes, the questions, and the problems which accompany the cases in Patterson's book, believing this to be the better way for enabling the students to learn a legal method. Blank cases without written comment often yield a greater pleasure of surprise under the conditions that the students are industrious and attentive to the teacher's leading manoeuvre.

In the third part of this collection of materials I have chosen another chapter from Patterson's work. It consists here, beside the brief introduction, also of cases only. These cases are, however, no more materials out of a single line of judicial decisions. They are rather separate specimens that bear no relation whatsoever to one another: they are adopted by me because they represent good examples whereon one could sharpen one's practical wits. The notes, the questions, and the problems are likewise omitted here. Judicial analysis, in its basic demand, could not be very different from one system of law to another. So, by letting the students try out for each case presented a solution of their own, which will necessarily bear the colour of their native training, and then letting them compare the result with what the Anglo-American courts have done, we would have made a great step in helping the students toward the acquiring of a technique for independent and fruitful thinking.

This much is what is meant to be served by this book of materials. First there is the description by way of the Theory of Precedents of the working of the Case-law method; then comes the initiation into the synthetical technique of cases to form a rule of law; lastly, a group of cases is arranged for practising the power of legal analysis. I hope that the successful use of these materials would do justice to the well-meaning efforts of our purpose. To my mind, indeed a more expedient way of making a branch of knowledge known to the students could not be found other than to help them to get hold of its very method.

As a final word, I wish to express my gratitude to Dean Chow Pin-Ling for his wise suggestions as to the ways of editing this book and for his kind influence and authority which made this publication possible.

Jouai Mo 芮沐

Law Faculty, Peking University

Peiping. 15 November, 1947

下篇

1950—2011 年文献

不爱虚言，不听浮术，不采华名，不兴偶事。

一、论文、译文

列宁分析"自由爱情"的两封信[*]

这两封信是列宁在一九一五年一月写给薏念司·阿芒的。

薏念司·阿芒因为准备为劳动妇女写一个论战性的小册子,所以把小册子的计划送给列宁看,列宁为答复这个计划,就写了这两封信。

这两封信是共产主义者对于劳动者的生活和道德上一些重要问题,例如家庭与婚姻问题,所抱的态度的最宝贵的文件。

列宁号召大家要对这些问题采取一种严肃的马克思主义者的看法。他用革命家的热忱谴责人们在生活与道德问题上种种轻浮和不文化的主张。他特别对于热情渴望种种"时髦"的观念与要求提出警告。这些"时髦"的观念与要求,表面上是革命的,"左"倾的,但事实上却是反动的,布尔乔亚的,例如某些对于"自由爱情"及类似情况的要求。

列宁把这些要求加以深刻的阶级分析,他指出"布尔乔亚妇女们"往往把"自由爱情"解释成"超脱爱情"的严肃性,避免"生孩子"与"通奸自由"。他声明"自由爱情"的要求是布尔乔亚的。在为劳动妇女写的小册子中应该把它完全删去。

在他的信里,列宁并不把"没有爱情的下流卑鄙的婚姻"与"自由爱情"或"一刹那的情欲"和"暧昧关系"对立,而是把它与"有爱情的无产阶级的婚姻"对立。

为巩固及发展社会主义家庭,为劳动人民的共产主义的教育,为向人民生活及思想中资本主义残余作斗争,这几封信是非常重要的。

对于大群的苏维埃智识分子,教师及作家,美术家及文艺的劳动者,

---

[*] 该文为芮沐教授的译文,刊于 1950 年 6 月《新建设》第二卷第八期(总第十二期)。

及一切,依斯大林的说法,"人类心智的工程师"们,这几封信更有特殊的意义。

联共(布)党中共委员会马恩列学院

(一九一五年,一月,十七日)

注:这信与下一信的日期是阿芒手笔附注在信上的

亲爱的朋友:

我竭诚地劝你把那小册子的计划更详细地写一下,否则很多事就会停留在模糊里。

但有一点,我现在就在这信里想说明一下。

计划的第三款里:"女子对于自由爱情的要求"一句,依我的意思,应该完全删去。

这实在不像一个无产阶级的要求,而是布尔乔亚的要求。

这句话里,你是怎样的意思?这句话可能有的意义是什么?是不是:

1. 恋爱关系不受物质(金钱)动机的牵制?
2. 爱情关系不受物质忧虑的牵制?
3. 不受宗教成见的牵制?
4. 不受父亲反对或其他权力的牵制?
5. 不受"社会"成见的牵制?
6. 不受本人小圈子的狭隘观念的牵制(例如农民,中资产阶级,布尔乔亚知识分子的小圈子意识等)?
7. 不受法律,司法,官权的牵制?

中华人民共和国成立以来我国民事立法的发展情况*

一

自从中国人民胜利地推翻了帝国主义、封建主义和官僚资本主义在中国的统治,成立了中华人民共和国,我们的社会即开始了由新民主主义到社会主义的过渡。这一过渡时期的特点是在改变现有的资本主义经济和小商品经济为社会主义经济,并扩大社会主义经济使其成为我国唯一的经济基础。

毛主席指示:党在这个过渡时期的总路线和总任务,是要在一个相当长的时期内,逐步实现国家的社会主义工业化,并逐步实现国家对农业、对手工业和对资本主义工商业的社会主义改造。

在实现过渡时期的总路线和总任务中,中华人民共和国民事立法起着积极的作用。党在这一时期关于经济建设及改造政策的实现构成了这一时期民事立法发展的历史,并决定了它的内容。

中华人民共和国目前还没有一部完整的民法典。中华人民共和国民事立法是由许多民事性质的法令构成的。

中华人民共和国民事立法是社会主义类型的立法。社会主义类型的民事法律不掩盖自己的阶级本质,它体现着工人阶级领导下全体劳动人民的意志,它以全社会的力量为支持,通过社会主义工业化和社会主义改造,保证逐步消灭剥削制度,建立社会主义社会。

中华人民共和国民事立法反映了我国过渡时期多经济成分的特点:在多成分经济中,社会主义经济占领导地位。由于社会主义因素在中国经济制度中占有领导地位,就产生了在整个国民经济中起着主导作用的社会主义基本经济规律。中华人民共和国民事法律在执行对自己经济

---

* 原文刊于《法学研究》1955 年第 5 期。

基础的服务作用的时候，积极地促使社会主义经济规律的要求得以实现，并利用多经济成分所反映的一些其他的经济规律以完成我国的社会主义建设和改造事业。

为了实现社会主义经济基础及其经济规律的要求，上层建筑的一个首要任务是采取一切有效办法，来帮助新制度去摧毁和消灭旧基础与旧阶级。

在我们对全国进行解放的时候，国民党反动派统治的头子蒋介石曾经在救死求和的哀鸣中，要求保留伪宪法、伪法统。中国共产党发出了《中共中央关于废除国民党伪六法全书与确定解放区司法原则的指示》（一九四九年二月），禁止在解放区内适用保护地主与买办官僚资产阶级反动统治利益的国民党全部法律。跟着，各地军管会颁布了中国人民解放军一九四九年四月二十五日的布告，没收国民党反动政府及大官僚分子所经营的工厂、企业、银行、仓库等财产，把它们变为全体人民的所有。中国人民解放军的这一个正义措施实现了长期以来受着国民党官僚资本残酷剥削和无情压榨的中国劳动人民的真正愿望。

一九四九年十月中国人民政治协商会议宣告了中华人民共和国的成立。代表中国共产党最低纲领的《中国人民政治协商会议共同纲领》进一步明确了在摧毁旧的基础上建立新基础的途径。它在第三条中说："中华人民共和国必须取消帝国主义国家在中国的一切特权，没收官僚资本归人民的国家所有，有步骤地将封建半封建的土地所有制改变为农民的土地所有制，保护国家的公共财产和合作社财产，保护工人、农民、小资产阶级和民族资产阶级的经济利益及其私有财产，发展新民主主义的人民经济，稳步地变农业国为工业国。"共同纲领所规定的经济政策是我们在相当长时期内遵循的经济方针。

在新中国成立后五年多的光景中，我们社会经济经过了恢复阶段，并已进入大规模建设的阶段。配合着国民经济的这个发展过程，中华人民共和国民事立法也可分为恢复时期的民事立法和建设时期的民事立法。

恢复时期民事立法的作用主要在于推翻旧基础，肃清其残余势力，改变帝国主义和国民党反动派统治所造成的长期的通货膨胀与商业投机，稳定经济和市场的秩序，使社会主义生产事业和商业可以沿着正当的轨道前进。建设时期的民事立法在于保证在经济恢复的基础上所提出来的第一个五年计划对于社会主义工业化,进一步促进农业和手工业的互助合作、进一步通过国家资本主义的道路来改造私人资本主义工商业的任务得以顺利地并良好地进行。

二

并不是说,在中华人民共和国成立的一天起即可以在全国一切方面着手施行社会主义建设和社会主义改造的这样一个伟大的任务。开头几年中,首先必须医治长期国内战争的创伤,肃清中国半殖民地半封建的残余势力,进行经济的恢复工作。

在着手恢复中,遇到的困难一方面是反动统治所遗留的残破摊子,另一方面是胜利带来的困难,财政上负担重,物价仍然波动。

为了平衡财政收支,稳定金融物价,集中使用财力物力,一九五〇年三月三日中央人民政府政务院颁布了《关于统一全国财政经济工作的决定》,其基本内容是:统一全国财政收支,统一全国物资调度,统一全国现金管理。在这同时,颁布了《关于实行国家机关现金管理的决定》(一九五〇年四月七日)。

通过一系列的措施:各军区管理私营银钱业,管理生金银的流通,取缔投机商,发行公债,调整税收,国家终于制止了十二年来反动统治所造成的恶性通货膨胀,平衡了财政收支,使物价趋于稳定。

通货和物价的稳定停止了过去的虚假繁荣,因此在一个短时期内出现了市场萧条的现象。一九五〇年六月毛主席在中国共产党全体会议上提出了《为争取国家财政经济状况的基本好转而斗争》的报告。报告指出:要完成国民经济恢复的任务,需要三个条件:土地改革的完成,现有工商业的合理调整,国家机构所需经费的大量减缩。

中朝人民在朝鲜反侵略战争中的伟大胜利和国内镇压反革命工作的巨大成就,进一步巩固了我们全国家的独立和统一,为正在全国范围内进行的经济改革工作创造了有利的条件。

根据毛主席的指示,轰轰烈烈的土地改革运动在全国范围内展开了,这是从中国共产党诞生把土地改革确定为革命的最基本的目标之一以来规模最大的一次土地改革。中央人民政府于一九五〇年六月三十日已经颁布了《中华人民共和国土地改革法》。政务院也于同时公布了《关于划分农村阶级成分的决定》。党在土地改革中的路线是依靠贫农、雇农,团结中农,中立富农,有步骤地有分别地消灭封建剥削,发展农业生产。党改变了过去征收富农多余土地财产的政策为保存富农经济的政策,这就更进一步孤立了地主阶级。

土地改革的结果,中国三亿多无地少地的农民分得了约四千七百万公顷原来属于地主的耕地,在广大农村中消灭了地主阶级,消灭了封建的土地所有制。

中央人民政府于一九五〇年十月二十日所颁布的《新区农村债务纠纷处理办法》是配合土地改革斗争,为了废除农村中的封建债务,清算高利贷剥削而制定的。

农业中旧的封建剥削关系的被推翻,解放了长期束缚在封建桎梏中的农业生产力。农民在自己的土地上进行了大规模的爱国主义增产运动,数以千万计的农民积极参加了互助组和农业生产合作社,把分得的果实变换耕畜农具,以改善和扩大自己的经营,整个农业生产迅速恢复和发展起来。一九五三年,全国粮食和棉花的产量都超过解放前的最高年产量。农民的生活随之大大改善。

在推翻农村中封建的经济制度及地主阶级政治统治的同时,作为封建秩序之一的婚姻制度必须加以摧毁。一九五〇年四月十三日中央人民政府公布了《中华人民共和国婚姻法》。这是一部把妇女群众从多重压迫下拯救出来,因而发扬了农村劳动积极性的重要立法。妇女取得了在政治上、经济上、家庭中与男子平等的地位,在中国历史上第一次以完全的人格参与政治生活并进行民事活动。

完成恢复任务,必须调整工商业。调整工商业包括调整公私关系,调整劳资关系,调整产销三个环节。

调整公私工商业关系的实现,是一方面确定国家经济的领导地位,一方面使私人资本主义工商业在国家经济领导下发挥其作用,进行社会主义改造。

对私营工商业实行加工订货,是使私人资本主义经济为国家有计划的经济建设服务的一个有效办法,这是对私营工商业进行社会主义改造的必要措施。在加工订货的实施中,不论对合理利润的计算及确定订货规格方面都发生了一些新问题。一九五一年至一九五三年间东北区及上海、武汉、广州各地都订出了管理加工订货的办法。

习惯于腐败经营方式的私营资本主义企业，要使其在民事流转中起积极作用，进行有利于国计民生的经济行为，并担负其应担负的财产上责任，在私营企业并没有正确真实的资产账面状态下，是非常困难的。一九五〇年十二月二十二日政务院财经委员会于是规定了《私营企业重估财产调整资本的办法》，令全国私营企业不论其已否重估财产调整资本，将全部财产（包括资产、负债）重估价值，并调整其资本额。这一措施使得公私间的加工订货关系比较地可以正常进行了，这无疑是有利于国家经济对于私营企业的领导的。

私人资本主义的改造不可能出于自愿，私人资本家接受改造也存在着许多思想顾虑。为了解除私人资本家的思想顾虑，鼓励其投资于有利国计民生的事业，并保障其合法利益，一九五〇年十二月二十九日政务院颁布了《私营企业暂行条例》。

在中国私营企业中，独资及合伙工商业组织是占多数的。但《私营企业暂行条例》内仍保留了原有的公司组织形式。《私营企业暂行条例》对于私营企业的核准与登记作出了明确的规定。对于私营企业家最关心的盈余分配问题也规定了合理办法，进行盈余分配之前所留出的公积金，在这条例内并没有规定很高的比例，这仍然是为了鼓励投资。

在劳资关系上，我们纠正了资本家不承认工人民主权利及有些工人对资本家提出过高要求的偏向。劳资关系的解决主要应用协商的方式，然后过渡到更固定的合同关系。为了这点，中央人民政府劳动部发出了关于在私营企业中设立劳资协商会议的指示（一九五〇年四月二十九日），也订出了关于劳动争议解决程序的规定（一九五〇年十一月二十六日），中华全国总工会又决定了《关于劳资关系暂行处理办法》。一九五〇年六月二十八日中央人民政府所颁布的《中华人民共和国工会法》，在明确工会组织在新民主主义国家政权下的地位与职责，发挥工人阶级在国家建设中的力量，起了极其重大的作用。

在我们法院的民事实践中，经常碰到一些小工厂、手工业作坊及小商铺合伙的劳资纠纷，特别是关于解雇、拖欠工资、复工的纠纷。这里，我们根据了企业中处理劳资问题的方针，把雇佣关系纳入正常的轨道，使其有利于劳资双方,并为发展生产服务。必须明确划分劳资关系和独立手工业者与工徒间的师徒关系或雇佣关系的界限,混淆两者是错误的。

在调整工商业中,另一个问题是调整产销,这是如何克服生产中无政府状态的问题。国营工矿企业自从国民党反动派手中接收过来,依靠工人群众进行了民主改革、生产改革,普遍地进行了清理资产核定资金的工作(一九五一年六月一日政务院财经委员会关于国营企业清理资产核定资金的决定),合理的管理制度建立起来了。

在国营企业中进行清产核算,是为了确定国家投资的企业资金,为经济核算制打下基础。经济核算制是管理社会主义企业的基本方法。经济核算制因为能够组织合理的生产制度,提高劳动生产率,节约原料燃料及辅助材料,增加生产量,降低成本,增加企业利润,所以它是社会主义积累的杠杆因素。它在社会主义成分和资本主义成分的斗争中,起着重大的作用。不可能想象忽视经济核算制会有助于我们社会经济中民事流转的良好进行和有效的处理。经济核算制是中华人民共和国民事立法的基本原则之一。

经济核算制的发展在国民经济各部门内和各地区是不平衡的。东北区比较早地反映了国民经济对于经济核算制的要求;一九四九年十月东北人民政府工业部曾有《关于继续贯彻经济核算制的指示》。

为了加强保护国家财产、防止意外灾害、推动企业的经济核算、进一步为国家积累资金并与企业中官僚主义作斗争,政务院于一九五一年二月三日又作出了关于实行国家机关、国营企业、合作社财产强制保险的决定。

在上述各种措施的基础上,全国企业工厂开展了增产节约运动。

增加生产的一个重要因素是劳动人民的积极性。为了奖励工人、技术人员及一切有关生产科学与技术研究工作者,使其能发挥知识经验与智慧,致力于生产上的创造工作,为了鼓励一切国民对于生产科学的研究,政务院发布了《关于奖励有关生产的发明、技术改进及合理化建议的决定》(一九五〇年八月十六日),并公布了《保障发明权与专利权暂行条例》(一九五〇年八月七日)。这个条例在普遍保障人民的发明权,给予应有的奖励与保护之外,为了照顾过渡时期一部分人的需要,在不影响国家与人民全体权益的条件下,也还适当地保障了私人的专利权。

开展增产节约运动,必须和贪污、浪费、官僚主义进行斗争,必须和资本家行贿、偷税漏税、盗窃国家财产、偷工减料和盗窃国家经济情报的罪恶行为进行斗争。对待资产阶级的问题,毛主席在一九四九年三月党的第七届中央第二次全会上已经发出警告,要我们警惕资产阶级的糖衣炮弹。不法资本家用"拉出去""派进来"的办法向工人阶级及共产党员猖狂进攻;他们破坏国家的经济建设事业,破坏国防建设事业,破坏抗美援朝,破坏人民的生产事业,情况是十分严重的。一九五一年底至一九五二年,在全国国家机关和私营工商业中胜利地进行了"三反"和"五反"的运动,这样就坚决地反击了不法资产阶级分子的进攻。这个运动是一个易风移俗的社会改革运动,一个进一步改造资本主义工商业的运动。这个运动对于全国财产民事流转的正常进行,具有巨大的影响。

工农业生产改造的同时,提出了工农业产品城乡交流的问题。为了统一全国的国营贸易,领导国内市场,调节全国和地方的物资供求以促进生产事业的迅速恢复和发展,中央人民政府政务院公布了《关于统一全国国营贸易实施办法的决定》(一九五○年三月十日)。

实行合同制是保证商业走上正常轨道的有力工具。在这方面,中央人民政府贸易部曾有《关于认真订立与严格执行合同的决定》。政务院财经委员会也为此颁布了《机关国营企业合作社签订合同契约暂行办法》(一九五○年十月三日)。

中央人民政府贸易部《关于认真订立与严格执行合同的决定》说:"订立合同,是保证双方经济计划和贯彻经济核算的基本形式之一,也是保持企业信誉、解决和调整双方关系的法律根据"。其第四款说:"合同一经订立,必须严格执行。"这些都是非常正确的原则,在机关、国营企业、合作社的合同关系中,良好地体现这些原则,是大家应该注意的事。订立合同要做到认真、明确、周到、细致,以免产生履行上的困难,为国家招致损失。在和私人资本主义企业订立契约的时候,尤其需要注意到契约的严肃性。中央人民政府政务院财经委员会和中央人民政府贸易部关于合同问题的两个规定无疑是及时地反映了我国经济组织间建立经济上联系的法律方式的要求。

工业品的推销是和农产品的销售紧密联结的。国营商业在一九五○年六月十三日、一九五○年九月六日作出了有关收购小麦,收购棉、麻及其他农产品方面的指示。一九五一年一月四日政务院财经委员会发布了关于统购棉纱的决定。一九五〇年四月十一日、十月十四日及一九五一年三月七日、一九五二年三月十二日,在粮棉比价上进行各次有利于棉价的调整。

在我国准备大规模经济建设的过程中,对外贸易分担着重大的任务。自从驱走帝国主义以后,中国的对外贸易已肃清了它的半殖民地依赖性,而在平等互利的基础上建立了新的对外贸易关系。一九五〇年十二月八日中央人民政府制定了《对外贸易管理暂行条例》,实行对外贸易管制和保护贸易的政策。

在我们整个国民经济的恢复工作中,占有重要地位的是信贷金融工作。在信贷政策上,由于纠正了过去对私人商业给予过多的贷款,对私人工业给予无限的扶持而使投机资本获得活动方便的偏向,一度曾停止放款;根据一九四九年五月十二日《中国人民银行总行关于工商放款政策及调整利息的指示》,开放了对于有利国民经济发展事业的放款业务。

在扶助城乡物资交流、扶持农村生产方面,中国人民银行作出了《关于农业专业及合作社手工业贷款利息的补充指示》;一九五〇年十月十六日政务院财经委员会又作出了《关于国家银行扶助合作社的决定》,对合作社在放款及其他业务上予以各种优待。

中国人民银行自己也在一九五一年一月二十三日的《中国人民银行放款总则》《中国人民银行工商业放款章程》和《中国人民银行质押放款办法》的几个基本办法中固定了信贷工作的总方针。

国家银行存放业务,只有按照计划及时地放出和收回,才能起到扶助和监督生产与商品流通,管理和调节市场货币信用,保证全国金融安定的作用。为此,最高人民法院和司法部于一九五一年四月十日发出了《为保护国家银行债权的通报》及《关于保护国家银行债权在债权关系上国家银行与其他机关团体或私人均应同等清偿的通报》。

在私人的信贷以及私人之间的借贷与债务案件中,突出地反映了私人企业的腐朽性质与旧社会遗留债务的纠缠状态。在债务问题的处理中,对于旧债界限、欠款折算、高利叠利、担保责任与清算次序等问题,各地司法实践都提供了一些妥善可行的办法。

在人民日常生活里,由于反动统治下官僚资本的操纵垄断,农村破产，城市人口病态集中，房屋供不应求，在大城市里房屋纠纷成为一个十分严重的问题。一九五〇年至一九五一年间各大城市都相继颁布了房屋租赁条例，承认私人房屋的所有权，确定了出租、主客双方自由议定租约的权利，并规定房屋必须修建。

工人阶级领导的国家对于人民日常生活的改善是始终给予莫大关怀的。一九五二年国家用于建筑工人宿舍方面的经费到达二亿八千六百多万元，建筑的宿舍有二十一万七千五百五十间。

新中国在三年不到的时间内，取得了财政经济状况的基本好转，成就是伟大的。在一九五二年末，工农业生产超过了战前最高的水平，国家财政收支完全平衡，物价稳定，人民生活日益改善。在这整个恢复工作中，表达为中国全体劳动人民意志的各种民事立法起了巨大的保证和促进作用。

三

一九五三年的来临标志着我国从经济恢复阶段进入有计划的经济建设和对非社会主义成分实行有系统改造的阶段。党和国家在过渡时期的总路线和总任务在这里得到更进一步的明确化和具体化。

毛主席对于我们第一个五年计划的指示是：集中主要力量发展重工业，建立国家工业化和国防现代化的基础；相应地培养建设人才，发展交通运输业、轻工业、农业和商业；有步骤地促进农业、手工业的合作化，继续进行对资本主义工商业的改造，正确地发挥个体农业、手工业和资本主义工商业的作用；保证国民经济中社会主义成分的比重稳步增长，保证在发展生产的基础上逐步提高人民物质生活和文化生活的水平。

在我们进行建设的过程中，苏联对我们的帮助是巨大的。早在一九五〇年签订中苏友好同盟互助条约的同时，已签订了关于给中国以三亿美元贷款的协定，开发新疆有色及稀有金属、石油及中苏民用航空三个合股公司的协定，并合股经营大连造船公司。（这四个公司中的苏联股份已于一九五四年十月全部移交给中国）

一九五二年底，苏联政府复如约将共管的中国长春铁路的一切权利及属于该路的全部财产无偿地移交给中华人民共和国政府。

现在中国经济建设的第一个五年计划开始实行，苏联又对我们进行着长期的全面系统的援助：根据一九五三年中苏谈判的结果，连同过去三年来帮助中国设计的企业在内,将帮助我国新建和改建一四一项规模巨大的工程。一九五四年十月又扩大了这种援助的规模。

目前工业计划建设的主要力量是放在进行苏联帮助我们设计的一五六个单位和由限额以上的六九四个单位所组成的工业建设上。苏联帮助我们进行的这些企业构成了我们建设事业的中心。

在工业方面,集中力量于重工业建设,是我们大规模建设的一贯方针,和不可动摇的原则。这里基本建设是放在首要地位的。

基本建设要求根据应有的程序,进行精确的勘察、设计和施工,在工程建筑的经营管理上实行经济核算制。一九五二年一月九日政务院财经委员会已颁发过一个比较详尽的《基本建设工作暂行办法》,虽则这个办法在某些方面已不适合我们建设工作的需要,但这仍然是调整我们民事立法上基本建设承揽契约的一个基础法律。

为了适应国家建设的需要,而且因为兴建国防工程、厂矿铁路、交通、水利工程及市政建设需要土地,政务院于一九五三年十一月五日颁布了《中央人民政府政务院关于国家建设征用土地办法》。国家建设征用土地的基本原则是:既应根据国家建设的确实需要,保证国家建设所必需的土地,又应照顾当地人民的切身利益,必须对土地被征用者的生产和生活有妥善的安置。在补偿农民生活和妥善安排其转业上,并没有因为土地是农民自己的或属于公地及国有土地而有所区别。

社会主义建设事业的顺利进行是和劳动生产率的增高及工人技术水平的提高分不开的。中国工人阶级是已经掌握了政权的觉醒者的阶级。劳动者里面大多数知道自己已不是为剥削者做工,而是为自己做工,为自己的阶级做工,为社会做工。自从经济恢复以来,工人的生活一天比一天改善了,工作也一天比一天有劲了。这种积极性的表现是技术、发明、合理化建议的显著增加。这反映在一九五〇年原有的《关于奖励生产的发明、技术改进及合理化建议的决定》已不足以应付新的情况。所以中央人民政府政务院根据这个原有的决定,吸收了几年来各地区产业中开展合理化建议工作的实际经验,又公布了《有关生产的发明、技术改进及合理化建议的奖励暂行条例》,对于发明、技术改进及合理化建议的解说及奖励标准有了进一步的明确。这对于配合大规模的工业建设,影响是很大的。

在我国国民经济中,手工业生产也占着很重要的地位。中共中央于一九五四年六月二十二日发出了《关于第三次全国手工业生产合作会议的报告的指示》,肯定了中华全国合作社联合总社报告中所提出的发展计划和手工业合作化运动的三种组织形式:手工业生产小组、手工业供销生产社、手工业生产合作社。

对于资本主义工商业实行社会主义改造,是应用国家资本主义形式的。国家资本主义的形式的实质是要把资本家所有制逐步改变为全体人民的所有制。经过几年来的利用、限制和改造,大部分资本主义工业已经转变为各种加工、订货、统购包销的国家资本主义经济。但在加工订货中,各方面材料证明:有些资本家虚报成本、偷工减料、盗用或盗卖原料与成品等违法行动是相当严重的,更突出的是有些资本家利用消极经营、抽逃资金的办法,对生产不负责任,甚至暗中破坏生产,以致产品质量显著下降,严重妨碍了国家经济的迅速发展。从这里可以看出,对私营工商业抓紧改造是刻不容缓的事。为了把一些比较健全的工业由中级的国家资本主义形式发展为高级形式,中央人民政府于一九五四年九月二日公布了《公私合营工业企业条例》。资本主义企业转变为公私合营企业的时候,社会主义成分在企业内部同资本主义成分合作并居于领导地位,企业经营管理的方法改变了,企业利润大部分将根据国家计划用于发展生产。

在进行公私合营中特别应该注意的法律问题是:如何签订合营协议书和拟定章程,如何组织企业董事会和私股股东会并确定它们的职权,如何规定清产定股和确定盈余分配的原则等问题。

《公私合营工业企业条例》的颁布,并不使我们对于加工订货的工作可以放松管理。各地在恢复时期所订出的各种加工订货办法,今天无疑有重予调整,加以更细致规定的必要。

在工业的发展中,有三件值得注意的事,那就是:现代工业的产值在工农业总产值中的比重迅速上升,生产资料的产值在工业总产值中的比重迅速上升,国营、合作社营和公私合营工业的产值在工业总产值中的比重迅速上升。总起来计算,一九五三年的工业总产值要比一九五二年增加百分之三十三。一九五四年现代工业的总产值会等于一九四九年的四点二倍。在这工业建设的成就中,我们在建设工作和改造事业方面的民事立法起了很大的促进作用。

在农业方面,农民在土地改革基础上所发扬起来的生产积极性,是迅速恢复和发展国民经济和促进国家工业化的基本因素之一。但小规模的农业生产已日益表现出其不能满足国民经济高涨的需要,所以教育农民逐步联合组织起来,走上互助合作的道路是党和国家总路线总任务中的一贯原则。中共中央于一九五一年十二月十五日已作出了《关于农业生产互助合作的决议》,指出了党在农村合作化运动中的阶级路线是坚决依靠贫农(包括新中农),巩固地团结中农,限制和逐步消灭富农经济。现在,鉴于农业生产互助合作运动规模日益扩大,特别是以土地入股统一经营为特点的农业生产合作社有了不同规模的发展,为了继续发展生产,进一步实行农业的社会主义改造,中共中央于一九五三年十二月十六日又作出了《关于发展农业生产合作社的决议》,肯定一九五一年决议的方向,提出在推动农业生产合作社的许多事项中,必须注意农业生产合作社的管理工作,和合理的分配制度。

农村合作化里,农业生产互助合作、农村供销合作和农村信用合作是相互分工又相互联系和相互促进的三种合作形式,其中供销合作社是农村社会主义性质的群众性的商业组织。供销合作社在过渡时期的任务是:开展城乡物资交流,通过有计划的供销业务合同制度,扩大有组织的商品流转。一九五四年七月二十五日中华全国合作社第一次代表大会上通过了《中华全国供销合作总社章程》。

供销合作社是国营商业的有力助手,过去在这两方面步调上有不够协调的地方。一九五三年十二月二日政务院财经委员会批准了商业部和中华全国合作社联合总社发出的《关于划分国营商业与合作社商业对工业品、手工业品经营范围的共同决定》,规定了工业品的批发业务统一由国营商业经营,手工业品的批发零售由合作社经营。

关于农产品的收购方面,政务院于一九五三年十一月十九日发出了《中央人民政府关于实行粮食的计划收购和计划供应的命令》,一九五四年九月九日发出了《关于实行棉布计划收购和计划供应的命令》、《关于棉花计划收购的命令》。做好国家委托的计划收购和计划供应和做好在国家管理下没有私商参加的市场工作(一九五三年十一月十九日关于计划收购和计划供应的命令,粮食市场管理暂行办法)是供销合作社的主要任务之一。

供销合作社的另一个重要任务是开展预购合同和结合合同的工作。一九五四年三月二十三日政务院发出了《关于一九五四年农产品预购工作的指示》,向农民预购粮食、棉花及花生、茶叶、黄麻、洋麻、青麻、家蚕茧、土丝、羊毛等农牧产品。

国家为了经济建设及为了人民生活而进行的这一系列收购、预购、统购统销工作在很大程度上并在极大范围内改变了我们民事流转的客观面貌。

对于民事流转具有同样重大意义的是我们交通运输事业的建设。运输是包括铁路、海运、内河、航空、汽车等各种交通路线的有计划的联系网。解放以来,在这各方面的建设是有着很大的成绩的。铁路正线的通车里程一九五四年达到二万五千五百公里,公路的全国通车里程一九五四年到达十四万多公里。一九五四年的铁路客货周转量等于一九五〇年的两倍以上。

交通线和交通工具是我们国家的社会主义财产,但在目前的经济生活中,也还存在着一部分私营运输和大量的群众运输。良好地组织并保证这些现代化的和群众性的交通工具得到利用,因而在法律上对各种运送契约予以正确的处理是我们法律工作者的重大课题,这里已有了不少的重要立法,例如铁路方面的货物运送规则及补则(一九五〇年七月二十四日公布,一九五四年修正)、海运方面的《海上货物运输合同》(一九五三年四月十八日公布)、公路方面的《公路汽车货物运输规则》等。

在信贷问题上,随着国家银行逐步成为动员和分配资金的中心,信贷也必将逐步实现其计划化。从一九五三年国家计划建设开始,国家银行的信贷计划,已更直接成为国民经济计划的组成部分。在一九五四年六月中央商业部和中国人民银行总行召开的信贷制度会议上,国家银行办理国营商业贷款的基本任务规定为:"为不断扩大与加速商品流转服务,以保证国家批准的商品流转计划的顺利完成。"必须指出,国家批准的商品流转计划是包括了对小农经济、手工业改造和对资本主义改造的内容的。所以一些经济行为如计划收购、计划供应、加工订货等内容都已包括在商品流转计划之内。根据这个精神,信贷办法中指出:"银行贷款应根据国家批准的商品流转计划与贷款计划所规定的各项指标与特定用途有计划、有目的地进行发放,使得贷款的增减与商品库存的增减完全适应,以实现信贷与物资完全结合的原则,并透过各种短期贷款,更好地监督与促进商品流转计划的全面完成,从而巩固市场和人民币的稳定。"归纳起来,执行新制度的基本任务应有四个原则:1.直接对具体的企业单位进行贷放,贷款直接用于购买商品;2.有计划有目的地贷放;3.贷款必须有物质保证;4.贷款要按期归还。

在信贷制度会议上表示了必须严格取消商业信贷的决心。

一九五四年九月二十日在中国历史上出现了具有空前伟大历史意义的《中华人民共和国宪法》。这个宪法总结了中国反帝国主义、反封建、反官僚资本主义的长期革命斗争的胜利,也总结了新中国建国以来社会主义建设和社会主义改造的胜利。这个宪法给了我们目前的奋斗以根本的法律基础。民事立法在实现国家过渡时期总任务的道路上是以我们的宪法为基础的。《中华人民共和国宪法》巩固了我们民法必须遵循的社会主义原则。

《中华人民共和国宪法》从我国多经济成分的事实出发规定了我国主要的生产资料所有制:国家所有制,即全民所有制;合作社所有制,即劳动群众集体所有制;个体劳动者所有制;资本家所有制。全民所有制的社会主义经济是国民经济中的领导力量和国家实现社会主义改造的物质基础。宪法明确了非社会主义经济成分的过渡形式为部分集体所有制的合作社和国家资本主义形式。宪法规定了各种经济成分的保护方式:国家要优先发展国营经济,特别是建立社会主义经济基础的重工业,要鼓励、指导和帮助合作社经济的发展,并使资本主义工商业转变为各种不同形式的国家资本主义。在这个改造中,禁止资本家危害公共利益,扰乱社会经济秩序,破坏国家经济计划。对于富农,宪法中指出可以采取限制和逐步消灭的政策。

宪法规定了中华人民共和国公民有劳动的权利。劳动是中华人民共和国一切有劳动能力的公民的光荣的事情,国家鼓励公民在劳动中的积极性和创造性。劳动者的权利在中华人民共和国宪法上取得了实际的保证和保护。公民的合法收入、储蓄、房屋和各种生活资料的所有权和私有财产的继承权,都得到了明确的保障。

《中华人民共和国宪法》中所固定的有关民法的原则,对于改变非社会主义性质的所有制,促进社会主义所有制的发展和巩固,促进国家经济计划按照质量要求来完成,并保证人民物质和文化生活水平的逐步提高,将起着莫大的作用。

四

五年来中华人民共和国民事立法发展的情况就是这样的。

应该指出:当我们把新中国成立以来的民事立法加以简单介绍的时候,我们并没有把民事性质的法律和行政、财经法律严格地区别开来,这是因为在立法的实践中,主要是就社会经济所反映的一些实际问题提出法律上的解决方法,民事法律往往是掺杂在一些不同性质的立法里面的。同样,就科学分类说,劳动法和婚姻法可以是同民法相独立的法律,但《中华人民共和国婚姻法》的颁布和许多劳动法令的制定,对于我们民事法律的发展具有巨大的影响。这些法令、行政法、财政法、劳动法、婚姻法等,在完成其本身固有的任务时,都一致地并在同一目标下和中华人民共和国民事立法起着协调和配合的作用。在私人资本主义还存在的过渡时期中,不能忽视刑事立法对于民事流转的健全作用,也出于同一理由。

这里还须指出:我们民事立法配合着过去五年来各个时期的经济要求而产生,反过来积极地影响了我国的经济基础,成为我国社会主义生产关系巩固与发展的有力工具之一,这是非常明确的事实。但是几年来经济发展是以很快的速度进行着的,因而现行民事立法在很多方面已不能适应客观情况,例如私营企业条例的某些规定已必须予以更改,加工订货的办法亟宜加以统一,更需要的是制定一些新条例、新办法来满足我们经济上的新要求。

在这国家已经开始进行大规模建设的时期,社会主义建设和社会主义改造的经济事业以及我们社会民事周转的实际需要,无疑都向中华人民共和国民事立法提出了巨大的任务。中华人民共和国的有系统的较完整的民法典,一定会跟着立法条件的成熟情况而拟订出来。运用马克思列宁主义方法,遵循以毛泽东同志为首的党的指示,根据人民政府的政策法令来研究中华人民共和国民事立法当具有无比的实际意义。

我们写这篇文字的目的就是想为研究民法者提供一个新中国成立以来民事立法发展情况的最简略的介绍。

关于全行业公司合营后资本家生产资料所有权的讨论*

过去一年来在报纸杂志上,发表了不少关于资本家所有制的意见。特别在定息问题上,曾经展开过热烈的讨论。但这些意见大部分是从社会经济角度来论证资本家生产资料占有关系的。《政法研究》在这方面先后在一九六五年第二期、四期、六期发表过三篇论文,从法律角度提出了一些问题。这三篇文章都是带有代表性的。

从报刊上所发表的许多论文看来,关于全行业公私合营后资本家所有权的问题,基本上分为两派意见:一派认为合营后资本家已丧失了生产资料和其他资本所有权;另一派认为现阶段资本家生产资料所有权仍然存在。《政法研究》所发表的三篇论文,都是主张资本家生产资料所有权仍然存在的。但不论《政法研究》或者其他报章杂志的论文,都没有涉及所有制经济基础和所有权法律形式的关系问题。一般都是从所有制就是所有权这一点出发的。

主张资本家所有权存在的论点中,有的认为全行业公私合营后资本家所有权已起了本质的变化,所有权的存在表现在定息上,资本家对生产资料不能占有、使用和处分。有的认为合营企业的财产是全行业公私共有,全行业公私合营后定股定息是资本家生产资料和其他资本所有权的唯一内容,资本家对生产资料占有、使用、处分权能转化为支取定息的权利。有的认为全行业合营后资本家对生产资料还有不完整的占有、使用和处分的权能,表现在不同的法律关系中,只有停止了定息,资本家所有制才完全消灭,它的占有、使用、处分等权能也就随着完全消灭。

我们认为上述论点所以发生分歧,主要是由于对所有制与所有权的区分、资本家生产资料所有制与所有权本身的理解、资本家所有权与它

---

* 原文刊于《法学研究》1957年第2期,署名芮沐、祜周。

的权能的关系以及定股定息的法律形式等问题上,还存在着不一致的认识。特别是从经济上了解所有制和从法律上了解所有权的这个问题,没有提出讨论,因此引起了分析上的困难。我们试图从这四个方面来谈谈。

一、关于所有权与所有制的区别问题

依照马克思列宁主义基础与上层建筑的理论,我们知道所有权与所有制是有区别的。所有制作为经济关系是任何社会都有的,而所有权则是阶级社会巩固所有制所采取的法律形式。作为生产关系核心的所有制,不仅表现为所有权的法律制度,还表现在其他法律制度上,它不仅由所有权把它巩固下来,而且也通过其他的法律制度得到巩固和发展。在各个社会的经济生活里,除了所有权制度外,法律还创造了买卖、租赁、借贷和其他损害赔偿之债等法律形式来保护和巩固所有制,来发挥所有制的作用。就以所有权本身论,在不同性质的国家里和在各个不同的社会发展阶段,它作为法律制度的形式也是多种多样的。例如在资本主义社会里,为了保护私人资本,资产阶级创造了各种各样的公司组织、股票制度、合伙人共有等所有权形式来实现它的剥削功能。

就我们建国几年来对资本主义工商业社会主义改造的情况来说,随着生产关系与阶级关系的变化,我们对待资本家生产资料所有制所采用的法律形式在各个阶段也是不同的。在《私营企业暂行条例》里我们承认资本主义工商业原有的组织形式和所有权表现形式。在《公私合营工业企业暂行条例》下,企业在经济关系上虽然是两种所有制(社会主义所有制与资本主义所有制)在企业内部的结合,但在所有权的法律形式上,所有人还是作为民事主体的合营企业。国家在合营企业里是作为投资人出面的。公私股对股息红利,按比例双方照分。在全行业公私合营后,企业里面已是社会主义的生产关系,这时合营企业基本上是国营企业,已经不是一个所有权主体而是同国营企业一样的经营管理国家财产的主体。

大部分人由于混淆了所有制与所有权的区别,因而不自觉地认为一个所有制当然就是一个所有权,这样就把所有制与所有权等同起来,基础与上层建筑现象分不清了。根据这种意见来推断,既然资本家还有剥削,那么资本家生产资料所有制也还存在,因而资本家对企业的机器厂房设备等具体财产也还有所有权。或者企业的生产关系既然由私有变为公私共有,因而就必须认为所有权也是公私共有了,于是再进一步去分析这种公私共有是否符合一般的所谓"共有"概念。这样去混淆经济上所有制与法律上所有权的区别,对具体处理公私企业财产没有什么实际帮助。如果说企业的具体财产也是公私共有的话,那么在处理具体问题时,例如当某一具体财产(如机器或厂房)需要转移时,是不是将按公私比例来分配其财产所得呢?根据什么比例来分配呢?显然,在合营企业财产的实际处理中,从来没有这样做过,在理论上也不能这样说的。当我们说公私共有是一个经济概念而不是一个法律概念的时候,这主要因为在法律上,企业的财产是属于公司、企业所有而不是公私共有的。经济上的公私共有并不妨碍可以把企业当作一个所有权主体来处理。只在社会主义社会里,当企业的财产就是国家财产的时候,内容和形式才趋于一致,经济与法律形式得到统一。

二、关于资本家生产资料所有权的概念问题

由于对所有权与所有制概念的混淆,因而对资本家生产资料所有权概念本身的理解,也发生困难。一般说来,资本家所有制是一种建筑在剥削基础上的经济制度,它代表着一个整个的剥削过程。在这个剥削过程里,资本家占有生产资料和生产工具,其最终目的是要通过生产资料和生产工具的占有来占有他人的劳动。因此资本家生产资料所有制(或者它的另一通用名称——资本家所有权)是一个综合性概念,并不单纯意味着一些生产资料具体物上的所有权。从法律形式看,用来实现剥削过程的也不仅是所有权一种法律形式,它还可以用借贷、租赁等形式来实现对生产资料和生产工具的占有。事实上资本家用借来的资本或租来的设备进行剥削也是常见的事。此外,资本家占有他人的劳动,也不是用所有权形式而是用雇佣契约的法律形式来实现的。资本家占有货币资本通常是通过银行信贷关系来解决的。根据这些事实,很难说资本家生产资料所有权恰好表达了资本家生产资料所有制。从法律意义上说,资本家生产资料所有权最多只能表达资本家占有具体生产资料那一部分情况,至于表达资本家生产资料所有制的整个剥削过程,则还有一

定的距离。从全行业公私合营企业里还存在着残余的资本家所有制这一事实,尚不能得出结论说:资本家对合营企业的具体生产资料(厂房、机器、设备)上还存在着所有权。

根据我们法律的规定,资本家所有制残余部分的存在,只反映为资本家根据定股取得定息的权利。其理由是资本家原来在企业里的财产已经清产核资,核定为一定的货币额,在这个核定转化的过程中,就法律意义说,所有权是必然要转移的。我们对资本家购买政策的执行,资本家凭"股"按期所得定息,实质上是对资本家原有财产的折旧,而不是工人阶级新创造价值的剥削。因而我们要想在企业生产资料的物质上以及在作为领息基础的货币额上,同时说成有所有权,实际上等于说资本家对生产资料不仅有所有权而且有双重的所有权,这是不可能的,理论上也是讲不通的。陈云同志在中共"八大"上"关于资本主义工商业改造高潮以后的新问题"发言中指出:"公私合营以后,因为没有完全废除财产权,因而资本家在一定时期仍得到一定的利息。"从他把没有废除财产权(当然是从经济意义上说的)和资本家仍有一定利息两事直接联系起来看,即说明了其中的问题。一些同志把目前资本家所有权理解为资本家对具体生产资料上还存在着所有权,这是不够妥当的。我们认为根据现行的法令,在全行业合营后,资本家所有权应该理解为只对核定的股额有权利并取得定息的权利,对企业的具体生产资料已没有所有权。这样说比较与事实相符些。

三、关于资本家所有权与它的权能的关系问题

因为把所有制与所有权等同,因而必须肯定资本家具体所有权的存在,于是就不得不在所有权权能问题上去说明事理的变化,这是逻辑的结果。在《政法研究》已发表的三篇论文中,有的同志一面认为在全行业合营企业里,资本家对具体生产资料(厂房、机器、设备)还有所有权,另一面又认为资本家不能直接占有、使用、处分。有的同志一面认为新形势下企业的所有权是全行业公私共有,一面认为资本家永久丧失了所有权的占有、使用、处分的权能,而是已转化为按照定股领取定息的权能。另外有的同志则认为在合营企业里资本家对生产资料还有不完整的占有、使用和处分的权能,并且说"只有停止了定息……资本家所有制

才完全消灭,它的占有、使用、处分等权能也就随着完全消灭"。总的说来,不论主张资本家在全行业合营后有权能或者没有权能,或者只有这种权能没有那种权能,大体上可以说,这些意见里都不免主要从权能着眼,以此来衡量资本家所有权的实质,并试图说明和解决权能的大小与变动同资本家生产资料上所有权仍然"存在"的事实之间的矛盾。但是,依照我们的认识,要谈资本家有没有权能和这些权能内容变化的问题,首先必须解决有没有所有权以及所有权关系的变化问题。没有一个所有权权能能够抽象地离开了所有权关系(也即是生产关系)而能发生变化的。我国过渡时期资本家生产资料所有权的法律问题突出地指出了这一点。决定所有权和所有权内容变化的是那基本阶级关系,所有权与所有权内容不是两个独立的概念,而是一个统一体。在日常生活里,固然可以碰到所有权存在而暂时不具备所有权权能的例子,例如财产被扣押和房屋的出典等,但这究竟是法律形式上的暂时安排。资本家所有权的本质变化却不属于这类情况,它是资本家所有制逐渐成为全民所有制的转变过程在法律上的反映。因此脱离了生产资料所有制或者把所有权先确定其存在而后孤立地来谈权能的变化,是舍本逐末的。问题在于研究"资本家永久丧失了这种权能",或者全行业公私合营后资本家所有权"主要表现在资本家不能直接占有、使用、处分生产资料",或者"定息的存在就表明了"资本家对其生产资料的占有、使用、处分等权利的存在等情况是怎样形成的?它们的法律依据是什么?它们与生产资料所有权仍然"存在"这一事实如何联结起来的?显然,主张具体生产资料上还存在着所有权,或者从所有权的主要表现是所有权权能,甚至从所有权属性可以和所有权脱离的现象等论点,还不能说明这方面的问题。只有通过资本主义所有权形式本身的变动与消灭(不仅是权能的变动与消灭)和国家的社会主义所有权的建立,才能说明这个问题。

那么,在全行业合营后,从法律角度讲,资本家还有什么权利,其权能表现在哪里呢?依我们看,他的权利与权能只表现在股额问题上。

对于股额的问题,它不能像在资本主义社会里作为虚拟资本在市场上自由活动,兴风作浪,这在我们对私营企业着手进行改造的时候已是无可怀疑的事实了。但在全行业合营以前的私营企业里,甚至在个别公私合营企业里,股票究竟还代表着现实资本。至于它代表企业的财产到什么程度,在私营企业和个别合营企业里是不同的。在个别合营企业里,由于企业内部生产关系发生重大变化,企业里的资本主义基础已根本动摇,因而股票与企业财产的直接联系也早已遭到割断,资本家只能按照股份领取股息红利。到了全行业合营后的今天,企业已经合并改组(纵全没有合并,仍然分散经营,但也已是社会主义所有制统一基础上的分散经营),资本家才已转化为货币额,而且货币额不再是生息的资本,而是通过定息来返还的货币预估额。那么定息支完,股额货币额也清讫。根据股额不能代表实体财产而只是一个旧价值的计算额,是分期取息的计算额这一点来看,资本家对股额的权利,就其法律形态说,只能是一个请求权关系,不可能是所有权关系,因为货币额没有支付之前,始终是掌握在国家手里的。不过这个由资本家财产转换过来的货币额既采取了"股票"或者领息凭证的形式,货币额事实上物化了。所以资本家对这"股票"或者领息凭证是有所有权的,它的权能表现为支取定息的权利。另外,这个"股票"或领息凭证还可以继承。除此之外,资本家再没有其他的权能。

四、定息法律性质问题

根据上述情况,资本家所有权的内容,对我们学法律的人来讲,只剩下一个"股票"上的所有权和一个根据"股票"而对定息的支取请求权。在分析定息的法律性质上,意见也不一致。大部分意见认为定息是资本家所有权的表现,或者是资本家生产资料所有权的唯一内容,甚至还有认为这就是资本家所有权的本身。如果把资本家所有权从经济意义上去理解,这样的说法在一定程度上是对的。因为从经济性质上说,定息毫无疑问是资本家的剥削收入,是资本家剥削工人阶级所创造的剩余价值的转化形态,但如上面已说过的,它不是企业合营后工人阶级创造的新价值的一部分,而是资本家交出来的生产资料转移到产品上去的旧价值的一部分。因而在法律形式上,把支取定息的权利看作资本家对"股票"所有权的一种权能,还是可以的。但把它看成是资本家对生产资料所有权的一种权能,是不妥当的,更不能把定息错误地直接理解为资本家所有权本身。因为事实上已没有任何具体财产还在他占有之中。况且,当资本家还没有领取定息以前,根据国务院"关于在公私合营企业中推行定息办法的规定"资本家只有对定息的支付请求权。在法律上,谈不上有对定息的所有权。从一九五六年起,定息时间规定为七年,即资本家在七年内根据股额多少有请求支付定息的权利;小型工商业者表示愿意放弃定息的,也可以放弃。至于领取定息之后,那么定息所得就成为资本家的个人收入,可以自由处理,如同其他公民个人财产一样受到法律的保护,尽管它的来源是由于剥削,在法律上应认为是资本家的合法财产。

综合以上所述,我们是否可以在下面几点上统一一下认识:即全行业合营后,资本家所有制作为经济关系还残余地存在,我们将在适当的时机把它改变为完全的社会主义所有制。对于这种残余的资本家所有制的法律调整形式则表达为资本家生产资料折成货币额的"股票"上所有权和支取定息及对"股票"继承权能。在这一个问题中:第一,所有制与所有权是有区别的。所有制不仅通过所有权形式,而且也还通过其他法律制度得到巩固和发展,因此不能把所有权与所有制等同。第二,在全行业公私合营后,资本家所有权形式,表现为对核定的资产额(股额)的凭证上的所有权,资本家根据股额有支取定息的权利,在企业的具体生产资料上再没有所有权或任何权能。第三,只有生产关系的实质变化才能说明所有权的变化,所有权占有、使用、处分三个权能的变化不能说明所有权的本质变化。不能以假定是变化的某种形式(三个权能)来说明另一种假定是不变化的形式(所有权)。第四,定息的法律性质是资本家根据"股额"支取定息的请求权,不能把定息理解为资本家所有权本身,或资本家生产资料上所有权的表现。定息是赎买政策下资本家对已交出的旧价值的支取。

在资本家所有权问题上,如同其他牵涉到社会经济的法律调整问题上,还存在着不少把经济概念与法律概念相混淆,把实质内容与法律形式相等同的情况。这还有待于政治经济学者和法学者更多地致力于这方面的研究,以期在社会经济问题的讨论,和法律问题的阐述中彼此得益,来推动理论科学的发展。

新中国十年来婚姻家庭关系的发展*

一

自从新中国的建立,把我们的婚姻家庭从封建的压迫下解放出来,建立成今天的社会主义制度下男女真正平等、团结和睦的美满的婚姻家庭制度,是一个历史过程。

我们知道,婚姻家庭制度是和一定的社会制度密切联系着的,它随着社会制度的变化而变化,随着社会制度的发展而发展。旧中国的婚姻家庭制度是旧中国半封建半殖民地社会制度的产物,它具有和旧社会性质相同的封建主义和资本主义的两重性质。不过,由于几千年的封建统治,封建的婚姻家庭制度在解放前的旧中国占据统治地位;城市资产阶级的婚姻家庭关系,一般地说,也受着封建主义的影响。

封建的婚姻家庭制度是建立在封建经济基础上的婚姻家庭制度。这里男性掌握着财产的支配权,在这种制度下,妇女受着重重的社会压迫。毛泽东同志在《湖南农民运动考察报告》中指出,这里"这四种权力——政权、族权、神权、夫权,代表了全部封建宗法的思想和制度,是束缚中国人民特别是农民的四条极大的绳索"。

这种由封建礼教和严格的等级制所维护的罪恶的封建婚姻家庭制度有它的特点:①在这种制度下,婚姻是包办强迫的婚姻,凭"父母之命,媒妁之言",根据财产多寡和门第高低来订立。男女间的婚姻没有一点自由。②夫妇关系是男尊女卑,加上公开的多妻蓄妾制度。在这种制度下,妇女成为蹂躏和奴役的对象,封建礼教为妇女带上了"三从四德""七出戒条"的枷锁,使妇女上天无路,入地无门。随着资本主义势力的渗入旧中国,婚姻买卖的现象没有改变,公开卖淫更是合法地存在了。

---

* 原文刊于《法学研究》1959年第5期。

③在家庭里实行严酷的家长制,子女的利益被漠视,特别是女孩子是被鄙视的。子女成为封建家长任意蹂躏的对象,封建戒条是"天下无不是的父母""父叫子死,不敢不死"。④作为这种制度的附产,出现了童养媳、寡妇不能再嫁、结婚必须给予婚礼财物、女子没有继承权等现象。

国民党反动统治,由于它的阶级性质所决定,以资产阶级的法律门面词句掩盖并肯定了封建社会与商品买卖相结合的婚姻家庭制度。这不仅从当时的社会实际可以深刻地看出,而且从国民党反动立法,从他的法院解释案例和判例中可以明显地看到这一点。

在漫长的中国历史中,中国千千万万的男女,特别是妇女在历代的统治者的压迫之下,就成为这种野蛮落后的制度的牺牲品,不少人葬送了他们的幸福与生命。封建婚姻家庭制度,不仅是家庭痛苦的源泉,而且是社会生活的螫毒。封建的婚姻家庭制度在封建的经济基础上产生,反过来成为数千年中国的经济文化停滞与落后的重要原因之一。这种制度不改变是不行的了。为了要把广大妇女从罪恶的封建深渊中解放出来,摧毁腐朽落后野蛮的封建婚姻家庭制度,建立新的适合于社会发展的婚姻家庭制度,就成为改变封建经济基础摧毁整个旧制度全部任务中的一项迫切革命任务。毫无疑问,妇女解放是全人类解放的重要部分,也是社会进步走向消灭剥削的重要标志之一。

但必须明白,旧中国的封建婚姻家庭制度,是旧社会制度的必然结果,它受着这个社会的全部力量的维护。在国民党反动统治下,帝国主义、封建主义和官僚资本主义勾结起来,成为这个制度的支柱。因此,要废除封建的婚姻家庭制度,必须首先推翻半封建半殖民地的政权。毛泽东同志在《湖南农民运动考察报告》中指出,"地主政权,是一切权力的基干。地主政权既被打翻,族权、神权、夫权便一概跟着动摇起来"。所以中国共产党历来就把解放妇女作为中国革命事业的不可分割的一部分,而且中国革命要想取得胜利,也必须发动占有人口二分之一的广大劳动妇女的力量。

中国共产党从它的诞生的一天起,就把"废除一切束缚女子的法律,女子在政治上、经济上、社会上、教育上一律享受平等权利"确定在自己的革命纲领里。当中国人民在根据地初建立起政权的时候,于1931年12月1日就颁布了《中华苏维埃共和国婚姻条例》。《中华苏维埃共和国宪法大纲》指出:"中华苏维埃政权以保证彻底的实行妇女解放为目的,承认婚姻自由,实行各种保护妇女的办法,使妇女能够从事实上逐渐得到脱离家务的物质基础,而参加全社会经济的、政治的、文化的生活。"所有这些革命立法,有力地支持了广大群众、特别是妇女摆脱封建家庭束缚的正义斗争,奠定了新婚姻家庭制度的原则基础,从而促进了当时革命形势的发展。

二

中华人民共和国的成立,推翻了代表帝国主义、封建主义和官僚资本主义的国民党反动统治。全国解放后,通过土改,广大劳动人民摆脱了封建主义在政治上和经济上的枷锁,并在社会思想上和生活上逐渐肃清其残余影响。

全国范围内的土地改革消灭了封建土地所有制。这个重大的革命改革,从根本上摧毁了封建秩序赖以存在的经济基础。封建的生产关系消灭以后,广大妇女要求摆脱封建婚姻制度的束缚,要求婚姻自由的斗争是激烈的。这就应验了毛泽东同志早在《湖南农民运动考察报告》中所说的,"要是地主的政治权力破坏完了的地方,农民对家族神道男女关系这三点便开始进攻了"。男女要求平等、要求婚姻自由的呼声普遍于全国;在婚姻问题上的新旧斗争是严重的。婚姻案件当时在民事案件中曾占过极大的比重。例如 1950 年初华北地区的婚姻案件,占民事案件的 64% 强,有的县份民事案件几乎全部是婚姻案件。这说明,在反帝反封建反官僚资本的新民主主义革命深入发展以后,封建的婚姻压迫制度无论如何是没有存在余地的。

土地改革中妇女分到与男子同样的一份土地,和男子一样能够在土地证上写下自己的名字。几千年以来,妇女第一次有了土地权。这正像列宁所说的,是"在文明社会中唯一可能的坚固民主主义原则基础上",巩固家庭关系的前提。在这个前提下,就在中国历史上第一次出现了具有能够在正常的生产劳动中,家庭全体人员在团结和睦、互助互爱的气氛中生活的新家庭基础。

在土改进行的同时,为了支持妇女的解放斗争,在各方面肃清封建残余,1950 年 5 月 1 日我国颁布了《中华人民共和国婚姻法》。中华人民共和国婚姻法是我国广大劳动人民在党的领导下,进行长期反封建斗争获得的经验,并结合全国解放后具体条件而制定的法律文件。它是党对解放妇女、废除封建婚姻家庭制度的一贯的政策的表现。婚姻法的公布加速了封建婚姻家庭制度的死亡,并对促进新制度的巩固与发展起了巨大的作用。

《中华人民共和国婚姻法》第一章规定了:"废除包办强迫、男尊女卑、漠视子女利益的封建主义婚姻制度。实行男女婚姻自由、一夫一妻、男女权利平等、保护妇女和子女合法利益的新民主主义婚姻制度。禁止重婚、纳妾。禁止童养媳。禁止干涉寡妇婚姻自由。禁止任何人藉婚姻关系问题索取财物。"

在这样的原则下,父母包办强迫,第三者或"神"的干涉就销声匿迹了。男女结婚只能是出于双方本人完全自愿的夫妻自由结合。这里,离婚自由也受到国家法律的保障。把妇女当作玩弄对象的旧社会的形形色色的罪恶制度被彻底扫除了。男女平等并开始有了实现和贯彻的可能。子女在这种新社会的家庭中,不再是家长可以任意支配的私产,他们是社会的成员,新社会的主人翁。他们的合法利益将受到新社会、新国家的当然保护。

我们反过来看看国民党统治的立法。国民党民法是从来不敢提到婚姻自由的字样的。在它的司法院的解释例里,它还明确地肯定了买卖婚姻。民国十七年(1928)解字第161号解释例说:"习惯上之买卖婚姻,如经双方合意,虽出银实具有财礼之性质者,其婚姻应认为有效。"它也肯定了父母包办,子女在无意志状态下的早婚。近在民国三十一年(1942)的解释例院字第2372号中竟有这样的话:"男女满七岁后有结婚之意思,经其法定代理人主持举行婚礼,并具备'民法'第982条之方式者,自应发生婚姻效力,纵未合卺同居,但该配偶之一方,如于婚姻关系存续中复与他人结婚,仍应成立重婚罪。"另外,不论国民党"民法亲属篇"第985条规定得怎样漂亮,说什么"有配偶者不得重婚",在国民党司法院民国二十六年(1937)院字第647号的解释中却成了"娶妾并非婚姻,自无所谓重婚"的实际。最高法院判例上字第794号,"夫之与妾通奸,实为纳妾之必然结果。故妻对于夫之纳妾,已于事前同意者,依'民法'第1053条,即不得以夫有与妾通奸之情事,请求离婚"。看它多么合乎"逻辑"!

至于在国民党的反动立法下,妻处于从属于夫的地位,是在无数的条文中直接可以看到的,例如妻必须冠以夫姓,必须以夫之住所为住所的第 1000 条、第 1002 条,绝对肯定丈夫财产统治权的法定财产制(联合财产制)的第 1017 条、第 1018 条、第 1020 条、第 1021 条等,以及非婚生子女必须经过生父认领,才算婚生子女的第 1065 条等。

在我们的婚姻法中,夫妻间的关系是平等的关系。《中华人民共和国婚姻法》规定:"夫妻为共同生活的伴侣,在家庭中地位平等""夫妻双方均有选择职业、参加工作和参加社会活动的自由""夫妻有各用自己姓名的权利"。这样的夫妻平等的关系是"互爱互敬、互相帮助、互相扶养、和睦团结、劳动生产、抚育子女"的关系,是"为家庭幸福和新社会建设而共同奋斗"。这些规定不仅指出了新社会中夫妻关系的合理基础,还明确强调了新家庭中妇女与子女应有的地位,而且也反映了家庭与国家社会间的关系,把家庭利益与国家及社会利益的有机结合表达出来了。

在夫妻财产关系上,国民党"民法·亲属篇"作出了最无耻的骗人的虚构。譬如说,虽则它以冠冕堂皇的词句规定"夫妻得于结婚前或结婚后,以契约就本法所定之约定财产制中选择其一为其夫妻财产制",这好像规定得很自由,可以任便男女双方处置婚后的财产。但是国民党"民法"关于夫妻财产制的全部规定,是坚决肯定了男权封建统治与资产阶级财产关系的实际的。这从它把联合财产制选作法定财产制这一事实固然可以看出;另外从国民党"民法·亲属篇"关于夫妻财产制全部四十余条条文中几乎没有几条曾经作为解释的对象,也没见之判例这个事实,一方面可以看出在旧中国的广大社会中,当封建的生产关系没有改变,国民党统治从西方资本主义国家所抄来的关于资本主义处理夫妻财产关系的方法,在这里成为纯粹的幌子,没有任何实际意义;另一方面从仅有的一些判例解释例中,也可以看出国民党"民法·亲属篇"不仅完全肯定了北洋军阀时代的"属夫妻不明之产推定为夫所有",而且一再重复宣示了封建和资产阶级财产关系里的男子特权与女子无权,例如,民国二十一年(1932)上字第 658 号中说"将联合财产制宣告改用分别财产制,不过就联合财产中属于夫或妻之原有财产,使之独立,并非将联合财产不问原属何人所有,概令平分之意"。试问在反动统治的旧社会中,在这种统治阶级意志前面,原来没有财产的妇女是处于怎样一种经济地位呢?

与剥削社会内财产决定人身关系的情况决然不同,我们认为夫妻间的财产关系只是夫妇间基本关系的一个方面。《中华人民共和国婚姻法》第十条规定了"夫妻双方对于家庭财产有平等的所有权与处理权"。这样规定之所以必要,不只是为了彻底否定封建社会公开剥夺女子财产权与处分权的封建法令,也可以彻底否定反映资本主义内部矛盾与妇女在经济上从属地位的资产阶级夫妻财产制,以及半封建半殖民地国民党反动立法的骗人勾当。对于劳动者来说,他的个人收入是劳动所得,在社会主义公有制下,公共福利的增长,就是个人福利的基础,按劳动所得归男女个人所有,这本来是显而易见的事。这一点在今天社会物质基础根本改变的情况下,更明显地成为用不着提的事了。

我们的婚姻法也规定着父母子女的关系。在封建社会和资本主义社会,以及半封建半殖民地的社会里,父母子女间的真挚感情,往往被封建特权、商品关系所摧残。因此,虐待、遗弃甚至危害生命的行为是常见的事。这是旧社会制度下的一种罪恶现象。我们的婚姻法明确规定了"父母对于子女有抚养教育的义务,子女对于父母有赡养扶助的义务,双方均不得虐待或遗弃"。养父母与养子女的相互关系,加以同样处理。

《中华人民共和国婚姻法》,在它的实施中,由于党的正确领导,取得了显著与辉煌的成绩。司法机关在执行党对于贯彻婚姻法的政策中,有力地打击了在婚姻家庭问题上的封建思想与封建恶习,支持了长期受封建压迫的女子对婚姻自由的要求,正确地处理了许多婚姻问题,这样广大的青年男女特别是妇女群众也由此提高了觉悟,社会上不合理的婚姻问题部分地得到了解决,自由婚姻与民主和睦的新家庭逐渐出现,从而也大大地提高了男女劳动人民的政治积极性及生产积极性。但是,几千年的封建社会制度虽然已被推翻,在婚姻问题和妇女问题上的封建思想的残余却并不是一下子就能去掉的。为了肃清这种封建的残余影响,1953年前政务院发出了指示,在全国范围内开展了一个大规模的宣传婚姻法和检查婚姻法执行情况的运动。中共中央又于同年2月18日作出了"关于贯彻婚姻法运动月工作的补充指示",来保证这个运动的有力开展。

贯彻婚姻法运动开展后,广大的群众与干部得到了教育,提高了大家对婚姻法的认识,新的婚姻和家庭关系得到了推进,家庭纠纷和离婚案件大大减少了。许多父母认识到自主婚姻"省钱、省心又和美",包办婚姻是"隔山买老牛,好坏碰运气",而不再包办儿女的婚事。在家庭关系上,很多人体会到"越封建、越争吵、越别扭、劳动情绪越糟糕","越民主、越和睦、越痛快、劳动劲头越足"。民主和睦的家庭在全国范围内从此占据了主导地位。

于此,男女平等关系和新家庭的地位与原则,在 1954 年的《中华人民共和国宪法》中再一次作了肯定。宪法第九十六条规定:"中华人民共和国妇女在政治的、经济的、文化的、社会的和家庭的生活各方面享有同男子平等的权利。婚姻、家庭、母亲和儿童受国家的保护。"

三

社会主义革命高潮的到来,资本主义工商业改造的胜利和合作化运动的伟大成就,从根本上改变了中国社会的生产关系。合作化运动使大约一亿一千万的农户由个体经营改变为集体经营,这就有了物质条件使中国农民在合作化的基础上能够进一步去完成农业的技术革命。农村中的最后的剥削制度从此消灭了,几千年来妇女受压迫的根源,从根拔掉。

在农业合作化后农村面貌根本改变的情况下,男女平等、互敬互爱、团结生产的新家庭,得到进一步的巩固与发展。这里必须提到的一个突出的事实是:农村中亿万妇女参加了农业生产合作社的经常性劳动。

这真是一件了不起的大事。当全国合作化,由于生产繁忙,出乎许多人意料之外把男劳动力不足的情况摆在社会面前的时候,大家认识到,发动过去不参加生产劳动的广大妇女群众参加到劳动战线上去,就成为极其重要的事情。毛主席说:"中国的妇女是一种伟大的人力资源。必须发掘这种资源,为了建设一个伟大的社会主义国家而奋斗。"在农村中,过去男社员轻视妇女劳动,以及妇女认为生产是男人的事的思想,因而随之克服了。当妇女们算了算翻身账,想想过去,比比现在,看看将来,妇女们参加生产的认识与信心加强了。妇女们说:"现在我们不光是烧饭、洗碗、喂猪老三步了。"

在国家的大规模建设中,在全国的各种劳动战线上,各族妇女以高度的热情,积极地投入各项生产事业。1957年,女职工的人数比1952年增加了一倍,比1949年增加了五倍多。农村妇女参加生产的达60%～80%。随着社会主义革命的胜利,社会主义建设事业的发展,广大妇女积极性的提高,我国妇女解放事业大大向前迈进了一步。

如果说,推翻反动统治、推翻封建地主阶级以及在各行业中进行民主改革,是男女劳动人民的彻底翻身,那么从合作化运动的开始,妇女经常参加社会劳动,就成了妇女获得新社会经济地位,并在思想上大大地迈进一步的基础。通过社会劳动,妇女更进一步摆脱经济上的从属地位,在家庭中获得尊重。广大妇女的政治思想面貌在社会主义改造和合作化后,的确起了极大的变化。

在妇女参加劳动的同时,在农村中学习农业和副业生产的科学知识,参加农业技术革新运动,学习文化,成立托儿所等事业就开始举办。在妇女中涌现了大批的积极分子。个体手工业的女子参加手工业合作化运动也为提高妇女生产技术,解决妇女特殊困难创造了条件。

解放以来,许多妇女在生产中学习了新的技术,大批的优秀妇女于此涌现出来。女电气管理员、女拖拉机手、女建筑工人、女测量队、女钻探工、女列车调度员、女航空员等,这种新人新事一天天增多。这是我国历史上破天荒的事实,也是过去在剥削社会中不可能有的事。

对于妇女参加劳动生产,保护妇女的身心健康,党是始终予以最大的关怀的。解放以来有关的法律文件,都强调了这一点。例如,1951年2月,中央人民政府公布的《中华人民共和国劳动保险条例》,对于保护女工生育健康即作了完备的规定。1951年5月,中央人民政府人事部通知指示各机关招考工作人员及学员时废除不收孕妇的规定。在农村中,《高级农业生产合作社示范章程》指出:"合作社在规定每个社员应该做多少劳动日的时候,要注意社员的身体条件,照顾女社员的生理特点和参加家务劳动的实际需要"。嗣后"关于人民公社若干问题的决议"也同样有这类原则性的指示。

妇女因参加劳动而取得与男子同等的报酬,这是决定她们的经济地位的具体措施。这些措施被肯定于合作化各阶段的各项法律文件中。在农业社的初级阶段,男女农民在推翻地主政权后,土改中已得到同样一份土地,妇女们加入了合作社,也根据土地入股所得与男子取得同等的报酬,在劳动报酬方面,《农业生产合作社示范章程》第五十条规定:"农业生产合作社对于社员劳动的报酬,应该根据按劳取酬、多劳多得的原则,逐步地实行按件计酬制,并且无条件实行男女同工同酬。"嗣后,《高级农业生产合作社示范章程》第二条指出:"农业生产合作社按照社会主义的原则,把社员私有的主要生产资料转为合作社集体所有,组织集体劳动,实行'各尽所能,按劳取酬',不分男女老少,同工同酬。"

这里明显地指出,合作社的同工同酬无疑是进一步有力地保障了男女地位的平等。而在家庭关系方面,由于农业社从基本上解决了社会主义时期中国人口绝大多数的农民从小私有者变为社会主义集体劳动者的问题,因而使合作化后,中国农村中的家庭不再是个体经济的生产单位。这种情况必然引起严重地破坏夫权制和家长制的残余统治。

但是在封建残余逐步克服后,一个时候也出现了另一种情况。由于对于婚姻自由的不正确理解,青年男女之间产生了一些草率结婚和轻率离婚的现象。社会主义与资本主义两条道路的斗争也同样存在于人民内部的婚姻家庭纠纷中。党在处理婚姻家庭问题上的正确方针一贯是:必须贯彻有利于生产,有利于人民内部团结,有利于巩固社会主义婚姻家庭关系,有利于男女双方和子女的政策;在执行这个政策中贯彻群众路线,对不正确的思想进行说服教育。

农村初级合作社的发展到高级社,特别是经过1957年的全民整风运动、反右斗争和社会主义教育运动,结合这些运动又贯彻了干部下放参加劳动的政策,农民的社会主义觉悟和劳动热情有了空前高涨,这就积极地影响了对于婚姻家庭的看法。青年男女们都以"身体好,劳动好,学习好,政治进步"作为选择对象的标准。

在这个社会主义觉悟与劳动热情空前高涨的基础上,跟着1957年到1958年社会主义建设事业大跃进而来的人民公社化,使新中国的社会关系,跃进到新的历史阶段。

四

人民公社制度的发展,对中国人民的生产与生活具有广大深远的意义。它指出了中国农村逐步向工业化发展的道路;农业中的集体所有制,逐步过渡到全民所有制的道路;社会主义的"按劳分配"逐步向共产主义的"按需分配"过渡的道路;城乡差别、工农差别、脑力劳动和体力劳动的差别逐步缩小以至消失的道路,以及国家对内职能逐步缩小以至消失的道路。

人民公社目前虽仍是社会主义性质的,但是已经包含着共产主义的萌芽。今天的人民公社与高级合作社不同,它是比高级社大得多的集体,它是多种经济的综合经营者,它不仅是一个经济组织,而且是政治、经济、军事、文化的统一组织,不仅是集体生产的组织者,而且是集体生活的组织者。

影响到婚姻家庭问题上面来,我们特别看到在人民公社里涌现出大量的公共食堂、托儿所、敬老院等集体福利事业,正像"关于人民公社若干问题的决议"所指出的一样:"公社适应广大群众的迫切要求,创办了大量的公共食堂、托儿所、幼儿园、敬老院等集体福利事业,这就特别使得几千年来屈伏在锅灶旁边的妇女得到了彻底的解放而笑逐颜开。"上述的集体福利事业,都是使妇女在劳动时能够摆脱家累而兴办起来的。此外,幼儿园、托儿所的兴办不仅解决了妇女安心从事生产劳动的问题,也解决了对儿童的社会教育问题。

妇女在生产上今天已成为一个完全的社会劳动者,她们不再受家庭的束缚,妇女的劳动自觉性大大提高了,人们对妇女的看法,也不断地改变。今天农村的任何劳动生产已离不开妇女。例如根据河间县诗经村乡君子馆村的调查,以一个具有大约六百人口的生产队为例,这个生产队参加劳动的妇女共一百十八人,占整个生产队劳力的54%,其中整劳动力七十一人,半劳动力二十九人,附带劳动力十八人。她们参加的劳动是多方面的,有农活、工业劳动、服务性劳动及多种经济的劳动等。参加劳动的人数,比公社化前多了三十二人,出勤率大大提高。我国农业上的大跃进其中有一半是妇女们的贡献。根据统计,在城市中,由于大跃进的鼓动,在大城市中有30%~50%的家庭妇女,在中小城市中有70%的家庭妇女参加了各种社会劳动,这可与农村妇女比美。在这种情况下,"娘儿们顶得啥事"的闲话是没有了,过去是:"妇女打井,水不出""妇女下海船要翻",现在是:"妇女落田,喜庆丰年""妇女下海,龙王送鱼船满载"。对妇女的舆论大大改变。这一切证明了妇女的解放必须以一切女性重新参加社会劳动为头一个先决条件,这是共产主义伟大理想家提出的真理,我们今天正处于这样的一个伟大时代。

社会主义以劳动来分配报酬。人民公社化后,广大男女农民开始领到自己的工资。而且人民公社的分配中带有一定的供给制成分。这些物质条件就从根本上摧毁了夫权与家长制残余的最后依托。

公社化后中国农村的家庭现在已根本改变了面貌。在集体生产中,农民的社会主义觉悟大大提高,在家庭中树立起了以民主平等对待一切成员的优良共产主义作风。家庭不再是束缚妇女智慧、消磨妇女精力的场所,而是真正幸福的民主团结的家庭生活的实现。在人民公社的崭新的物质基础上,男女真正平等的理想今天在中国成为现实。家庭生活变得更丰富多彩了。男女青年的接触在增加着,在集体生活与劳动生产中获得了建立真正爱情的机会。家庭中充满真诚、友爱团结的气氛,增加了新的生活内容。

在这种情况下,婚姻案件家庭纠纷的大量减少,就成为很容易理解的事了。而且,其中一大部分家庭争噪,因为政法工作上群众路线的贯彻,都可以由群众自己来调处解决,不必再到法院去了。

我们这样就摧毁了婚姻家庭方面所存在的腐朽落后的制度。必须说明,我们要消灭的是封建社会遗留下来的男子特权家长制的婚姻与家庭,我们要消灭的是资本主义社会建筑在金钱关系上的婚姻家庭制度。不论帝国主义反动派怎样加以污蔑,这是我们坚决不移的方针。

五

马克思列宁主义认为,家庭、婚姻、社会、国家的形式,并不是什么永远不变的东西,它们的产生、发展与改变决定于人们物质生活方式的产生、发展与改变。违反生产力发展的任何生产关系、社会制度,都将被社会前进的车轮辗得粉碎。

从人类建立私有制以来,以妇女问题为核心的婚姻家庭制度问题,在社会历史发展的过程中,始终同时是一个要求改革社会基本制度的问题,被压迫阶级反抗压迫阶级的问题,为消灭剥削进行斗争的问题。所以在我国从封建的四权压迫下的旧婚姻家庭制度,转变为今日社会主义下男女真正平等、团结和睦、美满的婚姻家庭制度,没有无产阶级领导的人民民主专政政权的建立,没有共产党领导,使生产关系发生根本改变,这一切是不能想象的。只有在中国共产党的领导下,全国人民才得到了翻身,封建的婚姻家庭制度得以铲除,妇女得到了真正的解放,理想的婚姻家庭制度得以逐步确立。

婚姻家庭制度,在新中国人民政权成立以后十年来的发展情况和它在法律上的体现,就是这样的。

美国与西欧的"经济法"和"国际经济法"*

一、"经济法"是一个历史概念

当我们说,"经济法"是一个历史概念时,不是说它在西方社会是一个历史上已成为过去的概念,而是说,它是西方国家社会经济发展到现阶段,在法律上反映这些国家最近数十年内社会经济制度方面有某些重大变化的一个概念。

概括地说,"经济法"是西方工业化国家在其生产发展现阶段,由于垄断资本与国家机构更紧密结合,它们在特定历史条件下,为组织和管理生产、干预劳动、控制资源、调节商品货币关系、控制市场、左右消费——也就是说,为调节整个经济生活而制定或形成的一系列法律的总称。

按照马克思主义原理,法律关系根源于社会物质生活。恩格斯说,同国家和公法一样,"私法本质上只是确认单个人之间现存的,在一定情况下是正常的经济关系"。从这个意义上说,现代西方国家,在其各个发展阶段,都会有一些直接或间接地涉及经济的这样或那样的法律,这是常见的事情。但如果更深入地分析一下这些国家各个阶段所制定的,特别是那些内容较广泛的法典或法律,则不难看出,这些法律或法典从体系到内容都有一些表示社会经济某个发展阶段的特点。例如,法国在资产阶级革命胜利后所颁布的民法典——《拿破仑法典》,无疑是典型地反映私人商品生产者的自由经济的基本体系的法律。同时,为了适应资本主义商业公司的出现和商人之间的特殊关系,在民法典之外,还根据商事法传统制定了商法典。资本主义发展到垄断阶段,又出现了像德国

---

* 原文发表于《法学研究》1979年第5期,署名"申徒"。《中国社会科学家辞典》(现代卷)第350页中"芮沐"的词条表述如下:"芮沐,字吉士,笔名申徒。"

民法典那样内容更庞杂、体系更周密的法典；商法典依然独立存在。在不属于罗马法体系的普通法国家，像英国，很早就出现了与普通法并行的"衡平法"（Equity），以适应商业上的需要。但在十八世纪后半叶，商法与普通法已合并起来了。美国在第一次大战前夕也取消了商事法院。在欧洲大陆（像在瑞士和意大利），第一次大战结束、资本主义进入危机阶段时也发生了民商合一的现象。但不论是西方世界哪一个法律体系，直到第一次世界大战前，法学和法律里都没有出现过"经济法"这样的概念。

"经济法"概念的出现，肯定是第一次世界大战后，德国经济崩溃，以及其后希特勒纳粹当道，西欧国家加紧经济集中管理（Wirtschaft Lenkung），加紧推行公团主义立法的结果。在美国，它是三十年代发生经济危机的情况下，罗斯福推行"新政"，公布一系列所谓"社会立法"，全面干预社会经济，帮助垄断资本摆脱危机，挽救资本主义的表现。所以西方国家的"经济法"，简单地说，就是在特定历史条件下发展起来，为了加强公、私权力对社会经济的干预、组织和管理而出现的法律。

二、西方国家社会制度中近期出现的两种基本情况

（一）垄断资本公司的权力体系日益强大

列宁说，资本主义发展到帝国主义阶段，其"最典型的特点之一，就是工业蓬勃发展，生产集中于愈来愈大的企业的过程进行得非常迅速"①。它的主要标志是，现代化工业国家中经济权力从个人手中日益转移于大公司组织之手。以美国为例，根据1960—1968年期间的统计，美国500家最大的公司控制着美国全部货物和服务行业的一半以上，占有着美国工业资产的三分之二。其中最大的50家公司八年中增加的营业额相当于法国一国的总产值。

这些被加尔布雷思在《新工业社会》一书中称为"技术专家体制"（Technostructure）的经济组织，分支机构遍布全国，把"所有专门知识、才能和经验掌握在集体决策人的手里"，进行着庞大的组织和规划工作，形成一种"私人政府"，对社会生活发生比"公共政府"还要大的影响。这

---

① 《列宁选集》（第2卷），第739页。

些组织规定自己的纪律,规避国家的法律,插手国家立法。

这些庞大的公司还不断地向国际扩展,形成一个多国公司或称跨国公司的网系。1972年,全世界7300家多国公司中有一半在另一个国家有子公司,但其中将近200家较大的多国公司在二十个或更多的国家中拥有子公司。世界上十家最大的多国公司中,八家的基地在美国,美国一国就控制着国外子公司总数的三分之一。在多国公司拥有全部约1650亿美元的国外直接投资额中,美国占半数以上,连同英、法、西德,控制着国外子公司投资总数的五分之四。

多国公司日益加大的规模和复杂性,以及它们之间日益加剧的竞争,迫使公司的经理人寻找一种使公司能够保持足够管理效率的组织体系。联合国秘书处关于"世界发展中的多国公司"的报告在谈到这些公司的组织和控制时说:"分析一下美国170家多国公司的发展,可以看出,这些企业在几个不同阶段上正在调整它们的正式组织结构。从开始时期的全无控制……到后来建立总公司的国际业务部……最后创设了世界性的商品部和地区部。""由于创设国际业务部或应付意外事件而需要更多的集中,导致建立一个强有力的由中央筹措资金与控制的小组……对于补进外汇、借款、公布红利等都集中采取决策。""销售程序长期以来被视为最不受高度集中影响的一种职能,在一些厂商中也正在变成标准化了。"这都说明垄断资本权力的扩大。

(二)国家参与和干预的加强

列宁在《国家与革命》中引用恩格斯所说的"在民主共和国内,财富是间接地但也是更可靠地运用它的权力的"时指出:"目前,任何最民主的共和国中的帝国主义和银行统治,都把这两种维护和实现财富的无限权力的方法'发展'到了非常巧妙的地步。"[①]政府已成为百万富翁、今天是亿万富翁的直接同盟者了。

政府这个垄断资本的"同盟者"直接参与和干预社会经济的情况表现在以下几个方面:

1. 政府直接成了企业主。两次世界大战以来,通过国有化(像在英国),或通过直接承办事业,西方国家"公共经济"的活动日益扩展,几乎

---

① 《列宁选集》(第8卷),第181页。

包括"公用事业"的所有重要部门,如煤、电、能源、核能、矿藏、公害、航空、公路、铁路等。美国联邦一般开支占国民收入的比例从1929年的百分之一上升到1965年的百分之八点五,联邦政府机构和各州用于购买货物和劳务的开支总数,目前已达到美国生产总值的五分之一以上;联邦机构和地方国家组织为全部经济活动提供占全国五分之一到四分之一的资金。这部分经济和私营经济合在一起,构成他们的经济学家称为"混合经济"的制度。国家成为企业主,或者由政府部门设立行政上财务上有独立经营权的公司企业;或者在政府的一般领导下,成立完全独立而具有自己独特规章的"公共公司"(Public Corporations);或以大小不同比例的股份参与私人工商业。罗斯福称"公共公司"为一种"既具有政府权力,也具有私公司的灵活性和主动性的公司"。

2. 国家成为社会福利的直接供应者。西方国家今天大为夸耀它们在社会福利方面的工作。这是美国经济学和法学中使用"福利国家"一词的由来。它们建立庞大的行政机构来进行这种所谓"将一部分社会经济成果强制地转移于全体居民"的事情:包括养老金、医药救济、生活补助、失业保险、工伤保险、损失保险等。由于人口增长,城市居住密集,工业发展引起资源的衰竭和污染,美国联邦政府在1970年设立环境保护委员会,制定了大量的行政管理条例。

3. 国家以法律"干预"大公司企业组织的内部事务。在这方面,美国的《反托拉斯法》似乎是个典型。长久以来,不少人认为美国《谢尔曼法》《克莱顿法》和《联邦贸易委员会法》三位一体的反托拉斯法是旨在制止大公司垄断,制止公司合并、拼凑连锁董事会等。实际情况是,它们不但没能制止垄断,反而明确肯定了大垄断公司的存在和发展,并被用来反对工人运动。二次大战后,加拿大、西欧、日本,以美国的《反垄断法》为范例,纷纷制订"正当竞争法""反限制措施法",不再使用"反托拉斯法"的名称。

4. 国家全面干预和参加经济活动。依照凯恩斯理论,现代国家应该担当起全面调整经济中为购买货物和劳务所需要的收入,要保证社会具有足够的购买力去购买全部生产力所生产的东西。要做到这一点,国家必须控制日常商品交易、价格、信贷、利息、税收,以至工资收入,这是显而易见的。西方工业化国家中的信贷现在早已脱离了自由经营的范围。

在购买货物和劳务方面,双方平等协议的情况也几乎全部消失:保险、抵押、租赁、赊买以及交通领域中的关系,一律实行"标准合同""附和合同"。在各项经济关系中,政府权力最大的是在国际贸易领域。美国1930年以来几经修改的《税收法》、1969年的《出口管理法》和1974年的《贸易法》,是在经济方面控制范围最大最严的几个法律。对外贸易以及与之相关的事务,由美国财政部和商业部直接控制。

三、法律形态上出现的几个新问题

西方国家,特别是美国的社会经济发展变化的情况,使法学概念和法律体系上出现了一些新东西。

(一)新概念的出现

这里可以特别提出的有两个概念。一个是企业(Enterprise)的法律概念。在过去,生产是资本家的后院。在对外事务上,生产单位不出面。作为法律上具有独立人格在市场上出面的,是经营商业的"商行或商号"(Firm,主要是合伙),公司(在英国称为Company,美国称为Corporation),包括有限公司和无限公司等。今天,银行资本与工业资本融合在一起,公私资本结合在一起,工业生产与商业经营结合在一起,不同国家作为法人主体的经济组织——母子公司因财产关系而结合在一起,形成一个庞大的垄断组织体系。传统地代表单个商号或公司的法律概念已不敷应用,于是针对经济学上通常称为微观经济对象的公司企业存在的事实,产生了含义甚广的"企业"这个法律概念。西欧法学界称"企业"为"发展到最高阶段的具有经济目标的法人"。

"计划"是另一个在西方国家不断发生争论的概念,争论其是否具有法律含义,争论它对法制的影响,特别是它是否具有法律效力。资本主义大企业之需要计划是列宁早已指出过的。今天已没有人否认资本主义大企业经济中进行着计划生产的事实,尽管它们的计划是不可能完备的,而且像加尔布雷思所说的那样,主要是为了应付现代工艺生产时间间隔长和风险大,以及提高实现盈利的可靠性。依我们看,实际上是为了垄断与控制。资本主义大公司不仅自己作计划,还专门设置了"出售"计划的公司,代替公司企业进行规划。例如美国有"麦格劳·希尔公司"(Macgraw Hill Company),它为大企业进行着两种服务,提出"预见报告"和"企图报告"。

前面所述"企业"和"计划"两个概念是西方工业化国家"经济法"中两次世界大战以来普遍出现的新概念。这些概念是西欧大陆国家原来的民商法中完全没有的,因而可以说是近期间新创的概念。它们正在西欧法学中被提出来,加以确定和巩固。与法国民商法中原意来自契约的 Societe 一词不同,英美法的 Corporation 一词已经具有庞大规模、多种权力和集团组织的含义,现在还同 Enterprise 一词交替使用。英美法中另有不少古老的法律概念,今天在经济法里也占有重要地位,表现出很大的生命力。例如,"产业"(Estate)、"信托"(Trust)、"公用事业"(Public Utilities),这些在内容上都与欧洲法律体系不同,它们是物权与债权不分、契约与身份不分、私权与公益不分的综合性概念,而现在都奇特地适应资本集中的需要。再如美国政府所设置的各种委员会和机构(Commissions, Boards, Agencies),它们兼有类似立法、行政、司法的三种权力,在经济法的贯彻中起着强有力的作用。

(二)公、私法划分的消失

公、私法的划分,在西方国家法律里,有着长期的历史传统,它是从这样一个基本观念出发的:个人活动属于私法调整的范围,政府的唯一职能是承认和保护私人权益,不得干预私人生活和活动。公法只涉及公共利益和国家政府的活动。在资本主义社会初期,国家活动受到限制。公、私法的划分,在资本主义法律体系里,不仅在观念上,而且在法制的实际贯彻中,是十分严格的。他们把宪法、行政法、刑法、诉讼法归属公法范围;民法、公司法、海运法等归属于私法范围。今天,垄断资本与国家机构密切结合,国家参与和干预社会经济的活动日益频繁,经济立法日见增多,私法无疑是公法化了。另一方面,国家经营和控制的经济部门增加了,在国家经营和控制的工商企业里,在混合经济部门中,传统意义上的公、私法同时适用,公法也私法化了。公、私法划分的消失,引起他们的"行政法"与"民商法"界限的消失。这种现象不仅出现于公、私法划分本来有点笼统的英美法(在美国由于政府机构管理条例管的增多),而且也出现于公、私法划分十分严格的法国行政法院的判决里。行政干预竞争、干预价格、干预信贷、干预劳动。管理公用事业的行政诉讼日多,法国行政法早已超出传统上划分给它的范围。西方工业化国家的经济法是公、私法界限在很大程度上已经消失的法律。

(三)企业事务的横直并重与横直结合

资本主义国家原来的一些民法典,它们只规定权利主体的外部活动,即民事流转中的活动,这是很自然的,这反映了资本家十分重视实现剩余价值的过程,至于生产,则是他们的"家务事",不属于法律调整的范围。但在它们的商法典里,也已经把集合资本作为法人,并在法律上对其内部体系提出组织上和管理上的要求了。到了今天,资本主义公司体系越来越庞大,内部管理和外部效应之间的配合更形突出,经济上和法律上就出现了纵向控制(一体化)和横向控制(一体化)的概念。

纵向控制或一体化,就是通过收买、合并(或分散)、参预等手段,把外部关系转化为内部关系,或内部关系转变为外部关系,从小到大,由上到下掌握和控制一系列的企业,系统地控制其生产部门、销售部门、财务部门,以及其他工商业务。横向控制或一体化,是指在不取消竞争的领域内,控制销售市场、市场价格、消费者的需求,利用"联系"来订立有利于大公司组织的合同和契约,以实现垄断。

加尔布雷思描述了这两种控制的关系。他说:"通常称作垂直一体化的事情代替了市场。计划单位把供应的来源和出路掌握在手中。一桩有待于通过价格与数量上谈判而达成的交易,为计划单位内部转移所代替。""从公司角度看,排除市场使一件进行外部洽商、从而部分或全部无法预先控制的决定,变成一桩纯粹是内部决定的事情。"经济管理上的纵横结合,体现了计划与市场的结合,在法律上就表现为对法人主体的内部关系和外部关系连接起来的规定。

(四)国际法与国内法的混合

在西方国家,国内法中公、私法划分的消失也影响国际法上公、私法的划分。传统的"国际私法"(主要是西欧的)这个名称,退居于涉及在一个十分狭窄的范围内有关法律适用的技术性问题,而且这方面的困难长期来还无法妥善地解决。在内容复杂繁多的国际合同中,适用法律的问题只占据单单一个条款的地位。为适应国际间经济关系的日益发展,一个超越"国际私法"概念,不仅用来在程序上和技术上解决法律适用问题,而且在广泛的国际经济范围内能够在实体内容上解决和处理法律纠纷的法律部门就出现了。例如,在国际经济关系中,一国的私人企业或实际上具有同公权力(政府权力)同等权力的私人企业,与另一国的国营企业或国家作为企业主的公企业之间发生的经济和贸易关系,即资本主义国家传统地称为"私法"关系的问题,究竟属于"私法"还是"公法"的范围,就产生了问题。

因此,国际法的传统结构发生变化了,它从传统上只涉及国与国之间的关系,向既包括国与国之间的关系,又包括一国与另一国的个人、经济组织、公司团体之间超越国境的关系方面发展。在国际间,资产阶级国家的私人公司日益成为资源开发、工业生产方面进行投资的主体,它们以国际间协议的积极参加者的姿态出现。在多国公司跨国公司日益增多、其权力体系日益扩张的形势下,"跨国法"的概念应运而生。"跨国法"(Transnational Law)所调整的是超越一国范围的涉及法律实体的关系。它所涉及的内容,当然不能仅限于国际平面的法律问题,而且必须同时考虑各国的国内法,包括它们的"私法"和"公法"。因此,"跨国法"既涉及国际法又涉及国内法,而且因为它的主要内容是国际经济关系,所以它也是国际经济法。

杰塞普(Jessup)在《跨国法》一书中说:"法学者习惯于遵守范围划分得十分严格的法律体系,这些法律体系已不足对付具有国际规模的经济秩序。使用'跨国法',就可以为我们提供一个较大的法律规则源泉,再不必忧虑某些案例应适用的是公法还是私法了。我们发现,两国及其人民间产生紧张和冲突的一些我们认为主要是国际性的问题,归根到底是一些可能在人类社会任何一个平面发生的个人的、公司集团的、区域间的或国际间的问题。"当然,"跨国法"仍是从作为跨国公司的基地的现代工业化大国的利益出发来处理问题的国际法,这是没有疑义的。

目前国际经济法包括:国际经济组织法,国际劳工法,国际贸易法,国际公司企业法,国际税法等。

四、几点意见

以上所述是西方国家,特别是美国的一些关于"经济法"的情况。从这些情况中可以看出:

1. 在这些国家,"经济法"作为观念形态的产生,是西方国家特定阶段社会经济情况所决定的。它的内容、基本概念与体系安排还在形成和发展中,今天还没有出现一个系统的经济法或法典,有的只是各种经济领域中的立法和实践。

2. 要寻找外国"经济法"出现的规律及其所包括的内容,还需参考另一些国家立法的情况。在苏联,三十年代就有关于经济法的争论,六十年代在进行经济改革的前后,又掀起了民法与经济法关系问题的争论。经济法搞得最热闹的是东德和捷克。捷克是唯一在民法典之外,还制定了一个经济法典和外贸法典的国家。在波兰,由于集体化事业没有充分发展,一九六四年只制定了民法典。在罗马尼亚,一部分学者认为计划的执行问题应同时适用行政法和民法,经济合同的法律问题是这两个法律部门的汇合。

3. 我国进行经济立法的任务,是在排除"四人帮"对国民经济的干扰和破坏后,为实现四个现代化而提出来的。关于经济法理论问题的解决,还有待于其他领域许多理论问题的提出和解决。如国民经济体制的问题;计划与市场关系的问题;在各个经济领域内所有制方面具体权利和义务的体现;社会主义民主原则在各个法律领域内的贯彻;各个法律部门的划分及其行为规范的性质的问题等等。通过具体工作的实践,参考各国的经验,可以制定适合我国实际情况和适合我国社会经济发展的经济法和民法。

经济法和国际经济法问题[*]

一、"经济法"概念的历史由来

法律关系根源于社会物质生活。法律是经济关系,特别是生产和交换关系的反映。一国的法律是社会经济条件依照不同情况,并以不同的确切程度在法律形式上的表现。这个原理,对于分析世界上任何国家的法律,都是适用的。

就这个意义说,各个国家在其不同历史发展阶段,都会有一些直接或间接地涉及经济的法律,这是很自然的。但是,我们今天所谈的经济法不是指这个最一般意义的法律或经济法律,而是指第一次世界大战、特别是第二次世界大战以来,在西方国家出现而发展起来,并继续在发展着的经济立法。这个经济法是独特历史条件下产生的法律。

在西方世界,具有明显经济内容的商法,可以追溯到公元前二千年的巴比伦,而以罗马法为正宗的西方法律体系,则是显著地以罗马时期社会经济的发展,特别是商业发展为背景的。地中海一带各地区间长期实行的商法,由于罗马帝国的统一而于公元二、三世纪作为大法官法(万民法)(JusGentium)被吸收于罗马帝国法中。罗马法学者承认当时许多商业上的重大合同关系,如买卖、雇佣、合伙和代理等,都来自万民法。用现代的术语说,万民法就是当时的国际商法。罗马法是充分商业化了的法律。恩格斯在《社会主义从空想到科学的发展》中指出,罗马法"差不多完满地表现了马克思称为商品生产的那个经济发展阶段的法律关系"。

到了欧洲中世纪,封建地方法和教会法占了上风,土地成为财富的

---

[*] 原文刊于关怀主编:《经济法文选》,法律出版社1981年版。本文在《美国与西欧的"经济法"和"国际经济法"》一文的基础上修改而成。——编者注

主要对象。商务事和商法被挤在一边,成为只在商人之间实行的成规。但随着商品经济在封建社会中的发展,动产和货币财富的增加,就要求有更细致和更符合商业来往需要的法律,于是从十二世纪开始,出现了罗马法复活和接受罗马法的运动。现代民族国家的兴起,经过资产阶级革命,西欧各国才在接受罗马法和整理地方习惯的基础上,制定了统一的民法典和商法典,民商法分别由普通法院和商事法院加以实施。资产阶级国家有关经济生活的法律之所以分为民法与商法,是和它们社会里同时存在以土地所有制为基础的地方法和习惯以及反映商品经济的罗马法和商人习惯的历史传统分不开的。不论是民法还是商法,这些在资产阶级上升时期制定的法律和法典,一律都是典型地反映"私人商品生产者自由经济基本体系"的法律。

不属于罗马法体系的英国,则在十八世纪已把衡平法和普通法合并,今天只有海事法庭还独立存在于普通法院之外。

发展到垄断资本主义时期,西方国家出现了像德国、瑞士那样的民法典,其内容较自由资本主义时期更为庞杂,体系也更为周密。第一次世界大战后也出现了民商法合并,即民事生活进一步商业化的现象。但总的讲来,西方国家的民商法,从内容到体系长期保持着原有的轮廓,没有重大变动。一直到第一次世界大战,西方国家的法律和法学里,都没有出现过像"经济法"这样的字样或概念。尽管它们的民商法的基本内容都是与经济直接有关的。

经济法概念的出现,是在第一次世界大战之后。当时,德国经济崩溃,西欧国家加紧进行经济的集中管理,加紧推行公团主义的立法,法学上第一次出现了"经济法"的字样。而在美国,则是在三十年代经济发生危机,罗斯福推行新政,公布一系列"社会立法",全面干预社会经济,帮助垄断资本摆脱危机,以图挽救资本主义之时,才提到了经济法。

二、经济法出现的社会背景

经济法是西方国家第一次世界大战后社会经济变化的产物。它的出现,反映着西方国家在近 50 年中社会经济中所发生的以下两方面的变化:

（一）私人经济组织——公司企业的发展及其权力体系的日益强大

资本主义公司企业是近代资本积聚与集中、资本主义生产与市场交易发展的形式，是资本从个人积累进入资本家集体积累、资本主义生产日益走向社会化的反映。

公司企业的增长，标志着资本主义生产组织形式的发展。垄断资本主义时期，资本主义最典型的特点之一，都是工业蓬勃发展，生产集中于愈来愈大的企业的过程进行得非常迅速。

这些大公司企业，即后来加尔布雷思在《新工业国》一书中称为"技术结构阶层"（technostructure）的经济组织，分支机构遍布全国，把"所有专门知识、才能和经验掌握在集体决策人手里"，进行着庞大的组织和规划工作，形成一种"私人政府"，对社会生活发生着比"公共政府"还要大的影响。这些组织规定自己的纪律，规避国家的法律，插手国家立法。现代资本主义的经济法是和大公司的统治分不开的。

这些庞大的公司今天还不断地向国际发展，形成一个多国公司或称跨国公司的网系，在国际间进行广泛的经济活动，包括生产、贸易和服务、技术转让和科技研究、电讯与运输、投资和其他资本活动、人员调度和培训等。垄断资本已经把资本主义的生产社会化扩展到前所未有的世界规模。根据联合国秘书处一九七四年的调查，一九七一年所有多国公司的年增加价值（value added annually），粗略估计为5 000亿美元，约合世界（不包括中央计划经济国家在内）全部国民总产值的五分之一。

多国公司日益扩大的规模和复杂性，它们之间的日益加剧的竞争，迫使公司的经理人寻找一种使公司能够保持足够管理效率的组织体系。联合国秘书处关于《世界发展中的多国公司》的报告，在谈到这些公司的组织和控制时说："分析一下美国170家多国公司的发展，可以看出，这些企业在几个不同阶段上正在调整它们的正式组织结构。从开始时期的全无控制……到后来建立总公司的国际业务部……最后创设了世界性的商品部和地区部。""由于创设国际业务部或应付意外事件而需要更多的集中，导致建立一个强有力的由中央筹措资金与控制的小组……对于补进外汇、借款、公布红利等等，都集中采取政策。""销售程序长期以来，被视为最不受高度集中影响的一种职能，在一些厂商中，也正在变成标准化了。"这一切都说明垄断资本权力的扩大。

(二)国家参与和干预的加强

列宁在《国家与革命》中引用恩格斯所说的"在民主共和国内,财富是间接地但也更可靠地运用它的权力"时指出:"目前,任何最民主的共和国中的帝国主义和银行统治,都把这种维护和实现财富的无限权力的方法发展到了非常巧妙的地步。"政府已成为垄断资本的直接同盟者了。

政府这个垄断资本的"同盟者"直接参与和干预社会经济的情况表现在以下几个方面:

1. 政府直接成为企业主。第二次世界大战以来,通过国有化(像在英国),或通过直接承办事业,西方国家"公共经济"的活动日益扩展,几乎包括"公用事业"的所有重要部门,如煤、电、能源、核能、矿藏、公害治理、航空、公路、铁路等。美国联邦一般开支占国民收入的比例从一九二九年的百分之一上升到一九六五年的百分之八点五,联邦政府机构和各州用于购买货物和服务的开支总数,目前已达到美国生产总值的五分之一以上;联邦机构和地方政府组织的全部经济活动占全国五分之一到四分之一的资金。战后法国对部分企业实行国有化,三家主要银行、保险业和重要的公用事业,如铁路、航空、电力、煤、原子能、煤气、地下铁、公共汽车等行业全是国营的。这部分经济和私营经济加在一起,构成所谓"混合经济"的制度。国家成为企业主,或者由政府部门设立行政上财务上有独立经营权的公司企业;或则在政府的一般领导下,成立完全独立而具有自己独特规章的"公营公司"(public corporations)。罗斯福称"公营公司"为一种"既具有政府权力,也具有私营公司的灵活性和主动性的公司"。它们以大小不同比例的股份参与私人工商业。例如在法国,有些企业中,国有资金比重很大,在电子行业中占百分之五十,在爱尔孚石油公司中占百分之七十五。

2. 国家成为社会福利的直接供应者。西方国家今天大力标榜它们在社会福利方面的工作。这是西方经济学和法学中使用"福利国家"一词的由来。它们建立庞大的行政机构来进行这种所谓"将一部分社会经济成果强制地转移于全体居民"的事情:包括养老金、医药救济、生活补助、失业保险、工伤保险、损失保险等。由于人口增长,城市居住密集,工业发展引起资源的衰竭和污染,美国联邦政府在一九七〇年建立环境保护委员会,制定了许多行政管理条例。

3. 国家以法律"干预"大公司企业组织的内部事务。在这方面,美国的《反托拉斯法》似乎是一个典型。长久以来,不少人认为美国《谢尔曼法》《克莱顿法》和《联邦贸易委员会法》三位一体的反托拉斯法的宗旨在于制止大公司垄断,制止公司合并、拼凑连锁董事会等。实际情况是,它们不但没能制止垄断,反而明确肯定了大垄断公司的存在和发展,并被用来反对工人运动。第二次世界大战后,加拿大、西欧、日本,以美国的《反垄断法》为范例,纷纷制订"卡特尔法""正当竞争法""反限制措施法"等。

4. 国家全面干预和参加经济活动。依照凯恩斯理论,现代国家应该担当起全面调整经济的任务。国家有责任调节社会的总收入,保证社会具有足够的购买力去购买经济中所产生的商品和劳务。要做到这一点,国家必须控制日常商品交易、价格、信贷、利息、税收以及工资收入,这是显而易见的。西方工业化国家中的信贷现在早已脱离了自由经营的范围。在购买货物和服务方面,双方平等协议的情况也几乎全部消失:保险、抵押、租赁、赊买以及交通领域中的关系,一律实行"标准合同""附和合同"。在各项经济关系中,政府权力最大的是在国际贸易领域。美国一九三〇年以来几经修改的《税收法》、一九六九年的《出口管理法》和一九七四年的《贸易法》,是在经济方面控制范围最广最严的几个法律。对外贸易以及与之相关的事务,由美国财政部和商业部直接控制。

上述两种情况,是经济法在西方国家出现的历史背景。就这些背景情况看,可以概括地说,经济法是西方国家从自由资本主义到垄断资本主义,再发展到国家垄断资本主义的产物,它是在特定情况下公私权力加强对社会经济的干预、组织和管理的法律。

附带地说,经济法的概念,不仅在西方国家出现,而且还在苏联和东欧国家出现。

十月革命后,在苏联建立了社会主义国家政权,建立了公有制工矿企业。银行、外贸、土地的公有化,小农经济的改造,商品货币关系的调整以及按照计划的要求来发展国民经济,进行建设,是十月革命后苏联经济法产生和发展的经济基础。现在可以肯定,在苏联关于经济法的主张是苏联实行新经济政策之后,在外国民法、经济法的观念的影响下,于一九二三至一九二四年间提出来的。但到了三十年代,经济法理论在苏联遭到了批判。到了六十年代,在准备新民法纲要的时际,又一度展开了关于经济法的争论,现在苏联虽然于一九六二年公布施行了新民法纲要,但经济法问题还在继续讨论。东欧的捷克是在民法典之外唯一还有一个经济法典的国家,东德也有单独的经济合同法。可以说,苏联和东欧公有制国家的建立和对经济活动的通盘领导是当时产生和发展经济法的主要背景。

三、经济法的几个理论问题

这些不同的经济法有它们共同的特点,也有一些共同的、实质性的理论问题,试就以下三个问题论述如下:

(一)经济法的定义、内容和范围

它是否构成一门独立科学,它同其他法律部门的关系,以及它在整个法律体系中的地位。

在西方国家,目前经济法的概念还是比较混乱的。经济法概念的混乱可以从法国的例子中看得比较清楚。

法国是第二次世界大战后西方国家中政府干预经济最突出的一个国家。在西方国家,它还是用计划领导经济的先驱国之一。但在西方国家中,经济法概念在法国的出现却是最迟的。

究竟什么叫作经济法?它调整着什么?调整的范围又包括哪些事情?法国法学著作中众说纷纭。

定义范围有窄有宽,究其内容,一般都认为它应该包括商法、劳动法、财政法、农业法、工业产权法、国际法等。

在经济法的有分歧的内容和范围的定义里,最突出的一个争论是关于经济法属于公法还是属于私法的争论。有的主张经济法是公法的一个分支;有的则认为,资本主义生产及其公司企业的资产尽管日益社会化,但私有权始终是资本主义经济的基础;而且调整资本主义经济的民商法是私法的基本内容,因此,经济法应属于私法。有的则认为经济法是混合体制,公私法因素互相渗透;也有人认为经济法既不属于公法,也不属于私法,而是属于公私法之外,处于公私法边缘的法律体系。对于传统上公私法划分十分严格的法国说来,这是一个带有根本意义的争论——它涉及国家是否应该管理经济,经济是否纯属私人事务的范围,国家是否应该插手私人经济的问题。依照第二次世界大战后法国干预经济最突出,而且是唯一搞计划经济的事实情况来说,这样的争论是有点不合时代的。

在经济法概念出现较早的德国,关于经济法的概念、内容、范围的争论虽也经过许多曲折,但大体已成定局。西德法学界比较肯定地认为:经济法是"领导和管理经济的法律"。它的内容包括:国家权力(立法和行政)领导经济的作用,企业法、不正当竞争法、反限制措施和垄断法、一般管理以及经济争端的解决等;最后是工、农、商、交通运输等部门经济的管理。西欧还有个特殊情况,它们的经济法概念里还包括欧洲共同体的法律。

至于公私法观念本来就十分模糊的英美法,从来就没有就经济法的概念作过什么理论概括,但事实上它的基本内容和西德法学界所认定的差不多。此外还应该加上社会保险的内容,以及像美国政府中众多管理机构所颁布的行政立法的内容。

再来看苏联与东欧等国的经济法情况。

在苏联,公私法划分的争论问题,因国家制度的根本改变而似乎已经解决了。但在苏联,在后来法律制度的实际贯彻中,在另一种意义上,这个问题似乎依然存在。这反映在苏联法学上关于经济法的两次争论中,后一次争论现在仍在继续。

一次是因为斯杜施卡和帕苏卡尼斯围绕经济法所提出的理论观点和主张而引起的。斯杜施卡和帕苏卡尼斯在二十年代主张:法律反映商品货币关系,是市场关系的反映。法律,特别是调整契约、核算、权利能力的民法,因为它代表"新经济"财产关系——私人的生产关系(消费者也是私人)注定要消亡;无产阶级不需要法律,法律将被经济所代替,被计划所代替,民法应让位于行政法或经济行政法。他们的理论的核心问题是法律消亡论。

六十年代,在苏联准备颁布新民法——"民法基础纲领"的时候,又一次展开了关于经济法的争论。这场争论现在还在继续。这次争论中,人们不谈法的消亡了,也不争论公私法的问题了,而是承认民法和经济法概念同时存在。但现在争论的是经济法是独立存在,还是属于民法或行政法,成为民法或行政法的组成部分;此外,还争论:民法或经济法仅仅是在经济核算原则的基础上调整经济组织之间及经济组织与公民之间的财产关系,还是不仅调整社会主义经济组织之间的财产关系,而且也调整经济组织和它们与管理机构或机关之间的关系。

关于苏联与东欧经济法的基本内容,不论在已经有了经济法法典的捷克或是经济法尚在热烈争论中的苏联,较一致的意见是,它应该包括调整:(1)工业企业之间,工商交通运输组织之间的广泛的合作关系;(2)计划和国家机构或机关对上述这些企业的管理;(3)经济组织的组织形式;(4)银行、信贷、核算的控制。

至于捷克的新民法典,则与苏联的新民法典不同,它只管公民劳动者的个人权利和为满足物质和文化需要所制定的财产权利。

(二)经济活动的组织和领导问题

1. 公私法的划分和围绕经济法的争论,部分是西方国家和苏联、东欧国家在经济组织和经济活动的计划领导上存在的某些矛盾的反映。

现在发展到国家垄断资本主义阶段的西方工业国家,从一定意义上说,都在不同程度上计划他们的经济,这是无需置疑的。但总的讲来,这些国家的政府都是让公私生产单位(大公司企业)自己规划它们的生产,同时使它们受市场要求的制约。连宪法里明确规定搞经济计划的法国,也是这样。法国的经济计划是提出数字情报,提供大公司企业和经济单位以参考性建议和协调要求的计划,绝不是什么大规模统筹性的有计划发展经济的规划,因此也不能具有行政强制性,具有法律效力。但是西方的大公司企业却正在从管理角度计划它们的生产和经营。

资本主义大企业需要有某种计划。这些计划当然不可能是完备的,而且像加尔布雷思所说的那样,主要是为了应付现代工艺生产时间间隔长和风险大,以及适应市场的需要,提高实现盈利的可靠性,依我们看,实际上是为了垄断与控制。资本主义大公司不仅自己作计划,还专门设置了"出售"计划的公司,代替公司企业进行规划,例如美国的麦格劳－希尔公司(MaCgaw Hill Company),它们为大企业进行着服务,提出"预测报告"和"企图报告"。这些都是在精密计算的基础上进行生产和投资,市场划分与销售、金融、财务、价格的策划的富有策略性的管理措施。

单从企业的角度讲,这里就包括处理公司企业与各国政府之间的关系(如美国的取消管理、反干预运动),大小企业的关系(反垄断法,反限制措施法),企业内外关系的控制与配合等法律问题。这些法律问题的处理,除涉及西方国家的传统法律部门之外,还涉及经济法问题。

2. 企业事务的横直并重与横直结合:资本主义国家原来的一些民法典,它们只规定权利主体的外部活动,即民事流转中的活动,这是很自然的。这反映了资本家十分重视实现剩余价值的过程;至于生产,则是他们的"家务事",不属于法律调整的范围。但在它们的商法典里,也已经把集合资本作为法人,并在法律上对其内部体系得出组织上和管理上的要求了。到了今天,资本主义公司体系越来越庞大,内部管理和外部效应之间的配合更形突出,经济上和法律上就出现了纵向控制(一体化)和横向控制(一体化)的概念。

纵向控制或一体化,就是通过收买、合并(或分散)、参预等手段,把外部关系转化为内部关系,或内部关系转化为外部关系,从小到大,由上到下,掌握和控制一系列的企业,系统地控制其生产部门、销售部门、财务部门,以及其他工商业务。横向控制或一体化,是指在不取消竞争的领域内,控制销售市场、市场价格、消费者的需求,利用"联系"来订立有利于大公司组织的合同和契约,以实现垄断。

加尔布雷思描述了这两种控制的关系,他说:"通常称作垂直一体化的事情代替了市场。计划单位把供应的来源和出路掌握在手中。一桩有待于通过价格与数量上谈判而达成的交易,为计划单位内部转移所代替。""从公司角度看,排除市场使一件进行外部洽商、从而部分或全部无法预先控制的决定,变成一桩纯粹是内部决定的事情。"经济管理上的纵横结合,体现了计划与市场的结合,在法律上就表现为对法人主体的内部关系和外部关系连接起来的规定。

苏联与东欧国家在社会经济制度上与西方资本主义国家虽然不同,但上述这些法律问题是同样存在的。苏联与东欧国家关于民法与经济法的不断争论,就是一个证明。现在在苏联法学理论界占上风的理论是:经济法应该同时包括计划调节和市场调节,它不仅应该包括横向关系的调整,也应该包括竖向关系的调整,在商品关系里(不论竖的或横的)都要同时贯彻计划规律和价值规律。

(三)国际经济法问题

经济法遇到的不仅有国内问题,还有国际问题。就法律体系讲,如果说西方国家的国内经济法的固定形态还在继续形成中,那么在苏联和东欧(包括已经有了经济法典的捷克),关于经济法的争论也远未结束;至于经济领域的国际法——"国际经济法"的争论,则更似初生胎儿,它是在七十年代才开始发展的。

在传统的法律领域里,国际关系中作为主体国家的国与国之间的冲突,一般有具有长期历史背景的国际公法作为它在发展中的斗争工具;在经济方面,虽然在传统的国际贸易(包括交通运输和通讯)和国际金融领域,也有着长期的国内法和国际法传统,因此较少地碰到十分难以解决的问题,但在国际经济的另一个日益扩大的方面——资本流动的领域,即为了生产商品和服务而将资金、技术、人员和管理从一国向另一国输送和移动,将资本直接投放国外生产的领域,则国际法仍是一个巨大空缺。

全世界的对外直接投资依一九七四年年终的统计是 2 480 亿美元,这和经济合作与发展组织一九六七年的统计 1 050 亿美元相比,六七年的时间里增加了一倍以上。其中美国占百分之四十八、英国占百分之十四至十五……在这个总投资运动中,国际公司(跨国公司)的投资活动占据十分重要的地位。为了说明直接投资的模型,国际经济学家,把他们的研究扩展到了对跨国公司的作用的研究,把公司企业的微观理论和国际资本运动的宏观理论结合起来。同时,把跨国公司的组织和活动作为当前国际法的重点研究项目之一。

从法律角度看,国际间对多国公司或跨国公司资本活动的制约是从不同立场在四个平面上进行着:(1)本国法对它们的控制;(2)东道国法律对它们的制约;(3)国际机构对它们的制约;(4)区域组织对它们的制约。本国法对它们的控制是基本的,但因为跨国公司基地国家的法律同跨国公司的立场基本上是一致的,跨国公司的组织和活动都在国外,这里不仅会发生这些国家法律的域外效力问题,而且产生国外无法干预这些本国法的国际政治问题,东道国的法律,当然也会起到一定的抵制或抵消作用,但因为接受投资国的经济地位,以及吸引外资的需要,往往使得它们的抗衡力量不会太大。区域组织按其实质而言,它们本身就是垄断资本的组织(欧洲共同体,经互会组织),只能在其内部起着平衡作用。所以严格讲来,区域组织内部关系不属于国际经济法的范围。所以剩下的就是国际机构塑造的国际法对跨国公司的制约。

国际间直接投资领域最重要一次变动,发生在七十年代原料生产国同国际资本之间的斗争。长期来,初级产品,例如石油的开发,包括勘测、勘探、开发、生产、运输、销售(批发与零售)几乎全部掌握在跨国公司和它的子公司网系中。由于原料生产国的斗争,联合国大会于一九七二年十二月十八日通过决议,宣告发展中国家对其全部自然资源(地上地下及大陆架)具有永久主权。一九七四年四月联合国关于自然资源和发展的特别会议,发出"建立国际新秩序"的号召。联合国大会一九七四年十二月十二日通过了"国家经济权利与义务宪章"。

针对跨国公司的一般活动,联合国经社理事会在一九七二年七月二十八日作出决定,要求秘书长与各国政府协商,指定一个二十人的研究小组(一称"著名人士小组"),研究多国公司的作用和它们对于发展进程的影响,特别是对发展中国家发展过程的影响,以及它们涉及的国际关系问题,并要求其"作出结论,使各国政府在独立自主地决定这方面的国家政策时,可能加以利用,提出采取适宜的国际行动的建议"。

二十人小组于一九七四年六月提出的"世界发展中的多国公司"的报告,建议设立两项制度:(1)成立一个新的常设的研究跨国公司委员会,来协助经社理事会处理跨国公司的问题;(2)在联合国秘书处内设立一个关于跨国公司的情报研究中心。

从长远目标考虑出发,二十人小组本想提出在联合国成员间缔结一项关于多国公司的一般条约,使之具有国际条约所具有的拘束力,并且附有执行机构的条款,但考虑到时机并不成熟,条件并不具备,于是建议在有关跨国公司的具体方面,如竞争、技术、市场结构、税收、劳动方面,先加紧做准备工作。

根据二十人小组的建议,跨国公司委员会在一九七五年三月的纽约会议上,提出了十个应优先考虑收集情报的领域:

1. 技术转让价格和税收;
2. 跨国公司的短期资本流动;
3. 限制性的企业经营措施;
4. 公司所有权和参与营业的各种方式;
5. 市场集中(包括参预和合并);

6. 跨国公司在营业和投资中如何利用本国、东道国和国际金融市场的各种条件的问题；

7. 管理和控制的各种可选择的方式；

8. 跨国公司的政治活动；

9. 跨国公司的社会影响问题；

10. 跨国公司对劳工组织、工会权利、劳动标准和劳动条件的影响。

这些就是当前国际经济法在国际投资和跨国公司方面所要研究的问题。

在这个基础上，跨国公司委员会一九七六年七月二十日在利马召开的第二届会议上提出了一个"制定一个行动守则的问题"的报告，并责成联合国情报研究中心拟订一个行动守则草案。这个草案应在一九七八年春，在该委员会的第四届会议上提出。发展中国家和工业化国家之间所争执的是"守则"应否具有法律拘束力，并且使之不仅对多国公司有效，同时也对各国政府有效的问题。

在联合国范围之外，西方工业国家的商事机构、经济集团和区域组织也纷纷提出它们的跨国公司准则，以与发展中国家的主张相抗衡。例如，巴黎国际商会于一九七二年十二月提出了"国际投资指导原则"。主要由西方工业国家组成的经济合作与发展组织于一九七六年六月通过了"国际投资和多国企业宣言"；一九七六年九月欧洲议会的代表和美国的代表，以美国和欧洲为适用范围也制订了一个"关于多国企业和政府原则法典的草案"，具有法律效力，对美国和欧洲共同体的企业有拘束力，并且在情报、竞争、投资政策、税收政策、资本市场、货币政策、社会政策、技术和政治活动等方面作出了一些硬性规定。

国际投资方面如果发生争端，能够有一个各国普遍承认的仲裁协定，当然是很好的。事实上，西方国家也曾于一九六五年制定过建立作为世界银行的一个独立机构的国际仲裁中心以解决投资争端的公约。其后经过发展中国家的斗争，联合国大会于一九七四年十二月十二日通过了"国家经济权利和义务宪章"。"宪章"给予发展中国家能将外国公司资产没收或国有化的权利，但要给予补偿。联合国没有建议发展中国家批准西方国家一九六五年的仲裁中心公约。"国家经济权利和义务宪章"规定，对外资企业国有化补偿金额如有争执，东道国的法律和司法机构有排他性的管辖权,这样就排除了西方工业国家,即跨国公司主要基地国家垄断处理争端的权力。

上面所述,就是关于经济法和国际经济法在西方国家(也包括苏联和东欧)的形成、发展和一些主要理论问题的情况介绍。这些情况说明:经济法是世界各国在新的历史条件下产生的法律现象,它的出现具有一定的历史必然性,它是适应这些国家的社会经济的变化而产生的。经济法是这些国家用来在国内管理经济、解决不同经济体制中所发生的具体矛盾和在国际间处理国际经济关系并为这些关系中的斗争服务的法。研究这方面的法律,对于我们了解这些国家的经济制度及其政策方针的实际贯彻以及处理法律问题的方法,是十分有用的。

关于国际经济法的几个问题[*]

一、对于国际经济法，了解国际经济关系中存在的问题是最基本的

经济基础决定上层建筑，政治经济因素影响法律规范，一国国内如此，国际间也是如此。国际经济法作为国际规范现象的存在，并非例外。当前国际经济法律规范的突出发展，是第二次世界大战后国际经济关系中许多重大矛盾进一步表面化的反映。

二次大战后，国际经济关系中出现了战前没有出现过的几种新情况：

1. 社会主义新型国家作为经济活动主体进入世界经济舞台：如新中国的成立，它的独立的、比较完整的社会主义经济体系的基本形成和经济建设的重大成就，以及八十年代的对外实行开放；六十年代亚非拉大量民族独立国家摆脱了原来的殖民地从属地位而在经济上谋求自身的独立发展。

2. 资本主义公司，在西方世界工业革命后，从作坊、工厂到全国性的公司企业，以至多分支、多部门的垄断公司，而形成二次大战后众所周知的跨国公司和多国公司，这些公司已发展到西方有些经济学家吹嘘为"民族国家作为一个经济单位已差不多要消失的地步"[①]。它们在国际间进行货物与资本、贸易和金融活动，在国际间发生着难以控制的作用。

3. 世界范围内地区性集团的出现，是战后国际经济关系复杂化的又一非常突出的方面。这些经济集团组织，我们称之为地区性集团，不完全恰当，因为其中某些集团都是主张在国际法上具有普遍意义的机构。例如，从其肇始时起就是由美国的对外经济政策起支配作用的、现有 80

---

[*] 原文刊于《国外法学》1983 年第 1 期"国际经济法"栏目，原题为《第一讲　关于国际经济法的几个问题》。

[①] 〔美〕查尔斯·金德尔伯格：《美国在海外的生意经》，耶鲁大学出版社 1969 年版。

多个国家参加的"关税贸易总协定"(GATT)——其前身是根据1948年哈瓦那宪章成立的没有成为事实的"国际贸易组织"(ITO);1958年成立、现在还在致力于成为一个真正的统一的政治实体的欧洲共同市场——"欧洲经济共同体"(EEC);1960年成立、由欧洲18个国家加上美国、日本、加拿大、澳大利亚、新西兰、芬兰等国家组成的"经济合作与发展组织"(OECD)——其前身是"欧洲经济合作组织"(OEEC);以苏联为首,联结保、匈、波、罗、捷和东德六个东欧国家于1949年成立的"经济互助委员会"(COMECON/SMEA),在1959年通过了它的正式章程。

更值得注意的是60年代以后,发展中国家为了保护其自身的利益而在世界各地区成立起来的经济集团组织,有一二十个:有"拉丁美洲自由贸易协会"(LAFTA);"安第斯条约组织"(ANCOM);"中非关税和经济联盟"(UDEAC);"西非经济共同体"(CEAC)等。① 另外,国际间还有根据某一具体商品的贸易条件达成的协议,它们也具有集团性组织的形态,例如1960年13个石油国家成立的"石油输出国组织"(OPEC),1968年在科威特成立的"阿拉伯石油输出国组织"(OAPEC),以及"铜生产国政府间理事会"(CIPEC)等。②

4. 在上述这些国家、跨国公司、地区经济集团和商品集团之间或在其影响下,战后三十年间在世界资源的开发和利用方面,原材料产品和能源的供应,货物设备、技术劳务、资金的购买和运转方面;粮食、人口、国民收入的差距,国际环境保护,对国际垄断组织的控制和建立经济新秩序等方面,交叉开展着三种典型的经济关系。依照其突出问题的时间的先后,它们是:

---

① 以成立时间的先后:协约理事会(Council of the Entente);拉美自由贸易协会(LAFTA);中美洲共同市场(CACM);区域发展合作组织(RCD);阿拉伯共同市场(ACM);中非关税联盟(UDEAC);马格里布集团(MG);东非共同体(EAC);东南亚国家联盟(ASEAN);加勒比自由贸易协会(CARIETA);东加勒比自由市场(ECAFM);安第斯条约组织(Andean Group);南太平洋论坛(SRF);加勒比共同体(CARICOM);西非国家经济共同体(ECOWAS);拉丁美洲经济体系(LAES)。

② 原料输出国组织:石油输出国组织;铜输出国政府联合委员会;国际铝矾土生产国协会;铁矿砂输出国协会;水银生产国协会;钨输出国组织;天然橡胶生产国联盟;亚洲和太平洋椰子共同体;黄麻输出国组织;亚洲胡椒共同体;香蕉出口国联盟;非洲木材生产者协会;非洲花生生产国理事会;马格利布国家柑桔委员会;拉丁美洲和加勒比食糖输出国组织;拉丁美洲肉类生产国组织等。

"东西关系",这是苏美两霸在战后冷战与缓和交替中,为了争夺欧洲、争夺世界其他资源地区、控制与扩展其经济活动范围而进行的又争夺又妥协的关系。

"南北关系",这是发展中国家与发达国家之间,即贫富国家之间,在目前世界经济发生重大危机、发达国家陷入经济"滞胀"泥潭,发展中国家正在进一步致力于本国民族经济的发展,而在这两种国家之间发生的经济发展和合作关系。

"南南关系",这是发展中国家之间为了在政治和经济上相互援助并进行合作的关系,这种合作关系的发展将有助于冲破发达国家和发展中国家之间现存的不平等经济关系,因而有利于发展中国家同发达国家进行抗衡和合作的斗争。

横贯在上述各方面的关系中,作为它的核心问题的,是改变发达国家和发展中国家即南北国家之间的不平等的国际经济关系和重新组织世界经济,并建立新的国际经济秩序的问题。

旧的经济秩序是以对世界物质资源的垄断占有,生产体系中不合理的国际分工,不平等与不等价的商品交换以及国际资本永保债权人地位和货币金融的自由操纵的体系为其基础的。旧的国际经济秩序的继续存在与在此基础上的活动,已日益成为国际生产进一步发展、特别是落后国家和地区生产力发展的严重障碍。

因此,改变这种经济秩序,利用现有国际规范和制定新的规范来调整这种关系,就成为国际社会一个十分关切的问题。

二、调整国际经济关系的国际法现状

发展中国家要求建立国际经济新秩序,谋求通过南北对话以改善同发达国家的经济关系,加强双方的经济合作,这正是生产关系一定要适应生产力发展这一经济规律在国际间发生作用。这里就产生了既要利用国际间原有的某些规范,又要在某些范围里建立一些新的行动准则来调整复杂的国际经济关系的必要性。必须看到,国际经济关系里的复杂性,必然会反映到国际规范和国际法中来,这是明显的,试举几个例子以说明这一点。

在国际间投资活动,一方面我们看到"欧洲经济合作组织"1956年制定过一个"关于外国人财产保护公约"。1966年在世界银行的推动下订立了一个"解决一国与其他国家公民之间投资纠纷公约"。巴黎国际商会于1972年12月提出了"国际投资指导原则"。欧洲共同市场于1973年颁布了"多国公司和共同体规则"。"经济合作发展组织"（OECD）于1976年6月21日发布了一个《关于国际投资和多国公司宣言》。1976年9月"欧洲议会"和美国的代表制定了一个"多国公司和政府原则法典的草案"，适用于美国和欧洲共同体的企业之间。这些都是从投资国的立场出发，为投资活动提供方便而规定应遵守的准则或守则。

另一方面，我们又看到联合国在1974年通过了"国家经济权利和义务宪章"。这一国际规范更多地考虑了发展中国家——一般说都是接受投资国家——的利益。1972年国际劳动组织在劳工问题上，1974年联合国贸发会议在技术转让问题上，都提出了制定跨国公司守则的建议。联合国经社理事会的跨国公司委员会于1978年讨论了跨国公司行动守则的国际效力问题，1982年5月完成了该守则的起草工作。我们也看到以主张加尔沃条款著称的南美安第斯集团颁布一个"安第斯外国投资法典"来约束跨国公司对安第斯国家的投资活动。

这些都是国际法，都主张在一定范围内或更宽广的范围内有普遍适用意义，然而立场却有很大差异，差异存在于国际经济关系中直接有利害的国家意志之间，以及主体、集团等所订立的规范之间。

在国际贸易领域，由于有商人过去在国际间的长期实践，这里有着较多的习惯做法，而且历来都是按照当事者各方的意志，在较严格的信用基础上行事的，国际规范比较容易统一，然而在国际间还是有各搞一套、几种国际法并存的情况。内容上基本相同的1964年的海牙《国际货物买卖统一公约》和1980年的《联合国国际货物买卖合同公约》就是例子。有意味的是两个公约都没有把当前因国际生产力发展而出现的产品成分上的变化和国际贸易中商品结构的发展和变化考虑进去，更不用说全部接受发展中国家在70年代提出的作为改变不合理的国际经济关系而建议设立的多种商品的调节储存（缓冲存货）、筹集共同资金、稳定基本产品价格以及实行完善的普遍优惠制的综合方案等规范措施了。

在工业品专利保护和许可证买卖的领域，也有类似情况，虽然在这方面，西方国家在上一世纪末就有了公约和联盟组织；在70年代成立了"世界知识产权组织"作为它的行政机构，国际间还签订了"专利合作条约"，建成专利权的国际网，但在60年代和70年代，却出现了好几个地区性专利条约，如从机构到法律规范全部统一的、采用"不审批制度"的非洲专利公约（OAPI），在共同体一级统一了规范措施的欧洲共同体专利条约（CPC），北欧国家的共同专利法，安第斯集团国家的卡塔赫纳协定等。在对待外国人的专利申请问题上，有些国际规范采取完全不同的立场。这种不同立场在1975年贸发会议上讨论发展中国家提出的十四点清单中完全暴露出来了。

上面只举了当前国际关系中几个具体例子，以说明这些经济关系中现存国际规范的一些情况。但显然，这种情况是存在于国际经济关系的许多领域和各种国际规范之间的。因而在调整国际经济关系的规范里，不论就其宣示的原则或施用的规范形态看，很难找到一个能够得到多方面一致承认和遵守的"国际法"就不是什么奇怪的事情了。必须指出，联合国的国际法委员会（ILCUN）、国际贸易法委员会（UNCITRAL）、贸易和发展会议（UNCTAD）、工业发展组织（UNIDO）、经社理事会的跨国公司委员会（UNCTC）和经社理事会的一些专门机构和独立组织，在统一规范的技术准备工作方面，或在促进国际法的逐步发展和编纂方面，或在最后主持缔结多边协定（公约）、成立机构方面，都做了大量工作。不过要取得国际经济法方面更多的成就，还有待各国的共同努力。

在国际经济关系中，国际规范出现众多复杂的形态和不统一的现象，其实质原因，前面已经谈到，是第二次世界大战后，在远远超出传统的国际法所包含的内容之外的范围内，突出地显出种种不平衡的矛盾。

联合国本身不是一个超国家，它是一个根据国家意志订立的条约所建立起来的国际组织。根据联合国宪章，联合国除了在极有限的范围内有特定权力，可以采取某些措施以外，对于"宪章范围内的任何问题或事项"，只有"向联合国会员……提出……建议"之权。联合国大会所提出的任何规范性文件，不论所采取的形式是"决议""宣言"，还是"宪章""公约""统一法"，"它们都只具有建议的效力"（"行动守则"是最近几年想出来的办法），他们所具有的主要是政治号召力。要使这些"国际法"发生效力，即对有关国家发生效力，得到各国的遵守，缔结条约或参加公约乃是主要途径,这在国际经济关系里,情况特别明显。作为国际法的渊源,条约或公约也都有它们的局限性:条约的效力只发生在当事国之间,公约的效力是否具有普遍意义和多大范围的普遍性,则决定于各国对条约或公约的签署、批准或加入。

谈到国际经济关系中国际法现状,即国际经济法规范的错综复杂的情况时,我们必须看到各国国内法对国际法的决定性影响。

1. 就国际法和国内法的关系说,各国有各国对待这个问题的看法和做法。例如,在英国,国际条约一经英王批准,在国际平面上便生效。如果要在国内发生效力,必须把它化为国内立法。在别的一些国家,凡是由立法机关缔结条约和参与批准程序的,则国际条约在国内和国际平面上同时生效。而根据我国宪法的规定,全国人民代表大会常务委员会有"决定同外国缔结条约和重要协定的批准和废除"之权。根据这个做法,全国人大常委会一旦作出决定,国际条约即在我国对内生效。国际法与国内法关系的一种特殊情况是欧洲经济共同体。共同体法对于欧洲共同体成员国来说是国际法,但共同体法明文规定,共同体法具有高于成员国法律的地位。实际上,这是因为欧洲共同体有着发展为一个统一的政治实体的展望,共同体法,即共同体成员国的国际法,可以说正处于成为国内法的过程中。

2. 另外有的国家,特别是霸权主义国家,往往喜欢把自己对国际法的看法和对"国际法一般原则"的主张强加于人,还把它的"对外关系法"作为国际法来推行。不仅它们的直接作用于对外经济关系的法律措施严重影响着别的国家同它们的经济关系,而且它们经济领域中的许多国内立法,如反托斯拉法,产品责任法,主权豁免法等都在许多方面主张具有域外效力。至于在公海资源问题上主张制定自己的立法来垄断开采,则是更露骨的做法了。在国际经济关系里,它们的这些法同别的国家的法必然在实体上直接发生冲突。这些情况都增加了处理国际经济关系和国际经济法问题时的复杂性。

3. 国际经济关系有这么一个特点,即国际经济关系是在各国自己的经济制度和经济发展的基础上联结起来的。因此,国内法实际上往往决定着国际法。例如,一个国家在国内法律上是否容许或鼓励外国资本的输入,输入后给予什么样的法律地位,应该为它规定什么样的经营方式,这些法律在很大程度上影响着投资国(或其他国际主体)和接受投资国即东道国之间或东道国和投资国(或其他国际主体)之间的经济关系及其规范措施。同样是一国的原材料生产和制成品生产以及这些方面的国内法律的管理控制制度也对国际经济关系发生着上层建筑所发生的影响。这种情况同用传统的国际法只在国际平面上解决问题的情况不一样,这给国际经济法又增加了一层复杂性。

总的说来,国际法不是一个抽象概念。没有什么天赐的、永存的或通用的国际法。就其现状讲,特别在国际经济领域,情况比较复杂。这里只存在着一些在不同历史时期,在不同性质或类型的国家之间,通过斗争或妥协或沿用习惯做法而形成的得到大多数国家或一部分国家同意或不同意,并在不同程度上得到它们遵守或不遵守、用于调整它们相互间关系的国际规范和行动规则。特别在国际经济关系里,国际法各国的国内法交错地发生相互影响和作用。

研究这些情况,就称为国际经济法科学的一个重要课题。

三、加强国际经济法的研究,为我国对外经济工作服务

国际经济法,作为关于实际规范的一个概念,它是指国际间为调整经济关系所用的种种法律规范或类似法律规范的文件。国际经济法作为一门科学,则是研究国际经济关系、国际经济法(规范)及两者之间的关系的一门学问。

关于国际经济法的含义,学术界是有争论的。我认为国际经济法的内涵,可以看它所调整的国际经济关系的情况来决定。前面已经提到,国际经济关系一般包括世界物质资源的占有、掌握和保护,国际环境保护,国际间货物、技术、劳务、资本货币的流转,世界人口、粮食、国民收入的差距所引起的经济和法律调整问题,以及进行上述这些活动的主体(国家、组织机构、公司企业、地区性经济集团组织等)和国际经济秩序等。西方学术界较多地倾向于把国际经济法范围限于国际经济关系中四个主要方面的活动:投资、援助、贸易、货币金融。有的则称国际经济法为国际经济来往法(international business transactions),这样实际上主要是指国际贸易方面的法律调整问题。

这里,重要问题是要回答为什么我们要在某一方面开辟一个新的研

究领域。根据马克思主义从实际出发的原理,我们认为主要是因为国际经济关系某一方面的矛盾突出起来了——就国际经济法所涉及的问题说,是因为第二次世界大战后的国际经济关系里面发生了重大变化,在马克思称为"生产的国际关系"[①]里,产生了对国际间的相互关系重新加以调整,建立有利于国际社会的秩序的需要。

开辟一个研究国际经济法的新领域还是因为我们在进行社会主义现代化建设的过程中,实行对外开放,在自力更生的原则下扩大对外经济技术交流,在对外经济关系的实际工作中,在前述广阔的国际经济问题领域里,要求我们具有对国际经济法的知识和处理法律实际问题的本领的需要。

另外,也因为传统的国际法概念已框不住并提供不了这些方面所需要的知识。传统的国际法,即国际公法,已在几个重要方面被国际经济关系的现实所突破:在国际经济活动的主体方面(国际机构、国际间的公司企业、国际间的地区性经济集团组织)、在国际经济的内容方面(已远远超出了传统的国际公法所处理的主权、领土、战争与和平等问题),以及在适用与考虑的法律范围等方面(公法与私法的界限、国际法与国内法的界限),都出现种种新的情况。

特别值得指出的是,在处理国际经济关系和国际经济法的实际问题时,我们不仅要研究国际平面的规范法律,还必须研究相对国家的国内法,主要方面还在于掌握我们国家自己的涉外立法。外国法和国际法将在不同方向和不同范围内影响我们的涉外立法,我们的涉外立法也将帮助我们在对待外国立法和国际法的折冲中,表明我们国家的立场。

国际经济法作为实际规范的概念,可能无法把各国的国内法包括在内,但国际经济法作为研究国际经济关系和国际经济法的一门跨领域学科,我认为有必要把这些不同平面的法律的研究包括进去。

研究国际经济法,是为了在当前国际关系中,排除现存国际经济秩序给国际经济关系带来的障碍,有助于在国际间建立有利于第三世界发展民族经济,建立平等互利的国际经济关系。中华人民共和国在经济上

[①] 〔德〕马克思:《经济学手稿》"导言",载《马克思恩格斯全集》(第十二卷),人民出版社1962年版。

属于发展中国家,又是一个大国,在世界经济范围内有它的独特的地位,起着举足轻重的作用。当前我们对国际经济关系的态度和主张,正像1981年10月"关于合作与发展的国际会议"上的一段发言所指出的:

第一,积极支持发展中国家发展民族经济、实现经济上的独立自主以及实行集体自力更生的一切努力。第二,按照公平合理和平等互利的原则改革现存的国际经济秩序。第三,把建立国际经济新秩序这一根本目标和解决发展中国家当前的紧迫问题,正确地、密切地结合起来。第四,发展中国家有权采取适合本国国情的发展战略;发达国家不应该以发展中国家的国内改革作为建立国际经济新秩序的前提。第五,积极推动旨在改善发展中国家经济地位的南北谈判,以利于发展世界经济和维护世界和平。

我们认为研究国际经济法应该以这个主张作为我们研究工作的方针。

国际经济法概论[*]

一、国际经济法形成的背景

经济基础决定上层建筑,政治经济因素影响法律规范,一国国内如此,国际间也是如此。国际经济法作为国际规范现象的存在,并非例外。当前国际经济法律规范的突出发展,是第二次世界大战后国际经济关系中许多重大矛盾进一步表面化的反映。

二次大战后,国际经济关系中出现了战前没有出现过的几种新情况:

1. 社会主义新型国家及民族独立国家作为经济活动主体进入世界经济舞台。如新中国的成立,它独立的、比较完整的社会主义经济体系的基本形成和经济建设的重大成就,以及80年代的对外开放政策,60年代亚非拉大量民族独立国家摆脱了原来的殖民地从属地位而在经济上谋求自身的独立发展。

2. 资本主义公司,在西方世界工业革命后,从作坊、工厂到全国性的公司企业,发展成为多分支、多部门的垄断公司,进而形成二次大战后众所周知的跨国公司和多国公司,这些公司已发展到西方某些经济学家吹嘘为"民族国家作为一个经济单位已差不多要消失的地步"[②]。它们在国际间进行货物与资本、贸易与金融活动,在国际间发生着难以控制的作用。

3. 世界范围内地区性集团的出现,是战后国际经济关系复杂化的又一非常突出的情况。这些经济集团组织,我们称之为地区性集团,并不

---

[*] 原文载《国际经济法》(国际经济合作与现代经营管理参考资料之四),石油工业部基建局中国石油工程建设公司1983年版。本文在《关于国际经济法的几个问题》一文基础上修改而成。——编者注

[②] 〔美〕查尔斯·金德尔伯格:《美国在海外的生意经》,耶鲁大学出版社1969年版。

完全恰当,因为其中某些集团都是被认为在国际法上具有普遍意义的机构。例如,从其肇始时起就是由美国的对外经济政策起支配作用的、现有88个国家参加的"关税贸易总协定(GATT)——其前身是根据1948年哈瓦那宪章成立的没有成为事实的"国际贸易组织"(ITO);1958年成立、现在还在致力于成为一个真正的统一的政治实体的欧洲共同市场——"欧洲经济共同体"(EEC);1960年成立、由欧洲18个国家加上美国、日本、加拿大、澳大利亚、新西兰、芬兰等国家组成的,其前身是"欧洲经济合作组织"(OEEC)的"经济合作与发展组织"(OECD);以苏联为首,联结保、匈、波、罗、捷和东德六个东欧国家于1949年成立、1959年才通过了它的正式章程的"经济互助委员会"(COMECON/SMEA)等。更值得注意的是60年代以后,发展中国家为了保护其自身的利益而在世界各地区成立起来的经济集团组织,已有一二十个:如"拉丁美洲自由贸易协会"(LAFTA)、"安第斯条约组织"(ANCOM)、"中非关税和经济联盟"(UDEAC)、"西非经济共同体"(CEAC)等。① 另外,国际间还有根据某一具体商品的贸易条件达成的协议,它们也具有集团性组织的形态。例如,1960年13个石油国家成立的"石油输出国组织"(OPEC),1968年在科威特成立的"阿拉伯石油输出国组织"(OAPEC)以及"铜生产国政府间理事会"(CIPEC)等。②

4. 这些主体之间的国际经济关系,70年代以来,大家比较一致地认为是在大约十个经济领域里发展着:

(1)国际贸易与运输领域。这是国际经济关系传统习惯中时间最长的一个领域;

---

① 以成立时间的先后:协约理事会(Council of the Entente);拉美自由贸易协会(LAFTA);中美洲共同市场(CACM);区域发展合作组织(RCD);阿拉伯共同市场(ACM);中非关税联盟(UDEAC);马格里布集团(MG);东非共同体(EAC);东南亚国家联盟(ASEAN);加勒比自由贸易协会(CARIETA);东加勒比自由市场(ECAFM);安第斯条约组织(Andean Group);南太平洋论坛(SRE);加勒比共同体(CARICOM);西非国家经济共同体(ECOWAS);拉丁美洲经济体系(LAES)。

② 原料输出国组织:石油输出国组织;铜输出国政府联合委员会;国际铝矾土生产国协会;铁矿砂输出国协会;水银生产国协会;钨输出国组织;天然橡胶生产国联盟;亚洲和太平洋椰子共同体;黄麻输出国组织;亚洲胡椒共同体;香蕉出口国联盟;非洲木料生产者协会;非洲花生生产国理事会;马格利布国家柑橘委员会;拉丁美洲和加勒比食糖输出国组织;拉丁美洲肉类生产国组织等。

(2) 国际货币金融来往的领域；

(3) 原料与能源的供应；

(4) 海洋资源的开发；

(5) 国际环境保护，包括国际间生态的保护、海洋污染和空间污染；

(6) 对国际垄断组织如多国公司、跨国公司活动的控制；

(7) 粮食问题；

(8) 人口问题；

(9) 工业化国家与发展中国家国民收入差距的问题，实际上是穷国与富国的矛盾的问题；

(10) 世界全部经济协调的问题。也就是国际经济秩序的问题。

从国际经济法的角度，以上十个问题可归纳为四大方面，我们可从这四方面来考虑他们的法律调整：

①国际间的货物、劳务与资本的流转问题。根据西方观点，资本包括资源、人力、技术。这是我们经常碰到又需要研究其法律调整的一个大的方面。

②国际间必须要共同协调力量，来共同对付自然界的一些问题，而且不能由任何人垄断包括海洋、南北极以至月球资源的开发问题。

③粮食、人口、国民收入等问题。这些问题主要只能由各个国家自己考虑解决，但也发生一些国际间的关系，例如需要国际援助的问题。

④全面协调、控制与组织经济力量的问题。这是涉及调整世界经济秩序的事。

第三方面只能由一国本身的法律来加以调整解决；第二、第四方面只能通过国际法来加以解决。我们日常生活里接触得较多的是第一方面的问题。这里的法律情况比较复杂，往往不能单独依靠本国法律，也不能单独依靠国际法来进行调整。

5. 在上述这些国家、跨国公司、地区经济集团和商品集团之间，除了西方资本主义国家之间原有的十分发达的经济关系外，还交叉开展着三种典型的经济关系。依照其问题突出的时间的先后，它们是：

"东西关系"。这是苏美两霸在战后冷战与缓和的交替中，为了争夺欧洲，争夺世界其他资源地区，控制与扩展其经济活动范围，而进行的又争夺又妥协的关系。

"南北关系"。这是发展中国家与发达国家之间,即贫富国家之间,在目前世界经济发生重大危机,发达国家陷入经济"滞胀"泥潭,发展中国家正在进一步致力于本国民族经济的发展的形势下发生的经济发展和合作关系。

"南南关系"。这是发展中国家之间为了在政治和经济上相互援助并进行合作的关系。这种合作关系的发展将有助于冲破发达国家和发展中国家之间现存的不平等经济关系,因而有利于发展中国家同发达国家进行既抗衡又合作的斗争。

横贯在上述各方面的关系中的核心问题,是改变发达国家和发展中国家即南北国家之间的不平等的国际经济关系和重新组织世界经济,并建立新的国际经济秩序的问题。

旧的经济秩序是以对世界物质资源的垄断占有,生产体系中不合理的国际分工,不平等与不等价的商品交换以及国际资本永保债权人地位和货币金融的自由操纵的体系为其基础的。旧的国际经济秩序的继续存在与在此基础上的活动,已日益成为国际生产进一步发展,特别是落后国家和地区生产力发展的严重障碍。

因此,改变这种经济秩序,利用现有国际规范和制定新的规范来调整这种关系,就成为国际社会一个十分关切的问题。

二、国际经济法现状

从上段所谈到的国际经济关系法中的调整,发展中国家要求建立国际经济新秩序,谋求通过南北对话以改善同发达国家的经济关系,加强双方的经济合作,订立平等互利的经济联系等可以看出,既要利用国际间原有的某些规范,又要在某些范围里建立一些新的行动准则来调整这些复杂的国际经济关系。必须看到,国际经济关系的复杂性,必然会反映到国际规范和国际法中来,下述几个方面就足以说明这一点。

在世界资源开发和利用以及环境保护领域方面,1972 年 6 月联合国人类环境会议通过了《人类环境宣言》,呼吁为了保护保全人类环境,必须加强人类合作。1972 年 12 月 18 日,联合国大会决议,宣告发展中国家对其全部自然资源具有永久主权。1982 年 4 月,联合国第三次海洋法会议通过了新的《海洋法公约》,宣告国际海底区域及其资源是人类共同继承的财产。

在国际投资方面,我们看到"欧洲经济合作组织"1956年制定过一个《关于外国人财产保护公约》;1966年在世界银行的推动下订立了一个《解决一国与其他国家公民之间投资纠纷公约》;巴黎国际商会于1972年12月提出了《国际投资指导原则》;欧洲共同市场于1973年颁布了《多国公司和共同体规则》;"经济合作发展组织"(OECD)于1976年6月21日发布了一个《关于国际投资和多国公司宣言》,1976年9月"欧洲议会"和美国的代表制定了一个适用于美国和欧洲共同体的企业之间的《多国公司和政府原则法典的草案》。这些都是从投资国的立场出发,为投资活动提供方便而规定应遵守的准则或守则。

另一方面,联合国在1974年通过了《国家经济权利和义务宪章》,这一国际规范更多地考虑了发展中国家——一般说都是接受投资的国家——的利益。1972年国际劳工组织在劳工问题上,1974年联合国贸发会议在技术转让问题上,都提出了制定跨国公司守则的建议。[①] 联合国经社理事会的跨国公司委员会于1978年讨论了《跨国公司行动守则》的国际效力问题,1982年5月完成了该守则的起草工作。还有以主张加尔沃条款著称的南美安第斯集团颁布的一个《安第斯外国投资法典》来约束跨国公司对安第斯国家的投资活动等。

这些都是国际法,都主张在一定范围内或在更宽广的范围内有普遍适用的意义,然而立场却有很大差异。这些差异存在于国际经济关系中有直接利害关系的国家意志之间,以及主体、集团等所订立的规范之间。

在国际贸易领域,由于过去国际间的长期实践,这里有着较多的习惯做法,而且历来都是按照当事者各方的意志,在较严格的信用基础上行事的,因而国际规范比较容易统一。然而,在这方面国际间还是有各搞一套、几种国际法并存的情况。内容上基本相同的1964年的海牙《国

---

① 国际劳工组织《关于多国公司和社会政策的三方宣言》,是1972年开始酝酿,1976年5月由三方起草小组起草,1977年11月由国际劳工组织一致通过的。《关于技术转让的国际行动守则》是1974年5月在联合国大会上提出,1976年5月联合国贸发会议决定开始起草,1977年12月19日联合国大会决定成立技术转让行动守则会议进行商讨落实,现在是在1981年12月16日联合国大会决议成立的"期间委员会"中进行加快定稿的工作。《联合国跨国公司行动守则》的起草工作已在1982年5月10—20日举行的联合国经社理事会跨国公司委员会的十七届会议上宣告结束。

际货物买卖统一公约》和1980年的《联合国国际货物买卖合同公约》就是例子。饶有意味的是两个公约都没有把当前因国际生产力的发展而出现的产品成分上的变化和国际贸易中商品结构的发展和变化考虑进去,更不用说全部接受发展中国家在70年代提出的,作为改变不合理的国际经济关系而建议设立的多种商品的调节储存(缓冲存货)、筹集共同基金、稳定基本产品价格以及实行完善的普遍优惠制的综合方案等规范措施了。

在交通运输方面,有我们较熟知的公约,其中我国已经批准参加的部分有:1929年10月20日华沙《统一国际航空运输某些规则的公约》;1944年12月7日芝加哥《国际民用航空公约》;1969年11月29日布鲁塞尔《国际油污损害民事责任公约》;1972年10月2日日内瓦《国际海上避碰规则公约》;1972年12月2日日内瓦《国际集装箱安全公约》。在电讯方面,有:1973年10月25日《国际电信公约》;1975年11月27日墨尔本《亚洲太平洋邮政公约》;1979年10月26日里约热内卢《万国邮政公约》。

在工业品专利保护和许可证买卖的领域,也有类似情况。虽然在这方面,西方国家在上一世纪末就有了公约和联盟组织。在70年代成立了"世界知识产权组织"的行政机构,国际间除早期签订1980年修改过的《保护工业产权的巴黎公约》外,1970年还签订了《专利合作条约》,组成专利权的国际网,但在60年代和70年代,却出现了好几个地区专利性条约,例如,从机构到法律规范全部统一了的、采用"不审批制度"的非洲专利公约(OAPI);只在共同体一级统一了规范措施的欧洲共同体专利条约(CPC)北欧国家的共同专利法;安第斯集团国家的卡塔赫纳协定等。在对待外国人的专利申请问题上,有些国际规范采取完全不同的立场。这种不同的立场,在1975年贸发会议讨论发展中国家提出的十四点清单中完全暴露出来了。

上面只列举了当前国际关系中的几个具体例子,以说明这些经济关系中现存国际规范的情况。显然,这种情况是存在于国际经济关系的许多领域和各种国际规范之间的。因而调整国际经济关系的规范,不论从其宣示的原则或施用的规范形态来看,都很难找到一个能够得到多方面一致承认和遵守的"国际法"就不是什么奇怪的事情了。必须指出,联合国的国际法委员会(ILCUN);国际贸易法委员会(UNCITRAL);贸易和发展会议(UNCTAD);工业发展组织(UNIDO);经社理事会的跨国公司委员会(UNCTC)和经社理事会的一些专门机构和独立组织,在统一规范的技术准备工作方面,在促进国际法的逐步发展和编纂方面,在最后主持缔结多边协定(公约)、成立机构等方面,都做了大量工作,这些工作的目的是希望对当前国际经济关系作某些有利于推动正常秩序的调整。但是,在现存世界政治经济情势下,这里充满着矛盾和斗争是无需讳言的。

三、国际经济法的概念和范围

怎样给国际经济法下一定义? 我们认为,国际经济法,作为实际规范的一个概念,是指国际间为调整经济关系所用的种种法律规范或类似法律规范的文件。但国际经济法作为一门学科,则是指研究国际经济关系、国际经济法(规范)及两者之间的关系的一门学问。

关于国际经济法的含义,学术界是有争论的。我认为国际经济法的内涵,可以根据它所调整的国际经济关系的情况来决定。前面已经提到,国际经济关系一般包括世界物质资源的占有、掌握和保护,国际环境保护,国际间货物、技术、劳务、资本货币的流转,世界人口、粮食、国民收入的差距所引起的经济和法律问题,以及进行上述有关活动的是哪些主体(国家、组织机构、公司企业、地区性经济集团组织等)和国际经济秩序的问题等。西方学术界较多地倾向于把国际经济法范围限于国际经济关系中四个主要方面的活动:投资、援助、贸易、货币金融。有的则称国际经济法为国际经济来往法(international business transactions),这样实际上主要是指国际贸易方面的法律调整问题。

如果要把国际经济法划分为课程,我们的意见是可以把它分为:国际经济组织和经济秩序,世界资源,国际投资法,国际贸易法,国际金融法,国际运输法,国际税收法,技术转让法,工业产权法,国际环保法,国际私法,国际仲裁与诉讼等。

国际经济法,不论把它作为实际规范,即实体法概念来看,还是作为一门学科来对待,在它所包含的法的因素中,确有许多复杂情况,必须略加说明。

第一,国际经济法,如同国际法一样,它不是超国家法。

试以联合国这个形式上最像超国家机构的国际组织作为例子,就它目前的发展情况看,联合国还远远不是一个超国家,它仅仅是根据各个国家的意志订立的条约所建立起来的一个国际组织。根据《联合国宪章》,联合国除了在极有限的范围内具有特定权力,可以采取某些措施以外,对于"宪章范围内的任何问题或事项",它只有"向联合国会员……提出……建议"之权:联合国大会所提出的任何规范性文件,不论是"决议""宣言",还是"宪章""公约""统一法","它们都只有议的效力("行动守则"是最近几年想出来的办法)。它们所具有的效力主要是政治号召力。要使这些"国际法"发生法律效力,即对有关国家发生约束性的效力,得到各国的遵守,缔结条约或参加公约乃是主要途径。这在国际经济关系里,情况特别明显。另外,作为国际法的渊源,条约或公约也都有它们的局限性:条约的效力只发生在当事国之间。公约的效力是否具有普遍意义和多大范围的普遍性,则决定于各国对条约或公约的签署、批准或加入。

第二,国际经济法,同国际公法不一样,在法的方面,在它涉及的国内法和国际法的关系上,它有着特别复杂的情况:

1. 就国际法和国内法的关系来说,各国有各国对待这个问题的看法和做法。例如,在英国,国际条约一经英王批准,在国际平面上便生效。但是,要在国内发生效力,还必须把它化为国内立法。在别的一些国家,凡是由立法机关缔结条约和参与批准程序的,则国际条约在国内和国际平面上同时生效。根据我国宪法的规定,全国人民代表大会常务委员会有"决定同外国缔结条约和重要协定的批准和废除"之权。根据这个做法,全国人大常委会一旦作出决定,国际条约即在我国国内生效。

国际法与国内法关系的一种特殊情况是欧洲经济共同体。共同体法对于欧洲共同体成员国来说是国际法,但共同体法明文规定,共同体法具有高于成员国法律的地位。实际上,这是因为欧洲共同体有着发展为一个统一的政治实体的展望,共同体法,即共同体成员国的国际法,可以说正处于等待政治经济条件成熟以后逐步成为国内法的过程中。

2. 有的国家,特别是推行霸权主义的国家,往往喜欢把自己对国际法的看法和对"国际法一般原则"的主张强加于人,把它的"对外关系法"作为国际法来推行,他们的对外经济关系的法律措施的直接作用不仅严重影响着别的国家同它们的经济关系,而且经济领域中的许多国内立法,如反托拉斯法,产品责任法,主权豁免法等,在许多方面主张具有域外效力。至于在公海资源问题上,主张制定自己的立法来垄断开采,则更是露骨的做法了。在国际经济关系里,它们的这些法必然会在实体上同别的国家的法直接发生冲突。这些情况都增加了处理国际经济关系和国际经济法问题时的复杂性。

3. 国际经济关系有这么一个特点,即国际经济关系是在各国自己的经济制度和经济发展的基础上联结起来的。因此,国内法实际上往往决定着国际法。例如,一个国家在国内法律上是否容许或鼓励外国资本的输入,输入后给予什么样的法律地位,应该为它规定什么样的经营方式,这些法律在很大程度上影响着投资国(或其他国际主体)和接受投资国之间的经济关系及其规范措施。同样,一国的原材料生产和制成品生产以及这些方面的国内法律的管理控制制度,也对国际经济关系发生着上层建筑所发生的影响。这种情况同用传统的国际法只在国际平面上解决问题的情况不一样。这给国际经济法又增加了一层复杂性。

第三,研究国际经济法,必须注意到西方国家法律的某些基本分类。这个问题之所以发生,也因为在国际经济关系里,特别是在同西方国家及其公民所发生的经济关系里,我们不得不考虑这些国家的国内规范。

这些国家的法律中的一个分类是,公法和私法的分类。这是资本主义国家法律上的一个很重要的分类。它们认为国内法、国际法都有公法与私法之分。在我国,公法和私法的区别是不存在的。而按照资本主义国家的概念,合同法属于私法,刑法、诉讼法、宪法、行政法等属于公法范围。以国家为主体的国与国之间的关系属于"公法"。相反,国际间两个个人、两个公司企业间订立的合同和契约则属于国际"私法"范围。我们碰到一个具体问题时,就要看某一国家里这个问题属于公法还是属于私法。例如凡是规定怎样制订合同的法是私法,怎么管制合同制度的法是公法。在国际经济关系里,不仅要看到调整合同关系的国际"私法"的规范,而且要看到因有国家参与其间而涉及如控制其活动的一国的公法规范。不过,现在国际间的活动主体已经变得十分复杂,就在这些国家里,公法与私法的界线已变得很模糊了。

再一个分类是实体法和程序法的分类。实体法是规定例如签订一个合同或成立一个公司时关于这个合同或这一公司的实际内容的法律。程序法是规定发生纠纷时是由哪个机构来解决,根据什么程序来解决的法律。这个分类也很重要。例如,我们签订了一份合同,对方不履行合同,如对方愿意赔偿,则如何赔偿的问题是实体法的问题;如对方不愿意赔偿,则到哪个法院去打官司,按什么法律来处理以及用什么程序来处理,这些是程序法问题。在西方国家,一个成案是程序法问题还是实体法问题,对于这个案子的结局是有重大影响的,这在国际经济关系里也是这样。

第四,国际经济法开辟新的研究领域的必要性。

这里重要的问题是要回答为什么我们要在国际经济法方面开辟一个新的研究领域。根据马克思主义从实际出发的原理,我们认为,这是因为国际经济关系某一方面的矛盾在当前突出起来了,就国际经济法所涉及的问题说,是因为在马克思称为"生产的国际关系"①里,第二次世界大战后发生了重大变化,产生了对国际间的相互关系重新加以调整,建立有利于国际社会秩序的需要。开辟一个研究国际经济法的新领域,还因为我们在进行社会主义现代化建设的过程中,实行对外开放政策,在自力更生的原则下扩大对外经济技术交流,在对外经济关系的实际工作中,在前述广阔的国际经济问题领域里,要求我们具有更多的国际经济法知识和处理法律实际问题的本领。

但主要原因是因为传统的国际法概念已框不住且提供不了这些方面所需要的知识。传统的国际法即"国际公法"前面已经多次提到;已在几个重要方面被国际经济关系的现实所突破:在国际经济活动的主体方面(国际机构、国际间的公司企业、国际间的地区性经济集团组织),在国际经济的内容方面(已远远超出了传统的国际公法所处理的主权、领土、战争与和平等问题),以及在适用法律范围等方面(公法与私法的界限、国际法与国内法的界限等),已出现了种种新的情况。

总的说来,国际法不是一个抽象概念。没有什么天赐的、永存的或

---

① 〔德〕马克思:《经济学手稿》"导言",载《马克思恩格斯全集》(第十二卷),人民出版社 1962 年版。

通用的国际法。就其现状讲,特别在国际经济领域中,只能说只存在着一些在不同历史时期,在不同性质或类型的国家之间,通过斗争或妥协或延用习惯做法,而形成的得到大多数国家或一部分国家同意或不同意,并在不同程度上得到它们遵守或不遵守、而用于调整它们相互间关系的国际规范和行动规则。

特别在国际经济关系里,国际法同各国的国内法交错地发生相互影响和作用。

因此,国际经济法,作为一个部门科学,同其他法律部门,内容上往往多有交叉,它同别的法律部门的界限也不易划清。研究国际经济法,我们不仅要研究法的问题,更需要研究它的政治经济背景,不仅要从宏观角度研究国际经济关系中的政策和法律问题;也需要从微观角度研究具体关系中的经济和法律问题。在法的方面,我们不仅要研究国际平面的规范法律,还必须研究相对国家的国内法,主要方面当然还在于掌握我们国家自己的涉外立法。外国法和国际法将在不同方向和不同范围内影响我们的涉外立法。我们的涉外立法,也将帮助我们在对待外国立法和国际法的折冲中,表明我们国家的立场。

以上就是我们对国际经济法概念的认识。

四、加强国际经济法研究的意义

国际经济法,不论作为实体法,或作为法律研究的部门,同一切法一样,都是为现实的政治经济服务的。国际经济关系中的斗争十分复杂,这里有涉及大的方针政策方面的斗争,也有具体案件的经济和法律方面的纠纷。就其涉及的法律问题来说,这种斗争不仅表现为国与国之间,即国际平面的斗争,有时还得就其各自的国内法去进行争论。

下面试就立法和法院案例两方面,来说明这一点。

在投资关系里,投资国与接受投资国的法律立场往往相互对立,这是不言而喻的。但增加投资法律问题的复杂性的还有投资的百分之九十以上来自跨国公司这一事实。跨国公司投资的利益与接受投资国家的法律与利益是矛盾的,与它本国国家法律也有某种矛盾。虽则投资基地国的法律与实际进行投资的公司企业的立场基本上是一致的,但也可以设想这个国家会采取一些限制性措施(例如在税收问题上),使跨国公司在世界范围内受到控制与限制的情况,不论来自哪国法律,我们都要了解。我们最需要了解和注意的当然是接受投资国家的法律。例如我们必须知道我国的法律中成立合资企业的条件,给予外国人或外国公司的权力与地位的规定,公司内部组织中控制权掌握在谁手中,盈利与责任如何分担,资产的转移如何限制,产品销售、税收、外汇管理问题以及企业必须遵守我国的有关公共秩序规定,如环境保护劳动条件、卫生及安全措施,以及是否宣告我们绝对不对企业进行没收和国有化等等。这些应在我国的法律里规定得清清楚楚。反过来,我们到外国去投资,我们也希望了解它们的法律,接受投资国的有关法律的规定。否则投资关系就不能很顺利地确定下来。总之投资国家和接受投资国家的法律的复杂性都要在建立投资关系时周详地考虑到。

在司法案例方面,我们可以举出最近在外国发生的两个严重违反我国经济利益的案件来说明其中的斗争:

一案是美国就我国向美国出口天然薄荷脑一事,在美国国际贸易委员会起诉,指控我国以低于"公平价格"在美国"倾销"薄荷脑,损害了美国合成薄荷脑工业的利益,要求加征倾销税,这个案件就是根据美国国内法(1966 年修改的《反倾销法》)进行的。

最近几个美国人在美国地方法院对中华人民共和国起诉,要求赔偿他们所持有的我国清政府于 1911 年发行的"湖广铁路债券"本息一案,是又一例。美国地方法院缺席判处中国政府作四千多万美元的赔偿,他们又是根据美国 1976 年才公布的《主权豁免法》来判决的。

这些案件,我们都已根据国际法和国际经济法原则予以驳斥。但也说明要进行这种斗争,就不仅要了解国际经济法,还得了解外国国内的经济法,当然,重要的是要根据我国本国的法律来行事。

研究国际经济法,是为了在当前国际关系中,排除现存国际经济秩序给国际经济关系带来的障碍,使之有助于一国的对外经济关系,有助于在国际间建立有利于第三世界发展民族经济,建立平等互利的国际经济关系。中华人民共和国在经济上属于发展中国家,政治上是一个大国,在世界经济范围内有它的独特的地位,起着举足轻重的作用。

当前我们对国际经济关系的态度和主张,1981 年 10 月"关于合作

与发展的国际会议"上的一段发言中论述得十分清楚:

> 第一,积极支持发展中国家发展民族经济、实现经济上的独立自主以及实行集体自力更生的一切努力。第二,按照公平合理和平等互利的原则改革现存的国际经济秩序。第三,把建立国际经济新秩序这一根本目标和解决发展中国家当前的紧迫问题,正确地、密切地结合起来。第四,发展中国家有权采取适合本国国情的发展战略;发达国家不应该以发展中国家的国内改革作为建立国际经济新秩序的前提。第五,积极推动旨在改善发展中国家经济地位的南北谈判,以利于发展世界经济和维护世界和平。

我们认为这是研究国际经济法应该遵从的正确的方针。

国外经济法发展概况*

首先我来谈谈为什么我们要了解国外的经济法？简单地说，就是为了全面发展我国的对外经济关系，加速我国的四化建设。

大家知道，在现代化生产的情况下，一个国家的经济发展，是不能同国际经济割开的。无论哪一个国家，要全面发展本国的经济，都必须在平等互利的基础上同其他国家互通有无。为什么呢？因为不管哪一个国家，资源多么丰富，科学技术多么发达，也都不可能拥有发展本国经济需要的全部物质资源和先进的科学技术。我们要实行对外开放的政策，也就是这个道理。

实行对外开放，包含两个方面的内容。一是我们的经济要走出去，发展我国的对外贸易和对外经济活动；二是也要让其他国家的资本、商品和技术走进来。无论是走出去还是走进来，都要同外国人打交道。既要同外国的政府打交道，也要同外国的公司、企业和个人打交道，还要同国际性的经济机构、经济组织打交道。我们的经济走出去，外国要求我们遵守他们国家的法律；外国人到我们这里来，进行经济活动，我们当然也要求他们遵守我们国家的法律。一句话，走出去和走进来，都必须在互利的基础上，平等相待，尊重相互的主权。如果在国际间的经济交往中，各国只要求按照自己国家的法律办事，不尊重其他国家的法律；或者像有的霸权主义国家那样，把自己国家的法律强加给别的国家，那就要损害别的国家的经济利益，造成国家和国家之间的利害冲突和法律冲突。

对于一般的商业往来，国际上有长期以来形成的习惯，通常可以按

---

* 原文载中央人民广播电台理论部、国务院经济法规研究中心办公室编：《经济法和经济立法问题讲座》，法律出版社1984年版，原题《第二十四讲 国外经济法发展概况》。

习惯来办,但是在许多场合,没有现成的可以共同遵守的东西。一些问题往往需要通过协商和谈判来解决;或者在一些国际机构中同其他国家协商谈判,达成协议,或者在这些国际机构以外同一些经济集团协商谈判,达成协议;或者直接签订一些大家都能遵守的规范,等等。

所有这些都说明,在处理国际经济关系的时候,除了要知道我们自己的法律以外,还必须了解其他国家的法律,至少要了解那些同我们发生经济关系的国家的法律,同时还必须了解国际上已经形成的国际规范,特别是要了解我们已经参加和承认的国际规范。为什么我们要知道和了解国外的经济法呢?概括起来说,就是为了在处理国际经济关系中的具体纠纷的时候,能够解决彼此间的法院管辖和法律适用问题,进行国际法方面的直接折冲;同时,还可以帮助我们了解外国的国情和他们的政策,作为我们自己立法时候的参考。

现在谈谈外国经济法的发展情况。这是我们了解和研究国外经济法需要知道的。

在西方国家,经济法是从自由资本主义发展到垄断资本主义,再发展到国家垄断资本主义的过程中产生的,它是在国家权力加强了对社会经济的干预的特定情况下出现的现象。具体地说,主要是由下面四个原因产生的:

第一个原因是国家直接经营公司企业。第二次世界大战以后,西方国家纷纷通过法律、法令,授权他们的政府直接经营企业。例如英国,一度通过国有化法令,把某些规模巨大的私人企业转归政府经营。美国政府部门依法设立行政上和财务上有独立经营权的公司企业,或者在政府的一般指导下,成立完全独立又有自己独特规章的"公共公司"。

第二个原因是政府直接安排社会福利,执行所谓"福利国家"的职能。在这方面,有关于养老金、失业救济金等各种各样的社会保险立法和大量的行政管理条例。比如,针对工业发展引起资源的衰竭和污染等问题,美国在1970年设立了环境保护委员会,并且制定了这方面的大量的行政管理条例。

第三个原因是国家通过法律干预私人资本主义企业的内部事务。在西方随着私人企业的发展和扩大,私人经办的大公司企业经济权力对社会生活的影响甚至超过了所谓的"公共政府"。针对这种情况,西方国家采取了所谓反垄断、保护竞争的措施。这些措施名义上是限制垄断资本,实际上是支持它,并且使垄断资本大公司合法化。在这方面,美国的《反托拉斯法》最为典型。第二次世界大战以后,加拿大、日本这些国家,都把美国的《反托拉斯法》当作样板,制定了一系列类似的法律。

第四个原因是国家严格集中地控制对外贸易,这是西方国家经济法中最突出的一种表现。随着现代化生产的不断发展,西方资本主义国家对国外原料和商品市场的依赖程度不断扩大。在各种经济关系中,政府保留权力最大的方面就是国际贸易领域。不少发达的资本主义国家在这方面制定了许多控制范围很广和控制很严的法律。比如《税收法》《进出口贸易法》《反倾销法》《出口配额法及条例》《外国资产管制条例》《出口管制条例》等。所有这些涉及国际贸易方面的立法,都是从保护本国的经济利益出发制定的。其中,有些法律的矛头是直接指向发展中国家的。有些发达国家一向宣传所谓"自由贸易",实质上他说的和要的是他到别的国家做生意,买什么、卖什么,你得让他自由。人家到他那里做生意,对不起,就不那么自由了。他们订了一套一套的进口配额、收税、价格补贴等法律措施来限制别国、别人对他们国家的贸易。

经济法不仅在西方资本主义国家出现,第二次世界大战后建立起来的东欧国家也有经济法。捷克斯洛伐克有一个经济法典,东德有单独的经济合同法。在苏联,经济法问题还在讨论。

近些年来,为了适应国际经济交往的需要,国际经济法的讨论越来越多了。看法尽管不同,但是,了解它的基本方面和具体领域的发展状况还是必要的。第二次世界大战以后,国际经济关系中出现了许多复杂的新情况。比如,在世界经济舞台上,出现了像我们中国这样的社会主义国家;60年代以来,许多亚非拉民族国家先后独立,在经济上谋求自身的独立发展;二次世界大战以后,资本主义跨国公司有了很大的发展,它们在国际上进行货物与资本、贸易和金融方面的活动,很难控制;同时,在世界范围内,联合国系统的经济机构以及地区性和专业性的经济集团也大量出现了。这些新情况说明,国际经济关系比以往任何时候都更加错综复杂。核心的问题就是要改变发达国家和发展中国家(也就是我们通常说的南北国)之间的不平等的国际经济关系;这里就有建立新的国际经济秩序的法律问题。

国际经济关系的主要内容大体上包括八个方面：一是世界资源的开发和利用；二是原材料和能源的供应；三是各国之间的货物贸易、货物运输和资财流转，包括技术和劳务的流转；四是国际货币金融；五是国际环境保护，包括消除污染和生态平衡；六是粮食、人口和国际收入的差距；七是对国际垄断组织或者跨国公司经济活动的控制；八是国际新旧经济秩序之间的斗争。所有这些国际经济关系是在各国自己的社会经济制度和它发展的基础上联结起来的，在经济这个领域里，国家和国家之间、不同国家法律之间的矛盾、差距和斗争，在一般情况下，主要的只能通过各国的涉及外国经济活动的立法、国际上的规范文件或者签订公约条约才能解决。需要提出的是，由于各个国家的利益不一致，各个地区和专业性经济集团的利益也不一致，因而在调整国际经济关系的规范里，很难找到一个各方面普遍承认和遵守的国际法。国际之间的努力，只能在错综复杂的经济关系中，建立些能够为各方接受的、在一定程度上起约束作用的国际规范。在国际经济领域里，这方面的规范是很多的，我们国家参加的就不少。从发展的角度来看，和我们有关系的条约和公约还会增加。

对于调整国际经济关系这个重大的问题，我们的基本观点是什么？我们坚持的原则是什么？我们认为：在调整国际经济关系的国际规范的时候，必须坚持的基本原则就是尊重各国主权和平等互利。

在确立调整国际经济关系的国际规范方面，是必然要有斗争的。既有大的方针政策方面的斗争，也有具体经济交往中涉及经济利益方面的斗争，还有涉及法律方面的斗争。从经济方面的斗争来说，我们一贯主张按照平等互利的原则来调整各国之间的经济关系。有的国家实行霸权主义，把自己国家的经济利益建立在损害别的国家经济利益基础上，这是我们坚决反对的。从法律方面的斗争来说，我们一贯主张互相尊重对方的国家主权，在平等互利的基础上，经过协商讨论，制定出各当事国能够接受的国际规范，我们坚决反对那种把个别国家的国内法律强加于其他国家，从而侵犯别的国家的主权和经济利益。

经济法概述*

一、关于"经济法"的词语

"经济法"这一词语,有两个含义:一是指经济方面的实际立法,即通常所说我们国家制定的用以调整社会经济关系的法律、法规;一是指研究经济法律问题,包括概念分析、体系安排、理论说明等问题的理论科学。为了简化用语,这两个含义往往是互通互用的。但严格来讲,"调整"二字主要用于现有经济立法实际调整的对象;而作为理论学科的经济法则是以研究经济关系中所发生的问题,以及如何运用法律去调整这些关系问题为对象的。

二、经济法在新中国的产生

新中国成立三十多年来,我国制定过许多经济法规。

新中国成立初期的三年,统一全国财政经济工作,稳定物价,完成土地改革,恢复国民经济,都是在党和国家的领导下,通过一系列经济法规来实现的。

1953 至 1956 年,在贯彻党提出的过渡时期总路线,对农业、手工业和资本主义工商业进行社会主义改造,以及实施第一个五年计划的过程中,也曾颁布一系列重要经济法规。

1956 年党的八大以后,国家本来要在新的生产关系下保护和发展生产力,开始全面建设社会主义。在头几年内,积累了重要经验;但由于"左"倾错误的影响,也经历过一些曲折。1961 年对国民经济实行"调整、巩固、充实、提高"的方针,在贯彻这个方针中制定了一些有关农业、工业、商业等方面的工作条例,使国民经济得以比较顺利地恢复和发展。

---

* 原文刊于 1984 年 3 月《中国法制报》,为系列连载,原题《第一讲 经济法概述》。

1966年开始的"文化大革命"使社会主义经济秩序遭到严重破坏,社会主义法制也遭到严重破坏,立法工作和其他法律工作几乎完全停顿。

回顾新中国成立以来法制建设的情况,可以看出,随着国民经济的发展,虽然出现过反复和曲折,总起来说,经济立法是不少的。但是"经济法"作为一个法律部门,作为一个法律学科的概念和名称,在1978年十一届三中全会之前却从未出现过。

三、我国社会主义经济法产生的历史背景

"经济法"这个概念的出现,分析起来,有如下几个历史因素:

第一,工作重点的转移。十一届三中全会重新确立了马克思主义的思想路线、政治路线和组织路线,决定把工作重点转移到社会主义现代化建设上来,随后又提出了对国民经济实行"调整、改革、整顿、提高"的方针。在这种新的历史条件下,经济建设中所遇到的问题突出起来了,迫切需要国家采取各种法律措施来调整和解决在经济建设中所发生的关系和矛盾。

第二,加强社会主义民主和法制。与四个现代化建设相适应的是民主和法制的建设。社会主义经济建设必须同民主和法制建设密切结合,使经济工作能够在法律和制度的正常秩序下顺利地进行。邓小平同志在党的十一届三中全会前夕提出:"为了保障人民民主,必须加强法制。……国家和企业,企业和企业,企业和个人等等之间的关系,也要用法律的形式来确定;它们之间的矛盾,也有不少要通过法律来解决。"(《邓小平文选》,第136页)从1979年到1983年间的历届全国人大会议上,都反复强调必须加强经济立法和经济司法工作,要求政府经济部门和经济组织的领导努力运用法律来管理经济活动,消除经济犯罪,维护社会主义经济秩序。几年来,全国人大和人大常委会、国务院制定了一系列重要的经济法律、法规。根据有关法律规定,各级人民法院设立了经济审判庭,各级工商行政管理局也开始设立经济合同仲裁委员会,专门负责处理经济纠纷的案件。

1982年六五计划的文本中,把"经济法"列为哲学社会科学的主要课题之一。

第三,实行对外开放政策,开展对外经济关系是我国现代化建设中的一个重要战略措施。基于对现代世界各国经济发展的情况以及一国经济与世界经济相互联系的认识,并基于我国经济建设本身的需要,从1978年起我国实行了对外开放政策。对外开放是我国新历史时期的长期政策,是属于发展对外经济关系的国家的根本任务之一。对外开放,指的是按照平等互利的原则扩大对外经济技术交流。在对外开放中,因为要与不同社会制度的国家的政府部门、经济组织和个人打交道,经济关系和法律问题特别复杂,这就要求我国完善自己的对外经济立法,以适应这种新形势的需要。

从党的十一届三中全会确定了国家新历史时期的总任务及国家工作的方针、政策原则的四年多时间里,由全国人大、全国人大常委会和国务院颁布的重要的经济法律、法规有一百多个,这些经济立法发挥的具体作用是:保障社会主义公有制为主的生产关系的巩固和发展,保障国家和集体的财产不受侵害,保证国家、集体和个人利益的统一;贯彻计划经济为主、市场调节为辅的方针,适应多种经济形式,多种经营方式,多层次经济结构的需要,加强经济管理,对破坏国民经济和社会发展的行为进行斗争;促进科学技术的进步和生产力的发展,在独立自主、自力更生、平等互利的基础上同外国进行技术合作,在对外经济关系上贯彻平等互利,保护外来投资的正当利益,并同外来的一切思想侵蚀进行不懈的斗争。

上述三方面的原因,就确定了反映这种物质生活情况的我国经济法在我国社会主义建设的法制体系中的重要地位。

四、我国经济法的特征

根据新中国成立以来的经济立法,特别是国家新历史时期经济立法的经验,可以看到我国经济法有如下几个主要特征:

1. 经济法是调整社会经济的法,它的主要调整对象是经济关系。所谓经济关系,在我国现阶段,是指实现四化建设过程中,在社会主义公有制基础上各种经济成分和组织机构之间,以及我国经济组织和机构对外国经济组织机构所发生的经济关系。经济关系贯穿于生产、交换、分配、消费的经济的全过程和环节之中,存在于农、工、商、建筑和运输各个经济部门之间,存在于全民、集体、个体的不同所有制和经济成分的主体单位之间。

这里突出的是经济因素。经济法不是用来调整一般的社会关系,或不属于经济范围的社会关系,国家的组织和行政关系,或对外和国际间的政治关系。当然,经济法及其条文也不是一对一地反映经济关系中的事实。经济法作为上层建筑,有其相对的独立性,但比起其他法来,它是最直接地针对经济领域内的矛盾。调整有关经济关系的经济法律行为的动机是经济的,内容是经济的,发生或要求其发生的效果也主要是经济的。

2. 在经济法对经济关系的调整中,国家因素居于主导地位。我国的经济法是以社会主义计划经济为基础的。国家通过国民经济计划来领导、组织和管理国民经济生活。我们采取的以计划为主,市场调节为辅方针,表明国民经济的发展方向是宏观经济支配指导着微观经济,即各基层企业的活动。在某些情况下,即令是计划管理达不到的领域,一般也处于国家管理之中和国家法律的管制之中。

经济法兼管经济生活中的纵向与横向关系,调整的重点是纵向经济关系,即国家机关上下之间,国家机关、经济组织、事业单位之间,以及经济组织内部的体制关系。横向经济关系是指国家机构之间,经济组织之间,经济组织与事业单位之间的经济来往;经济法也要调整经济联合组织的内部横向关系。

3. 在经济法的制定和适用中要贯彻整体观念和全局观念。法律、法规可以分部门、分层次、以综合性的法典形式或单行法规的形式来制定和颁布,但国民经济是一个统一的整体,它的各个环节是节节相关相通的,一个环节的失调或管理不当会影响下一环节的顺利进行,这是政治经济学的常识。因此,在立法中固然要考虑法律法规的成龙配套,在司法和执法中,尤其不能采取孤立地只注意法律技术条款的应用,而忽视我国政治经济的整体,使上层建筑起着阻滞经济发展的相反作用。

经济法的这种整体观念,较其他法更为显著。经济法的体系性或内在逻辑性也就在这里。

五、国外经济法概况

从世界范围看,经济法可以分为西方资产阶级实行市场经济国家的经济法和实行计划经济的国家如苏联和东欧国家的经济法。

在实行市场经济的西方工业化国家,经济法无疑是垄断资本主义进一步发展,同国家政权相结合而成为国家垄断资本主义的一种具体表现形式。随着资本主义生产力的巨大发展,生产和资本的日益高度集中,垄断资本不断加强其对中小资本和对国内外市场的控制。为了应付战争和危机,特别在二次世界大战后为了恢复和发展经济,资本主义不得不借助于国家权力,对经济直接进行干预并加以控制,这种情况就引起"经济法"的出现。

因此,在国家垄断资本主义制度下,经济法的主要内容就在于一方面维护垄断,一方面调整垄断与资本自由竞争之间的矛盾。就此所用的法制手段是多种多样的。

1. 颁布单行法规,如反托拉斯法、卡特尔法、不正当竞争法、反限制措施法、物价管理法等。

2. 建立或设立新的公、私管理机构,如美国直属联邦政府的各种具有半立法、半司法作用的独立行政机构;法国二次世界大战后建立的直属总理领导的"法国计划总局",英国1960年设立的"全国经济发展理事会"和私人资本的"工业复兴公司",意大利的混合经济的"工业复兴总署"等。"欧洲经济共同体"应该说是二次世界大战后欧洲国家在这方面一个非常突出的例子。

3. 传统法律形式的改变、合并和废除。如欧洲瑞士和意大利民商法典的合并,新合同形式如"共同条件""附和合同"的出现,西德的公司出让独立地位的合同等。欧洲具有强烈传统的公法与私法的分界的模糊与消失,是这方面最突出的现象之一,这种情况不仅出现于欧洲各个国家的国内法,也出现于国际法领域。

经济法的实际立法和理论讨论,在西方国家出现的先后次序也有不同,美国先于英国,德国先于法国。

在苏联与东欧实行计划经济的国家也发生经济法问题。苏联的经济发展,曾经经过战时经济、新经济政策、五年计划、斯大林时期,以及1958年到1962年,1964年以至现在的缓慢的经济改革几个阶段。经济法学说的第一次提出是在苏联新经济政策时期,当时还曾策划过要在1937年制定一部经济法典。

现在进行的关于经济法的争论,是苏联从1956年开始进行经济改革中提出来的(这个争论还在继续中,远没有结束)。配合经济改革,苏联与东欧国家在60年代后半期,都曾颁布过一系列的经济法。

1962年苏联颁布了《民事立法纲要》,但没有平息关于经济法的讨论。捷克则于1964年间一次制定了四个法典:即经济法典、国际贸易法典、国际私法法典、民法典。经济法典调整经济组织之间的关系,民法典则调整经济组织与个人或个人与个人之间的关系。捷克是现在世界上唯一有一部经济法典的国家。

德意志民主共和国也肯定了经济法,并颁布了《经济合同法》。有趣的现象是本来使用着同一个《德国民法典》的国家,在分国后,西德继续使用原来的民法典,东德则使用经济法。

苏联与东欧国家关于经济法与民法、行政法的关系的争论,焦点集中在划分这些法的标准问题上:一种主张标准要在调整社会关系的对象与内容中去找;调整具有同一性的关系,还是调整不同性质但相互联系的多方面的社会关系;所谓同一性可以是主体的同一性,也可以是客体的同一性。另一种主张标准要在调整的方法中去找,是用行政方法,还是使用民法的平等方法。后一种划分法,实际上就是苏联民法典第二条所已经明文规定了的划分方法。该条明确规定上下级之间的财产关系、预算、税收、劳动关系、土地、集体农庄的经济关系,及家庭亲属关系都不在民法调整范围之内。从经济角度看,这个争论反映了苏联在计划管理上坚持传统的僵硬的行政管理方法。而有关经济改革中是否可以实行市场原则这个问题,在体制上没有得到解决。

六、关于"经济法"在法律体系中的地位

经济法,如同其他法律上层建筑一样,是经济基础的反映,并为经济基础服务的,它是由于历史的、归根到底是经济原因而产生和发展的。新的法律,来自解决新的物质关系和新的矛盾。

法作为上层建筑有相对独立性,所以总是在其产生后倾向于形成一个内部和谐一致的体系。恩格斯在致康·旋米特的信中指出:"'法的发展'的进程大部分只在于首先设法消除那些由于将经济关系直接翻译为法律原则而产生的矛盾,建立和谐的法体系,然后是经济进一步发展的影响和

强制力又经常摧毁这个体系,并使它陷入新的矛盾(这里我暂时只谈民法)。"[《马克思恩格斯选集》(第 4 卷),第 484 页]

半封建半殖民地的旧中国,曾经把西方国家,主要是德国与日本的分为宪法,行政法,民法,刑法,民、刑诉讼,国际公法,国际私法的法律体系,搬用抄袭了过来。新中国成立后,我们不仅在实质上而且在形式上把它们全都废除了。

西欧国家这种法律体系本来就是西欧资产阶级国家在确立了国家形态之后,糅合封建主义和资本主义因素并沿用罗马法的传统而形成的一种法律体系。不是所有西方国家都是这样做的,例如,英美法虽然实质上同属一个系统,但形式上却由其自身的历史所决定,以判例法为中心,其后吸收了一部分罗马法传统而演变成今天的体系。这些法律体系经过两次世界大战和重大危机之后,已在许多方面发生重大变化,前面已提到。

苏联建国后沿用了这种体系中的一部分形式(例如民法方面),现已发展到具有庞大内容,反映苏联社会经济体制的法律体系。

上述各种不同类型的国家的法律体系都有其自身的逻辑性和内在联系,但它们的内在联系或逻辑性根据历史唯物主义,只能从其社会经济内在联系和逻辑中去找。法,包括它的体系安排,不能从其本身去理解,法的体系也不是永远一成不变的。在方法上我们也不能把新的社会实际中产生的新的法律因素一律往原有的或理论上假定的体系中去套,或当新的法律形式出现的时候认为"法律体系被搞乱了",以致不知把经济法放到法律体系的哪个位置。

在如何对待经济法的体系问题上——也就是关于经济法在我们整个法律体系中的地位,它同别的法律部门的分界,以及经济法自身所包含的内容体系,关键在于坚持历史唯物主义,严格从实际出发,而不是就既定的概念立论。

鉴于过去的经验教训,我们要建立的是一个具有中国特色的社会主义法律体系。这个体系只能在我国法律所调整的基本经济关系上,逐渐形成与建立起来。我们不能排斥从外国的法律经验中找一些可以参考、可以借用的东西,但必须严格地首先从我国的社会实践和立法实践中去找到法律体系的根据,其他途径是没有的。

七、经济法的内容和范围

经济法本身的内容和范围,即经济法应否再予划分以及如何划分的问题,我们认为仍须按照讨论体系时所揭示的原理原则来解决。概括起来:①必须按照国民经济体系并针对经济关系中的一些突出方面来考虑;②以现存的或计划中某一方面的主要立法或环绕这一主要立法而存在的一系列法律为指针;③在大部分情况下,特别在法律尚不完备,在某一方面立法还有空缺的情况下,把它作为研究对象来确定其内容和范围。

经济法内容十分广泛,范围也很宽广。根据上述考虑,经济法可以包括如下几方面的内容:①计划法;②财政金融法,包括预算、税收、银行及货币活动的法律调整;③自然资源与能源法——即国土资源和社会主义公有财产的权利范围和管理;④基本建设法,包括基本建设对计划调整的法律规定;⑤工业企业法,包括对国营工业企业、集体工业企业、社队企业、企业的联合、公司组织形式等的法律调整;⑥农村合作经济组织法——在目前农村生产关系日益改进的情况下,是指农、牧、渔生产和与之相适应的其他经济环节的法律调整问题;⑦商业法,是指商业和外贸体制的法律调整,不包括传统所谓"商法"的内容,传统"商法"中的内容属于"公司法"和"经济合同法"的范围;⑧交通运输法;⑨经济合同法,是指我国"经济合同法"规定的十个横向计划合同,这里既不包括一般的公民之间的合同关系,也不包括生产环节中的合同关系,更不包括对外经济贸易合同关系;⑩工业产权法,主要是指专利、商标、版权问题的法律调整;⑪劳动法;⑫环境保护法;⑬经济纠纷的诉讼和仲裁。

国际经济法是以国际经济关系中的实际问题为其研究对象的。从我国经济的实际需要出发,我国同外国发生的经济关系的主要方面必然是在我方——即我们国家和代表国家的我国经济机构和组织的活动。从这个意义上说,国际经济法的主要组成部分应该是我国自己的立法——我国的涉外经济法。国际经济法的最大特点,在于处理国际经济关系时,要考虑三方面的法律或规范的作用:一是占主要方面的我国自己的立法;其次是有关国家的法律;三是我国所承认的或曾参与其事的可以适用于有关国际经济关系的国际规范。

当今,在国际经济秩序问题上,国际间公认有十个①颇有问题的经济领域:①国际间商品货物、技术、劳务、资本的流转与转移;②与此配合的在国际货币制度、金融市场、金融机构与组织方面发生的国际经济问题;③世界原材料和能源的供应;④世界资源,特别是海洋资源的开发;⑤第三世界国家的经济发展与经济增长;⑥世界粮食供应与人口;⑦世界范围的环境保护;⑧对国际垄断组织与跨国公司的控制;⑨集中体现为上述各个领域的各国政策的国际经济秩序问题。

当前国际间的经济活动,主要就在上述几个领域内进行。关于这些领域内经济关系的法律调整,可以分为下列几个方面加以确定:①国际经济秩序;②国际经济组织;③国际贸易法;④国际投资法;⑤国际金融法;⑥海商、空运法;⑦国际经济关系中的法院管辖、仲裁和法律适用问题(国际私法)。

必须说明,上述关于经济法与国际经济法的内容安排或划分,如同社会科学的所有部门或方面一样,都只有相对的分类价值,各个方面之间必然有交叉、重叠或不能截然划分的情况,这是不言而喻的。而且它们将随着新情况、新关系的出现,需要重新组合、重新划分、重新安排。这种内容上的划分与安排,尽管力求其与现存立法或现有国际文件相符合,但显然不可能做到有一个立法就开辟一个部门,或有一个国际情况就新辟一个领域,这样做也是不切实际的。至于学校中有关这些方面的课程安排,则更有教学上的特殊需要和重点须加考虑,这里不再赘述。

---

① 原文如此。——编者注

关于经济法的概念、体系和内容[*]

一、关于"经济法"的词语

"经济法"这一词语,有两个含义:一是指经济方面的实际立法,即通常所说我们国家制定的用以调整社会经济关系的法律、法规;一是指研究经济法律问题,包括概念分析体系安排、理论说明等问题的理论科学。为了简化用语,这两个含义往往是互通互用的。但严格讲来,"调整"二字主要用于现有经济立法实际调整的对象;而作为理论学科的经济法则是以研究经济关系中所发生的问题,以及如何运用法律为调整这些关系问题为对象的。

二、经济法在中国的产生及其历史背景

新中国成立三十多年来,我国制定过许多经济法规。

新中国成立初期的三年,统一全国财政经济工作,稳定物价,完成土地改革,恢复国民经济,都是在党和国家的领导下,通过一系列经济法规来实现的。

一九五三至一九五六年,在贯彻党提出的过渡时期总路线,对农业、手工业和资本主义工商业进行社会主义改造,以及实施第一个五年计划过程中,也曾颁布一系列重要的经济法规。

一九五六年党的八大以后,国家本来要在新的生产关系下保护和发展生产力,开始全面建设社会主义,在头几年内,也积累了一些重要经验;但由于"左"倾错误的影响,也经历过一些曲折。一九六一年对国民经济实行"调整、巩固、充实、提高"的方针。在贯彻这个方针中制定了

---

* 原文刊于北京大学法律系编:《法学论文集》(续集),光明日报出版社 1985 年版。本文在《经济法概述》一文基础上修改而成。——编者注

一些有关农业、工业、商业等方面的工作条例，使国民经济得以比较顺利地恢复和发展。

一九六六年开始的"文化大革命"使社会主义经济秩序遭到严重破坏，社会主义法制也遭到严重破坏，立法工作和其他法律工作几乎完全停顿。

回顾新中国成立以来法制建设的情况，可以看出：随着国民经济的发展，虽然出现过反复和曲折，总起来说，经济立法是不少的。但是"经济法"作为一个法律部门，作为一个法律学科的概念和名称，在一九七八年十一届三中全会之前却从未出现过。

"经济法"这个概念的出现，分析起来，有如下几个历史因素：

第一，工作重点的转移。十一届三中全会重新确定了马克思主义的思想路线、政治路线和组织路线，决定把工作重点转移到社会主义现代化建设上来。随后又提出了对国民经济实行"调整、改革、整顿、提高"的方针。在这种新的历史条件下，经济建设中所遇到的问题突出起来了，迫切需要国家采取各种法律措施来调整和解决在经济建设中所发生的关系和矛盾。

第二，加强社会主义民主和法制。与四个现代化建设相适应的是民主和法制的建设。社会主义经济建设必须同民主和法制建设密切结合，使经济工作能够在法律和制度的正常秩序下顺利地进行。邓小平同志在党的十一届三中全会前夕提出："为了保障人民民主，必须加强法制。……国家和企业，企业和企业，企业和个人等等之间的关系，也要用法律的形式来确定；它们之间的矛盾，也有不少要通过法律来解决。"[①]从一九七九年到一九八三年间的历届全国人大会议上，都反复强调必须加强经济立法和经济司法工作，要求政府经济部门和经济组织的领导努力运用法律来管理经济活动，消除经济犯罪，维护社会主义经济秩序。几年来，我国人大和人大常委会、国务院制定了一系列重要的经济法律、法规。根据有关法律规定，各级人民法院设立了经济审判庭，各级工商行政管理局也开始设立经济合同仲裁委员会，专门负责处理经济纠纷的案件。

一九八二年六五计划的文本中，把"经济法"列为哲学社会科学的

---

① 《邓小平文选》，第136页。

主要课题之一。

第三,实行对外开放政策。开展对外经济关系是我国现代化建设中的一个重要战略措施。基于对现代世界各国经济发展的情况以及一国经济与世界经济相互联系的认识,并基于我国经济建设本身的需要,从一九七八年起我国实行了对外开放政策。对外开放是我国新历史时期的长期政策,是属于发展对外经济关系的国家的根本任务之一。对外开放,指的是按照平等互利的原则扩大对外经济技术交流。在对外开放中,因为要与不同社会制度的国家和政府部门、经济组织和个人打交道,经济关系和法律问题特别复杂,这就要求我国完善自己的对外经济立法,以适应这种新形势的需要。

上述三方面的原因,就确定了反映这种物质生活情况的我国经济法在我国社会主义建设的法制体系中的重要地位。

三、我国经济法的特征

从党的十一届三中全会确定了国家新历史时期的总任务及国家工作的方针、政策原则的四年多时间里,由全国人大、全国人大常委会和国务院颁布的重要的经济法律、法规有一百多个,这些经济立法发挥的具体作用是:在坚持四项基本原则的前提下,保障社会主义公有制为主的生产关系的巩固和发展,保障国家和集体的财产不受侵害,保证国家、集体和个人利益的统一;贯彻计划经济为主、市场调节为辅的方针,适应多种经济形式、多种经营方式、多层次经济结构的需要,加强经济管理,对破坏国民经济和社会发展的行为进行斗争;促进科学技术的进步和生产力的发展,在独立自主、自力更生、平等互利的基础上同外国进行技术合作。在对外经济关系上贯彻平等互利,保护外来投资的正当利益,并同外来的一切思想侵蚀进行不懈斗争。

根据新中国成立以来的经济立法,特别是国家新历史时期经济立法的这些经验,可以看到我国经济法有如下几个主要特征:

1. 经济法是调整社会经济的法,它的主要对象是经济关系。所谓经济关系,在我国现阶段,是指实现四化建设过程中,在社会主义公有制基础上各种经济成分和组织机构之间,以及我国经济组织和机构对外国经济组织机构所发生的经济关系。经济关系贯穿于生产、交换、分配、消费的经济的全过程和环节之中。存在于农、工、商、建筑和运输各个经济部门之间,存在于全民、集体、个体的不同所有制和经济成分的主体单位之间。

这里突出的是经济因素。经济法不是用来调整一般的社会关系,或不属于经济范围的社会关系,国家的组织和行政关系,或对外和国际间的政治关系。当然,经济法及其条文也不是一对一地仅仅反映经济关系中的事实。经济法作为上层建筑,有其相对的独立性,但比起其他法来,它是最直接地针对经济领域内的矛盾进行调整的。用来调整有关经济关系的经济法律行为的动机是经济的,它的内容是经济的,发生或要求其发生的效果也主要是经济的。

2. 在经济法对经济关系的调整中,国家因素居于主导地位。我国的经济法是以社会主义计划经济为基础的。国家通过国民经济计划来领导、组织和管理国民经济生活。我们采取的以计划为主,市场调节为辅的方针,表明国民经济的发展方向是宏观经济支配指导着微观经济——各基层的单位活动。在某些情况下,即令是计划管理达不到的领域,这些关系一般地也是处于国家管理之下和国家法律的管制之中的。

经济法兼管经济生活中的纵向关系和横向关系,调整的重点是纵向经济关系,即国家机关上下之间,国家机关与经济组织、事业单位之间,以及经济组织内部的体制关系。横向经济关系是指国家机构之间,经济组织之间,经济组织与事业单位之间的经济来往;经济法也要调整经济联合组织的内部横向关系。

3. 在经济法的制定和适用中要贯彻整体观念和全局观念。法律、法规可以分部门、分层次、以综合性的法典形式或单行法规的形式来制定和颁布,但国民经济是一个统一的整体,它的各个环节是节节相关相通的,一个环节的失调或管理不当会影响下一环节的顺利进行,这是政治经济学的常识。因此,在立法中固然要考虑法律法规的成龙配套,在司法和执法中,尤其不能采取孤立地只注意法律技术条款的应用,而忽视我国政治经济的整体,使上层建筑起着阻滞经济发展的相反作用。

经济法的这种整体观念,较其他法更为明显。经济法的体系性或内在逻辑也就在这里。

四、国外经济法概况

从世界范围看,经济法可分为西方资产阶级实行市场经济国家的经济法和实行计划经济国家如苏联东欧国家的经济法。

在实行市场经济的西方工业化国家,经济法无疑是垄断资本主义进一步发展,同国家政权相结合而成为国家垄断资本主义的一种具体表现形式。随着资本主义生产力的巨大发展,生产和资本的日益高度集中,垄断资本不断加强其对中小资本和对国内外市场的控制,为了应付战争和危机,特别在二次世界大战后为了恢复和发展经济,资本主义不得不借助于国家权力,对经济直接进行干预并加以控制,这种情况就引起"经济法"的出现。

因此,在国家垄断资本主义制度下,经济法的主要内容就在于一方面维护垄断,一方面调整垄断与资本自由竞争之间的矛盾。就此所用的法制手段是多种多样的:

1. 颁布单行法规,如反托拉斯法、卡特尔法、不正当竞争法、反限制措施法、物价管理法等。

2. 建立或设立新的公、私管理机构,如美国直属联邦政府的各种具有半立法、半司法作用的独立的行政机构,法国在世界二次大战后建立的直属总理领导的"法国计划总局",英国一九六〇年设立的"全国经济发展理事会"和私人资本的"工业复兴公司",意大利的混合经济的"工业复兴总署"等。"欧洲经济共同体"应该说是二次世界大战后欧洲国家在这方面的一个非常突出的例子。

3. 传统法律形式的改变、合并和废除。如欧洲瑞士和意大利民商法典的合并,新合同形式如"共同条件""附和合同"的出现,西德的公司出让独立地位的合同等,欧洲具有悠久传统的公法与私法的分界的模糊与消失,是这方面最突出的现象之一,这种情况不仅出现于欧洲各个国家的国内法,也出现于国际法领域。

经济法的实际立法和理论的讨论,在西方国家出现的先后次序也有不同,美国先于英国,德国先于法国。

在苏联与东欧实行计划经济的国家也发生经济法问题。苏联的经济发展,曾经经过战时经济、新经济政策、五年计划、斯大林时期,以及一九五六年到一九六四年以至现在的缓慢的经济改革几个阶段。经济法学说的第一次提出是在苏联新经济政策时期,当时还曾计划过要在一九三七年制定一部经济法典。

现在苏联进行的关于经济法的争论,是苏联从一九五六年开始进行经济改革中提出来的(这个争论还在继续中,远没有结束)。配合经济改革,苏联与东欧国家在六十年代后半期,都曾颁布过一系列的经济法。

一九六二年苏联颁布了《民事立法纲要》,但没有平息关于经济法的讨论。捷克则于一九六四年间一次制定了四个法典:即经济法典、国际贸易法典、国际私法法典、民法典。经济法典调整经济组织之间的关系,民法典则调整经济组织与个人或个人与个人之间的关系。捷克是现在世界上唯一有一部经济法典的国家。

德意志民主共和国也肯定了经济法,并颁布了《经济合同法》。有趣的现象是本来使用着同一个《德国民法典》的国家,在分国后,西德继续使用原来的民法典,东德则主要使用经济法,于一九七六年二月颁布了《国际经济合同法》,其内容与捷克的《国际贸易法典》基本相同。

苏联与东欧国家关于经济法与民法、行政法关系的争论,焦点集中在划分这些法的标准问题上:一种主张是标准要在调整社会关系的对象与内容中去找;调整具有同一性的关系,还是调整不同性质但相互联系的多方面的社会关系;所谓同一性,可以是主体的同一性,也可以是客体的同一性。另一种主张,标准要在调整的方法中去找,是用行政方法,还是使用民法的平等方法。后一种划分法,实际上就是苏联民法典第二条所已经明文规定了的划分方法。该条条文明确规定,上下级之间的财产关系、预算、税收、劳动关系、土地、集体农庄的经济关系,及国家、亲属关系都不在民法调整范围之内。从经济角度看,这个争论反映了苏联在计划管理上坚持传统的僵硬的行政管理方法。而有关经济改革中是否可以实行市场原则这个问题,在体制上没有得到解决。

五、关于"经济法"在法律体系中的地位

经济法,如同其他法律上层建筑一样,是经济基础的反映,并为经济基础服务的,它是由于历史的、归根到底是由经济原因而产生和发展的,新的法律,来自解决新的物质关系和新的矛盾。

法作为上层建筑有相对独立性,所以总是在其产生后倾向于形成一个内部和谐一致的体系。恩格斯在致康·施米特的信中指出:"'法发展'的进程大部分只在于首先设法消除那些由于将经济关系直接翻译为法律原则而产生的矛盾,建立和谐的法体系,然后是经济进一步发展的影响和强制力又经常摧毁这个体系,并使它陷入新的矛盾(这里我暂时只谈民法)。"①

半封建半殖民地的旧中国,曾经把西方国家,主要是德国和日本的分为宪法,行政法,民法,刑法,民、刑诉讼,国际公法,国际私法的法律体系,搬用抄袭过来。新中国成立后,我们不仅在实质上而且在形式上把它们全部废除了。

西欧国家的这种法律体系本来就是西欧资产阶级国家在确立了国家形态之后,糅合封建主义和资本主义因素并延用罗马法的传统形式而形成的一种法律体系。不是所有西方国家都是这样做的。例如,英美法虽然实质上同属一个系统,但形式上却由其自身的历史所决定,以判例法为中心,其后吸收了一部分罗马法传统而演变成为今天的体系。这些法律体系经过两次世界大战和重大危机之后,已在许多方面发生重大变化,前面已经提到。

苏联建国后沿用了这种体系中的一部分形式(例如民法方面),现已发展为具有庞大内容,反映苏联社会经济体制的法律体系。

上述各种不同类型的国家法律体系都有其自身的逻辑性和内在联系,但它们的内在联系或逻辑性根据历史唯物主义,只能从其社会经济的内在联系和逻辑中去找。法,包括它的体系安排,不能从其本身去理解,法的体系也不是永远一成不变的。在方法上我们也不能把新的社会实际中产生的新的法律因素一律往原有的或理论上假定的体系中去套,或当新的法律形式出现时就认为"法律体系被搞乱了",以致不知把新的法律形式,例如经济法放到法律体系的哪个位置。

如何对待经济法的体系问题——也就是关于经济法在我们整个法律体系中的地位,它同别的法律部门的分界,以及经济法自身所包含的内容体系的问题,解决这些问题的关键在于坚持历史唯物主义,严格从

---

① 《马克思恩格斯选集》(第 4 卷),第 484 页。

实际出发,而不是就既定的概念立论。

鉴于过去的经验教训,我们要建立的是一个具有中国特色的社会主义法律体系。这个体系只能在我国法律所调整的基本经济关系上,逐渐形成与建立起来。我们不能排斥从外国的法律经验中找到一些可以参考、可以借用的东西,但必须严格地首先从我国的社会实践和立法实践中去找到法律体系的根据,其他途径是没有的。

六、经济法的内容和范围

经济法本身的内容和范围,即经济法应否再予划分以及如何划分的问题,我们认为仍须按照讨论体系时所揭示的原理原则去办理。概括起来:①必须按照国民经济体系并针对经济关系中的一些突出方面来考虑;②以现存的或计划中某一方面的主要立法或环绕这一主要立法而存在的一系列法律为指针;③在大部分情况下,特别在法律尚不完备,在某一方面立法还有空缺的情况下,把它作为研究对象来确定其内容和范围。

经济法的内容十分广泛,范围也很宽广。根据上述考虑,经济法可以包括如下几方面的内容:①计划法;②财政金融法,包括预算、税收、银行及货币活动的法律调整;③自然资源与能源法——即国土资源和社会主义公有财产的权利范围和管理;④基本建设法,包括基本建设对计划调整的法律规定;⑤工业企业法,包括对国营工业企业、集体工业企业、社队企业、企业的联合、公司组织形式等的法律调整;⑥农村合作经济组织法——在目前农村生产关系日益改进的情况下,是指农、牧、渔生产和与之相适应的其他经济环节的法律调整问题;⑦商业法,是指商业和外贸体制的法律调整,不包括传统所谓"商法"的内容,传统的"商法"的内容属于"公司法"和"经济合同法"的范围;⑧交通运输法;⑨经济合同法,是指我国"经济合同法"规定的十个横向计划合同,这里既不包括一般的公民之间的合同关系,也不包括生产环节中的合同关系,更不包括对外经济贸易合同关系;⑩工业产权法,主要是指专利、商标、版权等问题的法律调整;⑪劳动法;⑫环境保护法;⑬经济纠纷的诉讼和仲裁,等等。

国际经济法是以国际经济关系中的实际问题为其研究对象的。从我国经济的实际需要出发,我国同外国发生的经济关系的主要方面必然是在我方——即我们国家和代表国家的我国经济机构和组织的活动。从这个意义上说,国际经济法的主要组成部分应该是我国自己的立法——我国的涉外经济法。国际经济法的最大特点,在于处理国际经济关系时,要考虑三方面的法律或规范的作用:一是占主要方面的我国自己的立法;其次是相对国家的法律;三是我国所承认的或曾参与其事的可以适用于有关国际经济关系的国际规范。

当今,在国际经济秩序问题上,国际间公认有近十个问题颇多、纠纷频繁的经济领域:①国际间商品货物、技术、劳务、资本的流转与转移;②与此配合的在国际货币制度、金融市场、金融机构与组织方面发生的国际经济问题;③世界原材料和能源的供应;④世界资源,特别是海洋资源的开发;⑤第三世界国家的经济发展与经济增长;⑥世界粮食供应与人口;⑦世界范围的环境保护;⑧对国际垄断组织与跨国公司的控制;⑨集中体现为上述的各个领域的各国政策的国际经济秩序问题。

当前国际间的经济活动,主要就在上述几个领域内进行。关于这些领域内经济关系的法律调整,可以分为下列几个方面加以确定:①国际经济秩序;②国际经济组织;③国际投资法;④国际贸易法;⑤国际金融法;⑥海商、空运法;⑦工业产权、知识产权的国际保护问题;⑧国际经济关系中的法院管辖、仲裁和法律适用问题(国际私法)。

必须说明,上述关于经济法与国际经济法的内容安排或划分,如同社会科学的所有部门或方面一样,都只有相对的分类价值,各个方面之间必然有交叉、重叠或不能截然划分的情况,这是不言而喻的。而且它们将随着新情况、新关系的出现,需要重新组合、重新划分、重新安排。这种内容上的划分与安排尽管力求其与现存立法或现有国际文件相符合,但显然不可能做到有一个立法就开辟一个部门,或有一个国际情况就新辟一个领域,这样做也是不切实际的。至于学校中有关这些方面的课程安排,则更有教学上的特殊需要和重点须加考虑,这里不再赘述。

对外开放和中国的涉外经济立法*

内容提要

中国当前的中心任务是实现四个现代化,对内搞活经济、大力发展商品生产,对外实行开放、与世界经济密切挂钩。(一)这个确立于中国宪法中的根本政策,由于决定于社会主义经济发展的内在需要,符合实现四个现代化的总目标,是不会改变的。(二)社会主义经济是计划经济。贯彻以计划经济为主、市场调节为辅的原则,不是搞资本主义,而是把资本主义商品经济中有用的经验、先进科学技术和管理技能吸收过来。中国调整这些方面的法律措施将日益完备起来。(三)为了对内搞活经济,对外实行开放,有必要进行体制改革。过去的毛病是体制过分集中、政企不分、企业缺乏自主权。政企分开后,国家和企业各自作为经济主体在国际经济关系中的地位将更为鲜明,这样做有利于国际交往。(四)涉外经济关系中的一个实际措施是为外资创造有利的活动环境,并在相互尊重主权和平等互利的原则下,给外资以从宽的优惠待遇。这些都将在法律和政府间协定中表现出来。(五)对外经济开放的前景灿烂。经济特区、十四个沿海港口城市以及它们的经济技术开发区都将以各自的特点,在日益扩大开放的程度内在国际舞台上繁荣昌盛起来。

一、对外开放和中国的涉外经济立法

中国自实行"对内搞活经济,对外实行开放"的政策以来,即从1979年到现在,全国人大、全国人大常委会和国务院颁布和批准颁布的重要

---

* 原文刊于翁松燃编著:《中国经济法论集》(第一辑),大学出版印务公司(香港)1986年版。

经济法律和法规,已有一百多个,其中一大部分涉及中国的对外经济关系。[①] 还将有更多的对内对外经济立法出来。但总的情况是经济立法仍然跟不上形势发展的需要,这是因为问题的牵涉面广、问题复杂,在制法和执法过程中,各方面的认识与理解不一致。在对外经济关系中,因为涉及的是来自不同社会制度、不同国家、具有不同利害关系的人,认识上需要加以协调,自是意想中事。现就下列各方面谈谈涉外经济法所遇到的一些问题。

第一,是关于方针政策会不会变的问题。自从1978年底,国家把重点转移到以经济建设为中心的社会主义现代化建设以来,成就是巨大的。农业生产连续四年增产与丰收,轻重工业协调发展,交通运输量进一步增长,人民生活水平不断提高。就1983年年底的情况讲,工农业总产值和主要产品的产量提前两年实现第六个五年计划所规定的指标,"六五"计划可以指望全面地完成和超额完成。国家能在短短几年内实现历史性的转变,出现这样国际国内有目共睹的大好情况,从根本上说,是因为制定了一系列符合实际的正确方针政策。

这样的政策不会变。因为这个政策是针对社会主义改造基本完成之后,三十年中人民日益增长的物质文化需要同落后的社会生产力之间的矛盾,基于发展一国的经济必须同世界各国经济联系起来,并且是从生硬的经济体制下搞自给自足经济得到的教训而制定出来的。出于社会经济内在原因,并且符合中国实际需要的正确方针政策是不会改变的。根据这个方针政策而形成的社会发展进程也是不可逆转的。如果说会变,也只能向更有利于四个现代化的方向转变。

这个方针政策,特别是对外开放的一面,现在已经以允许外国企业和其他经济组织在中国投资,进行各种形式的经济合作并予以保护的法律形式,在1982年宪法中固定下来。把这个政策固定于根本法的总纲

---

① 重要的涉外经济法有:《中华人民共和国中外合资经营企业法》(1979年7月1日)及其《实施条例》(1983年9月20日);《中外合资经营企业所得税法》(1980年9月10日)和《外国企业所得税法》(1981年12月13日);《中华人民共和国广东省经济特区条例》(1980年8月26日);《中华人民共和国外汇管理暂行条例》(1980年12月5日),《对侨资企业、外资企业、中外合资经营企业外汇管理施行细则》(1983年8月1日);《中华人民共和国对外合作开采海洋石油条例》(1982年1月12日);《中华人民共和国商标法》(1982年8月23日);以及1984年3月12日公布的《中华人民共和国专利法》等。

中的重要意义,在于它向全国人民和全世界表明,实行对外开放政策,全面发展对经济关系是坚定不移的方针,具有巨大的稳定性。

对内搞活经济——自然就要进行经济改革——和对外实行开放,是同一政策的不可分割的两个方面。对外经济关系实际上是对内经济政策的延续,它是建立在整个国民经济建设与发展的基础之上的。在一定程度上可以说,不进行经济改革,不搞活经济,就不能很好执行对外开放;不实行对外开放——包括引进资金、引进技术、引进经济管理才能,对内搞活经济在很多方面也是会落空的。

那么,进行改革,对外实行开放,是不是对根本制度有什么影响呢?一点也不会。"社会主义制度是中华人民共和国的根本制度"①,"在社会主义公有制基础上实行计划经济"②,是社会主义经济的基本机制。同国际市场联系起来,扩展对外经济贸易、引进先进技术、利用外国资金以及发展各种形式的国际经济技术合作,这些都是以自己的长处,通过国际间平等互利的交换,补自己的短处。这不但不会妨碍,而且只会增强建设国家的能力,谈不上会影响立国的根本原则。不能因为在农村中搞了以家庭为单位的承包责任制,发展了个体经济,就说是恢复私有制,长资本主义尾巴;也不能因为在国内允许外资企业的存在和经营活动,就改变了社会主义经济的公有制。中国现在所搞的只不过像列宁在1918年所指出的:"我们不能设想,除了庞大的资本主义文化所获得的一切经验为基础的社会主义外,还有别的所谓社会主义"③,"社会主义实现得如何,取决于我们苏维埃政权和苏维埃管理机构同资本主义最新的进步的东西结合的好坏"④。

我所理解的社会主义,就是发展生产力,就是在政治上不搞压迫,经济上消除剥削,全国人民或先或后地共同富裕起来,不搞平均主义;在国际关系里不搞霸权主义,贯彻和平共处五项原则。一国如果有容许两种不同社会经济制度存在的地方,我们是会公开宣布的。⑤

---

① 1982年《中华人民共和国宪法》,第1条。
② 同上,第15条。
③ 《列宁全集》中文版(第27卷),第285页,《全俄中央执行委员会会议》。
④ 同前,第386页。
⑤ 参阅《中英关于香港问题的联合声明》附件一。

第二,随着国民经济管理体制改革提出来而必须在立法里加以具体规定的是关于计划经济、市场调节的问题,即国家通过什么主要机制来领导和管理经济的大问题。这个问题经过1979年、1980年、1981年的重大讨论,原则上已在宪法总纲第十五条中确定下来,前面已经提到,那就是:"国家在社会主义公有制基础上实行计划经济。国家通过计划经济的综合平衡和市场调节的辅助作用,保证国民经济按比例地协调发展。"这个原则可以不需再事争论了。不过,在西方经济学者和国内人士中间,把计划经济同"市场经济"对立起来,并且认为市场调节就是资本主义经济的典型,也确有人在。其实,商品生产不是资本主义所独有的,有小商品生产、有资本主义的商品生产、也有社会主义的商品生产。有商品生产,就有商品交换,就会出现市场,只是市场即交换的规模有大有小,供求关系、价值规律是自发地发生作用,还是有掌握地发生作用以及由谁来掌握这些规律而已①,社会主义商品经济是公有制基础上有计划的商品经济,是计划经济和运用价值规律发展商品生产相统一的经济。

宪法所确定的这个原则,在具体法律和制度里如何划分指令性计划、指导性计划和市场调节为辅的范围以及它们如何相互结合的问题,不是没有困难的。现在的大体做法是:

1. 由国家统一分配的生产资料(过去有200多种,现在只剩下30~40种)和统购的农产品——即国家经济命脉骨干企业所生产的或关系到国计民生的产品(它们占工农业总产值的大部分)不进入市场,它们也是指令性即强制性计划指标下生产的产品;其余的都可以进入市场。因此,进入市场的不仅是生活资料,也有生产资料。

2. 因而进入市场的产品包括:①国家计划外超产的产品,以及国家规定的其他可以自销的产品(如试销的新产品,库存积压、购销部门不收购的产品②)。②在指导性计划指标下、利用经济杠杆调节生产的一部分产品;③完全不作计划,价格在一定幅度内可以浮动的工业小商品;④农贸市场的农副产品。

3. 同国外商业单位和在国内的外资和合资的贸易往来,当然也属于

---

① 参见邓力群:《谈谈计划调节和市场调节》,人民出版社1979年版。
② 《国务院关于进一步扩大国营工业企业自主权的暂行规定》(1984年5月10日)第2条。

市场调节的范围。根据《中外合资经营企业法实施条例》第 56 条的规定,现在已经不对它们下达指令性的生产经营计划,只根据合同办事。

4. 现在已经明确,在经济特区,管理经济不是以计划为主,而是以市场调节为主。因此,在外贸企业不得不同物资部门发生关系的场合,将设立专门的物资供应公司,通过订立合同来获得它们需要的东西。

合资企业和外资企业为了获得例如建筑材料、水电、煤气供应、原材料和机器设备、配套件、运输工具等,可以向物资供应部门订立合同去获得,也可以自己决定在中国或向外国购买;但在同等条件下,应尽先在中国境内购买。① 一部分货物的进口须申请进口许可证。②

产品凡属中国急需或需要进口的,可以约定国内市场销售的比例,以至内销为主。

关于物资购买和销售的价格,做法是按照商品对国计民生影响的大小不同,分别采取国家定价、国家规定范围内的企业定价和集市贸易价。③ 一些工业行业(如电子、机械、化工、冶金、建材)将逐步试行浮动价格。合营企业向国内购货,部分情况下可以照国际市场价格计价或协商定价。④

这里一个重要方针是"逐步缩小国家统一定价的范围,适当扩大有一定幅度的浮动价格和自由价格的范围,使价格能够比较灵敏地反映社会劳动生产率和社会供求关系的变化,比较好地符合国家经济发展的需要。⑤

第三,与外商打交道时,一个很自然的事情,是想知道具体关系里他的对手方是谁,对手方在行政系统内居于什么地位,它是否具有对外打交道的资格,是否有独立负起财产责任的能力。为此,知道一下国内体制改革的情况是必要的。

过去经济管理体制上的一个主要问题是权力过于集中,政企不分,

---

① 参见《中华人民共和国中外合资经营企业法实施条例》第 57 条。
② 参见《中华人民共和国进口货物许可制度暂行条例》(1984 年 1 月 14 日)及《施行细则》(1984 年 5 月 15 日)。
③ 参见国务院《物价管理暂行条例》(1982 年 7 月 1 日),第 3、7 条。
④ 参见《中外合资经营企业法实施条例》,第 65、66 条。
⑤ 参见《中共中央关于经济体制改革的决定》。

企业缺乏自主权,广大职工的积极性不能发挥出来,因而国民经济的发展受到束缚。解决好中央与地方在领导和管理经济上的权限划分和财政收入的比重,是体制改革中的一方面问题。

中央与地方对经济管理权限的划分,新中国成立以来曾经有过多次上下折腾。经过两年的恢复经济,1953年开始制订国民经济计划,实行从苏联学来的中央集中管理的体制。1958年曾把部分权力下放到地方(下放的企业占全国企业的87%)①,但没有注意计划的综合平衡,结果国民经济比例失调,抵消了从下放管理权中可能得到的好处。1961年提出"调整、巩固、充实、提高"的方针,把下放给地方的企业部分地收归中央。1970年又把一些大型企业下放到省,有的还下放到地和县。1976年又回收了一些企业。

现在的做法,在中央与地方分权方面,在实践中可以看到的是:①授予地方以一定的立法权,例如"按照一些省的经济特区的具体情况和实际需要,制定经济特区的各项单行经济法规,报全国人民代表大会常务委员会和国务院备案"②。《广东省经济特区条例》《广东省经济特区企业登记管理暂行规定》《广东省经济特区企业劳动工资管理暂行规定》《深圳经济特区土地管理暂行规定》等就是例子。将来"特别行政区"的法律多少年内基本不变,也属于这种情况。②扩大地方管理经济的权限;放宽利用外资建设项目和引进技术的审批权限。简化项目的审批程序。更多的企业将下放给地方管理。中央主要负责安排关系国民经济全局的重要骨干项目的建设。③给予地方财政以固定的收入来源,在利改税第二步工作完成后恢复征收房产税、土地使用税、车船使用税和城市维护建筑税等四种地方税;给予地方以一定的外汇留成③,以解决合营企业外汇收支的不平衡;扩大沿海港口开放城市发展对外经济合作和技术交流的自主权。"

中央和地方在管理经济权限上的划分,归根结底,是为了解决国家与企业作为生产经营单位之间的关系。过去调整中央与地方的关系主

---

① 参见马洪主编:《现代中国经济事典》,中国社会科学出版社1982年版。
② 《全国人民代表大会常务委员会关于授权广东省、福建省人民代表大会及其常务委员会制定所属经济特区的各项单行经济法规的决议》(1981年11月26日)。
③ 参见《中外合资经营企业法实施条例》,第75条。

要从行政系统的调整考虑,没有就经济的内在联系以及同生产单位的关系考虑问题,因此行政系统中的"条条""块块"问题不能解决,生产单位的积极性发挥不出来。

现在进行经济体制改革,一是要扩大企业的生产和经营自主权,二是使企业从行政系统的束缚中摆脱出来,政企分开。

在扩大企业自主权方面,1984年5月10日《国务院关于进一步扩大国营企业自主权的暂行规定》规定企业在生产经营计划、产品销售、产品价格、物资选购、资金使用、资产处置、机构设置、人事劳动管理、工资奖金、联合经营形式等十个方面应有其应有的权力。

显然,在人、财、物、产、供、销方面具有这样广泛权力的企业面前,原来行政机关与生产经营实体混合不分,财产责任界限不清的局面,就不能再继续下去了。

这种情况在对外经济贸易方面,也是一样的。这里政企也必须分开。外贸专业总公司同各地支公司的职权也要划分。例如,少数国际市场竞争激烈、垄断性强的大宗出口商品可以集中经营,但绝大部分出口商品应该分散经营,开放城市的外贸支公司应有独立的对外成交权。

企业扩大了自主权,政企分开,企业与国家的关系解决了,企业作为有能力对外活动的经济实体(法人)的地位也得到解决。企业经过批准,进行了登记,就具有独立进行活动的能力。不管它的组织形式怎样,也取得在司法上起诉与应诉的地位。

当然,政企分开,不等于国家的对外经济活动将全部由企业来承担,国际间的许多重大经济关系,仍将在国家一级进行和缔结。

外国有的地方出于对中国法律制度的这种演变不理解,不顾在法律规定上企业具有独立行动的地位——在体制改革前已是如此,竟想把国家无条件地作为担保信用基础,把应该对企业进行的诉讼向国家提出,这是非常可笑的。[1]

美国有一法院则凭借它本国所公布的《外国主权豁免法》,片面认

---

[1] 美国 Dailas 法院爆竹案中引用中国宪法有关国营企业是全民所有制经济的规定,把传票送达于中国外交部。

定中国清政府发行的铁路债券所产生的债务为商业活动①,坚持要中国接受它的管辖,这也是违反国际法的。虽然在全世界经济往来十分频繁的今天,一个国家自己既已进行经济活动,对其经济活动所引起的纠纷要完全拒绝在另一国法院应诉,是不合适的。全世界各国的法律几乎都已放弃了绝对豁免主义。②但湖广铁路债券案则是另一回事。这种事是只应通过外交途径或订立双边条约来解决。

第四,外商最关心的,除了政治风险外,当然是在投资中应获得的盈利以及能够获得多少盈利的问题。这方面意见分歧最多。集中到双方的关系来谈,这就是他们要求得到更优惠的待遇。这表现于他们特别对中国的税收制度和回收利益的法律规定十分关切。这里简单地介绍一下中国的做法。

二、关于税收

对于来华投资者的征税,总的原则是在维护国家权益的前提下,税负从轻,优惠从宽,在国际关系中,使他们不负担双重税。

从一九八四年第四季度起,全国以十一个税种征收的税制中涉及外资的,实际上主要是三种税:所得税、工商统一税、关税。

就税率而论,在所得税方面,中国税法规定对国内大中型企业,要征55%的税。对合资企业,1979年《中外合资经营企业法》规定只收33%所得税[30%+(30%×10%)=33%]。对外国企业,1981年《外国企业所得税法》规定按照超额累进税率征收,从25万元人民币征20%到超过100万元征40%,加上10%的地方税,最高也只是50%。

经济特区的所得税率,根据《广东省经济特区条例》,只收15%所得税,比香港18.5%还低。

以上这种税率比之资本主义国家、发展中国家、东欧各国都低。但首先是它比中国对国内企业征税的税率为低。

在工商税方面,对合资企业和外资企业都一律按照全国人民代表大

---

① See United States District Court for the Northern District of Alabama, Eastern Division Russell Jackson et at. VS People's Republic of China, a foreign government, Sept. 1st. 1982.

② 参见1972年《欧洲国家豁免公约及附加议定书》,美国1976年《外国主权豁免法》,英国1978年《国家豁免法》,加拿大1982年《加拿大法院国家豁免法》。

会公布的工商统一税征收。对国内的国营企业、集体企业,则按工商税征收。工商统一税法规定的税率大部分高于工商税的税率,在工商税与工商统一税有差别的地方,对外资的税率原则是就低不就高。

在税率从轻之外,中国税法对待外资还规定了一系列的减免措施(有三十种之多)。这里只能指出一个原则,即凡属投资于农、林、牧、利润低、开发边远地区、深井开采矿源(如海洋石油开采)、风险大、工程艰巨、投资回收时间长的项目,或推动全行业技术改造、能够开拓外销市场、替代进口,属于技术密集型、知识密集型的生产项目,不论在所得税,进出口环节的工商税和关税方面,都有一些不同程度、不同长短时间的减免。在特殊情况下,优惠制度还可以扩大。

税收立法,在任何国家的立法中是变动最经常的一种立法。中国的态度是税收问题不应当成为合同谈判的对象,但允许在新的征税严重影响一方的利益时,可以重启谈判,适当地变更合同的内容。

三、外汇与利益汇出的问题

对于国内企业的外汇收入,中国都是采取外汇计划管理的办法,即一切外汇收入都必须卖给中国银行;企业在经营中所需的外汇开支,必须由经济单位申请,由中国银行按照国家批准的计划或有关规定,再售给有关企业。

为了有利于吸引外资,使外资企业在使用外汇上有更多的自主权,法律规定合资与外资企业可将其外汇收入存入银行,留存账内,由其自行安排使用。

合作企业法,除了鼓励其将这些存款再投资于中国境内的生产事业外,原则上必须允许其在收支容许的范围内汇出,这是法律明文规定的。

但是,出于外汇储备和国际收支平衡的考虑,中国暂时还只能采取外汇管制的办法,这一点是中国在国际货币基金组织中恢复活动时,曾经作出申明的。所以,在1980年12月5日《中华人民共和国外汇管理暂行条例》中规定,一切外汇支出,只能从外资、合资企业的外汇存款账户中支付。

这一点嗣后在《中外合资经营企业实施条例》的第75条中,放宽了尺度:合资企业的产品以内销为主而外汇收支在企业的本账中不能平衡的,其外汇缺额可由企业主管部门负责解决。

在经济特区中,由于金融制度的改变,货币可以自由兑换,这个问题已不存在。

从上述两种情况看,对外资的待遇实际上已远远超过给国内自己企业的待遇,如果再要求所谓"国民待遇"或貌似更优惠的待遇,这是不切实际的,对外资本身不利。

但为了在平等互利的基础上保护外资的利益,创造更有利于吸收投资的环境,中国愿意同外国签订投资保护协定,在国际间承担应承担和能够承担的义务。中国于1980年10月30日同美国订立了《关于投资保险和投资保证的鼓励投资协议和换文》,从1982年起又同瑞典(1982年3月29日)、罗马尼亚(1983年2月10日)、西德(1983年10月7日)、法国(1984年5月30日)、比利时、卢森堡(1984年6月4日)签订了投资保护协议。同日本、美国、瑞士、荷兰的投资保护协定还继续在谈判中。意大利、芬兰、挪威、英国、澳大利亚、巴布亚新几内亚等国也提出了同中国订立投资保护协议的意见。

避免双重税的协定已与日本、法国、美国、比利时、泰国签订。①

四、对外开放的前景

实行对外开放是中国对外经济关系全面发展的别名。几年来实行对外开放政策已取得了不少进展:进出口的总额成倍增长,外贸出口结构有明显变化;利用外资和引进先进技术方面也有很好的成就,对促进石油、煤炭、交通运输和科学技术的开发起到了很大作用。例如,利用外资进行海洋石油的勘探开发,到1983年底,已同十三个国家、四十八家公司或厂商签订了海上石油勘探合同,在几十万平方公里的水域上进行石油的合作开发;1979年以来,在东南沿海深圳、珠海、汕头、厦门建立了四个经济特区。深圳原来是一个边境小镇,现已变成初具规模的现代化城市,到1983年为止,它和港商和外商已签订了2 500多项协议,1983年与1978年相比,工业总产值增长了十一倍。

特区的主要特点是:它是一个经济特区,而不是政治特区。它是中

---

① 参见《中华人民共和国国务院公报》1984年9月10日第20号。

华人民共和国行使主权,推行特殊的社会主义经济政策和管理制度的一块特定的地区。它是综合性经济开发的地区。这里的经济发展主要依靠利用外资、产品也主要供出口,与国际市场发生直接关系。经济活动完全由市场规律来调节。投资于特区的外商可以使用合资、合作、独资、补偿贸易、来料加工等各种投资形式,享有充分的自主权。对特区的企业实行与其他地区不同的管理办法。特区有更大的审批权限,在税收、出入境等方面给予到这里来建立经济贸易联系的人以特殊的优惠和方便。

1984年3月,政府决定在继续办好和加强四个经济特区、对厦门特区有所扩大的同时,将开放政策和对待外资的政策扩展到从北到南十四个沿海港口城市和海南岛。在十四个沿海港口城市中,还将兴办经济技术开发区,专用于先进生产经济和科学技术的发展。

这些沿海港口城市和开发区,将根据各自的优势,各地的实际条件,有先有后、有快有慢地进行不同程度的开放。这会给经济立法工作带来许多困难。在原有的四个经济特区与沿海十四个港口城市,以及全国适用的原有涉外经济立法所确定的办法之间,在管理制度方面法律上怎样加以区别、在优惠待遇方面怎样区别,各种投资方式之间又怎样区别,同宪法第三十一条所规定的将来会设立的"特别行政区"内所实行的制度又将怎样加以区别,这还需要从有利于开放事业的角度统筹加以规定。这是一个非常复杂的问题,有待于在逐步开放过程中取得经验,逐步加以解决。

但有一点是可以肯定的,对内搞活经济,对外实行开放的根本政策在很长的时期内将不会改变,开放之门将越开越大。

1984年10月12日通过的《中共中央关于经济体制改革的决定》更加完整地全面地说明了这方面的方针政策,指出了关系到国家前途的中国经济发展的光辉前程。

为什么要研究国外经济法[*]

实行对外开放,全面发展我国对外经济关系,要求我们了解和研究国外经济法的发展情况。

解决一国的经济问题,在现代化生产的情况下,是无法同国际经济关系割裂开来的。生产发展到今天,世界上没有一个国家或地区能够单独拥有发展其经济所需要的全部技能和资源,因此就需要与他国互通有无。

我们实行对外开放政策,包括两个方面:我们的经济要走出去,也要让人家的资本、货物和技术走进来。同外国人打交道,经济关系中的问题很多,也很复杂。我们既要同外国的政府打交道,也要同世界各国的经济机构、国际性的经济机构、组织和地区打交道,要经常同外国的公司、企业和个人打交道。外国人到我们这儿来,我们要求他们遵守中国的法律;我们到外国去,也会碰到需要遵守的别国法律。要是国际间大家各自运用自己国家的法律,或者像有些霸权主义国家那样,把自己的法律秩序强加于别国,主张本国法律的效力扩及于外国,而让国际间经济关系处于无法约束的境地,那就会使国际利害冲突、法律冲突得不到解决。所以在处理国际关系时,除了首先要知道我们自己的法律外,还必须同时知道或了解外国的法律,至少是那些同我们发生经济关系的有关国家的法律,和国际间已经形成的、特别是我们已经参加和承认的国际规范。

第二次世界大战后,西方世界引起经济法产生的情况有四种:

1. 国家直接经营公司企业。两次世界大战以来,西方国家纷纷通过

---

[*] 原文刊于金能刚主编:《经济法自学辅导》,法律出版社1987年版。本文在《国外经济法发展概况》一文基础上修改而成。——编者注

法律、法令，授权他们的政府直接经营公司企业。例如在英国，一度是国家通过国有化法令将私人企业转归政府经营。在美国，政府部门依法设立行政上、财务上有独立经营权的公司企业，或在政府的一般指导下，成立完全独立而具有自己的独特规章的"公共公司"。

2. 政府直接安排社会福利，执行其所谓"福利国家"的职能。在这方面，西方国家有关于养老金、失业救济金等各种各样的社会保险立法。由于人口增长，城市居住密集，工业发展引起资源的衰竭和污染，设立了环境保护组织，并制定了有关这方面大量的行政管理条例。

3. 国家通过法律干预私人之间组成的公司企业的内部事务。在西方国家，私人经办的大公司企业经济权力对社会生活的影响，甚至超过"公共政府"。鉴于私人公司的这种发展，西方国家相应地采取了名义上是限制，而实际上是使之合法化的所谓反垄断、保护竞争的措施。在这方面，美国的《反托拉斯法》最为典型。美国的反托拉斯法由《谢尔曼法》《克莱顿法》和《联邦贸易委员会法》这三个主要法律构成。它们的目的在于控制大公司的垄断规模，对垄断资本不断进行的公司合并、拼凑联席董事会等活动加以限制。二次世界大战以后，加拿大、西欧、日本等均以美国的《反托拉斯法》为范例，制定了像"卡特尔法""反不正当竞争法"和"反限制措施法"。

4. 国家严格集中控制对外贸易，这是西方国家经济法中最突出的一种表现。西方资本主义国家对国外市场的依赖程度不断扩大，在各项经济关系中，政府保留权力最大的一个方面就是国际贸易领域。例如在对外贸易关系中，美国有许多控制范围很广并且控制很严的法律，如1930年的税收法，1945年的进出口贸易法，1949年的出口管制法，1954年的农业发展贸易及援助法，1962年的扩大贸易法，1966年经修改了的反倾销法，1969年的出口配额法及条例，1974年的贸易法及其1980年的修正条款。此外，还有美国财政部制定的外国资产管制条例和商业部的出口管制条例等。如此繁多的涉及国际贸易的立法，使得我们在同美国打交道时买卖很难做，法律问题变得十分复杂。美国在对外经济方面的立法，有的矛头是直接指向像我们中国这样的国家的。美国政府一向宣传"自由贸易"，实际上是它想到别的国家和在国际间来往自由，人家到它那里就不那么自由了。

近些年来,关于"国际经济法"的讨论越来越多,说法也不尽相同。我们认为,在认识调整国际关系的国际规范中,最基本的是了解国际经济关系中存在的问题。

二次世界大战后,国际经济关系中出现了许多复杂的新情况,这些情况都是第二次世界大战前所没有见过的。①像中国这样的社会主义新型国家,作为经济活动的主体进入世界经济舞台;六十年代亚非拉大量民族独立国家摆脱了原来的殖民地从属地位,在经济上谋求自身的独立发展;②资本主义公司在国际间进行货物与资本、贸易和金融方面的活动,在国际间发生着难以控制的作用;③世界范围内,联合国系统的经济机构,地区性和专业性经济集团大量出现。在这些经济活动主体间,交叉展开着四种典型的经济关系,即所谓"北北关系"以及"东西关系""南北关系""南南关系"。在这些关系中,作为它的核心问题的是改变发达国家和发展中国家,即南北国家之间的不平等的国际经济关系和建立新的国际经济秩序的法律问题。

上述各种关系,其具体内容大体包括八个方面:①世界资源的开发和利用;②原材料和能源的供应;③国际间货物贸易,货物运输和资金流转(包括技术和劳务的流转);④国际货币金融;⑤国际环境保护(包括生态平衡和消除污染);⑥粮食、人口和国际收入的差距;⑦对国际垄断组织或跨国公司经济活动的控制;⑧国际新旧经济秩序之间的斗争。

国际经济关系是在各国自己的社会经济制度及发展的基础上联结起来的,因此,在上述经济领域内存在的国与国之间,国别法律之间的矛盾、差距和斗争,主要是通过各国的涉外经济立法和国际间的规范性文件,签订公约或条约来处理和解决的。各国的利益不一致,各个地区的和专业性的经济集团的利益也不一致,国际经济关系中法律问题的复杂性是可想而知的。在调整国际经济关系的规范里,很难找到一个能得到普遍承认和遵守的"国际法"。国际间的努力,就是要在这种错综复杂的关系中建立一些可以行得通的,能起到一定程度约束作用的国际规范来。主要方面是在国与国之间签订一些条约或订立可能较具有普遍效力的公约。在国际经济领域内,这些方面的规范是众多的,我们国家参与其事的也不少。

国际经济关系中的斗争涉及大的方针政策方面的斗争,也有具体案件的法律方面的斗争。就其涉及的法律问题说，这些问题往往不仅要在国与国之间去争论，有时还得就其国内法来进行斗争。例如美国就我国向美国出口天然薄荷脑一事，在美国国际贸易委员会起诉，指控我国以低于"公平价格"在美国"倾销"薄荷脑，损害了美国合成薄荷脑工业的利益，要求加征倾销税。这个案件就是根据美国国内法——1966年修改的反倾销法进行的。又如最近几个美国人在美国地方法院对中华人民共和国起诉，要求赔偿他们所持有的我国清政府于1911年发行的"湖广铁路债券"本息一案，美国地方法院缺席判处中国政府偿还四千多万美元，这是根据美国1976年才公布的主权豁免法来判决的。这些案件，我们都已根据国际法和国际经济法原则痛予驳斥。但也说明要进行这种斗争，就不仅要了解国际经济法，还得了解外国国内的经济法，当然，主要是要根据我国本国的法律去行事。

概括起来，了解外国经济法，①可以帮助我们了解外国的国情和他们的政策方针，也可以为制定我们自己的立法作参考；②在国际经济关系的具体纠纷中，解决彼此间的法院管辖和法律适用问题；③在国际经济关系中，直接进行国际政治、经济、法律方面的往来。

这就是我们所以需要研究外国经济法和国际经济法的目的和作用。

国际经济法总论[*]

一、什么是国际经济法

"国际经济法"这个概念对于国内来讲是个新名词,在全世界范围内,它也不是什么古老的名词。什么叫作国际经济法,国际间各人有各人的说法。根据我个人的见解,国际经济法这一概念可以从两个角度来加以认识:一是把国际经济法作为某一方面法律规范的总称——这些规范调整着国际经济关系中多种多样的经济活动。因而,国际经济法指国际间协调或调整国际经济关系的法律规范或类似法律的规范体系。二是把国际经济法不仅作为某一领域内客观存在的法律规范,而且还把它看作一个学科,一种研究国际经济法律规范和国际经济关系中法律问题的学科。

这样分两个概念来认识国际经济法,有一个好处。因为在国际经济关系里,某一方面在某一时候往往还没有现存的规范与法律可循,或者某些规范还在形成之中,而在实际生活中则同一平面或不同平面之间的法律问题确实不少。把国际经济法理解为研究国际间某一领域或某一经济关系中的法律问题的学科,可以避免像在教科书中习惯于对待国内某些法律部门的情况那样,把国际经济法硬性地限定为某一方面"法律规范的综合",而把国际间不存在或还有争论,各国或国际间有相反甚至对立规定以及没有执行效力的东西,不加解释地照搬照抄,严重脱离实际。这种情况在国内法律部门的阐述中经常发生,在研究国际经济法时自然更应避免。

二、两次世界大战后国际经济关系中出现的新情况

两次世界大战后国际经济关系中出现的新情况,归纳起来主要有如

---

[*] 原文载中国经济法研究会编:《中国现代经济法》,黑龙江人民出版社1988年版。

下几方面：

1. 第一次世界大战后苏联作为第一个社会主义国家的出现；二次世界大战后社会主义新中国的成立和它在 80 年代的对外开放，东欧一批当时称为新民主主义国家(波兰、民主德国、捷克斯洛伐克、罗马尼亚、匈牙利、南斯拉夫、保加利亚、阿尔巴尼亚)在历史舞台上的出现；60 年代亚非拉大量原是殖民地半殖民地的国家纷纷独立，在经济上谋求自身的增长与发展。在这些国家与西方国家之间分别形成东西关系、南北关系，大体上即是发展中国家与发达国家之间的关系。

2. 二次世界大战后，除了世界范围内许多国家都参加的联合国名下的全球性经济组织，如国际货币基金组织、世界银行集团金融机构和四十年来尚未正式确定其组织机构的关税及贸易总协定以外，一些国家和地区间还组成了区域性的经济集团，如西欧十二国(法国、联邦德国、意大利、荷兰、比利时、卢森堡、英国、丹麦、爱尔兰、希腊；西班牙和葡萄牙两国于 1986 年加入)组成的欧洲经济共同体；东欧六国(苏联、保加利亚、匈牙利、波兰、罗马尼亚、捷克斯洛伐克)组成的经济互助委员会；南美七国(阿根廷、巴西、智利、墨西哥、巴拉圭、秘鲁、乌拉圭)组成的拉丁美洲自由贸易区，嗣后(1969 年)由智利、秘鲁、厄瓜多尔、玻利维亚、哥伦比亚五国之间成立的安第斯条约组织成为它的亚群组织，1964 年 12 月由喀麦隆、中非共和国、乍得、刚果共和国和加蓬五国成立的中非关税与经济联盟，西非于 1974 年由马里、毛里塔尼亚、尼日尔、塞内加尔、上沃尔特和象牙海岸六国之间成立的西非经济共同体，1975 年扩大为十六个西非国家在内的西非国家经济共同体；肯尼亚、坦桑尼亚和乌干达三国之间组成的东非共同体等。

环绕国际间一些主要原材料如石油、铜、铝土、铁矿砂、锡、橡胶、硬纤维、食糖、可可、咖啡等，成立了各种商品组织：有的是原料生产国和输出国组织，有的是生产国与消费国间订立的国际商品协议。

3. 在全世界范围内，二次世界大战前后原来称为国际资本主义垄断组织的经济集团更加扩大了它们在国际间的活动范围，形成二次世界大战后跨越国家的资本主义经济组织网络。根据联合国的定义，跨国公司是在两个或两个以上(有时十个、十几个或几十个)国家内设有子公司或分公司，在某一地点有一个决策领导中心，能依照它的策略意图在全球范围内统筹安排其经济活动的一种国际经济组织。这些跨国公司往往支配着远比一些中小国家更为强大的财力、物力、技术和信息条件。跨国公司是世界范围内提供资金与技术投资的主要来源。

4. 战后四十年间，在上述这些经济实体——国家、国际经济组织、地区经济集团、跨国公司、国际商品集团之间，在现代科学技术与生产力发展水平的基础上，开展着涉及世界物质资源的占有、开发和利用，原材料和燃料的供应，货物、劳务、技术、资金的交换和转移，以及因粮食、人口、国民收入的差距和经济发展不平衡而引起的一系列错综复杂的经济关系。

根据其政治经济和地区背景，以及矛盾的交接点，这些复杂的国际经济的关系又通常被统称为东西关系、南北关系、南南关系和北北关系。北北关系当然是指西方资本主义国家本身之间的关系。东西关系是指以美国为中心的资本主义国家和以苏联为中心的东方共产主义国家之间的关系。南北关系泛指北部资本主义世界和南部第三世界国家之间，即西方工业发达国家和亚非拉广大发展中国家之间的关系。

横贯在这些政治经济关系中的核心问题是改变发达国家与发展中国家之间的经济不平衡，改变国际间的贫富悬殊状况，创建国际经济新秩序。建立国际经济秩序，通过一些规范性文件或签订有约束力的双边、多边协议来调整和调节种种错综复杂的国际经济关系，这就是国际经济法的任务。

5. 由于中国经济向世界各地的全面开放，中国已成为当前世界范围内国际经济关系的积极参与者。自从1971年中国恢复在联合国的合法席位以来，它积极参加了联合国经社理事会和亚非及太平洋社会委员会的活动；1972年参加了联合国的开发计划署和工业发展组织，当选为这些组织的理事国，1978年起接受它们的对华援助；同年，中国作为发展中国家，参加了联合国贸易发展会议的活动；1973年中国恢复参加联合国粮食及农业组织的活动；1980年加入了建立国际农业发展基金协定。

1980年起，中国参加国际经济组织和国际经济协定的活动是频繁和众多的。1980年3月，中国参加世界知识产权组织公约，1984年参加了保护工业产权的巴黎公约；1980年4月5日，中国恢复了在国际货币基金组织和世界银行组织中的代表权和合法席位；1984、1985、1986年中国先后参加了国际清算银行、非洲开发银行和非洲开发基金、亚洲开发银行的活动,承担和认缴了相应的资金和股本。

目前,中国已同 170 多个国家和地区建立了经济贸易关系,同 90 多个国家和地区签订并保持了双边贸易协定:1980 年中国参加了建立商品共同基金协定,同年参加了 1979 年的国际天然橡胶协定;1983 年参加了 1982 年的国际黄麻协定;1986 年批准加入联合国国际货物买卖合同公约;1983 年正式加入海关合作理事会,目前正在争取恢复同关税及贸易总协定的关系,并在联合国贸发会议中积极参加了关于跨国公司守则、技术转让守则的制定。截至 1986 年底,中国已和联邦德国、瑞典、法国、英国等 18 个国家签订了相互促进和保护投资的协定,并和美、日、英、法、联邦德国等 16 个国家签订避免双重征税协定。

这些就是社会主义新中国对建立国际经济秩序和推进国际经济法方面所作的重大贡献。我们在国际经济关系中所持的态度是坚持独立自主,相互尊重主权,平等互利,积极支持发展中国家发展民族经济,以及谋求经济上独立和在自力更生的基础上改革现存的国际经济秩序,发展世界经济和维护世界和平。

三、国际经济法的特点和有关的法律理论问题

国际经济法作为一门学科可以根据实际生活中的几个重要方面再分为几个部门,国际经济秩序和国际经济组织、国际资源法、国际贸易法、国际援助和投资法、国际金融法、国际海商空运法、国际税收法、国际环境保护、国际争端的诉讼与仲裁和法律适用。

在这几方面部门法的研究中,有几个具有共同性的法律理论问题,值得在此一提:

1. 上层建筑必须是建立于一定社会经济基础上的理论。根据马克思主义学说,上层建筑必须适应经济基础,反映这个基础,又反作用于这个基础,这个真理不仅对理解和解释一国的国内法有用,也应该适用于理解和解释国际经济法。然而国际经济法作为相为规范性的上层建筑是建立在什么基础上的呢?一个国际经济关系中两个国家或两个以上的国家之间的呢?我们说在今天世界上分为众多国家和政治经济实体的情况下,这样的共同基础事实上是不存在的。国际经济法是调整国际

经济关系的法,因而是以国际经济关系为其基础的。但是,这只是第二层次的基础,这个作为国际经济法第二层次基础的国际经济关系本身是建立在各国各自的经济基础——第一层次的基础之上的。"正是各国的经济乃是社会上一定生产关系的发生器,这些生产关系然后以变更了的形态移植到国家之间的关系中,决定着国际经济关系的实质",从而也决定着国际经济关系中双方或多方国家对待这种关系的基本态度和方针政策。认识到这一点很重要,这会使我们以更清醒的头脑理解和估量国际平面上存在的规范性文件的要求和作用,理解全世界为达成这些规范所做的努力,以及国际经济法与国内法的关系。

2. 这里第二个带根本性质的问题是国际间有没有"法"的问题。国际经济法是不是传统意义上的"法"呢?根据马克思主义国家与法的理论,法是国家颁布的,要求为全社会人们遵守的行动规范。那么,世界范围内有没有这样一个可以颁布为全世界人们共同遵守的法律规范的国家呢?到现在为止,应该说是没有的。那么,国际间的"法"又从何而来,它又是什么性质的"法"呢?以当今最高、最大的国际组织联合国为例。联合国不是一个超国家,它只是一个根据许多国家的意志建立起来的国际协议机构。它除在极有限的范围内有特定权力可以采取某些措施以外,对于联合国,"宪章范围内的任何问题或事项",只有"向联合国会员国……提出……建议"之权。联合国大会所作出的关于任何事项的决定,不论其采取的形式是"决议""宣言""宪章""公约""统一法""行动守则","它们都只具有建议的效力"。要使这些国际规范发生法律效力,对各国都有拘束力,得到各国的遵守,还得使用别的办法。主要办法是在它们的基础上缔结条约、签订公约来实施其意旨。一些国际经济组织也是首先通过了协议,然后把协议改制为章程,作为参加这个经济组织的成员国共同遵守的"法"来加以实施的。国际经济法的"法"大部分就是属于这种状况。这是我们研究国际经济法时特别应该注意到的又一情况。

世界上,目前只有一种法是例外,那就是欧洲共同体。欧洲共同体的政治结构一定程度上已是一个超国家,欧洲法院所作的判决,可以直接贯彻到基层国家的法院,在欧洲共同体十二个国家内具有普遍的约束力。这些情况这里就不再详细介绍了。

3. 从今天的情况讲,不管理论上怎样说明法的形态,国际经济法的客观存在是不容否认的。它的存在一是因为适应战后国际经济关系中出现的许多新情况,特别是国际间政治经济实体的变化,二是因为传统的、原称为"国际公法"的国际法,以及它所主张的一些规范和原则,已无法应付二次世界大战后世界范围内国际经济关系中出现的全新的政治经济局面。400年前主要根据欧洲一些国际法学家的自然法思想和见解而建立起来的国际法体系,曾是用于调整资本主义发展过程中国家的形成,继承与交替,领土,主权,战争与和平,外交礼节等问题,这个传统意义上的国际法已与今天的形势不相适应。那时,国家当然是国际关系中的主体,当时排除在"文明国家"以外,不属于欧洲范围的广大地区,在国际法的形成中没有任何发言权。根据西方国家法学的一个基本划分,国际法只能属于"公法"的范畴。国际间的任何经济活动一律都属于私人范围的事,当然也不能由国际法来调整。所以,二次世界大战后,特别到了60年代,当情况有了很大变化时,创立国际经济法新学科的呼声,以及国际机构中推动制定国际经济关系行动规范、缔结国际公约的努力日益强烈起来,因而用国际经济法来补充其至取代传统的国际公法,这是很自然的事情。

4. 在国际经济法学科内考虑解决国际经济关系中的法律问题,还有一些与别的法律部门的做法不相同的地方。国际经济法试图解决的是国际经济关系中两国或多国之间的实质性利害冲突,反映为两国或多国实质性法律上直接冲突。这同国际私法这一学科中的做法不同:国际私法研究的是一国法院在涉外案件中如何依照某种标准(冲突规范)来确定具体案件中何国何地法律得以适用的问题。具体的适用标准是一国自己的法律所确定的,所以严格讲来,国际私法是国内法而不是国际法。但在国际经济法领域内,解决经济关系矛盾时应考虑的却是三方面的实质性法律,那就是(例如一个国际货物买卖合同关系中)关系甲方的法律、关系乙方的法律和甲乙双方都应遵守的国际平面上的规范或法律(例如条约或公约)。国际经济法要研究的是在同一关系中如遇双方利害发生冲突,或同一关系中双方国家的法律不一致或有实质性矛盾时,如何解决这种矛盾的方法和途径。在同西方国家打交道时,特别应当注意到双方法律上的不一致,而且法的实质性的直接冲突可能同时存在于公法和私法两个平面上,而西方国家经常利用这种公私法的划分,或以政治制度上三权分立为理由在某一国际经济关系中同你进行斗争。美国法院中的湖广铁路债券的案件和日本法院中的光华寮案件是这方面两个最典型的最有代表性的案例。坚持三方面的实质法律必须同时参考,坚持公私法不分的立场是国际经济法实际处理法律问题时,和我们在研究国际经济法的法律问题时必须强调的又一特点。

5. 国际经济关系中,在国际平面的规范同各有关国家国内法的关系方面,还有另一种复杂情况,往往也显示出国际经济法作为法律关系有着某些特点,这就是国际法同国内法的衔接问题。国际法与国内法之间有两种要求衔接情况,一是程序上的衔接,一是内容上的衔接。一般讲,一国要同另一国发生关系,按理签订一个条约就行了。条约一经双方政府签署即可对双方国家发生效力,当事国就必须遵守。但对条约的生效,各国政治制度不同,往往还要经过国内权力机构批准的手续。美国政府签订的条约必须经美国参议院三分之二票表决的通过,方能生效。我国宪法规定,国务院有权缔结条约或协定。但重要的条约和协定,则由全国人大常委会决定后,由国家主席予以批准。英国则必须由上议院颁布与条约具有同一内容的法律以表示该条约在国内的生效。缔结条约只在国际平面上对双方国家发生约束力,对国内生效的都是包括该条约或者公约内容的议会立法。国际经济法的规范与国际政治关系中的情况不同,一般都具体地涉及一国国内经济生活的某一方面,而这里必然有许多国内立法或将有某种重要立法,也是很明显的。那么这两种不同平面上的法,如果时间或内容上有不一致,如何解决这种不一致的情况,就发生问题。我国目前的经济立法都是比较新的,制定这些法律时也往往已充分考虑到了参加这方面国际公约或条约的可能性,订立国际条约或参加公约后,还没有发生过国内立法同国际条约或公约采取不同立场的情况。但两种不同平面上的规范和法律,将来发生不一致的情况的可能性还是有的,国际上对此都有不同的做法。美国宪法规定,国际条约同联邦法律有同等地位。大部分国家都采取国际法高于国内法的解决办法。但许多国家,特别是有宪法法院的国家,如联邦德国,它们都仍然把国内法同国际法是否有分歧的解释权给予本国的宪法法院,无形中收回了国际法高于国内法的主张。法国宪法中也有类似绕过国际法高于国内法的主张的规定。我国《民事诉讼法》《涉外经济合同法》和

《民法通则》中都规定了遇有国内法和国际法发生不一致时,应以国际法为准。这个办法似乎稍嫌简单了一些。

6. 国际经济组织和跨国公司在国际间的法律地位,是国际经济法中另一种情况非常特殊的问题,按照传统国际法的做法,在国际关系中,因此也在国际法上,有主体地位的只是国家。国家之外的私人或团体,在国际法上都没有地位,既不承认它有主体地位,也不承认它是一个被动体。当今世界上的国际组织和国际经济组织,现代国际法还承认其在国际法上的地位,一是因为它们都是由国家组成的;二是它们毫无例外地在它们的章程中已经自己确定为具有法人资格,因而必须是个主体。但是具有庞大实力的跨国公司则在国际上没有地位,因为它不是一个法律主体。跨国公司本身也愿意像其他国际组织那样在章程中明确它的法律地位,这样做,可以在经济活动中获得巨大的行动自由和方便。跨国公司,包括它的基地公司、子公司、分公司的法律地位和法人资格,都是由它登记的所在地国家依照当地的法律分别赋予的。因而跨国公司在国际法上有一个与它的法人资格和它的经济实体地位巨大不相称和不协调的情况。这个问题必须在国际经济法上予以解决,否则单凭其他国家或东道国家一方面的法律来约束其行动,往往是无济于事的。联合国经社理事会下专门设立一个跨国公司委员会来试图制定对它进行控制的法律规范。

7. 国际间经济纠纷的诉讼和仲裁。国际间解决纠纷的机构,现在联合国名下有一个设立在海牙的国际法院和名存实亡的国际仲裁庭,国际法院只解决国与国之间的诉讼纠纷。它的判决没有执行效力,如同联合国的所有活动一样,它只具有政治压力。要发生效力,还得通过联合国的安理会来作出决定,进行政治上的解决。国际间的经济纠纷,特别是商业上的纠纷,一般都是由各国国内设立的商业仲裁机构,特别是已取得国际地位的商业仲裁机构加以解决。在投资纠纷方面,世界银行下设立了一个国际解决纠纷中心,60年代起已接受各国公司的仲裁申请。它的裁判具有很高的效力。但是国际解决纠纷中心裁决高效力之获得,是以各国在参加国际解决纠纷中心公约时提供其国内一个指定法院作为它的无条件执行法院为前提的,这就是关于国际仲裁裁决效力有争议的主要理论问题之一。

积极开展国际经济法的研究*

二次世界大战以来,世界经济发生重大变化,国际经济关系中出现了许多前所未见的新情况:世界主要国家的经济实力有巨大变动,欧洲经济共同体和经互会在西欧和东欧建立,发展中国家作为国际经济关系中的重要因素出现,亚非拉众多的地区性集团和商品集团纷纷组合,以保护其自身的经济利益。在这种错综复杂的关系中,国际资本公司起着重要作用,发达国家在国际间的经济活动大部分是通过跨国公司来实现的。到了80年代,新中国的经济改革和对外开放,以及世界经济发展中心向太平洋区域转移,这些又是战后政治经济关系继续发展中出现的非常突出的事件。上述这些因素的存在无不对战后各国的政治构架和国际间的法律形态产生巨大影响。

综合起来,上述这些新因素导致了如下三种法律表现形式,它们都是传统国际法中所没有的。这三种法律形式构成了需要进行研究的国际经济法的某些特点:

1. 上述国际间的各种组织或组合,除了原有的国家作为主体形式之外,它们大部分都有国际间协议和它们自己订立的章程作为基础,从而取得了独立的法人地位,具有可能在国际间进行活动的机会。有的如资本主义公司,则只能在各国国内取得法人地位,在国际间却没有公认的主体资格;迄今为止,也没有正式的法律文件,对它们的活动进行调整。而有组织章程的国际经济组织,对于参加的国家来说,则这种章程或协议既是它们的内部组织规范,成员国有遵守和执行的义务,而且也是它们的国际法,这种国际法规定着它们彼此间的权利和义务关系。这种组

---

* 本文是芮沐教授1988年6月8日在中国国际法学会年会上的发言,刊于《中国国际法年刊》,法律出版社1989年版。

织章程或内部国际法还将随着世界经济形势的变化而变化,法律关系变得越来越复杂了。

2. 这些经济组织还有众多的横向外部关系。在战后40多年中,这些外部关系在经济活动方面也有不少新的表现:例如在传统的货物买卖之外还有投资和援助、技术转让、信贷金融、知识产权的保障、劳务输出以及各国对这些活动的管理与控制、国际间对它们的管理和监督等。

3. 国际经济法表现形式的另一特点是:在绝大部分情况下国际经济法都是要通过国内的专门立法来加以贯彻执行的。换言之,国际经济法——条约和公约中所作的规定,不能停留在国际平面上单纯或单独由国家来承担遵守的义务,由于国际经济关系涉及众多的经济实体——国内的和国际间的经济实体和它们的活动,因此调整这些关系的规则必须通过国内立法来贯彻执行,使国家在国际平面上承担的义务也可以在国内的具体经济关系中得到实施。这里就产生了国际法与国内法的衔接(或不衔接)的问题。

关于国际经济法这三种具有独特性的法律现象,可以用我国当前正在积极争取恢复其缔约国地位的关贸总协定作为例证,来略加说明。

关贸总协定是二次世界大战后,西方国家为了取得有利于他们获取原材料和推销工业制成品的地位而达成的尽力使国际贸易自由化的一个国际协定。它是布雷顿森林会议的产物。它的主要手段是由各国通过协议来彼此削减关税,促进国际间商品的自由流通。所以关贸总协定的一个总原则是所有缔约国在进出口关税及收费的实施和管理中相互给予与其他任何国家同等的优惠待遇——无条件、无歧视性的最惠国待遇。关贸总协定经过6个回合——6轮多边贸易谈判取得的主要成就,也是在相互降低关税方面。

但关贸总协定作为一个国际文件所树立的大原则,即平等优惠的原则,在文件本身中即已规定了诸多例外。例外之多为国际文件中所罕见。有些例外是后加的(如总协定的第四部分),它们对发展中国相对地是有利的。但大部分例外规定则往往可以成为国际间推行保护主义的屏障,解释和应用就非常复杂,总协定第19条规定的"保障措施"就是这方面的一个例子。保障条款的作用,从广义上讲,就是既要使出口国不会轻易被剥夺进入国际市场的权利,又要使进口国在某种情况下有权限制进口。

后一种倾向在西方国家发生经济不景气,出现像70年代石油涨价、经济衰退、生产停滞、严重通货膨胀的局面时,往往就容易被用来对付邻国的贸易。1973年举行的第7轮多边贸易谈判——东京回合——制订的7个具体非关税协议就是在这种情况下提出来的。制定这7个非关税协议的目的,是为了加强国际间对各国政府可能采取的足以影响国际经济关系的措施的监督和控制。这7个具体协议是:①针对出口国政府补贴而制定的关于反补贴税的规则。这里,主要法律问题是在哪种条件下可以征收反补贴税。②新的反倾销规则,提出了征收反倾销税的标准和程序。③把外国供应者长期排除在外的政府购买,从此也必须对外开放,问题是哪些产品应包括在内,并且招标过程要增加透明度。④关于产品规格和质量的合理标准的规则,目的是不使这些技术标准成为进出口顺利通行的障碍。⑤关于用于确定进口税的商品的估价问题的规则。⑥牛肉、奶制品、民用航空方面的规则。⑦关于改进行政手续、许可证颁发和解决贸易争端的程序等方面的规则。

值得注意的是,在每个具体协议中都有要求各国在签署具体协议后把协议的内容全部纳入国内法的规定。因此,谈到中国恢复参加关贸总协定的问题,不仅要审查我国已有的立法是否可以主张"老祖宗条款"并得到尊重,而且如果同时签署上述任何一个非关税措施协定时,还有使国内今后的立法同排除非关税障碍的要求相适应的任务。因此,制定一个适合国际环境的外贸法的任务就非常紧迫。

目前(从1986年起)正在乌拉圭埃斯特角举行的第8轮多边贸易谈判把关贸总协定的发展推进到了一个新阶段——从降低关税作为第一阶段的工作,发展到东京回合规定非关税措施作为第二阶段,现在进入到了扩大贸易关系的内涵,把关于国际间投资、劳务贸易和知识产权的保护等谈判都包括进去的阶段,并进一步加强对各国贸易措施的监督和改进贸易争端解决的程序。乌拉圭回合还将继续努力做到在农产品贸易的改革方面达成协议,并使东京回合制定的商品技术标准、政府采购、出口补贴等的法规得到改进。

可以想见,环绕关贸总协定问题,中国就此应作出的在政治、经济和法律方面的工作是艰巨的。它不仅要为在总协定中恢复作为缔约国的地位而进行繁重的准备工作,而且还要在乌拉圭会议上就十分复杂的贸易关系,为实现有利于中国作为一个现代化发展中国家的要求和主张而进行磋商。

关贸总协定是一个实行了40多年,但还没有正式组织机构的国际经济组织。总协定本身不是一个单纯的国际法文件,它还是试图解决近百个国家间复杂的国际经济关系意见的总汇。因此,谈到关贸总协定,只谈它的法律问题,其实是很不够的。

以上只是以关贸总协定的某些法律问题作为例子,提出我对国际经济法的一些看法。类似关贸总协定的情况在国际经济法范围内还有好几个。当前国际形势正从多方面对抗转向全局的缓和和谈判,转向和平解决国际间一些经济方面的矛盾,因此,研究国际经济法的任务就显得更为重要了。

国企改革中的几个法律问题*

编者按

国有企业改革是我国今年经济体制改革的重点,如何积极推进国有企业改革,进一步增强国有企业的活力与市场竞争能力,充分发挥国有经济在国民经济中的主导作用,成为社会各界思索与谈论的热点问题。为宣传贯彻江泽民总书记不久前所作的《坚定信心,明确任务,积极推进国有企业改革》的重要讲话精神,本报最近邀请了首都部分法律专家就依法推进国企改革问题进行了座谈。从今天起,本报在一版开辟"法律专家谈国企改革"专栏,将与会专家的发言陆续刊出。

大家知道,国有企业在国民经济中的地位是十分重要的。国家财政收入的一大部分依靠它,进出口贸易也主要通过它,社会生活的改善、提高和发展也以它为基础。

现在改革进行 16 年了,经过了不少次讨论,国有企业的名称也作了三次改变:"国营企业""全民所有制工业企业""国有企业",颁布了十几个法律,最终由十四大的决定明确了现代企业制度的特征为"产权清晰、权责明确、政企分开、管理科学"这些特征还有待于颁布一个新的企业法来为它们作出详细规定。

国有企业的"有"字,究竟由谁所有?你有还是我有,还是我们两个都有?你说你有,你是谁?你又是怎么有法?我说我有,我又是谁?我是我呢,还是我们?我或我们又是怎么有法?

企业的体制改革是企业经营管理体制的改革,不是企业所有制的改

---

* 原文刊于《法制日报》1995 年 9 月 15 日。

革。我们的国有企业是社会主义公有制下的企业。所有制指生产资料所有制,它是一个政治经济学上的概念,是一个总体的概念,它的意义是我们全部或所有的国有企业都属于国家或全民所有。在政治经济学上,这是一个与私有制对立的名词。我们现在不搞私有化,对内对外用不着回避这个词。在所有制概念内并不说明也用不着说明某一事物具体地属于哪个单位。

相反,所有权是法律上规定某一事物具体地属于或不属于及怎样属于某一经济或非经济实体的概念,是一种法律概念。对于一个企业的资产而言,所有制和所有权概念可以同时并存,不会发生同一企业资产上两个所有权的重叠存在,或者有国家所有权的存在,就不谈企业对其资产的所有权的情况。但这恰恰是过去16年中在厂长、经理和企业工作者以及经济学界和法学界思想观念上存在的情况。搞市场经济而不使市场主体(企业)对其财产有所有权,使其能自负盈亏,甘冒风险,进行竞争,赢得效益,这实在是不能想象的。党的十四大文件把这个问题解决了,企业对其资产有"产权",这是很英明的。所谓产权,说白了,就是企业对其资产有所有权。说企业对其资产有所有权,也不等于把企业私有化了,但也要防止国家的财产、企业的资产被某些人侵蚀掉。

企业体制改革中所遇到的一个最难解决的问题,就是政企分不开的问题。造成政企分不开的原因,根据十四大文件,是因为我国长期实行用行政手段来贯彻经济计划指标的做法,这不仅扼杀了行政部门的积极性,而且也严重影响了国民经济的活力。中国这样一个大国,各地区的经济发展又很不平衡,没有一些规划是不行的。但像传统的那样用行政手段来贯彻计划,直接用它来领导国民经济生活,那就谈不上搞市场经济了。计划同市场的联系,我们现在是以宏观调控的手段来实施的。"宏观调控"是经济名词,它不是一个法律概念。没有宏观调控,试问我们用什么方法来平衡工农业生产,平衡国家预算的收入和开支?怎能引导投资方向,稳定物价,抑制通货膨胀及不正当竞争?在外贸方面,调整汇率、利率、税率都是宏观调控措施。宏观调控中也可能要夹杂些很严厉的行政措施或政治法律措施。但不管宏观调控用的经济措施或行政或法律措施,为了实现市场经济是法制经济,我们希望这些措施的运用,都要有法律根据,并有法律加以规范。

New Developments in China's Economic Legislation[*]

Rui Mu[**]

Ⅰ. INTRODUCTION

Since the founding of the People's Republic of China (PRC), there has been a multitude of economic regulations. In the past, in order to fulfill the missions of each historical period, whole series of economic laws were formulated. For example, in the years immediately following the establishment of new China, there were laws regulating the restoration of the national economy. There were also laws regulating the transformation from private ownership to socialism and laws concerning the implementation of the first five-year plan. In the 1960's, there were laws for adjusting the development of the national economy. During the Cultural Revolution, however, there was a period when systematic legislative work halted almost completely. Looking at the development of legislation over the past thirty years, piecemeal and scattered administrative regulations have far exceeded the few systematic and complete legislative works. After the smashing of the Gang of Four, as citizens linked their arms to restore the economy, the national agenda turned to modernization and construction. As China began the policy of "readjusting, reforming, reorganizing and improving" the economy, and of opening up to foreigners, economic legislation began once again to be strongly emphasized.

---

[*] 原文发表于 *Columbia Journal of Transnational Law*, Vol. 22, 1983。
[**] Professor of Law and Director of Economic Law Section, Beijing University; Advisor, Center for Economic Law Research, State Council, PRC; Vice President, Chinese Society of International Law.

Economic laws encompass and regulate a vast and complicated area: the production of material goods, capital improvement and reproduction, exchange, distribution and consumption. No matter how one approaches these laws, macroscopically or microscopically, from an insider's or outsider's view, they all serve to consolidate China's system of socialist public ownership, to protect China's manpower and material resources, to promote such commercial activities as agriculture, labor, communication and transportation, to promote monetary activities such as finance, credit and taxation, and to promote trade with foreigners.

The economic legislation of the PRC is founded on the socialist system of public ownership, that is, ownership by the whole people of the means of production, and collective ownership by the laboring masses. This fundamental system of ownership has not been altered despite recent efforts toward both the development of agriculture and industry and the reform of the productive relationship between urban and rural areas. Rather, in order to encourage production and stimulate the economy, we have been simultaneously stimulating nationally-and collectively-owned economic units *and* encouraging development in "individual" economic units involved in handicrafts, service industries and commerce. We have also been increasing both our use of foreign capital and our economic exchanges with foreign countries. However, the individual economic units have relatively minor impact on the national economy. Even considering their scope and scale of production, their output and their use of manpower and material resources, they are not nearly as important as publicly-owned enterprises in China.

In agricultural and industrial production, we are currently engaged in massive structural reform. Generally speaking, the most important aspect of these reforms is the transfer of a limited aspect of national economic power into the hands of the locality or factory. Thus, while the nation continues to retain its central economic power, it simultaneously promotes the economic independence of industrial and agricultural production units and helps to stimulate their zeal and initiative.

The economic plan is the essence of a socialist economy based on public ownership. The entire process of economic expansion and reinvestment is carried out in a proportionate manner, according to the plan. Our national economic plan—which we today call "The National Economic and Social Development Program"—covers industrial and agricultural production, exchange of commodities, communication and transportation, demography, labor, education, sanitation, physical culture, urban and rural construction and many other areas. The nation takes a different planned administrative approach to different sectors of the economy, different economic entities and different products. Two strategies within the plan are "Planning Directives" (*Zhilingxing zhibiao*) and "Guidance Targets" (*Zhidaoxing zhibiao*).[①] The adoption and promulgation of these targets helps to focus clearly the initiative of our productive units.

The planned production and circulation of material goods is the basis of China's economy. However, in order to stimulate the economy and to expand the production of commodities, we also permit the production and circulation of certain products or commodities to be unplanned and thus regulated by market forces of supply and demand. Market regulation is particularly involved in the production of the various items that are of insubstantial value.

Successful domestic economic development depends on the recognition of China's place in the world economy and thus on stimulation of foreign trade. China's past economic isolation was due to oppression both by neighboring countries that forced us to become their vassals and by the large hegemonistic countries that forced us to sever relations with international markets and resources. Currently, China is expanding its foreign trade, using economic techniques of foreign countries and basing its economic relations with foreigners on principles of equality and mutual benefit. This approach, which will

---

① The meaning of these terms may be inferred from the names themselves. The former appears to be mandatory, while the latter is instructional or referential. *Zhibiao* has already been translated as a "directive" or "target," but might also be translated as a norm, target, quota or index. See also notes 32-33 and accompanying text [Ed.].

help develop our economy, involves the use of foreign and domestic capital, the development of domestic and foreign markets, the reorganization of domestic construction and a continuing openness to foreigners. This approach is neither ephemeral in nature nor a simple expediency. Rather, it comes from the internal, systemic need to develop China's economy. It is of long-term and strategic importance.

China's economic legislation proceeds from the type of foundations noted above. Broadly speaking, what we call "law" includes the laws and decrees adopted and promulgated by the National People's Congress (the "NPC") and the Standing Committee of the NPC. It also includes the administrative regulations, decisions and orders of the State Council, as well as the regional regulations and decisions of the provinces, autonomous regions and those municipalities, such as Beijing and Shanghai, that are under the direct control of the national government.

Formal national legislative power, however, is limited to the NPC and its Standing Committee. This "legislative power" includes the power to formulate, revise and explain the law. The new Constitution, adopted on December 4, 1982, provides that: (1) no laws and no administrative or local regulations shall conflict with the Constitution[1], (2) the NPC has the power to change and revoke inappropriate resolutions of its Standing Committee[2], and (3) the Standing Committee is empowered to revoke State Council administrative regulations, regional regulations and resolutions[3] as well as the decisions and orders of the provinces, autonomous regions and nationally administered municipalities. The Constitution also provides that the nation shall uphold and protect the unity and honor of socialist legality.[4]

Chinese legislation is grounded on two basic principles. The first is that legislation starts from a realistic appraisal of the national situation. Legislation

---

[1] CHINA CONST. art.5.
[2] Id.art. 62, § 11.
[3] Id.art. 67, § 8.
[4] Id.art. 5.

must be in keeping with prevalent conditions. Moreover, legislation must also conform to the national character. Such legislation forms part of a *Chinese* legal system and is therefore distinct from legislation in any other legal system. Second, as with other national tasks, legislative drafting has to follow the "mass line". In other words, it begins from the most basic areas: from the combined endeavours of legal, economic and political practitioners and scholars. Together, these people research and discuss ideas until they establish a program, which is then codified in the form of specific chapters and articles. These procedures are followed not only by the NPC and its Standing Committee when they draft legislation, but also by the State Council when it promulgates a regulation or ordinance.

According to the mandates of the new Constitution, the Standing Committee of the NPC will set up various special committees and a working committee in order to improve the legislative work of the NPC and the Standing Committee. The State Council, in order to coordinate legislative measures proposed by its committees, has established a Center for Research in Economic Law, a working research organ of the State Council. Before a draft law is submitted to the State Council for promulgation or to the NPC (or its Standing Committee) for discussion and adoption, it must pass through the Center. Those laws submitted to the NPC or the Standing Committee by the Center are already concerned with a confirmed national policy or directives. These laws are of general significance and will influence the entire nation. Furthermore, these laws are already relatively mature pieces of legislation.①

II. THE NEW ECONOMIC LEGISLATION

A. Economic Management

The economic legislation of the past four years will be divided into several aspects for purposes of discussion. First, we shall consider the laws

---

① The legislation of the NPC and its Standing Committee and the regulations promulgated by the State Council are all published, respectively, in THE STANDING COMMITTEE OF THE PEOPLE'S REPUBLIC OF CHINA GAZETTE and the STATE COUNCIL OF THE PEOPLE'S REPUBLIC OF CHINA GAZETTE.

relating to the reform, reorganization and expansion of economic enterprises. A central concern in reforming the economic system was to increase the enterprises' independence of economic management, to clarify their economic responsibility to the nation and to extend the level of economic responsibility within the enterprises down to the individual. In pursuit of this goal, from 1979 to 1980 the State Council promulgated several important normative documents.① According to these rules and regulations, selected enterprises undertaking systemic reform were not, as in the past, to be managed by the State.② Instead, they were to be independent and financially accountable. They were, however, to receive fixed assets and working capital③ from the State, as in the past. All of the selected enterprises with a net profit would, according to the state approved rates, retain a portion of the profit to be used in the establishment of a productivity development fund, an employee welfare fund and an award fund. The profit rate is approved by the Ministry of Finance, the provincial and local departments of finance and other responsible departments, and may not fluctuate within a specified period. An enterprise can, of course, exercise discretion over the disposition of its retained profits.

While the nation has allocated fixed assets among the enterprises

---

① State Council, *Trial Methods for Profit Retention in State-Run Industrial Enterprises* (Jan. 22, 1980); State Council, *Provisions for Expanding the Independent Authority of State-Run Industrial Enterprises* (Jul. 13, 1979); State Council, *Provisions for the Implementation of Profit Retention in State-Run Enterprises* (Jul. 13, 1979); State Council, *Trial Provisions for Methods of Increasing Fixed Asset Depreciation Rates and Improving Depreciation Charge Utilization in State-Run Industrial Enterprises* (Jul. 13, 1979); State Council, *Trial Provisions for Implementing Revolving Credit Funds in State-Run Enterprises* (Jul. 13, 1979).

② *More than 400 Industrial Enterprises Implement Taxation of Profits with Notable Results*, People's Daily, Dec.17, 1981, at 4.

③ The term "fixed assets" (*guding zichan*) refers to total fixed capital investment (land, plant, equipment, tools, etc.) of a socialist enterprise. DICTIONARY OF CHINESE LAW AND GOVERNMENT 343 (1981)."Working capital"(*liudong zijin*), which can also be translated as "circulating capital" is a "Marxist (originally Soviet) bookkeeping abstraction that includes cash and current material inventory assets of an enterprise (including unfinished or unsold products) on hand up to an amount determined largely by the difference between fixed assets and certain fixed liabilities (does not include ' fixed assets') ." Id. at 429 [Ed.].

participating in this experiment, it has in turn adopted a principle of compensation-for-use by collecting a fixed asset tax or an asset-use fee. As for working capital, the traditional method of distribution has been changed. In the past, the Ministry of Finance distributed working capital directly to the enterprises. The enterprises then made their own bank deposits. Now these enterprises receive their total allotment on credit from the bank.

Another major step in the reform of the system is the separation of "administrative" organs of the national government from those economic bodies that undertake the management of production. On March 16, 1982, this measure was established through the State Council's promulgation of the "Provisional Rules Regarding the System of Management in National Specialized Corporations". For example, the China National Offshore Oil Company and the State Council Ministry of Oil are separate, and the China Shipping Company has been independently established to engage in economic activities related to aspects of shipping.① In the agricultural villages, the people's communes and collectives were originally combined administrative and economic units. Under the new Constitution, the communes and collectives have been separated from the township (*xiang*), which is a political unit, and have thus become purely economic organizations.②

B. Legal Forms of Economic Cooperation

The above-described changes are concerned with the property relationship between the State and such economic units as enterprises, companies and agricultural collectives. These changes concern in particular the degree of centralization or decentralization of property rights. However, the issue of the internal, institutional extent of property rights does not affect

---

① During the early period after the founding of the country (1950), there were 12 specialized trade corporations (including both domestic and foreign trade). Now there are nearly 100 specialized foreign trade corporations (most on the national level), and local corporations and branches of corporations are not included in that total. Among them quite a few have been developed over the last few years.

② CHINA CONST. arts. 8 & 95.

either the level of economic independence which institutions may have already obtained, or their legal personality in dealing with outside entities. In the early days of liberation the ability of state-operated industrial and commercial companies and enterprises to conduct outside activities had already been established. The 1950 "Resolution of the Government Administrative Council Concerning Methods of Implementing the Unification of National State-Operated Trade" stipulated: "All specialized companies under the leadership of the Ministry of Trade of the Central Government, are financially accountable units, and have fixed assets and working capital." In other words, the law already provided that they would have independent property, would be able to undertake economic responsibility and would have the substantive economic capacity to sue and be sued. Even though these enterprises were under the ownership of the whole people, they were in the eyes of the law socialist legal persons with independent property.

In China's economy today, apart from enterprises under the ownership of the whole people and state-operated enterprises, there are also a great many collective economic enterprises. This is an aspect that the law has yet to regulate. Some of these collective enterprises are concerns directly affiliated with some government department or large company. Yet many are economic collectives which have recently sprung up and have had to raise assets on their own. Collectives have been established by individuals joining together either through cooperative, contractual or partnership arrangements, or by becoming registered legal persons. China encourages the development of the collective and individual economy, provided that the cooperators themselves take part in the work and labor and not just sit back enjoying the profit and that profit sharing does not greatly exceed the bank's interest rate and is not excessive. The maximum level of profit sharing must follow legal limitations.

Another aspect of economic reform is that in all parts of the country, different forms of economic cooperation are taking place between different industries and professions or between different enterprises under varying forms of public ownership.① The aim of economic cooperation is to develop the various economic units, to quicken their pace of production and to improve economic results. This helps in directing the manpower, resources and financial power of China's regions and enterprises towards the fields where urgent national development is needed. Economic cooperation helps in clarifying "horizontal"② economic relationships and in destroying the boundary between the departments and the regions. It also helps in promoting specialized cooperation in industry and in establishing a relationship between production, supply and marketing.

The legal forms of economic cooperation are many and varied. Companies or enterprises of different industries may conclude a contract. Two different industries may merge, using internal relationships to arrange and organize a contract or agreement and to form an integrated unit. Once they have merged, they become a single legal person and the forms of cooperation, rights and relationships and the levels of responsibility that they have established will receive the protection of the law.

C. Economic Relations with Foreigners

Chinese foreign joint ventures and independent foreign investment ventures have limited property rights and interests and other special characteristics. Although there is great potential for the development of joint ventures with foreigners, some unnecessary, but understandable, concerns among foreign capitalist investors have slowed development in this area.

In its economic relationships with foreigners, China considers the following principles to be of primary importance: (1) respect for the sovereignty of China, (2) equality and mutual benefit, and (3) conformity with customary international law. Equality and mutual benefit means that both sides plan on benefitting from the establishment of a relationship. It means that neither China nor the foreign joint venture will erect any artificial political or

---

① State Council, Trial Provisions for Promoting Economic Integration (Mar.10, 1980).

② Horizontal relationships may be contrasted with "vertical" relationship. See infra notes 32-33 and accompanying text [Ed.].

legal barriers to international standing, bilateral relations, or the ability of the foreign entity to conduct business in China. It goes without saying that countries receiving investment should, to the greatest extent possible, create advantageous conditions for foreign investment and business activity.

1. The Joint Venture Law

In 1979, the first year in which we began our new legislative program, we promulgated the "Joint Venture Law." In the next three or four years we promulgated a series of laws and regulations relating to foreign investment, tax revenue, foreign exchange administration and other economic areas. During this period, the amount of legislation concerning foreign affairs formed a significant proportion of all legislation enacted. The new Constitution, in articles 18 and 32, continues to provide specially for the protection of the legal rights and interests of foreigners, foreign enterprises and other economic organizations. To this end, China is willing to enter into bilateral investment protection agreements.

While foreign investment can be attracted and utilized in various ways, our preferred method is the joint investment enterprise, which entails the formation of a single economic entity as well as joint sharing of risk and profits. Contractual joint ventures, compensation trade and other forms can, of course, also be used. Until now, Chinese law has provided for only one type of joint venture. Detailed rules and regulations for the implementation of the joint venture law will be promulgated in the near future.[①]

2. Special Economic Zones

Recent legislation has established special economic zones in certain areas of China. The purposes of this legislation are: (1) to establish an economic environment that is conducive to general cooperation between China and foreign countries, (2) to create, specifically, an advantageous investment climate, (3) to protect the legal rights and interests of foreign enterprises and

---

[①] See Regulations for the Implementation of the Law of the People's Republic of China on Joint Ventures Using Chinese and Foreign Investment. 26 BEIJING REV. No. 41(centerfold) . The Regulations were promulgated September 20, 1983 [Ed.] .

other economic organizations within China, and (4) to expand international economic cooperation and technical exchange. Special economic zones were established first in Guangdong (Canton) and Fujian (Fukien). In 1980, the Standing Committee of the NPC approved and promulgated the "Regulations for the Guangdong Province Special Economic Zones," proposed by the State Council, and established special zones in Shenzhen, Zhuhai and Shantou. On November 25, 1981, the Standing Committee of the NPC empowered the People's Congresses of Guangdong and Fujian, and their Standing Committees, to enact special economic regulations for the special economic zones under their authority.[①]

Advantages to the foreign investor in a special economic zone include the provision of machinery and equipment needed for production, exemption from import taxes for raw and processed materials, a fixed enterprise income tax of fifteen percent and preferential standards for land use rent. Joint ventures also enjoy protection for the fees they have to pay for land use. Preferential treatment is also given for the establishment of cultural, educational, scientific, technical, medical and public health institutions. An investor may also receive discounts and favorable payment terms for the purchase of domestically-produced machinery and equipment or raw and processed materials, and exemption from the payment of various service charges and other fees.

D. Formation and Registration of Enterprises

Since 1979, a series of laws have been promulgated concerning the establishment of the economic entities discussed above. These laws also regulate the activities of the economic entities. This legislation includes rules on developing socialist competition[②], the registration of industrial and

---

① Guangdong Province enacted four special regulations: the "Provisional Regulations for Entrance and Exit Administration in the Guangdong Province Special Economic Zones", the "Provisional Regulations for Registration of Enterprises in the Guangdong Province Special Economic Zones", the "Provisional Regulations for Labor and Wage Administration" and the "Provisional Regulations for Land Management in the Special Economic Zones".

② State Council, Trial Provisions for Developing and Protecting Socialist Competition (Oct. 17, 1980).

commercial enterprises①, notarization②, rationalization proposals③, technical improvement awards④, utilization of international standards⑤, price administration⑥, land requisition⑦, trademarks⑧, economic contracts⑨, civil procedure⑩ and other topics. The three laws last mentioned have been promulgated as national laws.

Since the founding of the PRC, economic organizations have been legally established in three different ways. The first is through the enactment of laws declaring the establishment of the particular economic entity. This method was used often in the early period after the founding of the country.⑪ Second, during the nation's new period, we utilized a method of state approval to establish joint investment enterprises.⑫ Third, an enterprise could be established by registration. Sometimes the three methods were used simultaneously.

---

① State Council, Regulations for the Registration of Industrial and Commercial Enterprises (Jul. 7, 1982).
② State Council, Provisional Regulations for Notarization of the People's Republic of China (Apr. 13, 1982).
③ State Council, Regulations for Rationalization Proposals and Technical Improvement Awards (Mar. 16, 1982).
④ Id.
⑤ State Economic Comm., State Science and Technology Comm., State Bureau of Standards, Methods for the Use of International Standards (Mar. 17, 1982) (provisional).
⑥ State Council, Provisional Regulations for Price Administration (Jul. 7, 1982).
⑦ State Council, Regulations on Land Requisition for State Construction (May 4, 1982).
⑧ State Council, Trademark Law of the People's Republic of China (Aug. 23, 1982).
⑨ State Council, Economic Contract Law of the People's Republic of China (Dec. 13, 1982).
⑩ State Council, Civil Procedure Code of the People's Republic of China (Mar. 8, 1982) (provisional).
⑪ Government Affairs Council, Decision on the Methods for Integration of State Enterprises Throughout the Country (Mar. 10, 1950).
⑫ State Council, Joint Venture Law of the People's Republic of China art. 3. Supplementary Regulations for the Implementation of the Law of the *People's Republic of China on Joint Ventures Using Chinese and Foreign Investment* were promulgated by the State Council on September 20, 1983 [Ed.].

Today, under the "Regulations on Registration Procedures for Industrial and Commercial Enterprises," issued on July 7, 1982, all companies and enterprises must be registered when they are established. These regulations apply to industrial and commercial enterprises run by the state, to cooperatives and other forms of collective ownership, as well as to jointly-owned enterprises. The regulations are applicable to enterprises in such fields as industry, communications, transportation, construction, commerce, foreign trade, food, service and tourism. The regulations apply to railways, civil aviation, post office and communication organs and other industrial and commercial enterprises operated by public utilities and work units, and to industrial and commercial enterprises run by provinces, municipalities and localities. Joint ventures, foreign enterprises and foreign resident representative offices in China are also covered by these regulations.

The primary items of information that commercial and industrial enterprises must provide in order to register are the name (s) of the incorporators or the founders of the enterprise, the scope of the enterprise's business, the capitalization of the enterprise and the number of employees. Some enterprises must also be approved by the agencies in charge of their administration. Other enterprises, when applying for registration, must submit their bylaws. Moreover, those commercial and industrial enterprises that intend to construct facilities must, within a prescribed period, first register that they are prepared to begin plant construction.

E. Trademark Protection

The "Trademark Law of the People's Republic of China," promulgated on August 19, 1982, is an expanded, modernized and improved version of the "Regulations on the Administration of Trademarks", adopted by the State Council in April, 1963. This law revised the 1963 regulations in four important ways: (1) it requires the holder of a trademark to assume responsibility for the quality of the merchandise bearing the trademark①; (2) it changes the practice, begun in 1952, of compulsory registration of all trademarks, by adopting a system of self-initiated application for obtaining exclusive rights (a few commercial items are excepted); (3) it requires that application for the trademark registration immediately precede the trademark's use②, so that prior use is not a condition for trademark protection; and (4) it no longer requires that the country of a foreign trademark applicant be party to a treaty with China and that the applicant's trademark be already registered in his own country. This does not, however, preclude the possibility of handling the matter by a treaty with China or by China's participation in a multilateral convention.

F. Land Appropriation and Compensation

On May 4, 1982, the Standing Committee of the NPC approved in principle the "Regulations on Land Appropriation for Use in National Construction". These regulations were originally promulgated by the State Council and served to repeal the "Method of Land Appropriation for Use in National Construction", enacted by the State Council in 1958. As the regulations address an important social problem in China, they have become some of the most important economic laws of this period. The principles underlying the new land law, which the new Constitution has affirmed, are: (1) all land is publicly-owned; (2) farm-lands, except for those belonging to the state by law, are collectively-owned; (3) regardless of the form of ownership, land cannot be bought or sold③; (4) the right to possession of appropriated land belongs to the state; and (5) when land is appropriated, compensation must be made. As for compensation, the amounts have been

---

① It also strengthens both regulations for the protection of trademarks that previously had not been explicitly recognized and regulations for the proscription of trademark infringement.
② The new law also changes the practice, used since 1958, of issuing only one proclamation. This is in accord with customary international practice, under which a second proclamation is to be made even where there is no dispute. It is done to perfect the registration procedure, to decrease disputes following registration and to protect more completely the exclusive rights of a trademark.
③ CHINA CONST. art. 10.

raised from those provided under the 1958 law, which based compensation upon the value of the yield from the land over two to four years. Under new regulations, compensation is based on three to six times the value of the annual yield. This compensation, together with a resettlement fee, cannot exceed twenty times the value of the annual yield from the land.① It can be anticipated that local laws governing land use charges will be enacted using these guidelines as a basis.

G. Economic Contracts Law

The "Economic Contracts Law of the People's Republic of China" was approved and promulgated by the NPC at the end of 1981 and became effective on July 1, 1982. Because it is one of the most comprehensive and complete contract laws enacted since the founding of the PRC, it has special significance. Consistent with the policy of revising the domestic economy and opening up to the outside world, it is the first law that meets the needs arising from the great increase in economic transactions, production and the flow of commercial goods.

This law has some special features. First, it establishes the duties associated with the formation, performance, modification, cancellation and breach of each of the ten forms of "horizontal" contracts. Horizontal contracts cover purchase, construction, product processing, transportation of goods, supply of electricity, storage, rental of property, loans, property insurance and technological cooperation. Second, the new economic contracts law governs the resolution and arbitration of disputes arising from horizontal contracts. While this law leaves room for its application to other economic contracts, it would not properly apply to "vertical" contracts, which concern links in the production chain, such as contracts governing production responsibilities in a farm brigade or factory.

The purview of the economic contracts law is restricted to planning

---

① State Council, Regulations on Land Requisition for State Construction art. 10 (May 4, 1982).

contracts, that is, those agreements used specifically to ensure the execution of the people's economic programs. Their execution must follow either a Planning Directive or a Guidance Target. The law on economic contracts mandates that any contract concerning a product or item under a Planning Directive must be concluded according to nationally promulgated quotas. On the other hand, if a contract concerns a product or item under a Guidance Target, a realistic assessment of the situation in one's work unit rather than the strict application of national quotas should govern the terms of the contract.① Contracts between individual industrial and business enterprises and between farm brigades, economic organizations and legal persons that are not planning contracts must also be executed by reference to the principles of the economic contracts law.②

Relationships established between foreign enterprises and Chinese economic units will be governed by the "Law on Economic Contracts Involving Foreign Parties", soon to be promulgated in accordance with the principles of the economic contracts law and of customary international law.③ With respect to plans for the management of production under joint ventures between China and foreign parties, the economic contracts law mandates only that the plans "should be reported for fling purposes to the authorities in charge and be effectuated by means of an economic contract".④

H. Civil Procedure Law

The Standing Committee of the NPC promulgated the "Civil Procedure Law of the People's Republic of China" on March 8, 1982, implemented on a trial basis beginning on October 1, 1982. The initial promulgation of the civil procedure law in the absence of a civil code helps to illustrate the importance that China currently attaches to litigation procedure in the courts and demonstrates that the jurisdiction of Chinese courts has become far broader

---

① State Council, Economic Contract Law of the People's Republic of China art. 11 (Dec. 13, 1981). See supra note 1.
② Id. art. 54. See supra note 1.
③ Id. art. 55.
④ Joint Venture Law of the People's Republic of China, supra note 17, art. 9.

than was the case under traditional notions of civil matters.① Under the present judicial system, special courts have been created to handle economic matters and people's courts at each level have also established economic tribunals. Moreover, people's courts also handle a portion of China's administrative litigation.

In promulgating the civil procedure law, chapter 5 was created to prescribe special rules on civil suits involving foreign parties. These rules address such matters as the equal treatment in litigation of foreign individuals and foreign enterprises②, the principle of reciprocity between countries③, immunity of foreigners, foreign organizations and international organizations from suit④, the principle of mutual benefit in the conclusion of international treaties and legal-procedural cooperation between different countries⑤.

Arbitration is an appropriate means of resolving many economic disputes. Section 48 of the "Economic Contracts Law of the People's Republic of China" prescribes that domestic economic contract disputes can be litigated directly in a people's court or submitted to conciliation or arbitration. According to section 192 of the Civil Procedure Law, disputes arising from foreign trade, transportation and maritime matters cannot be litigated in a people's court when there is a written agreement that disputes are to be submitted for arbitration to a Chinese arbitration organization.⑥ Otherwise, these disputes can be litigated in a people's court.

In commercial and maritime matters involving foreigners, a question may

---

① Civil Procedure Code, supra note 15, art. 3.
② Id. art. 186.
③ Id. art. 187.
④ Id. art. 188.
⑤ Id. art. 202 et seq.
⑥ In February 1980, the State Council decided that the name of the Foreign Trade Arbitration Commission should be changed to the Foreign Economic and Trade Arbitration Commission. It also decided that the conditions for accepting and hearing cases were to be expanded to include joint ventures, foreign investment, bank credit agreements and other disputes arising from aspects of economic cooperation.

arise as to whether or not disputes can be resolved by referral to the arbitral organization of a third country, or to an international body, or by some other means. According to the joint venture law[①], this question is to be determined by the agreement of the parties to the contract. Currently, the Chinese Arbitration Commission is establishing friendly contacts and communication with the major arbitral organizations in the world, striving to reach agreements on cooperation in the areas of arbitration and conciliation.

III. CONCLUSION

From 1979 to mid-1983, the Standing Committee of the NPC passed and promulgated twelve economic laws, including those mentioned above andthe "Forestry Law of the People's Republic of China" on February 23, 1979, the "Law of Environmental Protection of the People's Republic of China" on September 13, 1979 and the "Law on Protection of the Ocean Environment" on August 23, 1982. The latter three laws were implemented on a trial basis. The State Council has also promulgated or approved more than eighty economic regulations and additional regulations on the policing and punishing of smuggling, speculation and economic crimes. Furthermore, a great number of regulations have been promulgated directly by the governments of the provinces, municipalities and autonomous regions and by the departments of the State Council. Now that the new Constitution has been formally adopted, the pace of enacting new legislation will surely quicken. In 1983 and 1984 a large number of important economic laws and regulations were also promulgated. These enhance our country's socialist democracy, reinforce the socialist legal system and make a contribution towards meeting the needs of China's modernization.

---

① Joint Venture Law of the People's Republic of China, supra note 17, art. 14.

Chinese Economic Law and the Chinese Legal System*

Law is an expression of the history, culture, and values of a society. More specifically, law reflects a nation's socio-economic conditions, and when expressed in the form of statutes, regulations, and moral rules, can be an instrument for promoting social and economic change. Law has been an important force in the development of the People's Republic of China since its founding in 1949.

After a brief review of law in the PRC from 1949 to 1979, this opening chapter surveys the development of economic law since 1979, when the PRC made the important decision to open to the world. The chapter touches upon the legal steps taken toward combining market and planned economies, reforming foreign trade and banking, attracting foreign capital investment to China, and effecting changes in the regulation of horizontal economic relationships. The chapter closes with a brief review of the fundamental institutions of Chinese law.

I. LAW IN THE PRC: 1949—1979

The first constitution of the People's Republic of China was promulgated in 1954①, taking its guiding principles from the 1949 Common Program of the

---

* 原文载 *Chinese Foreign Economic Law: Analysis and Commentary*, edited by Rui Mu and Wang Guiguo, International Law Institute, 1990。

① The People's Republic of [hereinafter PRC] has four Constitutions: one adopted in 1954, one In 1975, one in 1978, and one in 1982. The first Constitution was adopted at the First Session of the First National People's Congress [hereinafter NPC] on September 20, 1954.

Chinese People's Political Consultative Congress ("CPPCC").① Immediately preceding and following the Constitution in the 1950s were important organic laws of governmental institutions (including that of the courts and procuratorates), the Marriage Law②, the Law on Land Reform③, laws on the suppression of counter-revolutionaries④, the Act for the Punishment of Corruption, and a set of rules on socialist transformation of private enterprises, artisans, and peasantry.

In the thirty years between 1949 and 1979, there were approximately 1700 legislative acts.⑤ Apart from the Constitution, the organic laws of the governmental institutions, and the marriage law, most of the laws in the 1950s, especially those directly affecting the socio-economic structure of the society, were transitory; they were legislative by-products of China's socialist revolution and transformation. A more consolidated form of legislation for China's normal socio-economic life remained for a long time in hard and difficult fermentation.

During the 1960s and 1970s, China's socio-economic conditions and its legal developments could be summarized in four characteristics:

Over-emphasis on political movements as a means to push the society forward, and a disregard or misunderstanding of objective economic rule. China spent most of the years between 1949 and 1979 fighting ideological and political battles within itself, causing stagnation and disruption of the country's economic and social development. The two most striking examples are the Great Leap Forward movement in 1958 to produce an explosive "great leap" in production in all sectors of the economy, and the

---

① Common Program of the Chinese People's Political Consultative Conference [hereinafter CPPCC], promulgated at the Plenary Session of CPPCC on September 29, 1949.
② Marriage law (People's Republic of China) (adopted May 1, 1950).
③ Land Reform Law (People's Republic of China) (adopted June 30, 1950).
④ Regulation on the Suppression of Counter-revolutionaries (People's Republic of China) (adopted Feb. 30, 1951).
⑤ Speech given by Guo Ming at the First National Conference on Economic Adjudication Work (Apr. 3, 1984).

Great Cultural Revolution in the 1970s, primarily a political upheaval, which had enduring disruptive effects on Chinese urban society. During the Cultural Revolution, a state of near anarchy reigned; legislation became a total blank. **Voluntary or involuntary cultivation of a closed and one-tracked economy with a low level of commodity production and very little surplus to accumulate capital.** As a result, China's economy was not able to diversify and industrialize, and limited economic exchanges took place between China's regions or between China and the outside world. To manage its economy of small peasants, China adopted after 1958 a system of property relationship that stifled every initiative of the small peasantry while also impeding the advancement to large-scale production.

Over-concentration of authority in the structure of economic management. From the very beginning of the making of five-year plans, the PRC adopted the Soviet model of centralized management and planning, based on state ownership in the industrial sector and large collective units in agriculture. Planning extended to all industrial and agricultural production, including capital goods and consumer goods, and also to the distribution of these goods and materials. Plans were considered laws, though not explicitly stipulated thus. Targets were set by mandatory directives from above for the grass-roots units to fulfill and follow. High-level departments, especially the responsible persons of the departments, always had the final authority in every aspect of an enterprise's affairs: production, procurement and supply, marketing and therefore pricing, labor arrangements, finance, and appreciation and depreciation of its physical assets.

There had been reforms of this system of management in the past. However, the reforms during the first three decades after the revolution alternated between centralization and decentralization between the central and local organs of economic power, never really touching the root cause of the economic inefficiency and undergrowth.[1]

Prevalence of nihilist thinking about the legal order and a deprecation of democratic measures and the rule of law, particularly in the sphere of economic activities. This regrettable trend resulted from overcentralization of administrative power and a lop-sided conception of law as only a dictatorial measure for suppressing inimical elements of the society. Prior to 1978, no formal delineation of power or authority existed, except in a few sketchy rules of the Constitution, between state organs and economic entities; there was no demarcation of competence between State administration and enterprises. The enterprises had neither a right nor an initiative in the management of their economic affairs.

No law or rules existed to regulate the economic exchanges between different economic entities within China except that the enterprises had to fulfil the national economic plan. Practical decisions of management were left to the highest responsible persons of the administration, and any disputes or conflicts between enterprises or state organs had to be solved or disposed of at the higher level of administration.

Finally because of China's long-time voluntary and involuntary isolation from the outside world and due to the concentration and monopoly of foreign trade in the hands of the State, no foreign trade law was felt to be needed for the regulation of external economic relationship.

II. SOURCES OF CHINESE LAW IN THE NEW PERIOD

The 3rd Plenary Session of the 11th Central Committee of the Chinese Communist Party ("CPC"), in 1978, declared that large-scale nation-wide political movement was over and that the country's work would be directed toward the economic construction of the country and toward democracy and the socialist rule of law. Since then, the PRC's legislative work has accelerated,

---

[1] Guo-guang and Wang Runsun, *Restructuring of the Economy*, in China's Socialist Modernization 83 (1984).

its law-making mechanism has been sharpened, and priority has been given to economic laws.①

Article 58 of the 1982 Constitution stipulates: "The National People's Congress and its Standing Committee exercise the legislative power of the State." That provision differs in two important ways from a similar article in the 1954 Constitution, which stated: "The National People's Congress is the sole State organ that exercises the legislative power." Here in the 1982 formulation are two new elements worth noting because they reflect the practical necessities of China's new period of law-making.

First, the legislative power of the National People's Congress ("NPC") is now a composite function of the Congress and its Standing Committee acting together. The NPC Standing Committee, which normally convenes six times a year, can pass laws when the People's Congress is not in session, laws that are "outside the scope of laws that only the Congress has the competence to enact"②—laws, for example, concerning criminal offenses, concerning civil matters, the Organic laws of State Institutions, and other basic laws. And the Congress originally an assembly of more than 4 000 members but later reduced to around 3 000 member-delegates who convene once a year, will henceforth be aided by six special committees③ formed out of its member-delegates, among them the Law Committee which, under the direction of the NPC Standing Committee, has the task of examining in aggregation the proposals of laws that are presented to the People's Congress and its Standing Committee for discussion,

---

① Speech given by Peng Zhen at the 15th session of the Standing Committee. NPC (Mar. 1980).

② Constitution of 1982 art. 67 para.2 (People's Republic of China), (adopted at Fifth Session of Fifth NPC on Dec. 4, 1982), 1979—1984. PRC Collection of Laws and Regulations 369 (pub. by People's Publishing House 1984) [hereinafter PRC Collection of Laws]

③ NPC Committee on Nationalities, NPC Committee on Law, NPC Committee on Finance and Economy, NPC Committee on Education, Science, Culture and Health, NPC Committee on Foreign Affairs, NPC Committee on Overseas Chinese.

and of collecting from all sides opinions and comments that refer to the proposed bills.①

The 1982 Constitution widened the notion of Chinese law to include the Administrative Rules and Regulations published by the State Council. The Rules and Regulations, which the State Council and its ministries and commissions have been creating since 1979, constitute nearly all of the economic laws of the People's Republic, and they represent the major part of the drafting work for the legal structure that will direct and promote the economic restructuring of the country. For this work, all ministries and commissions under the State Council established, if possible, a special department or bureau of law and treaty to take care of the legislative work. And the Research Center on Economic Legislation was established in 1981 under the State Council specifically "to plan, direct, organize and coordinate" the legislative efforts of the above-mentioned public organs.② The Standing Committee of the National People's Congress, for its part, decided in a resolution of April 10, 1985 that its Working Committee and its personnel shall in the future join efforts with the State Council and its departments to do the research work and prepare all the law-drafting that would be necessary for the new period of economic legislation.③

The result was a program of 145 economic laws and regulations, called the 1982—1986 Economic Legislation Plan, which was presented to the Law Committee of the NPC Standing Committee for recognition and has since been followed quite closely.

A full understanding of Chinese law must also include the numerous local laws promulgated since 1979 by the People's Congresses of provinces, autonomous regions, and municipalities directly under the control of the

---

① Organic Law of the NPC art: 37 para. 5.3 (People's Republic of China), (adopted Dec. 10, 1982 at Fifth Session of Fifth NPC).

② State Council, Circular Notifying the Project on the Establishment of an Economic Legislation Research Center (July 13, 1981).

③ NPC Standing Committee Decision (Apr. 3, 1984).

central government. In a country as vast as China, with local or regional conditions often quite divergent due to different levels of development, it is natural to expect local congresses to make laws and regulations compatible with local conditions and necessities but still consistent with the Constitution, the basic laws, or the general policies of the state. Article 6 of the 1982 PRC Organic Law on Local Congresses and local governments stipulates just such terms.① China sometimes explicitly delegates legislative power to certain localities for special reasons in order to emphasize the importance and necessity of local legislation. An example is the NPC 1981 Standing Committee's Resolution on the Authorization of the Guangdong and Fujian Provisional People's Congresses and their Standing Committees to Enact Various Specific Economic Regulations for Their Special Economic Zones.②

All of these laws — whether they are laws of a basic nature promulgated by the National People's Congress as well as other major laws passed by the Standing Committee, the Administrative Rules and Regulations published by the State Council, or local laws of the provinces, autonomous regions, and direct municipalities — are laws in the fullest Chinese sense of the word. That is, they are accorded full and equal legal effect: to be strictly observed by all citizens, to be equitably applied at court and other legal instrumentalities, and to be carried into effect with appropriate sanctions.

There are, however, both substantially and formally, some shades of difference between these types of laws. The basic and major laws of the NPC and the NPC Standing Committee are by definition the most fundamental and should have the widest scope of application. They always incorporate basic principles and general rules of law that represent behavior the legislator wishes the people of China to respect and observe.

---

① Organic Law on Local Congresses and Local Governments art. 6, (People's Republic of China) (adopted July 7, 1979 at Second session of Fifth NPC and amended Dec. 10, 1982 at Fifth Session of Fifth NPC) PRC Collection of Laws 278.

② NPC Standing Committee Resolution, (adopted Nov. 26, 1981) PRC Collection of Laws 278.

The Administrative Rules and Regulations of the State Council, although of general significance and for nationwide application, are often dedicated to a single or special aspect of law. At the present moment and most likely in future decades, they will be devoted emphatically to the regulation of the economic promotion of China, with an eye on the actual situations and problems of economic matters. The Administrative Rules and Regulations are more likely to be stated in a concrete and detailed form. They are enacted without the necessity of passing the cumbersome legislative procedure of the National People's Congress and the NPC Standing Committee. Prior to the present, they had served as animplementary and preparatory stage to the making of major laws.

Local laws, territorially limited in their application, are subordinate laws. They will be cited and applied in practice only alongside the laws and regulations emanating from the central authority for the sake of uniformity of laws.

Any conflict between local and central laws is resolved by the Standing Committee of the National People's Congress. The NPC Standing Committee has the final power of interpretation, and it can annul administrative rules and regulations and also local regulations that contravene the Constitution, laws, and statutes.①

III. RECENT DEVELOPMENTS IN CHINESE ECONOMIC LAW: INVIGORATING THE ECONOMY AND OPENING TO THE WORLD

From 1979 to 1988, not counting several major CPC decisions that serve as quasi-legislation and a number of administrative acts, the NPC, the NPC's Standing Committees and the State Council promulgated more than 430 laws and regulations. Included among them are 340 economic laws and nearly 100

---

① Constitution of 1982 art. 67 para. 4, 64 para. 7-8, (People's Republic of China) PRC Collection of Laws, 20, 21.

laws concerning the introduction of foreign capital and technology from foreign countries.①

All of the laws and regulations passed since 1979, except those of a purely organizational and administrative nature, serve two main purposes: (1) to serve the cause of enlivening and invigorating the domestic economy by effective readjustment and restructuring, and (2) to serve the cause of further opening China's economy to the outside world. These two aims are actually two sides of the same modernization work; one cannot be achieved without progress and fulfillment in the other.

A. Combining Market and Planned Economics

The core of domestic reform is to eradicate the rigidity that existed under the former system of economic management and to initiate the experimental work of *combining a planned economy with market regulation* — a combination which to some theoreticians would seem to be unthinkable and unfeasible. But combining these seemingly irreconcilable opposites is actually what China is experimenting with now as it joins its experience of socialist macro-economics with the optimization of Western micro-economics, and the legal regulation of this new economic system.②

Under this broad objective, readjustment means to achieve, macro-economically, balanced relationships among agriculture, light industry, and heavy industry and a balanced relationship between accumulation and consumption. It requires China to change its method of making an economic plan.

A law is necessary to encourage people to make plans on the basis of more scientific marketing data, to reverse the order of the planning procedure, to

---

① Guo Ming, *The Present State and Assignment of Chinese Economic Legislation and Institutions*, 34 Outlook Weekly 11 (Aug. 25, 1986); Guo Ming, *On Laws with Foreign Concerns*, 35 Outlook Weekly 11 (Sept. 1,1986).

② Gao Shangquan, *Relations Between Planning and Market*, 31 Beijing Review 19 (Apr. 1988).

divide the plan's goals into *mandatory* and *indicative* targets①, and to stipulate specifically, for example, the degree of compulsiveness of the different targets to determine which types of production are to follow the planned targets and which will be allowed to enter the market to be regulated by the rule of value, the rule of supply and demand, and by the economic levers of price, interests, credit, and taxes. Conceptually, this new system reinterprets the notion of *means of production*, which were for a long time considered as non-commodity products to be distributed solely by the State, and widen the notion of "commodity", and then to reduce to an ever greater degree the scope of the State's distribution of products and materials to allow greater market freedom for these products and materials to realize their value. But this law is still in draft form; there are difficulties in putting the things in quite definite terms.

B. Restructuring the Economy

The second measure of reform is the restructuring of the economy. By restructuring, we mean the overall reform of economic management in both the rural and the urban industrial sectors. The principal way to restructure is to devolve the economic power of the central government and the local collectives to the basic economic units of production.

1. Rural Reform

In the rural community, as stipulated in the 1982 Constitution, a state power of township is created at the commune level.② Except in the few places where a commune had already developed into a big enterprise, the original commune was changed into a township administration and the economic power of management

---

① *Mandatory* targets are plan targets that are to be followed compulsively; *indicative* targets are targets that economic entitles need only to look up for reference. The tendency is to diminish the number of items of goods that are bound by mandatory targets and enlarge the scope of indicative targets that are to be regulated by price, credit and taxes.

② Constitution of 1982 arts. 8, 95, 105, (People 8 Republic of China) PRC Collection of Laws, 7, 28, 31.

given to the production team — the lowest unit in the original three-tier commune system.① Several factors — the assumption of independent economic management by the production team, consolidation of land ownership at its level, the introduction of the contractual system of household responsibility of the peasants②, and specialization of the economy — yielded great success in improving the welfare and prosperity of the Chinese countryside in recent years.

Annually from 1982 to 1985 a No. 1 Document came out at the beginning of the year to state the general policy of this reform.③ These documents serve as the basic legislation for China's restructuring of its rural economy. On the basis of the No. 1 Documents, several State Council regulations were promulgated, particularly in 1984, to regulate, for example, the long-distance transportation of agricultural products④; to regulate the legal conditions for individual peasants to buy, singly or jointly, trucks, automobiles, or motor vehicles for agricultural exploitation and transportation; and to create a transferable right of use on the land contracted to the individual household

---

① There were in China in 1981, 54 368 communes, 710 000 production brigade 6 004 000 production teams with about 300 peasant households each. See Modern China Economic Date Compendium at 112(Ma hong ed. 1982) (pub. In Beijing by the China Social Science Publishing House).

② Summary Record of Symposium of Provincial, Municipal and Prefecture First Secretaries (Sept. 14-22, 1980) (discussing certain problems concerning further strengthening and perfecting the system of agricultural production responsibility).

③ Summary Record of National Rural Work Conference (1982); Certain Questions Concerning Current Rural Economic Policy (1983); Central Committee of the Chinese Communist Party Circular on Rural Work, (1984); Ten Policies Concerning Further Enlivening the Rural Economy, 1949-85 PRC Laws and Regulations (Agriculture & Forestry).

④ State Council Rules on Certain Problems Concerning Transportation for Sale of Agricultural and Sideline Products by Cooperative Trade Units and Individuals (adopted Feb. 25, 1984), 4 PRC State Council Official Bulletin 124-34 (1984); State Council Rules on How to Organize and Develop the Processing on Spot of Agricultural and Sideline Products, (adopted Feb. 25, 1984), 4 PRC State Council Official Bulletin 124-34 (1984); State Council Rules on Commercial and Industrial Enterprise in Rural Communities (adopted Feb. 27, 1984), 4 PRC State Council Official Bulletin 124-34 (1984); State Council Rules on Individual Peasants to Singly or Jointly Buy Trucks, Automobiles and Motor Vehicles for Agricultural Transportation (adopted Feb. 27, 1984), 4 PRC State Council Official Bulletin 124-34 (1984).

farmers under the responsibility system①, and that is, on the publicly owned land that according to the Constitution cannot be sold, rented, mortgaged, or otherwise transferred. ②

2. Urban Industrial Areas

Decentralization is being achieved in China's urban industrial areas, but the work ismore complex and difficult than in rural areas.③ From 1979 to 1988, the State Council published a steady stream of reform regulations④ that were eventually consolidated into the PRC Law on Industrial Enterprise Owned by

---

① See *supra* note 23. Right of Use later confirmed In the General Rules of Civil Law art. 80, 2 (People's Republic of China).

② Constitution of 1982 art. 10, 2 (People's Republic of China), (as amended Apr. 12, 1985 at First Session of Seventh NPC).

③ China has about a million enterprises of various kinds of trade and ownership systems. Around 6 000 large and medium-sized state enterprises are the chief producers of means of production and means of subsistence and consumption of the country. These 6 000 state enterprises' contributions are the chief sources of state revenues; their fixed assets and gains and taxes turned over to the State constitute about 60% of the country's riches.

④ See e.g., Rules on the Extension of State Enterprises' Autonomous Decision Powers (July 13,1979); Rules concerning the Retainment of Profits by the State Enterprises (July 13, 1979 Depreciation Charge Utilization in State-Run Industrial Enterprises (July 13, 1979); Trail Provisions for Implementing Revolving Credit Funds in State-Run Enterprises (July 13, 1979); Trail Provisions for Methods of Increasing Fixed Assets Depreciation Rates & Improving Depreciation Charge Utilization in State-Run Industrial Enterprises (July 13, 1979); Interim Regulation on the Promotion of Economic Associations and Combinations (July 1, 1980); Interim Regulation concerning the Development and Protection of Socialist Competition (October 7, 1980); Provisional Regulation on Representative Assembly of Staff and Workers in the State Industrial Enterprise (June 15, 1981); Interim Rules on Certain Problems concerning the Implementation of the System of Responsibility in the Industrial Production Economies (Nov. 11, 1981); State Council's Regulation concerning Registration of Commercial and Industrial Enterprises (July 7, 1981); Provisional Regulation on State Industrial Enterprises (March 5, 1984); Provisional Regulation on Working Rules for State Enterprises' Directors (Mar. 5, 1984); State Council's Provisional Decision on Further Expanding the Autonomy of the State Industrial Enterprises (May 10,1984).

At the end of 1986 another set of three State Council regulations were published: Working Rules for the Whole-People-owned. Industrial Enterprise Managers; Working Rules of the CPC Basic Units in the Whole-People-Owned Industrial Enterprise, Regulation Concerning Staff and Workers Representative Assembly of the Whole-People-Owned Enterprise, PRC State Council Official Bulletin 5, 11, 16, 21.

the Whole People, which took effect on August 1, 1988.① The law's guidelines for restructuring industry can be summarized in three propositions.

a. Separation of Government Functions. This involves separating the jurisdiction of government agencies (ministries, provincial governments, and municipalities directly under the control of the central government) from economic management, which now belongs exclusively to industrial enterprises. Under the Law on Industrial Enterprise, enterprises are no longer appendages of the state. Government regulation of the economy is now based on the principle that "the State regulates the market and the market guides the enterprises."② However, the State still exercises control over the responsibilities and legal obligations of the enterprises.

b. Autonomous Powers of Enterprise Management. To avoid the problems that ensue when management is separated from ownership③, the enterprise, as a socialist producer of commodities, is elevated to the status of an independent and separate legal person with autonomous managing power, and it now assumes sole responsibility for its profits or losses. During a transitional period, there is double ownership of the properties of the enterprise: ownership by the whole people of the enterprise's property, as consecrated in the 1982 Constitution④, and ownership by the enterprise of the properties entrusted to it by the State, as established by the Common Rules of the Civil Law.⑤ The demarcation of the two categories of ownership is not addressed by the Industrial Enterprise Law, but the implementary

---

① Law on Industrial Enterprise Owned by the Whole People (People's Republic of China) (adopted Apr. 13, 1988 at First Session of Seventh NPC; effective Aug. 1, 1988), 3 NPC Standing Committee Official Bulletin 80 (1988).

② Report by Zhao Ziyang to the 13th CPC Congress, 30 Beijing Review 8 (Nov. 2–8, 1987).

③ 3 Karl Marx, Capital 386 ff. (chapter XXIII, Interest and Profit of Enterprise) (1967) (pub. in New York by International Publishers); Adolf August Berle, Jr. & Gardiner C. Means, The Modern Corporation and Private Property (1933), (pub. in Newark by The Macmillan Company)

④ Constitution of 1982 art. 6 (People's Republic of China).

⑤ Common Rules of Civil Law art. 82 (People's Republic of China).

Provisional Regulation on the Contractual System of Management Responsibility for Enterprises Owned by the Whole People attempts to do so.①

c. Contractual System of Management Responsibility. In the urban industrial sector, management now enters into contracts to carry out its economic decisions.② Consequently, an enterprise and its subcontracted entities bear full responsibility for profits and losses, while turning over to the State, in addition to taxes and dues, a share of the enterprise's earnings in proportion to its growth. For the purpose of enhancing production, the Industrial Enterprise Law also permits an enterprise to adopt various forms of management responsibility, including the contracting and leasing methods, the latter being used mainly in smaller state enterprises.③ The law also permits enterprises to invest in other enterprises and institutions and to hold each others' equities.④

To prevent misunderstanding, it should be noted that the structural reform of the State industrial enterprises is a process of decentralization and *not* of privatization. On the other hand, private and individual enterprises have markedly increased in China in recent years.⑤ The growth of these enterprises is encouraged by the State because they serve a necessary supplementary function in the development of the nation's economy, in which the state industrial enterprises remain dominant. A recent State Council regulation on private enterprise was published to encourage this growth, pursuant to an

---

① State Council Provisional Regulation on the contractual System of Management Responsibility for Enterprises Owned by the Whole People art. 34, 5 PRC State Council Official Bulletin.

② For a theoretical discussion of the Contractual Management system, *see* Zhou Xiaochuan, *Contract System in China's Enterprises*, 31 Beijing Review 18 (Apr. 1988).

③ State Council Provisional Regulation on Management of Small Industrial Enterprise, (adopted May 18, 1988, effective July 1, 1988) 13 PRC State Council Official Bulletin 427.

④ Law on Industrial Enterprise Owned by the Whole People art. 32 (People's Republic of China).

⑤ China has, as of September 1988, about 225 000 private enterprises. The output value of these enterprises reaches a little less than one percent of the total industrial output value of the country.

amendment to Article 11 of the 1982 Constitution.①

In late 1986 a bankruptcy law② was passed for the purpose of encouraging people to take more interest in the welfare of their enterprises, to be more seriously concerned about their enterprise's destiny, and not to rely complacently on the "communal pot" for survival. The Bankruptcy Law is a strong deterrent against entrepreneurial sloppiness in the state industrial enterprises and as an effective measure to stir peoples' entrepreneurial spirit.

However, as the effective date for the Bankruptcy Law approached, most of the small industrial enterprises that had suffered losses for consecutive years and deserved to be declared bankrupt, were processed, or were being processed, for merger or acquisition into another enterprise without causing too much turbulence.③

C. Foreign Trade Reform

The structural reform in trade, banking, and finance presents as many complexities as it is in the sphere of industrial production. What is involved in the sphere of foreign trade, for example, is not only the separation of government administrative functions from the economic management of the enterprises, but, in addition, a problem of whether and how one should dissolve the state monopoly on foreign trade. In order to transform the economy into a system of numerous newly-created trade entities — ministerial, provincial, collective, and individual trade agencies — the central government had to release some of its power. The government's task was to create an atmosphere in which the benefits from competition could be conveyed directly, by means of a more rational arrangement between trade and production, to the production of better

---

① The amendment to Article 11 of the 1982 PRC Constitution, dated March 12, 1988, reads as follows: "The State allows the private enterprises to subsist and develop. Private economy supplements the socialist public economy. The State protects the legal rights and lawful interests of the private enterprises. It guides, supervises and controls the private economy."

② Enterprise Bankruptcy Law (People's Republic of China) (trial implementation) (adopted Dec. 12, 1986 at 18th Session of Standing Committee of Sixth NPC).

③ 33 PRC State Council Bulletin 979; *See also News Item, Third Wave—Enterprise Mergers*, 31 Beijing Review 5 (Oct. 1988).

quality and internationally competitive goods and not as a pure gain snapped out of the price differences by individual trade intermediaries alone.

Urgently needed is a law to define and delineate a system of foreign trade, to reduce the fiduciary mismanagement and state interference in trade corporations, and to restrict practices of unfair competition. Such a law would avoid the consequences of indiscriminate importation of consumer goods, repetition and redundancy of exports and imports, and the draining of domestic markets of already short supplies. It would also stop the practice of forcing up prices for rush International purchase and cutting prices to undersell other trading entities, all which are to the detriment of the national economy. But this law is yet to be drafted.

A new law on foreign trade and trade institutions would stipulate a management system of responsibility for foreign trade corporations. It would also determine their capacity for independently carrying profits and losses, their link to production entities, and their dealings with foreign business concerns.①

D. Banking Reform

The reform of China's bank system presents another aspect of the difficulties of restructuring. During the 1960s and 1970s, the banking system was based on the fallacious principles, held by a few theoreticians, that in a socialist country no commodity production and exchange exist except as a planned distribution of material products, that money is therefore only an accounting measure for exchanges and payments, and that credit is dispensable and is managed by a ministry of finance only for budgetary calculations. Banks in China have for a long time served only as a bookkeeper and cashier to the Treasury, at most as a second appropriation agency belonging to the Ministry of Finance. They conducted no business of their own. The restructuring of China's banking system therefore involves not only a simple

---

① See *Overall Program of Deep-reaching Reform of the Economic System*, 1988, (adopted by Sate Commission for Restructuring of Economic System; ratified Feb. 27, 1988 by State Council) 12 State Council Official Bulletin 399 (1988).

decentralization of banks' managerial arrangements but also a fundamental change in the traditional notion of monetary institutions. China needs a new model for understanding the function of money, credit, and banks in the national economy.

Fortunately, although rather belatedly and not yet in the form of a major law, the PRC Provisional Regulation of Banking Management①, the first comprehensive banking law since the founding of the People's Republic of China in 1949, was promulgated in January 1986 under the auspices of the State Council. Under it, the People's Bank of China is legally enfranchised as the Central Bank of China and will have the sole authority under the State Council to formulate national financial policy, to establish guiding principles and practices, to draft financial laws and regulations, and to control all monetary transactions of the country's other banks and financial institutions.② The administrative organ in charge of exchange control of the People's Republic of China is still the State General Administration of Exchange Control ("SAEC"), now a department of the People's Bank of China.

This banking regulation explicitly stipulates that all specialized banks and other financial institutions are legal, independent entities, that is, although they are all under the overall planning control of the People's Bank of China, they can receive deposits, grant loans, make guarantees, and settle accounts without interference from other institutions or agencies and be responsible toward third parties for their assets and liabilities and also for their branches.③ The Bank of

---

① State Council Interim Banking Control Regulations, (People's Republic of China) (adopted Jan. 7, 1986), 1 PRC State Council Official Bulletin 3 (1986).
② *Id.* at arts. 12, 22, 35, 42 and 46.
③ State Council Interim Banking Control Regulations art. 49, 1 PRC State Council Official Bulletin (1986).

China may pursue international business activities independently.①

Private banks are not allowed to exist in China, but credit institutions and cooperatives have sprung up everywhere. Chinese-foreign joint capital banks and banks of overseas Chinese and foreign funds are permitted to operate in certain regions, with the four long-standing Shanghai-based branches of overseas banks② empowered even to set their own interest rates. There exists only one law to regulate the foreign banks and Chinese-foreign joint banks in China: the State Council's Regulations Governing Foreign Banks and Chinese-Foreign Banks in the Special Economic Zones of April 2, 1985.③

IV. LAW ON FOREIGN CAPITAL INVESTMENT IN CHINA

The need to introduce foreign capital and technology into China's economy is neither the result of capricious imagination nor a sudden and unexpected change of policy, as some would have us believe. On the contrary, it is a need that grows out of an acute awareness of the devastating consequences of China's isolation during the 1960s and 1970s. It is a need consistent with the requirements of China's socialist construction. In today's world of high technical advancement and economic interdependence, no country can proceed with construction and modernization by depending solely on one's own resources, no matter how big and resourceful the country is. China's open-to-the-world policy is built and based on this understanding.

Article 18 of the 1982 Constitution states: "The People's Republic of China permits foreign enterprises, other foreign economic organizations and individual foreigners to enter into various forms of economic cooperation with

---

① There are at the present moment four banking institutions in China that can raise funds directly from foreign financial institutions: The Bank of China (BOC), The Chinese Investment Bank (CIB), The China International Trust and Investment Corporation (CITIC), and The Bank of Communications (BOCOM) a Bank recently established with mixed equity holdings.

② The Asdongya (East Asia) Bank, The Oversea Chinese Bank, The Hong Kong and Shanghai Banking Corporation, and The Standard Chartered (Macaulay) Bank.

③ State Council Regulations Governing Foreign Banks and Chinese-Foreign Banks in the Special Economic Zone (adopted Apr. 2, 1985), 6 PRC State Council Official Bulletin 14(1985).

Chinese enterprises and other economic organizations in accordance with the law of the People's Republic of China." For an article of such import to be put into the fundamental charter of a country, it is indeed of great significance. And since 1982 a series of laws have been promulgated to attract foreign investment of capital, technology, and managerial talent to China.

A. Forms of Foreign-Capitalized Enterprises

Our first plan to attract foreign investment into China was to permit incoming investors to form three kinds of enterprises: (1) Sino-foreign equity joint ventures with limited liability; (2) contractual ventures, formed between Chinese and foreign parties as separate entities, also called Sino-foreign cooperative enterprises; and (3) 100 percent foreign capitalized enterprises. The first law that came out to encourage foreign investment was the PRC Law on Joint Ventures using Chinese and Foreign Investment of 1979.[①] Contractual joint ventures, later also called Sino-Foreign cooperative enterprises, grew out of actual practice and were formed mostly with investments from Hong Kong and Macao. But, because of the complexity of their inner relationships and the variability of their contractual formulations, the law on contractual ventures came out much later[②], even later than the PRC Law on Enterprises Operated Exclusively on Foreign Capital, which was promulgated on April 12, 1986.[③]

---

① Law on Joint Ventures Using Chinese and Foreign Investment, PRC Collection of laws 168 (adopted July 1, 1979 at the Second Session of the Fifth NPC, effective July 8, 1979).

② Law on Enterprises Operated Exclusively with Foreign Capital, 12 State Council Official Bulletin (1986) (People's Republic of China) (adopted Apr. 10, 1986 at Fourth Session of Sixth NPC).

③ Law on Chinese-Foreign Cooperative Ventures, 3 PRC NPC Standing Committee Official Bulletin 95 (1988) (People's Republic of China) (promulgated Apr. 13, 1988 at First Session of NPC).

Published simultaneously with these laws is a series of tax laws and regulations① as well as regulations concerning joint ventures' labor-

---

① Income Tax Law Concerning Joint Ventures with Chinese and Foreign Investment (People's Republic of China) (adopted Sept. 10, 1980); Detailed Implementary Rules of the Income Tax Law Concerning Joint Ventures with Chinese and Foreign Investment (People's Republic of China) (adopted Dec. 14, 1980); Individual Income Tax Law (People's Republic of China) (adopted Sept. 10, 1980); Implementary Regulations for Individual Income Tax Law (People's Republic of China) (adopted Dec. 14, 1980; arts. 2.1, 5.1 as amended Jan. 21, 1988); Foreign Enterprises Income Tax Law (People's Republic of China) (adopted Dec. 18, 1981); Detailed Implementary Rules and Regulations of the Foreign Enterprise Income Tax Law. (People's Republic of China) (adopted Feb. 17, 1982); General Customs Administration, Ministry of Finance Rules on Reduction and Exemption of Customs Duties and Consolidated Industrial and Commercial Tax for Import and Export Goods and Equipment occasioned at the China-Foreign Joint Exploitation of Offshore Oil (People's Republic of China) (adopted Apr. 1, 1982); Ministry of Finance Provisional Regulations on Reduction and Exemption on Fees and Royalties of Proprietary Technology (People's Republic of China) (adopted Dec. 13, 1982); Ministry of Finance Provisional Regulations Regarding the Reduction and Exemption of Income Tax on Interest Earned by Foreign Businesses in China (People's Republic of China) (adopted Jan. 7, 1983); Ministry of Finance Interim Provisions on the levying of Consolidated Industrial and Commercial Tax and Enterprise Income Tax on Foreign Contractors Undertaking Construction Projects and Providing Labour Services, (People's Republic of China) (adopted July 5, 1983); Decision of the Standing Committee of the NPC on the Revision of the Income Tax Law (concerning Chinese-Foreign Joint Ventures arts. 5, 8, 9(People's Republic of China) (adopted Apr. 30, 1984); Customs General Administration Regulations on Supervision and Control, Levying and Exemption of Tax on Import and Export Goods by Chinese-Foreign Cooperative Ventures (People's Republic of China) (adopted Jan. 31, 1984); State Council Interim Provisions Concerning the Reduction and Exemption of Enterprise Income Tax and Consolidated Industrial and Commercial Tax in the Special Economic Zones and Fourteen Coastal Port Cities (People's Republic of China) (adopted Nov. 15, 1984); Ministry of Finance Interim Provisions for Levying of Consolidated Industrial and Commercial Tax and Business Income Tax from China based Foreign Companies (People's Republic of China) (adopted Jan. 1, 1985); State Council Regulation on Customs Duties of Imports and Exports (People's Republic of China) (adopted Mar. 7, 1985), Ministry of Finance Interim Provisions for Levying of Consolidated Industrial and Commercial Tax and Foreign Enterprise Income Tax from Permanent Representative Offices of Foreign Enterprises in China (People's Republic of China) (adopted May 15, 1985); State Council Provisional Rules on Preferential Treatment for Construction of Ports and Wharfes by Chinese-Foreign Joint Capital (People's Republic of China) (adopted Sep. 30, 1985); State Council Provision al Regulation Governing the Urban Real Estate Tax (People's (转下页)

management affairs①, land problems②, control of resident offices③, and exchange controls④.

Among the above-mentioned three forms of enterprises with foreign capital, China prefers the equity joint venture form, because it is a form of enterprise under which the Chinese party considers that it can best utilize the capital, technology, and management skill from the foreign investors and that the two parties can live in a more consolidated form of a joint relationship. But foreign investors, it is reported, prefer the contractual cooperative enterprise because it is considered to be more amenable to the reception of different sizes of

---

(接上页)Republic of China) (adopted Sept. 15, 1986); Provisional Regulation Governing the Vehicle and Vessel License Plate Tax (People's Republic of China) (adopted Sep. 15, 1986); State Council Implementary Rules on Preferential Tax Terms in the State Council's Rules For Encouragement of Foreign Investment (People's Republic of China) (adopted J an. 31, 1987); Ministry of Finance Notice on Tax Reductions according to the Appraised Rate of Profit (People's Republic of China) (adopted Oct. 6, 1987); State Council's Rules on Reduction of Income Tax on Wages and Salaries of Foreigners who are in China to Work (People's Republic of China) (adopted Aug. 8, 1987).

All of the above laws and regulations are to be found m the State Official Bulletin.

① State Council Regulations on Labor Management in Joint Ventures Using Chinese and Foreign Investment, 1944-1985 PRC Collection of Laws 21 (vol. on Foreign Affairs & Foreign Economic Relations and Trade).

② Provisional Regulations Governing Land in the Shenzhen Special Economic Zone, (People's Republic of China) (adopted Nov. 17, 1981; effective Jan. 1, 1982) 2 PRC State Council Official Bulletin 14 (1988).

③ State Council Provisional Regulations Concerning the Control of Resident Representative Offices of Foreign Enterprise (People's Republic of China) (adopted Oct. 30, 1980), Reprinted in China Investment Guide at 645 (3rd ed. by China International Economic Consultant, Inc.) [hereinafter China Investment Guide]; State Council Provisional Regulations of the Bank of China for the Establishment of Representative Offices in China by Overseas and Foreign Financial Institutions (People's Republic of China) (adopted Feb. 1, 1983), reprinted in China Investment Guide, *supra*, at 647.

④ Provisional Regulation Governing Foreign Exchange Control, *reprinted in* China Investment Guide, *supra* n. 55, at 611 (adopted Dec. 18, 1980); Detailed Rules of Foreign Exchange Control for Enterprises with Overseas Chinese Capital and Chinese-Foreign Joint Venture Enterprise, (People's Republic of China) (adopted July 19, 1983) *reprinted in* China Investment Guide, *supra* n. 55, at 623.

capital investment, and it gives the foreign investors in the contractual relationship more freedom of operation and independence.①

Foreign investors have expressed concerns about the possibility that China might change its fundamental policy. They are concerned about the potential for nationalization and expropriation of foreign properties and the fear that foreign enterprises will not be treated equally with China's domestic enterprises or other foreign enterprises. Other controversial issues include the legal formulation of Sino-foreign relations in the joint management of enterprises; repatriation of foreign investors' gains and profits with problems of exchange controls; free convertibility of Chinese currency; and problems of the application of law and settlement of disputes. Aware of these problems, China's effort in these laws and related practices has been to create, while still fully respecting China's sovereignty and legal order and the rule of mutual benefit, a better environment for foreign capital investment to do active productive works in China.

Favorable conditions were first created by the PRC Law on Joint ventures.② Restrictions were loosened up a little in the State Council's 1983 Regulations for the Implementation of the Law of the PRC on Joint Ventures Using Chinese and Foreign Investment.③ Flexible rules were expanded again in 1986 in the State Council's Provisions on the Questions of the Balancing of

---

① According to an assessment by the State Commission for Restructuring of the Economic System, there were by the end of 1986 altogether 7,800 Foreign capitalized enterprises in China, including 3,210 Sino-Foreign equity joint ventures, 4,390 Sino-Foreign cooperative businesses, and 140 wholly Foreign-owned enterprises. The aggregate capital input of the totals US $ 20.6 billion. See Gao Shanguan, *Progress in Economic Reform*, 30 Beijing Review 23 (July 1987).

② Law Using Chinese and Foreign Investment arts. 7, 8, and 11, *reprinted in* China Investment Guide, *supra*, n. 55, at 461 (People's Republic of China); Income Tax Law Concerning Joint Ventures with Chinese and Foreign Investment arts. 5 and 6 (People's Republic of China), *reprinted in* China Investment Guide, *supra* 11. 55, at 528.

③ State Council Regulations for the Implementation of the Law on Joint Ventures Using Chinese and Foreign Investment arts. 75 (People's Republic of China), *reprinted in* China Investment Guide, *supra* n. 55, at 634.

Foreign Exchange Receipts and Expenditures of Chinese-foreign Ventures.① An overall betterment of the investment environment is now prescribed in the recently published State Council Rules for Encouragement of Foreign Investment, called "the twenty-two articles," for the benefit of two sorts of foreign capitalized enterprises — export-oriented enterprises and enterprises with advanced technology.②

Among the measures taken in these 22 articles are measures to strengthen and assure management autonomy in the foreign capital enterprises; to alleviate their costs and burdens, especially in a more favorable system of preferential treatment of taxes; to exempt them from workers' and staffs' subsidy payments; to simplify the administrative procedures for foreign capitalized enterprises to get permissions and approvals; to give, subject to the prescriptions of exchange controls, more facility to foreign investors for remitting their profits and repatriating their capital funds back to the home country after termination of contracts; and to negotiate longer duration for the enterprise's subsistence.③

---

① State Council Provisions on the Questions of the Balancing of Foreign Exchange Receipts and Expenditures of Chinese-Foreign Ventures arts. 6, 8, 9 and 10, 3 PRC State Council Official Bulletin 66 (1986) (adopted Jan. 15, 1986).

② State Council Rules for Encouragement of Foreign Investment, 26 PRC State Council Official Bulletin 757 (1986).

③ Rules Concerning Autonomous Right of Personnel Employment, and Salary Insurance and Welfare Expenses of Working Personnel (Ministry of Labor and Personnel) (adopted Nov. 26, 1986); Customs Administration Rules on the Import of Materials and Parts Necessary for the Foreign Investment Enterprises to Carry Out the Product Exports Contracts (Customs General Administration) (adopted Dec. 1, 1986); Provincial Measures concerning Renminbi Loans Mortgaged on Foreign Exchanges from Foreign Investment Enterprises (People's Bank of China) (adopted Dec. 12, 1986); Provisional Administration Rules Concerning the Supply Inside of China of Foreign Exchange Guarantees by Chinese Domestic Institutions (People's Bank of China) (adopted Feb. 20, 1987); Provisions on the Purchase and Export to China's Domestic Products for Foreign Investment Enterprises to Balance Foreign Exchange Accounts (Ministry of Foreign Economic Relations and Trade) (adopted Jan. 20, 1987) Implementary Rules Concerning the Application of Foreign Investment Enterprise for Import and Export Licenses (Ministry of Foreign Economic Relations and Trade) (adopted Jan. 24, 1987); Implementary Rules(转下页)

Since the publication of the 22 articles, about fourteen implementary rules and regulations had been published by China's various ministries and departments to give expression to the measures. Central to these measures and rules and regulations is the question of how to help foreign investors find the means of remitting profits and earnings and eventually repatriating capital funds back to the home country under the present conditions of China's foreign exchange control. The principal methods used to achieve these objectives are:

1. Relax the regulations for foreign investors to get loans in Renminbi or foreign exchange from the Chinese banks;

2. Allow foreign investors to use Renminbi to buy Chinese goods and materials and sell them on the international market to get the necessary foreign exchange;

3. Arrange the foreign exchange facility to be realized through the channel of import substitution;

4. Encourage groups of enterprises to pool together their exchange accounts and swap currencies among themselves;

5. Establish exchange regulating centers in the main cities of China like Beijing, Shanghai, and Guangzhou for foreign investors to buy and sell foreign exchanges through the intermediary of banks. (China is at present, however,

---

(接上页) concerning the process of Attestating and Validating the Export Oriented and Technologically Advanced Enterprises of Foreign Investment, (Ministry of Foreign Economic Relations and Trade) (adopted Jan. 27, 1987): Implementary Rules for the Carrying Out of Preferential Tax Terms contained in the Provisions for Encouragement of Foreign Investment (Ministry of Finance) (adopted Jan. 30, 1987); Provisional Rules Concerning Proportion of Registered Capital to Total Amount of Investment in the Chinese-Foreign Joint Ventures (State Administration of Industry and Commerce) (adopted Mar. 1, 1987); Regulations on Providing of Loans from the Bank of China to Foreign Investment Enterprises (adopted Apr. 7, 1987); Provisional Rules on Income Tax Reduction of Wages and Salaries for Foreign Personnel Working in China (State Council) (adopted Aug. 1, 1987); Rules Relating to Import Substitution of Products Manufactured by Chinese-Foreign Equity Joint Ventures and Chinese-Foreign Cooperative Ventures (State Planning Commission) (adopted Oct. 10, 1987); Rules and Measures Relating to Import Substitution of Mechanical and Electrical Products Manufactured by Chinese-Foreign Joint Ventures and Chinese-Foreign Cooperative Ventures (State Economic Commission, (adopted Oct. 10, 1987).

not in a position to make her currency freely convertible.)

B. Special Areas Open to Foreign Investment

In 1980 China created in Guangdong and Fujian provinces four Special Economic Zones ("SEZs") delineated from the cites of Shengzhen, Zhuhai, Shantou, and Xiamen, in order to "develop external economic cooperations and technical exchanges and promote socialist modernization".[①] In 1984 China further decided to open up 14 coastal cities and Hainan Island and later, in 1985, three economic regions — the Yangtze Delta, Pearl River Delta, and the triangular region of Xiamen-Zhangzhou-Guangzhou — to external exchanges, thereby intensifying economic development and accelerating foreign investment and assistance. Also in 1984, 13 districts of economic and technology exploitation were formed at some virgin places on the outskirts of coastal cities with the object of promoting industrial projects of high technology and setting up institutions of scientific research.

All of these economic zones, deltas, and districts have slightly different economic roles, but they have administrative organs of the same nature and have the common characteristic of enjoying the status of being able to practice preferential policies towards foreign investment. Hainan Island, opened up in 1984 and now raised to the status of a separate province, is to be constituted as a new SEZ and become a totally free-trade area. The State Council's Regulations on Encouraging Investment for the Development of Hainan Island, a comprehensive investment law in this particular aspect, can attest to that endeavor.[②]

In order to protect a foreign investor's rights and interests more fully, China has, since 1980, changed protocols on investment encouragement and

---

① Regulations on Special Economic Zones in Guangdong Province art. 1 (approved Aug. 26, 1979 at Second Session of Fifth NPC).

② State Council Regulations on Encouragement of Investment and Development of Hainan Island (People's Republic of China) (adopted May 4, 1988) 12 PRC State Council Official Bulletin 390 (1988) [English translation in 31 Beijing Review 26 (Aug. 29–Sept 1, 1988)].

investment protection with the United States (October 1980)① and entered into bilateral agreements on protection of investment with 20 countries, including Sweden (March 1982), Romania (February 1983), Federal Republic of Germany (October 1983), France (May 1984), Belgium-Luxembourg (June 1984), Thailand (December 1985), Denmark (April 1985), The Netherlands (1985), and Italy (1985), Great Britain and Northern Ireland (1986), Australia (1988), and Japan (1988).②

To avoid double taxation, some countries do not tax incomes that have already been taxed in China; some will deduct the taxes paid in China while taxing the incomes at home.

V. DOMESTIC REFORM OF ECONOMIC LAW IN HORIZONTAL RELATIONSHIPS

For the purpose of invigorating China's economy, restructuring the management of the enterprises and attracting foreign investment are certainly important tasks, but they still represent only part of the needed reforms. To supplement these principally vertical measures of reform—in socialist terminology it means reform of the nation's property relationships—it is further necessary to encourage the flow of goods, capital, labor, technical knowledge, and information within the country in order to normalize and rationalize the lateral or horizontal relationships between different sectors, different layers of economic entities, and different regions, and to do away with any regional, departmental, or administrative barriers and obstructions that might impede the normal flow

---

① Investment Incentive Agreement on Investment Insurance and Guaranties (Oct. 30, 1980) United States-People's Republic of China.

② China also entered into agreements on avoidance of double taxation with Japan, France, Britain, the United States, Federal Republic of Germany, Singapore, Malaysia, Canada, Finland. Denmark, Norway, Sweden, Belgium, New Zealand, Romania, and Thailand. The exemption method is used in Agreements with France, West Germany, Belgian, Norway, Sweden. Credit method is used in Agreements with the United States, Great Britain, Singapore, Malaysia, Denmark, Canada, Finland.

of production in China. *Horizontal* or *lateral* relationships, in contrast to *vertical relations*, are factual terms we use to designate the day-to-day activities of the various economic entities in the localities or across the county together with their legal regulations.

Legal regulation of horizontal relations began to appear as early as 1981. The PRC Economic Contract Law, with the object of governing ten plan-based contract types, was promulgated in December 1981.① A series of implementary rules have been issued in later years to complement the main law.② Together with the Economic Contract Law, they constitute the most systematic treatment of the law of contract since the founding of the People's Republic.

A PRC law on technology contract was adopted at the 21st Session of the 6th National People's Congress in 1987, to take the place of the Economic

---

① Economic Contract Law, PRC Collection of Laws 239 (People's Republic of China) (adopted Dec. 13, 1981 at Fourth Session of Fifth NPC, effective July 1, 1982).

② Regulations on Contracts of Prospecting and Designing in Construction Works (PRC State Council) (adopted Aug. 8, 1983), 1949-1985 PRC Collection of Current Laws and Regulations, vol. Industry, Communications and Urban Construction 503, ed. State Council Bureau of Laws and Regulations, People's Publishing House, Beijing; Regulations on Contracting and Subcontracting of Mounting and Installing Works in Building Construction (PRC State Council) (adopted Aug. 8, 1983), ibid 507; Regulations on Insurance against Loss and Damage of Property (PRC State Council) (adopted Sept. 1, 1983), ibid vol. Finance and Trade 428; Regulations on Contracts of Buying and Selling of Agricultural and Sideline Products (PRC State Council) (adopted Jan. 1, 1984) ibid 639; Regulations on Contracts of Buying and Selling of Mineral and Mining Products (PRC State Council) (adopted Jan. 23, 1984), ibid 623; Regulations on Loan Contracts (PRC State Council) (adopted Feb. 28, 1985), ibid 382; Regulations on Processing and Work Contracts (PRC State Council) (adopted Dec. 20, 1984), ibid 825; Implementary Rules on Contracts of Storage and Warehousing (PRC State Council) (adopted Sept. 25, 1985), ibid vol. Industry, Communications and Urban Construction 425; Law on Contract of Technology (People's Republic of China) (passed at the 21 Session of the Standing Committee of the Sixth NPC on June 23, 1987), 1987 PRC Collection of Laws, People's Publishing House, Beijing.

Contract Law in the domain of technology transfer.① This law has the particularity of including in it the regulations of three types of technology contracts: technology exploitation contracts, technology transfer contracts, and contracts of consultation on technology matters and technology service contracts. These three types of contracts, which are much used in the domestic markets of technological exchanges, had not been regulated by law up to now. But whether this new law on technology contracts can be applied to international contracts of technology transfer is controversial.② This is why the State Council promulgated, in January 1985, the Provisional Regulation on Technology Transfer, months later the PRC Provisional Regulation on the Administration of Technology Transfer, and again immediately afterwards the Rules for the Examination and Approval of the Contracts of Technology Transfer. This latter law was replaced in 1988 by a much more detailed Regulation — the PRC Implementary Detailed Regulations on the Administration of Contracts of Technology Transfer.

The Foreign Economic Contract Law, modelled on the United Nations International Convention on Sales of Goods, was adopted at the Standing Committee of the 6th National People's Congress in March 1985 to regulate China's foreign economic relations.③ But, unlike the UN International Convention, whose principal task is to regulate international sales contracts to the exclusion of other economic relations, the Chinese foreign economic contract law unfortunately

---

① Law on Technology Contracts, (People's Republic of China) (adopted at 21st Session of Sixth NPC Standing Committee on June 23, 1987) 4 NPC Standing Committee Official Bulletin 5 (1987).

② Regulations on the Administration of Contracts of Technology Transfer, (People's Republic of China) (adopted May 24, 1985 by the State Council) 7 State Council Official Bulletin 153 (1985); MOFERT's Rules for the Examination and Approval of Contracts of Technology Transfer, (People's Republic of China) (adopted Oct. 1, 1985) 25 PRC State Council Official Bulletin 789 (1985) Implementary Detailed Regulations on the Administration of Contracts of Technology Transfer, (People's Republic of China) (adapted Jan. 2, 1988) 2 PRC State Council Official Bulletin (1988).

③ Foreign Economic Contract Law, (People's Republic of China) (adopted Mar. 21, 1985 at 10th Session of Standing Committee of Sixth NPC), PRC Collection of Laws and Regulations 9-17 (1985).

adopted only part of the general rules of the UNCITRAL Convention, without clearly stipulating, except for maritime contracts, its exclusion or non-exclusion of other fields. No implementary rules or other subordinate regulations on other international economic relations have been issued to date.

On the other hand, we can find in this law quite a few new ideas that had never been accepted in other domestic laws or explicitly stated before: contractual choice of governing law①, prevalence of international law (meaning multilateral and bilateral international agreements and treaties,) over domestic law②, and nonretroactivity of statutes and regulations over preexisting contracts③.

Prior to the Foreign Economic Contract Law, a trademark law and a patent law were published in 1982④ and 1986, respectively.⑤ The latter took effect after China's accession to the Paris Convention on the Protection of Industrial Property Rights on April 1, 1985. Under both of these laws, China follows the worldwide customary practices of receiving and examining patent and trademark applications and of protecting those rights. A complete body of internationally recognized principles and rules was adopted in these laws. However, questions about the protection of patents on organic engineering, computer software, medicines, chemical materials, and other advanced technology were not regulated in the Patent Law, and they are now being

---

① *Id.* at art. 5.
② *Id.* at art. 6.
③ *Id.* at art. 40.
④ Trademark Law (People's Republic of China) (adopted Aug. 23, 1982 at 14th Session of Fifth NPC, effective 1983) 1979–1984 PRC Collection of Laws and Regulations 336; Detailed Implementing Regulations for the Trademark Law, (People's Republic of China) (adopted Mar. 10, 1983) 7 PRC State Council Official Bulletin 232 (1983); Provisional Regulations for Requesting Priority in the Application for Registration of Trademarks, (People's Republic of China) (adopted Mar. 15, 1985) PRC State Council Official Bulletin 14 (1985).
⑤ Patent Law, (People's Republic of China) (adopted at Fourth Session of Sixth NPC; effective Apr. 1, 1985), 1979–1984 PRC Collection of Laws and Regulations 513. Implementary Regulations on the Patent Law 1 (People's Republic of China) (adopted Jan. 19, 1985) PRC State Council Official Bulletin 16 (1985).

formulated to complete the country's patent laws.

Finally, the PRC General Rules of Civil Law was passed at the National People's Congress on April 12, 1986 as a culminating piece of legislation for regulating the horizontal economic relations of the country.① The General Rules of Civil Law, the title of which is intended to denote a condensed code of civil law, is composed of nine chapters containing 156 articles. It has adopted nearly all the elementary technical notions and abstract concepts of European civil codes: natural persons, legal persons; agency; legal acts and declaration of intentions; forms and conditions of legal acts; validity, nullity and rescindability; limitations and prescriptions; obligations with grounds from which civil rights and obligations arise, including contracts, unjust enrichment, care of other people's property without commission; tort liability with or without fault; force majeure; and legitimate defense. It also includes a complete list, but to avoid redundancy, not a complete regulation, of property rights, property-related rights, personal property rights like copyright, patent right, trade mark, and right of discovery. There is also a final chapter on the application of foreign law in civil matters that have foreign involvements, which repeats in many respects the application rules of the Foreign Economic Contract Law.

The General Rules of Civil Law has, of course, some outstanding features of its own, notably in the sphere of equal treatment of Chinese and foreign parties and in the creation of new property relationships and horizontal economic combinations. In Articles 3 and 8 of the General Rules of Civil Law, it is stated: "The situations of the parties concerned in a civil activity shall be equal. Unless otherwise regulated in other laws, any stipulation that concerns a Chinese citizen will also apply to foreigners and persons with no nationality who find themselves in the territory of the People's Republic of China." It is clear from the wording of these articles that, under the present

---

① General Rules of Civil Law, (People's Republic of China) (adopted Apr. 12, 1986 at Fourth Session of Sixth NPC; effective Jan. 1, 1987) PRC Collection of Laws and Regulations 25 (1986).

Chinese law, a Chinese citizen and a foreigner will not only be equal in status and legal position, but equality will also be extended to the whole range of their economic activities.

In matters of ownership and property relationships, the General Rules of Civil Law consecrated very clearly, as mentioned above, the right of use by peasant households on agricultural land, mountain ridges, forests, grassland, water superficie, wasteland, and beach tracts contracted to them by the rural collectivity; the right of management of industrial enterprises to control and direction of the business, as a right of property and ownership over the whole or part of the enterprise.①

Under Chapter 3 of the General Rules of Civil Law, which deals with legal persons, a special section of three articles, entitled "Combined Enterprises" deals specifically with intersectoral, interdepartmental, and interregional forms of horizontal relationships.② These combined organizations will probably become a new form of economic integration in China to replace the traditional way of directing the economy through governmental or departmental administration. These ideas of horizontal combination expressed in the articles of the General Rules of Civil Law are later confirmed by a very important State Council document of 1986, Several Problems Concerning the Further Promoting of Horizontal Economic Combinations.③ This lengthy document contains detailed paragraphs with headings like "Principles and Objectives of Horizontal Economic Combination" "System and Method of Micro-plan Management of Enterprises and Statistics" " Cross-country Flow of Goods and Materials" " Close Cooperation between Production and Science and Technology" and "Provision for Nation-wide Flow of Funds". This document represents the concrete expression of the

---

① General Rules of Civil Law chap. 5 arts. 81 and 82, PRC Collection of Laws and Regulations 42, 43 (1986).

② General Rules of Civil Law, Chap. 3 § 4, arts. 51-53, PRC Collection of Laws and Regulations 35-36 (1986).

③ State Council Regulations on Problems of Further Promoting the Horizontal Economic Combinations, (People's Republic of China) (adopted Nov. 23, 1986) 8 PRC State Council Official Bulletin (1986).

experiment of combining a planned economy with market regulation, and replenishes the scanty regulations on the very important horizontal economic combinations in the General Rules of Civil Law.

But insufficiencies of the General Rules of Civil law have shown themselves in other important respects. Regulations seem to be markedly lacking, for example, in the domain of legal persons on matters of enterprises and corporations and, in the sphere of obligations, on such specific contractual relationships as lending, loaning, borrowing, leasing, credit and guarantees, and other financial matters. Here again inadequacies in regulation have to be replaced by State Council rules and regulations. As the need for capital flow has grown and efforts have been made to establish various kinds of financial markets, the State Council and the People's Bank of China and the Bank of China have published several regulations to cope with the situation. They are, notably, the BOC Regulation on Providing loans of the Bank of China to Foreign Investment Enterprises, April 24, 1987; the PBC Regulation on Administration of Foreign Exchange of Non-banking Financial Institutions, October 10, 1987; the State Council's Provisional Regulations on Administration of Bonds Issued by Enterprises, March 27, 1987; and the State Council's Notice for Strengthening the Administration of Stocks and Bonds, March 28, 1987.① Primary financial markets do appear at many places

---

① Provisional Measures Concerning Renminbi Loans Mortgaged on Foreign Exchanges from Foreign Investment Enterprises, (People's Bank of China Nov. 26, 1986) 1 PRC State Council Official Bulletin 25 (1987); Provisional Administration Rules Concerning the Supply Inside of China by Chinese Domestic Institutions of Foreign Exchange Guarantees, (People's Bank of China Feb. 20, 1987) 4 PRC State Council Official Bulletin 158 (1987); Regulations on Providing of Loans from the Bank of China to Foreign Investment Enterprises, (People's Bank of China Apr. 24, 1987) 10 PRC State Council Official Bulletin 359 (1987) State Council Provisional Regulations on the Administration of Bonds Issued by Enterprises, (Mar. 21, 1984), 9 PRC State Council Official Bulletin 330 (1987) State Council Notice for Strengthening the Administration of Stocks and Bonds, (Mar. 28, 1987) 10 PRC State Council Official Bulletin 346 (1987); Regulations on the Administration of Foreign Exchange of Non-banking Financial Institutions, (People's Bank of China Oct. 1, 1987) 30 PRC State Council Official Bulletin 914 (1987).

in the country — for example, in Liaoning, Shanghai, Beijing, and Wuhan, but not as yet secondary markets.

What is troubling China at the present moment in her reform work in the domain of horizontal relationships are chiefly two problems: (1) the difficulties in undertaking price restructuring, including correcting the simultaneous presence of two pricing systems (state-fixed prices and market prices) on goods and commodities, practiced since the reform[①], and (2) curbing the profiteering and malicious acquiring of market advantages at all levels of economic management in the country and forestalling the speculation and hazards that could come to the surface around the infant money and financial markets.

In the international arena, China, pressed by the need to engage in International financial activities, resumed her seats in the International Monetary Fund (IMF) and International Bank of Reconstruction and Development (IBRD) on April 17, 1980 and May 15, 1980 respectively, and later in the Asian Development Bank, thereby submitting herself to the obligation of observing the Articles of Agreement of these international financial institutions.

China is currently striving to recover her participation in the General Agreement on Tariffs and Trade ("GATT"), of which she was one of the original contracting parties. China is a developing country at the primary stage of socialist development. But it is a big country with large natural and human resources and is endeavoring to work at an accelerated pace of modernization. China's trade with foreign countries is steadily increasing.[②] The reform work

---

① Regulations on Price Administration, (People's Republic of China) (adopted Sept. 11, 1987) 23 PRC State Council Official Bulletin 756 (1987).

② To date, China has established trade relations with nearly 180 countries and regions throughout the world. In 1987, China's import-export trade totaled US $ 82.69 billion, with imports totaling US $ 43.21 billion and exports totaling US $ 39.44 in 1987. See Foreign Trade and Tourism, 31 Beijing Review 24 (Oct. 1988).

that is being done in the domestic economy, especially in the field of trade control[1] and price adjustment[2], would undoubtedly help China to meet the GATT regulations and to confront the protectionism that is encountered throughout the world.

VI. FUNDAMENTAL INSTITUTIONS OF LAW IN THE PRC

For a complete understanding of the Chinese legal system, one must look at how its institutions were created and have evolved since the founding of the People's Republic, particularly the organs of the state whose purpose is to implement and enforce the law. It is usually at the stages of implementing and enforcing the law that the traditional thinking of a people on law and justice reveals itself most fully.

China is a unitary socialist state that practices democratic centralism under the People's dictatorship. Under this system. there is no separation of powers; all political organs in China are uniformly instrumentalities of the State, including the organs that implement and enforce the law.

The sole law-making institution in China is the National People's Congress, and the State Council is the highest organ of State administration that administers law in general. Among the many other organs that administer or

---

[1] State Council Provisional Regulations on Foreign Exchange Control (People's Republic of China) (adopted Dec. 5, 1980); State Council Penal Provisions for Violation of Foreign Exchange Control Regulations (People's Republic of China) (adopted Mar. 25, 1985); State Council Provisional Regulations Concerning the Licensing of Import Goods and materials, (People's Republic of China) (adopted Jan. 10, 1984); State Council Regulations on Inspection of Import and Export Goods (People's Republic of China) (Jan. 28, 1984); Customs Law (People's Republic of China); (adopted at 10th Session of Standing Committee of Sixth NPC on Jan. 22, 1987); State Council Implementary Rules on Administrative Sanctions for The Customs Law (People's Republic of China) (adopted June 30, 1987).

[2] State Council Regulation on Price Administration, (adopted Sept. 11, 1987) 23 PRC State Council Official Bulletin (1987) (People's Republic of China); State Council Regulation on Strengthening the Control on the Price of the Means Production, Preventing the Indiscriminate Raise of Price and Collecting Fees at Random; (People's Republic of China) (adopted May 8, 1987) 12 PRC State Council Official Bulletin 435 (1987).

enforce the law there are:

People's courts — the judiciary, the organ that administers law by adjudicating concrete cases.

People's Procuratorate — organs of legal supervision, which monitor the process of law application and law enforcement in the courts and at the security offices.

Ministry of Supervision — established in 1986 to overlook the functional behavior of administrative department officials and personnel and to dispense disciplinary measures against acts of dereliction of duty.①

Ministry of Justice — charged with the administration of prisons, reformatory institutions, extra-judicial media of dispute settlement, law offices and notaries, and legal education programs.

Ministries of Public Security and State Security — investigate criminal activities and other state security matters and safeguard public order.

The relationship between these different organs of law is set by Article 135 in the 1982 Constitution: "The people's courts, people' sprocuratorates and public security organs shall, in handling criminal cases, divide their functions, each taking responsibility for its own work, and coordinate their efforts and check each other to ensure correct and effective enforcement of law." As well as providing for enforcement of law, Article 135 also created a check-and-balance mechanism of the protection of Citizens' rights.

A. The Court System

Courts in China are of two kinds: the *ordinary* courts and the *special* courts (military courts, railway transportation courts, maritime courts. forestry courts). All courts are under the direction of the People's Supreme Court. Hierarchically, Chinese courts consists of four levels: the Supreme People's Court at the top; the People's High Courts, which are courts at the provincial and municipal levels; The People's Intermediary Courts, which are courts at the prefecture level in the provinces and regions and middle-layer courts in the

---

① NPC Standing Committee Decision (Dec. 3, 1986) (establishing Ministry of Supervision).

cities; and the Basic Courts, which, at the lowest level, are county courts in the provinces and regions, and middle-layer courts in the cities; and the Chinese people's courts were originally divided into chambers, for civil and criminal matters, respectively. In the past decade, the most important change in China's court system has been the extension of its jurisdiction over economic affairs. To do so, special chambers of economic affairs were established in 1979 at the People's Supreme Court and People's high courts, and in 1983 in all intermediary and basic courts.

Cases in Chinese courts can be carried through only at two levels. Any of the four levels of courts can be a court of original jurisdiction, depending on their different spheres of authority. The judgment of the second instance, that is, the appellate instance, is final. Only in rare cases where grave errors of facts and points of law are found can the judgment already in effect be revised or reversed and cases retried both on facts and law upon petition of the parties or protests fromprocuratorates.[1]

Chinese judges sit in collegium in the courts, except in very minor cases, and judge cases independently — that is, strictly kept from " interference from administrative departments, social organizations or individuals."[2] Chinese courts do not adopt the adversary system of trial. Judges examine the cases on their own, with the help of the parties, witnesses, experts, and lawyers representing or defending the parties. The principle, as required by the law, is that they should give judgments strictly according to law and based on facts.[3]

---

[1] Organic Law of the People's court art. 14, 2 and 3, 1979-1984(adopted July 1, 1979 at Second Session of Fifth NPC, amended at Second Session of Standing Committee of Sixth NPC, Sept. 2, 1983). PRC Collection of Laws and Regulations (People's Republic of China).

[2] PRC Constitution of 1982 art. 126, 1979-1984 PRC Collection of Laws and Regulations 34.

[3] Law on Criminal Procedure art. 4, (People's Republic of China) (adopted at Second Session of Fifth NPC; effective Jan. 1, 1980) 1979 - 1984 PRC Collection of Laws and Regulations 135; Law on Civil Procedure (People's Republic of China) (trial implementation) (adopted Mar. 8, 1982 at the 22nd Session of Fifth NPC; effective Oct. 2, 1982) art. 2, 1979-1984 PRC Collection of Laws and Regulations 285.

Judges in China do not make law. The judgment of a court in China does not constitute a precedent for any other court to follow in future decisions. For difficult problems of justice and for troublesome cases, each court in China is provided with a internal institution called a judicial committee, composed of members proposed and nominated by the different People's Congresses.① The members are usually the president of the court, the chief justices of the chambers, and other members of a concerned collegium. The People's Supreme Court of China, although not having the power of interpretation of law in the abstract as is held by the NPC Standing Committee, has, nevertheless, the power of interpretation on problems of how to make *ad hoc* applications of law and regulations in given processes.② Recently, a new way of interpreting the laws has been practiced in the Supreme People's Court of China.③

B. Nonjudicial Dispute Resolution

In China, not all disputes or strifes, civil or otherwise, go to court. Minor strifes, discords, and wranglings are usually solved, reconciled, or quashed through conciliation and persuasions at the neighborhood mediation committee of the grass-roots units.

Economic disputes, especially those between enterprises or government agencies, rarely go to court. They are usually the kind of dispute in which the enterprises of government entities do not hold any direct interest. Furthermore, the courts were constitutionally not equipped in the past with adequate authority to preside and adjudge economic matters. If conflicts do arise between economic entities, they will therefore be solved in the usual way, that is,

---

① Organic Law of the People's Courts art. 11 (People's Republic of China) (adopted July 1. 1979; amended Sept. 2, 1983) 1979-1984 PRC Collection of Laws and Regulations.

② *Id.* At art. 33 .

③ People's Supreme Court Notice Answering the Questions Concerning the Application of the Foreign Contract Law, 4 PRC People's Supreme Court Official Bulletin 3 (1987) (People's Republic of China); People's Supreme Court Commentaries on Problems of How to Carry Out the General Rules of Civil Law, (trial implementation) (adopted at Judicial Committee of People's Supreme Court on Jan. 26, 1988) 2 People's Supreme Court Official Bulletin 17-36 (1988).

through conciliation or mediation by responsible persons at a higher level of administration.

1. Arbitration

It was under these circumstances that the State Council, out of respect for the rule of law and the principle of legality, began in 1979 to consider the establishment of an institution of arbitration to solve disputes arising out of state enterprises and other economic entities. An arbitration institution was first created in 1982 by the PRC Economic Contract Law.① In 1983 the Rules of Arbitration on Disputes of Economic Contract was published by the State Council.② These rules provided that economic disputes would henceforth be brought to the arbitration boards of the State Administration of Industry and Commerce and local administrations of industry and commerce for settlement. The state and local arbitration boards are independent bodies composed of arbitrators, some of whom are experts from industrial and trade departments, and of lawyers and other persons experienced in law. The arbitrators will arbitrate the disputes according to law and with a legally consecrated procedure.

It is in the tradition of the Chinese way of pacifying contradictions and disputes that people should first be persuaded to talk things over between themselves, called consultation, then to try to be reconciled or arbitrated by third persons, and, only as a last resort, go to court for litigation. *Consultation*, *conciliation*, *arbitration* and *litigation* thus derive from a long-established Chinese rule of procedure; it is now written in the law as a legal stipulation.③

Under the present system, suits of economic disputes can be taken to the court or arbitration boards at the discretion of the parties. Parties can take the

---

① Economic Contract Law art. 48, (People's Republic of China) (adopted July 1, 1982) 1979-1984 PRC Collection of Laws and Regulations 256.

② State Council Regulation on Arbitration of Economic Contracts, (People's Republic of China) (adopted Aug. 22, 1983) 18 PRC State Council Official Bulletin 803 (1983)

③ Law on Civil Procedure book 2 chap. 10 § 4 arts. 97 and 111, (adopted Mar. 3, 1982) (trial implementation) 1979-1984 PRC Collection of Laws and Regulations 303-305.

case to the court even after an arbitration award is given, if the parties are dissatisfied with the result.①

2. Disputes Involving Foreign Enterprises

Procedures are slightly different in economic disputes between Chinese enterprises and foreign economic entities. China established foreign arbitration boards in the early 1950s. A Foreign Trade Arbitration Commission"② and a Maritime Arbitration Commission were set up at the China Council for the Promotion of International Trade ("CCPIT") in 1954 and 1958, and procedural rules of arbitration were published for the two arbitration commissions in 1956 and 1959, respectively.

Under these two sets of arbitration rules and related rules of arbitration in other laws③, Chinese and foreign parties can, as it is with strife between Chinese domestic entities, take their disputes to either a court or an arbitration institution of their choice. But there is an important point of difference between a Chinese-foreign dispute and a dispute between two Chinese entities. According to articles 192 and 193 of the PRC Civil Procedure Law, once the channel of arbitration is chosen and determined in either a written agreement made by the Chinese and foreign parties or when an award is handed down, the affair cannot be retaken to any judicial institution for resettlement or trial. This stipulation has been written into law for the purpose of strengthening the arbitration clause in an international contract and for simplifying and alleviating possible procedural burdens of settling an international economic dispute.

In an international contract Chinese and foreign parties may also insert in the arbitration clause an agreement to submit disputes to arbitral bodies other

---

① Economic Contract Law arts. 48 and 49, (People's Republic of China) (adopted July 1982) 1979-1984 PRC Collection of Laws and Regulations 256 (1984).

② The Foreign Trade Arbitration Commission was renamed the Foreign Economic and Trade Arbitration Commission. See State Council Decision (Feb. 15, 1980).

③ Foreign Economic Contract Law arts. 37 and 88, 1985, (People's Republic of China) (adopted July 1, 1985) PRC Collection of Laws and Regulations 16 (1985).

than the Chinese one, as the wording of article 37, paragraph 2 of the PRC Foreign Economic Contract Law implies.

Convinced that consultation and conciliation are frequently the most effective means for solving disputes, China has been trying for some time to promote her new invention — joint conciliation with other international arbitration institutions to solve economic disputes in the international arena. So that Chinese arbitration awards could receive international recognition and enforcement, the Standing Committee of the National People's Congress decided in 1986 to accede to the United Nations Convention on the Recognition and Enforcement of Foreign Awards, and declared that the recognition and enforcement of foreign arbitral awards for China will take place only on the basis of reciprocity and will be limited to disputes of contractual and non-contractual business transactions.①

VII. CHINA'S ECONOMIC LAW IN TODAY'S WORLD

This article has presented a brief but panoramic depiction of new developments in Chinese law since the adoption of China's new open policy in 1978 at the 3rd Plenary Session of the 11th Central Committee of the Communist Party. The laws, statutes, and regulations in the new and still-developing Chinese legal system can be divided into five categories:

The **Constitution** of 1982, the fourth and most accomplished one since the founding of the People's Republic, which reiterates the fundamental principles of the Chinese socialist state and incorporates the basic guarantees for the fundamental rights of the Chinese citizenry;

A set of **organic laws** that outlines the structure of the state and the

---

① Convention on the Recognition and Enforcement of Foreign Arbitral Awards at New York, June 10, 1958 (entered into in force June 7, 1959). China adhered to it by a NPC Standing Committee Decision at the 18th Session of the Standing Committee of the Fifth NPC on Dec, 2, 1986, effective Apr. 22, 1987. See also People's Supreme Court Notice on the Implementation of the New York Convention on the Recognition and Enforcement of Foreign Arbitral Awards China acceded to, (People's Republic of China) (adopted Apr. 10, 1987) 2 PRC People's Supreme Court Official Bulletin (1987).

administrative functions of government institutions, including those of the judiciary, procuratorates, and supervisory and security organs, which will evolve toward more efficiency and less bureaucracy;

A **code of criminal law** and a **code of criminal procedure law** that will become more refined and sophisticated in the face of new waves of crime;

A **civil procedure law** that still bears the name of "trial implementation" and a body of **general rules of civil law** intended to be a code of wide application but which has not yet been able to cover the whole range of China's civil and economic activities.

A comprehensive and systematically developing set of **economic laws**, which has had difficulty in keeping up with the China's socio-economic reforms and changes.

At the present moment, the Chinese legal system is still in formation. It has yet many loopholes and imperfections. In view of the rapid changes in the socio-economic structure, this state of things is only natural. But the Chinese legal system has the great prospect of developing into a socialist system of law with true Chinese characteristics — a body of law and practice that will reflect the true need of modern China.

The Chinese legal system is socialist, because it serves the purpose of promoting and consolidating the socialist public-property relationship under the guidance of national economic plans and it represents a social order based on the principles of equal distribution according to work. No matter how many experiences China adopts from other nations, the socialist nature of the legal system would not and could not be changed. The legal system is a socialist system full of Chinese characteristics because it is a production of Chinese actualities and realities: China is a country with a population of one billion living under developing and underdeveloped economic conditions, striving for modernization and peaceful connection with the outside world. The combination of a planned economy with market regulation is a unique Chinese experimentation. The creation of economic law as an independent branch of juridical science and as a system of positive law that regulates both vertical and horizontal and domestic and foreign economic relations is a unique Chinese initiation. Finally, the expectation that Chinese law will foster a national community with different legal systems in different Special Administrative Regions, on the principle of one country-two systems, is also a unique Chinese invention.

Introduction of *Chinese Foreign Economic Law*: *Analysis and Commentary**

Beginning in the late 1970s, China embarked on an ambitious modernization program. Tremendous changes have taken place throughout the country since then. Foreign investment, pratically unknown in China a decade ago, can now be seen in various forms in almost every city and region in the country, especialy in the Special Economic Zones and coastal cities. Foreign investment has become an important ingredient in the Chinese economy and is an important force in China's drive toward economic modernization. The Chinese government now encourages new methods of economic exchange with foreign countries, international organizations, and private businesses. As a result, Chinese foreign trade, transfer of technology and financial collaborations in the international arena have greatly expanded.

In furthering its policy of opening to the outside world and keeping pace with the burgeoning foreign investment and expansion of foreign trade, China, has since 1979, adopted numerous law and regulations covering such areas as contracting, import-export, protection of industrial property, taxation, insurance, natural resource exploration, banking, Sino-foreign joint ventures, and wholly-owned foreign enterprises. China has also entered into several taxation treaties and investment-protection treaties to stimulate foreign investment. Special Economic Zones and several coastal cities have been chosen for doing business with foreign firms. Special rules applicable to foreign concerns have been adopted for these cities and zones for the purpose of

---

* 本文为芮沐先生和王贵国先生为 *Chinese Foreign Economic Law*: *Analysis and Commentary* 一书所作的引言。

encouraging more foreign economic exchanges. The past ten years of law-making have made China, once a country virtually without laws governing foreign economic relations, into a nation with the foundation of a legal system that covers all aspects of international economic exchange.

This volume, which is a collaborative effort by thirteen Chinese legal scholars and authorities on foreign economic relations, discusses substantively and analyzes critically the development over the past ten years of the Chinese legal system as it bears on foreign economic relations, with emphasis on legislation and the implementation of laws in all important fields. Each author pays particular attention to the practical policy aspects of legislation and enforcement, as well as to proposals for improvement in the law. The laws and regulations discussed in this work include those in force at the beginning of 1990. Some legislation in draft form at that time is also discussed.

The field of dispute resolution, which will grow in importance as China's foreign economic relations continue to expand, has not been addressed in this work. At the time of writing, forms and methods of dispute resolution were still at a stage of rapid development. Because it is a topic of vital importance to anyone doing business in China, a chapter on dispute resolution will be included in the book's first supplement. China experienced turbulent events in 1989, which have caused many peopleoutside China to fear that the decade-long policy of opening to the ouside world might be reversed. As Professor Don Wallace abserves in his foreword that "China is embarked on an irrevocable course of modernization," the editors are also of the view that the long-term direction of the Chinese economy still points toward modernization and to expanding foreign economic exchanges.

October 1990,   Rui Mu

Wang Guiguo

Peking University

⊙ 二、立法建议、座谈发言、讲义

"中国民法讲授提要"目录[*]

北京大学法律系民法教研室编
一九五六年二月

同志：

这份讲授提要是为了教学方便提供我们自己参考的。由于我们水平低，材料缺乏，写得是否合用，没有把握。无论在体系、安排或内容、提法上，都存在着一些问题。其中主要缺点是经济理论较多，反映司法实践与其他具体处理办法少；有些地方如所有权各章节，内容显得很空虚，对于各种所有权的法律上保护，写不出东西来。合作社主体与财产各章，安排方面有困难，供销合作社未写。此外有关供应合同的问题，实际上是一个空白，尚待补充。等等。

姑且印出来，请大家提意见帮助提高。并请将意见于本年三月廿日以前寄给我们，以便补充修正。

此致

敬礼

北京大学法律系
一九五六年三月九日

---

[*] 本讲义为芮沐先生在北京大学法律学系民法教研室任教时主持编写。文集收录了讲义的目录。

"中国民法讲授提要"目录

第一讲　中华人民共和国民法的概念
第二讲　中华人民共和国民法的渊源
第三讲　民事主体概论
第四讲　中华人民共和国国家是民事主体
第五讲　公民
第六讲　国家机关、企业、银行、保险公司等民事主体
第七讲　合作社
第八讲　公私合营企业
第九讲　私人资本主义企业
第十讲　社会公共团体
第十一讲　所有权概论
第十二讲　中华人民共和国的国家社会主义所有权(全民财产)
第十三讲　劳动群众集体所有权(合作社财产)
第十四讲　个体劳动者所有权(小私有财产)
第十五讲　资本家所有权(资本家财产)
第十六讲　公民的生活资料所有权(个人财产)
第十七讲　民事行为契约概论
第十八讲　买卖与供应(商业部门的供应)
第十九讲　基本建设契约
第廿讲　加工订货
第廿一讲　房屋租赁契约
第廿二讲　运送契约
第廿三讲　信贷结算关系
第廿四讲　保险
第廿五讲　发明权
第廿六讲　合同履行中的几个具体问题
第廿七讲　婚姻与家庭
第廿八讲　财产继承

民法与经济法如何划分好*

法律没有自己的历史,不是法律创造社会,而是社会的发展决定着法律的发生、发展。法律的发展是与社会经济,即基本生产关系的发展有机地联系着的。作为直接反映经济关系、依赖于生产和贸易的"民法"和"经济法"(或经济立法),尤非例外。就世界各国"民法"和"经济法"的历史发展看,它们往往是先后出现的,从这一点说,"经济法"可以说是"民法"在新的历史条件下的发展。但也可以像我国目前情况那样,把"民法"和"经济法"同时提到日程上来。这就发生它们是否同一法律部门,如果不是同一法律部门,两者的立法范围又如何划分的问题。

法律范围可以从各种角度去划分或区分。

抽象地讲,我们可以设想首先不对一个政治实体的法律作任何区分或划分,而就其具有历史特点的社会经济结构的整体来制定法律。一些社会经济较单纯时期的法律就是这样的。但历史证明,这种适应总的社会经济情况而建立起来的"和谐的法律体系",往往会被"经济进一步发展的影响和强制力"所"突破"。恩格斯就是针对"民法"这一法典作过这样的评价的。(恩格斯:《致康·施米特》,1890年10月27日)

可以设想法律的另一种划分法,那就是单纯从社会生产各个环节——生产、分配、交换、消费出发,或就工、农、商等经济领域进行法律的分类。但这种做法都属于事后编订法律汇编的划分法,与制定法律来对社会经济起积极作用的目的不相同。

就我国社会主义社会情况说,如果我们认为复杂的社会经济需要较多的法律加以调整,既需要"民法",又需要"经济法",因而有必要对这

---

* 本文是芮沐教授在中国社科院法学所举办的"关于民法、经济法的学术座谈"会上的发言,原文刊于《法学研究》1979年第4期。

两方面的法律进行范围划分的话,那么,最根本的做法,应从分析社会的生产关系着手,研究我国社会经济的全部活动。首先要分析社会主义社会的基本生产关系,确定社会主义制度下对生产资料和生活资料的占有情况,确定社会主义经济关系中各种主体的(集体的、个人的)地位和作用及其组织情况,分析和调整这些主体参加的具有不同特点的经济活动,这些应该是划分各种不同经济立法领域的主要标准。把这些因素结合起来,例如由"经济法"调整建立在生产资料公有制基础上的经济组织之间的经济关系,而"民法"则调整个人在社会经济中的地位、其财产所得及其在经济活动中的权利义务关系。设想这样做还是行得通的。当然,还可以把社会经济关系作对国内的法律和对国外的法律的对象而加以划分。

但不论社会主义法律划分不划分领域和怎样划分它们的领域,有两点情况必须加以注意:

一、社会主义法是无产阶级和广大劳动人民意志的表现。社会主义法的作用,必须与社会生产力的发展相适应,在不断改善社会主义生产关系时,规定社会成员(集体或个人)在经济生活中的行为准则,解决这部分或那部分经济生活中所发生的矛盾。不同的立法是从总体上为统一的社会主义经济服务的。在我们国家,不能像资本主义社会中"公""私"法的对立那样,把"经济法"和"民法"对立起来。

二、社会主义法律必须不违反社会主义经济的客观规律。社会主义基本经济规律,国民经济有计划按比例发展的规律,按劳分配的规律,与商品货币关系的存在相联系的价值规律,以及生产、分配、交换、消费中积累与消费的规律和其他规律,都是在社会主义经济的整体中起作用的。因此,当前集权经济和分权经济的侧重、计划经济与市场经济的分野、行政措施和经济措施的区分的讨论,在经济生活中如何贯彻社会主义民主原则的要求,都应在各种不同立法中相应地得到反映。不能设想一部法律孤立地反映一个经济规律(例如"经济法"只管计划规律),另一部法律反映另一个经济规律(例如"民法"只管价值规律)。这样一对一地反映统一的经济基础中各个规律的法律上层建筑,是不存在的。

关于1981年"民法二草"前三编的意见*

一、关于民法体系和总则编安排的意见**

（一）关于整个民法的体系安排

为了不使一个涉及我国社会经济基本情况的大法，在总的面儿上对外产生不合适的影响，在国际间引起不应有的错觉，为了使民法这部大法更符合我国的实际情况，更具有中国法的特色，为了使民法典的条文规定得更朴实易懂，减轻一些名词概念上的负担，使法典更便于适用，建议把民法二稿的体系安排作一些更动——这不会影响法典的实质内容的厘定——把民法分为四个主要部分及其他特殊部分来加以规定：一、总则；二、主体（人和法人）；三、财产（所有权、与其他可能需要调整或否定的物权，以及与所有权有关的权利和关系）；四、行为和活动（合同及其他）；五、侵权行为、智力成果权、继承等各编。

这里说明两点：

1.把财产关系的主体（人和法人）作为独立的一编突出出来，这对于明确民法所调整的财产关系存在于哪些主体之间，是有好处的。这是因为，随着我国社会经济的发展，不论在公有制范围内或公有制范围外，活动主体都有许多新的情况，这就迫切要求我们把这些主体在社会经济关系中的身份地位，构成它们身份地位的物质基础，以及管理这些主体的"垂直"的经济关系的原则，在法律上加以明确起来。

我认为，尽管我们不可能把经济组织即活动主体的全部情况都规定在民法里——为此，需要颁布一些单行法，但对经济组织作为活动主体

---

* 本文为芮沐教授在1981年5月五届全国人大常委会法制委员会召开的《中华人民共和国民法草案（征求意见二稿）》（以下简称"民法二草""二草"或"二稿"）座谈会上的发言。

** 本文原载"民法二草"座谈会秘书组1981年5月5日印发的会议材料之二。

的一些基本要求,是应该在民法里提出来的。例如:

● 在我们的社会经济体制内,存在哪些经济组织或集团能够作为活动主体,哪些不能成为主体,一伙人如果不能成为活动主体,那么财产关系的主体又是谁。

● 构成主体地位的条件。

● 这些主体的财产权限(经营财产的权利和能力)。

● 这些主体的财产责任及其限制等。

民法范围内各种社会经济之能否顺利调整,总的讲来,决定于这些活动主体的能量,这是毫无疑问的。而且,这些活动主体的能量,即令在它们内部的"垂直"关系中,也是节节和"横"的关系联结着的——例如,所有权关系,税收关系,信贷关系,贸易购销关系,劳作加工关系等。明确主体,主要是为了明确这些主体在财产关系中应负的责任。

2. 现在民法二草跟着在苏联民法典之后,把有关行为和活动的一些法律技术问题,同关于主体(人和法人)的规定并列,并且把他们放在民法的总则编内,这不仅削弱了活动主体在财产关系中的重要地位,而且也削弱了总则编本身的意义。建议把第一编的第四、五、六、七章从这编中抽出来,放在第三编"合同"通则一章中("合同"编名可以改为"法律行为")。"民事制裁"必须大加修改,或者从第一编中抽出,分别规定于有关的法和有关的编章中去。

(二)关于民法总则编的安排

建议在民法的总则编内规定下列四方面的问题:

1. 民法调整的对象是财产关系和人身关系。

这里可以讨论两个问题:

(1)财产关系中只规定"横"的关系呢,还是也要提出一些对"纵"的关系的要求?

(2)人身关系只规定与财产有关的人身关系呢,还是要规定公民之间的全部人身关系?

对这两方面问题的回答,决定着总则编内写些什么原则。

2. 为了减轻总则编后面各编的负担,省略一些抽象的、学术上虽然很重要,但主要是用来安排体系,起着概括具体事物作用的法律概念,使民法条文直接规定需要调整的具体事物,增强民法的实用效率,建议在

总则编内,紧接调整对象之后,确定下列抽象概念的定义:
- 法律关系;
- 权利、义务、责任;
- 债的关系(包括债权、债务);
- 法律行为。

3. 写进需要在整部民法中贯彻的一些原则。民法是最直接反映社会经济生活的法,因而它所确定的一些原则,必须也是贯彻于我们全部社会经济生活中的原则。但具体地提出哪些原则,还决定于民法为自己所规定的范围和调整对象。

我认为总则编内可以提出下列各条原则:

(1)社会主义公有制、不剥削、按劳分配的原则。

尽管劳动关系主要将由劳动法来规定,而且按劳取酬是分配的原则,但民法中也规定了一部分劳动关系(如在加工订货、承揽、基本建设、知识产权等关系中),而且民法调整的关系,主要是商品关系,支配商品关系的价值规律,就是以体现和物化在商品中的社会劳动为衡量标准的,不能说与按劳取酬的原则没有关系。

(2)最大限度地发展商品生产,满足国家与人民文化和生活需要的原则。

这是社会主义生产的目的,也是民法所调整的社会经济关系的目的。

(3)在计划调节和市场调节相结合下进行社会经济活动的原则。

这样的提法比二稿第三条原来规定的要宽些,可以不限于全民所有制组织和集体所有制组织的经济活动,也可以避免集体所有制是否能够完全在国民经济计划指导下进行的问题。

(4)在社会经济活动中贯彻平等互利,并兼顾国家、集体、个人三方面利益的原则。把这个原则限定在社会经济活动,比把它也贯彻于全部民事生活(包括个人生活、人身关系中),要妥当些。

(5)在公民个人关系、人身关系中,贯彻互助团结,崇尚社会主义道德,不损人利己、不损坏社会的原则。这比二稿第六条既包括公民、又包括经济组织的提法较为确切些。

4. 总则编内可以规定民法适用范围的问题。

建议明确规定不适用民法或应适用别的立法的问题,例如：

民法不适用于对外或涉外经济活动,应明确是否需要另订"对外贸易法"或条例,或"涉外经济法"或条例。如果要把这些方面的问题都放进民法典,那就要对现有民法二稿作很大的修改。

指明一般劳动关系,将要由劳动法加以调整。

婚姻家庭关系,民法中如果不再规定了,那也希望在民法总则编内,指明这一点,指明这方面的关系适用"婚姻法"的规定。

再如"智力成果权"（建议恢复"知识产权"的字样,因为这也是在国际文件和国际法的许多其他文件中已经通用和习用了的字样）,这里可以指明将适用可望通过公布的"专利法"和"出版法"等。

关于民法时间上的适用问题,也希望规定民法不适用于民法公布以前多少时间内发生的财产关系和人身关系。

关于法律冲突或选择的问题,建议再作修改。二稿第68条,外国人在我国领域内的活动,适用我国的法律（即本民法）,还不致发生太大困难,因为活动是在我国主权范围内发生的事,但碰到一些人身关系,会发生抵触情绪。第67条的问题很大,中国人和法人在外国的民事活动,事实上无法"依照中国的法律",因而是否适用"本国法",即我国的法律,我们无从知道,也不由我们来决定;更何况所谓"本国法"者,是指公民和法人的本国法还是"民事活动"的本国法也不明确,而所提"民事活动"的"本国法"者又是什么更是不清楚了,人和法人有国籍,"活动"怎样去规定他们的国籍,则是个大问题了。

二、对第二编"财产所有权"的几点修改意见[*]

基本思想：

"所有制"（生产资料所有制）和"所有权"是属于基础与上层建筑不同范畴的不同概念;一个说明财产关系的性质,一个说明所有制基础上财产权利的法律形态。这两个概念不能任意相互掉用：例如,在遇到所有制的场合,换上"所有权"字样,认为就解决了建立所有权法律制度的问题,那是不合适的。我们所要建立的一切法律制度,原则上都是应该

---

[*] 本文原载于"民法二草"座谈会秘书组1981年5月23日印发的会议材料之八。

用来保卫我国的社会主义所有制的,而是针对不同情况①,我们也应该尽力建立一些符合我国实际情况所不同的法律形式,使法律形态尽其保护我国社会经济及其所有制的能事。因此,谈到财产权利时,"所有权"虽则是主要的法律形态,事实上并不是唯一的法律形态。另外,对一种法律关系,在不同的实际情况下,既可以使用同一种法律形式或名称(例如在"三级所有"场合,如果三级的所有权的范围划分不清楚,下一级的所有权就很可能被理解为显然包括在上一级或最高一级的所有权范围内的。所以,问题不在于名称,三个级所享有的都是"所有权"。关键问题是这三个级是不是都是财产所有权,以及这三个级的所有权的范围应该怎样划分);也可以使用同一类型的不同形式或名称(例如在国营企业的场合,对于国营企业的财产,我们可以设想不用"所有权"这个名称,而创造一个新的概括性的概念。但我认为这也不是最重要的事,关键问题仍是我们的法律赋予这些企业的权利的实质内容,以及这些权利的范围)。

从这一点思想出发,我建议对二草第二编的某些条文,作如下的修改:

第一,"通则"第一章第七十一条,建议改为:

"国家保护下列财产所有权:国家财产所有权,劳动群众集体组织财产所有权,个人财产所有权。"谈到任何权利时,必须同时明确权利的主体。也可以考虑把二草七十一条干脆删去。

第二,解决二草七十七条提到的"相邻关系",较好的办法是建议立法机关公布"土地法"和制定土地登记制度,来加以解决。

第三,第八十三条:"……视为对他人财产所有权的侵犯。"这里,"他人"包括不包括国家?"侵犯"是指"发现""拾得"的行动,还是指不"交给"国家或公安机关的行动?对于社会来说,前一行动是好事,后一行动是违反公德的事,笼统称它为"侵犯权利",并不恰当,也很不策略,反而会鼓励不拣不顾遗失物或埋藏物的消极态度。可以改为:"财产所有人或失主可以要求返还"或"有权要求返还"。

第四,第八十五条第一款:

"矿藏"之后,建议加"地下资源、沿海(或海洋)资源"等字样。

---

① 原文如此。——编者按

第五,第八十六条,建议改为:

"国家企业和从事经济活动的单位,在法律规定的范围内,对国家授与的财产行使占有、使用、处分(包括国家机关、事业单位)或经营管理(指国营企业)的权利。"

建议再加上两条,也包括修改第八十七条:

"企业的经营管理活动,必须依照法律规定,服从国民经济计划的安排,在不违反企业宗旨的条件下进行之。"(文字可修改)"企业对其经营管理的固定资产,在企业经营期间,非经主管机关的批准,不得出卖、出租或转让。"(文字请再修改)

"经营管理"权,是同"所有权"同一类型和同一性质的概念,实际上是国家财产所有权中的部分"所有权",是由国家授与企业,并必须按照国家法律规定的权限进行经营管理的财产权。它可以包括对具体财产的"占有、使用和处分",但"占有、使用、处分"的概念却包括不了"经营管理"——垂直的经管权利和横向的经营活动。经营管理的权利,就是现在习闻的所谓"自主权"。这一点,实际上在二草一编二编的其他条文已经把它表达出来了,参看第三章"法人"一章的第二十一条:"具有一定的组织机构和独立的财产……"第三十条:"法人清偿债务的时候,以自己所有或者经营管理的财产为限。"希望有一个"企业法"("工业企业法"或"国营企业法")对企业的组织和经营管理问题作更详细的规定。

第六,关于第三章"集体财产所有权":

建议增加一条条文来明确,这里所说的"集体组织",它具体指的是什么,对于这个问题,二草第一编第二十一条没有加以解决,"所有权"编内再不解决,就很不合适了。另外,如果认为九十二条所提到的"人民公社、生产大队、生产队"和社队企业,就是应该提到的所有权主体——集体组织,那么也应该就此指明这一点。依此,建议将九十三条改为:

"各级集体经济组织及其所属企业在法律规定的范围内,各自享有其财产的所有权,接受国家计划的指导,行使经营管理的自主权。"(文字可以修改)

关于经营管理的详细情况,建议迅速考虑制定类似"第六十条的"农村问题基本法。

建议将九十四条删去"下列行为为侵犯……所有权的行为"的字样,并把该条分为三款:

一款:"国家机关不得无偿占有、克扣挪用集体组织的财产;不得对集体财产任意征用、征购或收归国有;不得向集体组织非法摊派、征收各种费用;不得无偿抽调集体组织的劳力或者虚报集体组织的产量,给集体造成损失。"

二款:"禁止挥霍浪费,或者违反制度用集体财物请客送礼。社员不得违反规定,任意扩大自留地、饲料地、自留山、宅基地。"

三款:"一切侵占、损毁和非法侵犯集体财产的行为,必须赔偿损失。"

第七,关于二编第五章"共有":

建议把该章第一百○一条、第一百○二条、第一百○三条、第一百○四条、第一百○五条、第一百○八条移置"通则"章中,并把第一百○六条、第一百○七条删去,或经过修改后把它们分别移置婚姻法和继承编内。

理由是:"共有"不是一种特种所有权,而是第七十一条列举的各种所有权的联结状态,虽则"共有"可以引起关于所有权的问题,但它基本上是几个财产的共同占有,不是一个所有权。把"共有"放在"通则"章,较为合适。这也是我们建议将第一百○六条和第一百○七条删去的理由之一。第一百○六条和第一百○七条不仅违反"婚姻法"所主张的家庭观念,也违反了解放以来我们所持有的对家庭财产的观念。在条文的写法上,还有给人以创立了一种不同的财产所有权——"家庭共有财产权",实际上是恢复了封建大家庭所有权的印象。

三、对民法二草中合同分类问题的意见*

我们在当前的对内对外经济关系中,可以看到大体有三类合同关系,需要我们在法律上加以认定,并根据社会主义原则对它们进行调整。它们是:

1. 买卖,借贷,租赁,劳动,承揽(加工),寄存保管,委任,运送,劳

---

* 本文原载于"民法二草"座谈会秘书组 1981 年 5 月 30 日印发的会议材料之十五。

务,保险(人身和损害保险);

2. (物资)供应,(农产品)收购,基本建设,信贷,(货物)运送,(货物)保险,仓储,信托,居间(行纪、经纪);

3. 国际买卖条款,共同条件,技术转让,补偿贸易,国际租赁,国际招标、汇票、信用证、国际空运、海运、海陆联运,国际运输保险。

总计可能有三十多种合同关系。

就我国情况而论,这三类合同关系都有它们各自产生的社会历史背景。

第一类是商品关系中最常见习见的合同关系;第二类是新中国成立以来、特别是我国推行国民经济计划以后存在于社会主义经济组织之间的合同关系;第三类是我国进入新时期、对外实行开放政策,在对外经济关系中出现的一些新的合同关系。第三类合同中也有一部分是新中国成立以来同苏联和东欧国家的经济来往中常用的合同形式。

这三类合同,性质上都是商品关系,都有商品关系的共同点,但在法律调整上也有它们各自的特点。

拿第一类和第二类合同相比,第一类合同关系主要是个人或私人之间常用的法律形式,主要存在于消费环节中。第二类则主要存在于公有制经济组织之间,是这些经济组织之间特有的合同形式,一大部分是关于生产资料的转移。这两类合同关系的主体是不同的。

第二点情况是:这两类合同的调整原则是不一样的。总的讲来,这些合同(包括第三类合同)都是受社会主义国家的领导,而且是在我国法律管辖之下的,我国的民法也是公法。但是一二两类合同,国家干预的表现方式不尽相同。大体上可以说:在第一类合同,国家干预大都表现在外在的限制上。譬如说:不得利用买卖合同进行投机倒把;土地不能出租、出卖、出让;买卖标的物的价格,只能在国家规定的价格范围内浮动,等等。但在第二类合同,体现国家干预的计划几乎成为这类合同的内在因素,成为订立合同本身的动力,合同的内容受计划任务的限制,执行计划是订立合同的目的。

这一特点和主体不同的特点结合起来,促使我们在为这两类合同规定其法律效果方面——不论是实体法上的效果或程序法及法律适用方面的效果,都有些不同的考虑。

在一般合同,它的法律形式,典型地表现为一种相对关系。所谓相对关系,就是说,当法律关系发生挫败时,负责任的人只能是也只应该是这个关系的相对方;除非第三者是这个关系的担保者,否则就不会发生第三者的责任问题。因此,由于某种外在的、非相对人所能控制的因素而使合同不能履行时,相对人可以免责,损失实际上就是由遭到损害的一方负责(这就是所谓风险问题)。但在第二类合同,情况就不是这样。在我们现有的体制内,如果由于计划错误,或因主管机关(或领导人)的违反计划的行动而造成合同不能履行时,法律上应该考虑并要求实施这个错误行动的主管机关负起责任来,或至少与不履行合同的订约方连带负起责任来。这样的做法,在一般合同里,是不能设想的。这就是实体法方面可能出现的不同效果问题。

在通过什么途径来解决合同纠纷方面,两类合同也有不同。第二类合同的纠纷,通常而且主要是通过仲裁途径来解决的,我们也希望经济组织之间的这种合同纠纷能利用较迅速的、一次即能了事的仲裁程序,而不用笨重的、多级的法院诉讼程序。当然,这并不妨碍经济组织也可以把案件提到法院去进行诉讼。诉讼程序本身不是区分合同类型的标志,但两类合同,由于主体不同,它们采用解决纠纷的途径也是不完全相同的。个人或私人之间的合同大都属于第一类型的合同关系,这里发生的纠纷显然不能利用国家为工商业经济组织专门安排的仲裁制度。

在法律适用上,三类合同的特点也显得非常突出。第一类合同可以存在于我国公有制经济组织之间,前面已经提到,法律适用自然不成问题。此外,第一类合同因是商品关系的最一般的法律形态,所以对它们的法律规定大部分也可以适用于涉外经济关系。但是,第二类合同的法律规定则完全不能适用于涉外经济关系。这是我们所以主张民法二草附则中必须明确"本法不适用于涉外经济关系"的道理,因而在这个范围内,再规定"国际私法",即冲突规范的准则,是没有必要的。

第三类合同的特点非常显著。这里,不论在人、物和关系的地点方面,都有涉外因素。对于涉外经济关系的法律规定,不适用于国内的前两类关系,自不待言。现在二草第三编没有把这些关系规定进去,如果把这些关系也规定进去,那就必须配备一套解决"国际私法"问题,即法律冲突的规范。

以上就是我们主张把民法二草第三编的合同关系作某些划分,并把第三编分成三部分:"通则"(包括"法律行为"和"合同"的一般规定),"一般合同"和"经济合同"的一部分理由。我想,这样划分是和二草一编"总则"第一条的规定"……民法调整公民之间……经济组织之间及其相互间的财产关系"一致的。

这样划分是不是会使人把物资"供应",农产品"收购"等合同误解为非商品关系,仍然是斯大林认定的那种产品(生产资料)调拨呢?我认为不会的。一种财产关系之是否商品关系,决定于①这个关系是否存在于经济上有自主权(所有权)的主体之间;②价值规律是否在这个关系中得到贯彻。如果能够肯定这两点,就不管法律在另外各方面对一个关系作什么规定,或者名称上有什么变动,"买卖"也好,"供应"也好,这个关系就是商品关系,各种法律名称都是商品关系的不同形态。我们对法律关系进行分类,目的在于把它们的法律调整的特点明确起来,突出出来。订立买卖合同,我们应该按照买卖合同的法律规定办事;如果是供应合同,就要受法律为供应合同制定的条件和效果的约束,如此而已。如果法律条件和效果不同,把它们归入一类,意义不大。

那么,是否可以把二草三编的全部合同关系分成①买卖,②租赁,③借贷,④劳动,⑤运输,⑥中间环节如寄托、委任等六个类型,然后把诸如"供应""收购""基本建设"等分别置于"买卖""承揽"的基型之下?我认为这样做也是可以的,但并不合适。这样做有理论上的缺点,也有编写条文时的技术困难。理论上的缺点在于会给人以这样的印象:好像"供应""收购""基本建设"的法律规定可以而且应该从"买卖""承揽"的法律规定中推论出来似的。实际情况是,"供应""收购""基本建设"的法律形态之所以存在,决定于经济上的客观要求,并不决定于"买卖"关系在法律上应该怎样调整。公有制经济组织之间可以订立买卖合同,也可以订立供应合同,完全看客观情况的需要。不能因为要强调商品关系,就把经济组织之间的合同关系一律改为"买卖"。这会同我们一强调商品生产和市场调节就想把计划因素从国民经济中全部抽掉一样不切实际。至于这样安排合同——实际是把第二类合同穿插在第一类合同之内,会引起编写条文时的技术上困难,那是因为每逢把第二类的一个合同安插在一个第一类的合同之下时,就得重复写明第二类合同的共同特点——共同条件和共同效果,否则这些应该明确强调的条件和效果,就会被那个基型合同所冲淡。条文会显得笨重累赘。

　　以上只是制定一个法典时,我认为应该考虑到的一些条文中的逻辑关系问题。如果不是制定一个法典,而只是确定一个制度,制定一个或一些条文,这些问题本来是可以搁置一边不谈的。考虑很不成熟,仅供参考。

法制要为经济体制改革服务[*]

一、法制要为经济体制改革服务

法律是国家意志的体现,是社会主义秩序的具体规范。它的作用在于树立起人们在社会生活中的行动准则——包括个人的、国家机关、事业单位、社会团体和组织的行动准则以及职权的划分,指明哪些行为是人们应该或必须做的,哪些是法律上允许做或不允许做因而是违法的,哪些是因为严重危害社会主义经济秩序需要用刑罚制裁的。法的主要作用就在于用法律来明确是非,划清界限,分清责任。

二、认真立法,解决当前实际问题

新中国成立以来,搞法制建设已有三十多年,但由于过去的立法,总的讲来,很不完整,实际上实行的是高度集中、以行政管理为主的体制,重个人领导,忽视民主与法制,以致要扭转不重视法制的局面,使改革顺利进行,就感到非常吃力。加上在大力发展商品生产、推行有计划的商品经济过程中,由于社会上旧思想、旧作风的存在,就难免在改革中碰到一些问题。去年年底,社会上刮起一阵新的不正之风,铺张浪费,乱发奖金,乱搞奖券,乱提工资,任意涨价,皮包公司林立,名义上是政企分开,事实上是财务责任仍然不分,一哄而起,大家抢着做生意。这种情况很明显地损害了国家的利益,也损害了广大消费者的利益。

---

[*] 本文是芮沐教授在1985年5月3日中国民主同盟中央举行的以"法制与经济体制改革"为题的座谈会上的发言,原文刊于《群言》1985年第4期。参加座谈的专家有:王家福(中国社会科学院法学研究所研究员)、叶笃义(中国法学会理事)、朱育璜(南开大学法学研究所研究员)、芮沐(北京大学教授)、李浩培(外交部法律顾问)、张友渔(中国社会科学院顾问、全国人大法律委员会副主任委员)、谢怀栻(中国社会科学院法学研究所副研究员),这里只收录了芮沐教授的发言。

这使我想到,如果不加强法制观念,加紧立法,刹住这股不正之风,经济体制改革的顺利进行,就会遭到挫折,最终会影响四个现代化的实现。

这几年来,农村中由于政社分开、在生产队范围内推行联产承包责任制,发展了农、林、牧、副、渔的生产,经济搞得很好,带动了现在以城市为中心的体制改革。现在农村工作已进到改革产业结构的阶段。到目前为止,农村中许多事情主要依靠党中央每年发布一个一号文件来加以指导。现在是否可以考虑对农村生产关系中的某些问题在法律上作出明确的规定。例如,一部分农民已经先富裕起来,专业户、乡镇企业的经济基础较前巩固,生产规模在有些地方需要扩大,农民这几年积累起来了多余资金,如何把它们在新的法律形式下集合起来,鼓励他们搞联合;怎样联合,在什么方式下联合;搞集资,还是搞合作;农村个体经济与集体经济的关系以至同国家的关系是怎样的;联合内部怎样协调其关系,允许不允许雇工,在多大范围内允许雇工,等等,有好多问题应该逐步在法律上加以明确。

三、严肃政纪、法纪,坚决打击不正之风

在流通领域内,需要弄清合法与违法的界限的地方更多。只举无数例子中的一个来说明一下:今年3月1日《人民日报》刊登的山西省煤炭部门与非煤炭部门之间倒卖进口运输汽车的事例。这里,这些机构之间的转卖行为表面上看都是"合法"的,而且也是由这些国家机构用完备的手续完成了的转手买卖。事例报道中没有透露有关部门的干部个人从转卖中得到什么好处,或者这些机构之间事先有没有串通,也没有报道其中是否有欺骗性的行径。受损失的当然是人民的财产,这些损失必然地也将转嫁于消费者身上。这实际上是乘国家实行经济体制改革之机,利用搞活经济的号召,一哄而上,抢购、套购紧俏物资,从中渔利,干扰社会主义经济秩序正常进行的不法行为。

附带地说,这些行为因为它们的合法与违法的界限有点模糊,一般地是属于目前还缺乏一套经常性的检举机构、惩戒机构来追问和预闻其事的范围。银行与工商行政部门对此往往监督不严。工商行政部门因为没有审断这类事情的权限,所以处理不力,行政处罚起不到威慑的作

用。司法部门则望而生畏,能推则推,不推则拖。我呼吁,我国法院的地位应予提高。

　　当然,法律不是万能的,纠正不正之风,除了强化法制之外,在许多场合还得依靠党纪、政纪,在经济来往中崇尚道德。我的意见是,不能全部以党纪、政纪、社会舆论来代替法律,回到过去主要靠"人治"的老路上去。

经济发展与政治体制改革*

一、经济发展与政治体制改革

苏联解体之前曾流行这样一种说法,认为苏联是先搞政治改革,后搞经济体制改革。而我们则相反,是先搞经济体制改革,后搞或不搞政治体制改革。我认为这种认识是错误的,事实上我们的改革是两方面同时进行。最突出的例子是我们取消了领导干部的终身制,关于国家领导人的任期已经写进我们宪法中去。人民代表大会制度十多年来也有不小的改革、进步。过去地方人大没有常设机构,不能很好发挥权力机关作用。改革后,设立了人大常委会。为了使全国人大便于开展工作,全国人大代表由1978年的4 000人减至1982年的3 500人,又减至现在的3 000人左右。这都是改革的成果,同时也适应了改革的需要。

二、强化各级人大机构

发挥人大的作用应主要放在立法方面。3 000人进行议事和立法,一年一次会议自有其困难和不便之处。我们可以视情况需要,把全国人大各专门委员会再细分一下,并增加参加委员会的人数,例如财经委员会可分为财政委员会和经济委员会,外事委员会可分为外交委员会和外经委员会,文教卫生委员会管得太宽,应分别成立几个委员会,等等。委员会开会的次数可以比常委会每年6次多一些、活动时间长一些,譬如

---

* 本文是芮沐教授在"加强人民代表大会制度 促进改革开放"座谈会上的发言,原文刊于《群言》1992年第6期。参加座谈的专家有:王著谦(全国人大常委会法制工作委员会副秘书长)、江平(中国政法大学教授、全国人大代表)、许崇德(人民大学教授)、李景禧(厦门大学教授、全国人大代表)、芮沐(北京大学教授)、吴建璠(中国社会科学院法学研究所研究员)、萧蔚云(北京大学教授)、端木正(最高人民法院副院长、全国人大代表)、魏定仁(北京大学教授),这里只收录了芮沐教授的发言。

一年 10 次到 12 次。现在全国人大常委会下设立的法制工作委员会,人数还可增加,并划分为小摊子,它们可与国务院法制局和所属部会或地方政府法制部门联合进行法律起草工作。

三、提高人民代表素质

随着社会经济形势的发展,代表的成分应有所变动。除人民代表的一般素质有待提高外,可适当增加专职和专业代表的人数;全国人大和地方各级人大的成分不必完全一样。人大代表与人民群众的联系应相应加强。人民代表在对政府部门行使监督权时,不能使他本人变成另一种类型的行政官吏。他应接受人民群众对他的监督。

三、书序或前言

《国际经济条约公约集成》说明[*]

本书的名称是《国际经济条约公约集成》。收集在这里的是我国对外开放以来同外国在国际经济关系方面签订的条约、协定和公约,内容包括:"国际政治经济秩序""国际经济组织"及"国际投资""国际贸易""国际技术转让""海洋、铁路、航空运输和国际通讯""知识产权""国际劳工保护""国际环境保护""国际税收""国际经贸争端的解决途径"等国际经济关系的具体方面。

收集到这个集成里来的条约和公约都是我国十多年来正式签署、承认或批准加入的条约和公约,也就是说,它们是对我国直接生效,我国负有直接遵守和执行义务的国际法律文件。

我们没有把不属于国际经济范围的东西编进来,例如政治、外交、刑事等范围的国际文件是排除在外的。这样做主要是为了使专业范围的轮廓更清楚些,使用起来方便些。

不过,政治和经济本来就很难划分。有些很重要的法律文件,例如"海洋法",里面有部分内容是和经济直接有关的,我们没有把它收集在这个集成里来。再如某些海运和空运的条约和公约,内容庞大,我们不得不把它的许多附件、表格,甚至议定书整个地删去,留下来的仅是条文本身,这是很不科学的。在使用时,希望读者与有关部门联系,取得完备的文本。

另外一面,我们却把少数尚未成形的国际法律文件收集在这本集成

---

[*] 本文为芮沐先生编《国际经济条约公约集成》(人民法院出版社 1994 年版)的说明。

里,例如"联合国跨国公司行动守则","联合国技术转让行动守则"。因为这些文件的内容,还长期争论不休,现在可能已经搁起。我们把它们收集在这集成里,以示国际经济法的发展方向。

集成收集的公约、条约和协定,是以它们对我生效的先后分类编排的。条约、公约、协定公布时都有一个签署的日期和一个生效的日期,而公约生效的日期又可分为对签约国全体的生效,和对特定国家的生效。对特定国家的生效是以这个国家参加这个公约为前提,确定这些日期往往很费工夫,但确是研究和应用这些条约和公约时必要知道的。集成中不小一部分公约,它们的生效日期尚待查明,希读者见谅。

协助我主编这个集成的有我校法律系的李方同志,现已毕业的研究生袁家楠和吕国平同志。"欧洲联盟条约"的译稿是对外经济贸易合作部国际贸易研究所西欧室耿志忠、李蕙瑛、李佳同志提供的。"建立非洲开发基金协定"是研究生赵宏同志提供的。"跨国公司行动守则""中华人民共和国和欧洲经济共同体贸易和经济合作协定""国际技术转让行动守则"是袁家楠同志提供的。这里我一并致谢。

北京大学　芮沐

1993 年 8 月 18 日

《国际经济条约公约集成》(续编)说明[*]

这是我们在1994年编辑出版的《国际经济条约公约集成》(以下简称"集成")的续编。出版这个"续编",主要是因为"集成"出版时,还没有来得及将当时已经公开的几个重要国际文件收集进来。一个是1994年4月国际间签订的"乌拉圭回合多边贸易谈判结果最后文件"和"世界贸易组织马拉喀什协议"。"集成"出版时我们还没有拿到这个文件的原本或正式译文。另一个是1982年国际间签订和公布的"联合国海洋法公约"。这个公约有一个很长的等待各国签订加入的过程。我国于1996年5月15日才由全国人大常委会决定批准加入。现在把这两个文件放在"续编"里刊印出来,是完全必要和正当的。

"续编"还收集了一些1994年后我国与有关国家在国际经济关系方面新签订的条约和协定。其中一个重要文件是中美之间在知识产权问题上通过交换信件、相互谈判达成的协议。

另一个重要国际文件是1996年6月8日在海牙制定的经过修改的国际清算银行约章。1996年9月中国人民银行(我国的中央银行)已成为该国际清算银行的新成员之一。

在这个"续编"里,我们还加进了三个环保方面的公约。可惜我们没有找到1995年9月2日国际间在日内瓦通过的巴塞尔公约修正案。这是一个涉及环保方面发达国家和发展中国家的关系的新规定。这件事是大家理应知道的。等收集到这个文件后,我们再通知读者。

在国际税收方面,这个"续编"作了较齐全的搜集,这应感谢国家税务总局涉外税务管理司同志的协助,特此致谢。

---

[*] 本文为芮沐先生编《国际经济条约公约集成》(续编)(人民法院出版社1997年版)的说明。

我们还在这个"续编"中刊登了一个勘误表,对"集成"中已经刊出的条约或文件的签订和生效的日期,作了某些修正。

为了使上述世贸组织的文件(即"乌拉圭回合多边贸易谈判结果最后文件"和"世界贸易组织马拉喀什协议")更好地为人们所懂得,我们除了把这些文件经过修改后的译文作为"续编"的本文刊印出来外[①],还把它们的英文本作为"续编"的附件,附录在后面。

参加世贸组织文件的翻译和译本修改的有芮沐同志、国家专利局原顾问汤宗舜教授、北大法律系国际经济法专业博士生吕国平和杨国华二人。1965年国际清算银行协议和章程的译文是博士生张智勇提供的。我们还要感谢国家对外贸易经济合作部国际司的各位同志给我们提供了世贸组织的文件的原本和翻译本。

芮　沐

1996年10月

[①] 芮沐先生在有关部门提供的译本的基础上进行了修改、补充或重新翻译。该译本未经译者许可,不得转载。——编者注

《香港商业银行与法律》序＊

香港金融业的发展在很大程度上仰赖于当地法律制度的完善。在香港地区的银行百分之八十以上是在海外注册的外国银行，也有来自内地的银行。法律不好，人家如何敢来？

研究香港金融问题，特别是商业银行管理问题，在国内学者当中，大都是金融学者只注意研究金融问题，法律学者只偏重研究法律问题，至于从法律体系，特别是金融法体系的角度来研究香港金融业的发展问题，目前还比较少见。《香港商业银行与法律》一书的作者吴志攀副教授为此开了一条先河。

作者在1985—1988年做博士生期间，主要研究香港商业银行的经营及发展和商业银行法等问题。后来作者在香港学习与工作期间又花了大量时间，将其收集的资料加以整理、分析，最后写成博士论文。这篇论文不但顺利获得学术委员会的通过，还荣获1991年北京大学社会科学优秀论文一等奖。在此基础之上，作者继续跟踪香港金融与法律发展动态，进行深入研究，又花了几年时间，阅读了香港经济与法律领域的大量中英文资料、统计表，在广征博览的基础上，写成了今天这本书。

这本学术性与实务性都很强的专著，对我国金融领域、法律领域的研究及实务都会有所帮助。特别是目前我国商业银行正在向国有商业银行转化，需要参考国外和港澳台地区商业银行的经验，研究与借鉴香港商业银行制度与法律之时，更显出这本书的参考价值。

香港已经进入过渡期，1997年香港主权回归祖国之后，如何继续保持香港地区的稳定与繁荣，这与香港银行业的健全发展有关，也与香港

＊ 本文是芮沐教授为《香港商业银行与法律》（吴志攀著，中国法制出版社1994年版）一书所作的序。

有关金融领域的法律规定的健全制定有关,所以研究香港商业银行管理与法律,对香港今后的发展也是必要的。

我十分高兴地看到这本书的出版。希望广大读者,特别是银行业与法律工作者,以及其他有关领域的研究人员喜欢这本书。

芮 沐
1993 年 11 月 10 日
于北大燕南园

《提单法律制度研究》序[*]

提单，从字面上看，它只是一个提运货物从一地至另一地的合同单据，但分析起来，它实际上包括三重法律关系：①它是运送人收到托运人委托运送的货物的一个凭证；②它是运送人与托运人之间订立的一个运送货物的合同；③它又是一个表明单据所载货物的权利单据。拓宽起来，随着这一凭证及其所含价值之是否可以转让，它又是一种所谓"流通（或不流通）证券"。

在世界经济的发展过程中，物质财富的权义状态是可以变更转换的，例如"不动产"变为"动产"，动产又可从物质状态转变为虚拟资产、信用资产、金融资产——"物权"变成"债权"。这种权义状态更换交替的情况，是有历史事实可加证实的。而且货物在运送中，还可能因运送距离的远近，是陆运、空运或海运，运转时间的长短，运转中遭遇的风险的大小，这里涉及的法律问题可能变得十分复杂。

郭瑜同志在其著作中，对提单制度，特别是它的"物权"问题作了精辟细致的分析和论证，并就运单和提单将来可能因为电子信息化而使问题更难以处理的关系作了探讨。她建议对提单发展过程中可能遇到的这些法律问题作进一步的研究，并把这些法律问题规定于一个统一的完整的单行法里，而不是像现在那样散见于海商法等各式各样的立法里，我是十分赞同的。

芮 沐
1997年2月1日

---

[*] 本文是芮沐教授为《提单法律制度研究》（郭瑜著，北京大学出版社1997年版）一书所作的序。

《美国贸易法"301条款"研究》序*

美国是全世界对对外贸易关系管制得最严密、最强烈的一个国家。美国在对外贸易方面所制定的法律也是订得最细致最周到的,保护美国的国家利益可谓无微不至。

在美国的许多对外贸易法规中,《1974年贸易法》是它的现行法律中最主要的一个。《1974年贸易法》共386条,全法分为三部分,第一部分共八章,题为"谈判机构及其他权力机关";第二部分题为"解除进口竞争所造成的损害",分为四章;第三部分题为"解除(外国)不正当贸易措施(的危害性)",也分四章,该四章中的第一章题为"坚持贸易协定中美国方面的权利和对外国贸易措施的回应",其中的第一个条款"美国贸易代表的作用",就是杨国华同志所要阐述的那个著名的"301条款"。

美国《1974年贸易法》本身已是《1962年贸易扩展法》的修正。但继《1974年贸易法》之后,又有《1974年贸易协定法》《贸易和关税法》,特别是《1988年综合贸易和竞争法》对《1974年贸易法》又作了修改。它们修改的条文,除与《1974年贸易法》无关者外,现已归并于《1974年贸易法》。

这些后法对《1974年贸易法》修改的方面,概括起来,大概有如下几方面:

1. 增强美国总统对所谓外国的不正当不合理贸易措施,可以不顾国际协定义务,对外国采取报复措施的权力。

2. 把对外采取强硬措施的最后决定权移交给有美国国会参加的贸易代表机构。

---

* 本文是芮沐先生为《美国贸易法"301条款"研究》(杨国华著,法律出版社1998年版)一书所作的序。

3. 增加并改进在贸易代表作出决定前应对案件先作调查的程序,并明确它为具有时限性的法定强制程序(mandatory action)。

4. 把外国贸易法的管制扩大于几乎全部贸易领域,包括投资、服务贸易、知识产权等。

5. 对美国贸易代表认为对美国出口不利的外国"重点行为""重点国家"(priority country)引发超级301条款程序。

美国外贸法的这种强制蛮干的做法实际上已在"二战"前后美国国会使关贸总协定原身"国际贸易组织"(ITO)流产中见其端倪,也同90年代《赫—伯法》和《达马托法》推行治外法权的做法如出一辙。这些做法无疑是与当今"世贸组织"(WTO)的规定背道而驰的。

杨国华同志对美国的对外贸易法作过较深入的研究。他在本著作中所掌握的材料非常丰富,引证的书籍文章特别详尽。本著作中的第六章"美国贸易法'301条款'与中国"以及本书的"结束语"很重要,是我国政府对美国外贸法进行实战的纪录。中国法学界少有这样的著作,值得赞扬,谨此为序。

芮沐　于北京大学
1997年12月7日

"国际经济法系列丛书"前言
（1999年版）*

这部丛书是我们介绍和研究当今"国际经济法"的一些小册子。

江泽民同志在《高举邓小平理论伟大旗帜，把建设有中国特色的社会主义事业全面推向二十一世纪》的十五大报告中说：

> 邓小平理论坚持用马克思主义的宽广眼界观察世界，对当今时代特征和总体国际形势，对世界上其他社会主义国家的成败，发展中国家谋求发展的得失，发达国家发展的态势和矛盾，进行正确分析，作出了新的科学判断。世界变化很大很快，特别是日新月异的科学技术进步深刻地改变了并将继续改变当代经济生活和世界面貌，任何国家的马克思主义者都不能不认真对待。

"国际经济法"这一小丛书就是关于介绍和研究当前国际形势下国际经济关系中我国法律问题的十几本著作。

"国际经济法"的这一名称不是指我国国内已有一部现成的名叫"经济法"或"国际经济法"的法律，国际间也没有这样一部叫作"国际经济法"的法律。小丛书要介绍研究的也不是世界各国国内有关经济问题或经济关系的法律，即我们通常称为"外国法"的东西。

我们在1992—1994年间曾编辑出版过一部名叫"国际经济条约公约集成（正续编）"的资料，现在丛书所要介绍的"国际经济法"，就是该集成中所刊与那些具体方面有关的"法"，即世界众多国际经济组织和

---

* 本文是芮沐教授为其主编的"国际经济法系列丛书"撰写的前言。原文刊于《国际货物买卖法》（郭瑜著，人民法院出版社1999年版）、《知识产权的国际保护》（汤宗舜著，人民法院出版社1999年版）、《欧洲联盟的法律与制度》（邵景春著，人民法院出版社1999年版）。

国际经济关系中产生的"法"。

把这些情况统括起来而称之为"国际经济法",是出于建立一门法学新学科的需要。至于为什么要建立这样一门学科以及建立这个学科的工作应如何同国家的其他工作相配合,使用什么方法来研究这门学科,这就是本丛书的课题。

在这个前言中我们将首先对"国际经济法"学科可能涉及的有关"法"的几个常见的名词概念,它们的分类和历史根源作些介绍。

关于法的名词概念,争论较多的是以下这些名词:"法""法律""法律部门""法律体系""法制""法治""法学"。这些名词我们虽则天天在用,它们的词义对大家说来也并不陌生。但一遇到具体问题或新问题,特别当"法"字的前面加上其他一个名词或形容词,如"民""刑""经济""国际"等,学者之间就会发生争论。这些争论有的是必要的,有的却未必见得必要。但为了说明意见分歧,也为了对国内法和我们所要介绍的"国际经济法"有更多的理解,对"法"字号这些名词作些说明还是需要的。

首先,我认为把法的工作先分为"法律工作"和"法学工作"是比较合适的。法律工作是指制定法律(立法),实施法律和监督执行法律方面的工作。法学工作是指学者间环绕"法"和"法"的各方面的问题进行分析、探讨和解释、研究的工作。为了进行立法和司法,法律工作者应先作大量的调查研究,这是没有疑问的。但法律工作者做这些工作时,往往会受到他的工作任务的限制,他的工作往往只能局限于本工作的既定目标。法学工作者则没有这样的限制。他可以把他的调查研究扩大到超出一事一物,一国一地,一个一个的方面。他也可以对立法、司法、普法工作或法学本身提出修改和建议。这样做有利于法律工作者和法学工作者之间的分工和协作,使立法者和司法者在执行其专业任务时有群众意见可以参考,而法学者也不会因脱离立法和司法的实际而使自己处于完全旁观者的地位。对于法学者来说,最大最重要的实际就是国家的立法和司法实践。

其次,"法制""法治"是学术界一向有争论的两个词。在苏联和现在的俄罗斯,它们用 ZAKOHHOCMb 来表达这方面的意思。当时,我们把它译为"法制",我认为这没有错。在英、美国家,人们通常用 Rule of law 来表达同样的想法,长期来我们也沿用了它的译文"法治"来表达基本上相同的思想,这也没有错,但这里已加进了中国文化中"法治"与"人治"相对立的思想,因此又争论不休起来。根据马克思主义,"法"是国家和人民意志的表现,是国家统治的工具。江泽民同志在党的十五大的报告中指出,"法治是建设有中国特色的社会主义政治问题",是"建设社会主义国家的问题"。我想我们在搞法学的时候,不论搞的是什么"法"——经济法还是国际经济法,还是什么别的法,都不应该忘记国家这个根本因素,我们搞的都是中华人民共和国的"法",或者与中华人民共和国这个国家有关的"法"。

不过,推行法治,对法律本身也有几点要求,想提出来同大家商量是否可用。①法律必须贯彻民主、统一、公开和公正的原则。②法律除实质内容外,还应重视程序和制度的建立。规范中所用的名词概念要写得鲜明、正确、具体,不使人看了产生歧义。③国家应不断强调法的权威性,"有法必依、执法必严"是一句对一切法的领域都可以适用的格言,法律的实施可以划分范围,但不应在执行效力上对人、对地、对业有所区别。④法律及其所要建立的制度,应力求在相当时期内具有相应的稳定性,不宜经常变动。

要使这些要求都得到满足,任务显然十分艰巨。

"法律体系"也是一个大家关心的问题,不仅我们自己很关心,许多外国朋友(特别在新中国成立初期)也经常问起这个问题:你们的法律属于欧洲大陆法的体系呢,还是属于英美法体系,还是从苏联搬来,依照苏联模式,可还是欧洲法系的一种法律体系?殊不知世界各国的法律都有其各自的演变过程和历史背景。以欧洲大陆国家法国和德国为例,在公元十八、十九世纪末,它们都有一部规范严谨、体系完整的"民法典"来调整他们的日常行动。这个体系来源于"罗马法" jus Civile。法国对"罗马法"的译文是 Droit Civil,德国对此的译文是 Bugerliches Recht,法文 Civil、德文 Burgerlich 同拉丁文 Civile 一样,是指(罗马)这个城市,当时的罗马"国家"。所以对 jus Civile 一词更正确的译法应是"通用于(罗马)城市公民的法",简单些可译为"市民法",不是"民法""民商"之"民",而是"市民"之民。这个法与罗马当时管辖 peregrini(外国人)的 jus gentium(万民法)相对称。Jus gentium 一词后人有译为"国际法"的,这样的译法也不一定恰当。在法国和德国,民法典之外,几乎与民法典同时公布的还有一部商法典,商法典是用来规范当时商人的特殊地位和他们所从事的商业活动的。商法典的来源不是罗马法,而是来源于欧洲中世纪地中海沿岸实行行会制下的 Lex mecatoria(商法)。

再以以法官制法著称,并充斥着古老封建习俗的英国"普通法"为例。加上后来因冲淡封建制的新因素的出现而形成和合成的,包括"委任信托"制(Trust)、房地产抵押制和家族财产经管制等的"衡平法"(Equity),一起通称为 Common Law(普通法)。Common Law 的正确译文,应该是"通用于全英"或"通用于英国全体臣民的法"。在英国,海事问题一直是由兼管离婚、继承等问题的"海事法院"(Court of Admiralty)管辖,在整个英国的法制体系中没有单独的商法典。英国人的商事活动由"普通法"的判例,根据"先例"(Precedent)原则加以规范和调整。

欧洲大陆的"民法典"和英国的"普通法",尽管它们的发展环境不同,但作为通行于全国居民的法这一点,它们的情况确是相同的。

美国的"统一商法典",名称上虽也属于英国普通法系统,却是另一历史时期并且来自另一个国家的产物,它是二次世界大战后美国在货物买卖、银行票据、仓库及货运提单、信用证、有价证券、抵押担保等方面用以协调全美各州法律的一部新型商法典。

至于苏联的法律,它是帝俄前时期和帝俄时期俄罗斯接受西方宗教文化而演变成的一种于公元十九世纪即已开始呈现工业化趋向的封建农奴制法律。它糅合了德、法、瑞典、英等西方资本主义国家的法律而在苏联十月社会主义革命后成为"苏维埃民法"。后来在苏维埃计划经济的强大冲击下想把原来的民法体系改变为经济法体系,于 1970 年提出一个经济法草案时,民法学者和经济法学者之间即发生了激烈的争吵,经济法典终于无成。当时还是经互会成员的捷克斯洛伐克却成功地颁布了一个经济法单行法典。

中国是一个具有巨大物质财富和人力资源的国家,有着悠久的文化历史。它的特点是人口多、地域辽阔,各地经济发展差异甚大,今天还处于社会主义初级发展阶段,沿海各特别行政区中还保留着与内地不尽相同的政治经济情况。目前,中国正在非常艰苦地从并非土生土长的计划经济中摆脱出来,进行社会主义市场经济改造,期望到 2010 年时能形成一个具有中国特色的社会主义法律体系。我们认为借鉴个别先进法律经验是可以的,但中国决不能再走抄袭、照搬、"继承"他国立法的老路。

上面所述的法律概念——"法律""法治""法律体系",现在大体上已得到稳定,争论已经不多。另有一些概念则因所反映的事物还在变化,不妨再作些解释。

这些需要再作说明的情况和概念出现在以下三方面:①国家与法律的关系。②法律与经济的关系。③法学分类相互之间的关系。

1. 法律与国家的关系。法律是国家颁布的,命令和指示人们去作这样或不作那样行动的规范和准则。这样说符合事实,证之中国的历史,世界各国的历史,情况也的确如此。所以,不论个别法律法规的内容是什么,指示人们去作或不作的又是什么,总的讲来法律都是"公"的。所谓"公"的,就是说法律都是国家和人民意志的表现。国家就是"公家"。在我们社会,不存在私人立法,"私家"立法。从这个意义上说,法律之分为"公法"与"私法",我认为是多余的。这一点是新中国成立以来,经过学习,我们在法学和法律工作方面都已取得的共识。我们也知道在某些国家,某个时期,在某些学术层面也的确作过公私法的划分而收到过学术上和制度上的积极效果。但我仍认为在我们国家,今天作这样的划分已没有必要。勉强划出一个"私法"范畴来,会导致人们对国家根本制度的误解,学术上引发空洞争论。

"公法"与"私法"的争论还来源于我们对1922年列宁致库尔斯基的一封信中的一段话有断章取义和曲解误解。我们可以把记载这段话的1987年10月《列宁全集》译本(我对译本的少数字样和字句作了些修改)全部刊出供读者参考。列宁在致库尔斯基信中的这段话是这样说的:

> 目前正在制定新的民事法律。司法人民委员部是在"随波逐流",这一点我们看得出来,可是我们应当同这种潮流作斗争。不要因袭(确切地说)不要被那些昏庸的资产阶级法学家所愚弄,他们总是因袭陈旧的资产阶级民法的概念,我们要创造新的……制定新的民法,对"私人"契约制定出新的关系或其他,我们不承认任何"私人"性质的东西,在我们看来,经济领域中的一切都属于公法范围,而不是私人性质的。我们只允许国家的资本主义,而国家,如上

所述,就是我们。因此,对于"私法"关系,要扩大国家干预的作用,扩大国家对私人契约的权利,不是用罗马法典,而是应该把我们的革命意识运用到民事法律关系上去,要在一系列的示范工作中表现出有条不紊、坚韧不拔,如同必须用聪明才智和意志毅力去对待任何工作一样。

从列宁致库尔斯基信的这段话中,我们找不到任何有关公、私法划分或不划分的提示,也看不出列宁当时有要求苏维埃政权取消民法或民事立法的任何意图,他所要强调的只是在经济问题上要国家保留干预权,对于研究法律问题的学者和工作者,要求他们多开动脑筋,不要受资本主义旧法或旧概念的影响。我认为列宁这段话针对苏联当时法学界的情况,是恰当的,对我们今天研究国家和法律问题以及解决法律之分为公法、私法的争论有参考价值。在国家与法的关系中,国家是决定性因素。不仅在研究国内法时应当注意这个问题,在研究国际法时,更应当注意这个问题。

2. 法律与经济的关系。马克思主义关于经济基础与上层建筑的理论对经济与法律的关系问题所作的说明一直是很清楚的。随着我们国家工作的重点转移,体制改革的进展,实际生活的高度复杂化,法律工作也跟着发生了许多困难。

十一届三中全会提出要我们重建我们的家园,进行改革开放,实现四个现代化。要改革经济,就要把遭到"文革"严重破坏的经济重新振奋起来,让计划经济下结构乖谬、效率低下的国有国营企业改为有盈利可图的企业,发展城乡小企业,保护合法的外资和合资企业,变封闭和半封闭的社会为对外开放的社会,开始同外国人打交道,不仅在国际市场上打交道,而且也在国内市场上打交道,规范这些关系就显得十分迫切和需要。

试举近二十年来国企改革的经历为例。首先,国企的名称在法律上就曾用过"国营企业""全民所有制工业企业""国有企业"以至现在附有各式各样商号名称的"集团"或"公司"等名称。名不正则言不顺,看来仅仅是一个名称问题,事实却关系到企业的信誉和生存。

企业改革其次一个压倒一切的重要问题是企业资产的归属和企业作为法人的法律地位问题,前一问题的解决又是后一问题解决的前提。

在计划经济下,企业资产的归属是不成为一个法律问题的。企业中的资产,不论它处于什么状态,流动资产还是固定资产,它们一律都属于国家,但在市场条件下,环绕企业的对外发生关系,就会因财产归属有问题,致使行为主体得不到明确,财产责任也不清楚,盈亏数字从而也无法计算的困难。这就是有名的所有权所有制理论问题。生产资料所有制是政治经济学上的一个理论概念,它是用来概括事物总体情况的思想观念。它用以表明一国财富属于公有还是私有,从而财产所属的国家是什么性质的国家,封建制还是奴隶制、资本主义还是社会主义的国家。我国是以公有制为主体、多种所有制经济共同发展的国家。至于"所有权",它是一个法律用语,它是习惯上用来表达所涉及的事物法律上具体地属于谁,这个主体法律上具有什么权利、义务或责任。在实践中,"所有制"和"所有权"这两个概念不容许有任何性质的混淆。混淆了这两个概念,实践中就会发生一个企业或经济组织对其财产具有双重所有关系,或则会使国家错误地成为其财产被执行的对象,后果就十分严重了。

另外,根据传统法学,所有权可能有"占有""使用""收益""处分"四个权能之分(严格讲来,"占有"也不能算作是一种权能,它只是一种事实状态的描述)。但对于现代企业而言,这种将所有权在法律上分有四个权能的做法,已在三方面不能满足现代企业运行的需要。①这四个权能都属于物质财富在"物权"状态下的反映。它们的列举符合小商品生产关系下权利义务的安排。但它们的确已不符合现代生产企业中财产运行的需要。现代企业中的资产绝大部分是处于价值形态中的资产。规范价值形态的资产的运行往往需要另一种性质的关系,动态的债权债务关系,而不是静态的物权关系。行使权能的法律性质改变了。②在现代企业中,所有权只有四种权能的叙述在数量上也已不敷使用。传统的所有权只有四个权能的概念必须扩大。在现代企业的运行中重要的一件事是企业的负责人对企业财产有完全的经营管理权,因此企业财产的所有权概念中必须增加一个经营权的权能。在广大的经济生活中,特别在城乡土地关系中,则应把承包制下原有的物权性质的使用权改变解释为经营权性质的使用权。这正是目前农村中已经做或正在做的事情。③体制改革中一个最困难,而且由于计划经济的影响也是最难解决的问题是政企不分的问题。即企业对企业中的财产有所有权,政府部门对下属企业中的财产也主张有所有权。体制改革试点中解决这个政企不分问题的办法是:先在"民法通则"中十分抽象地制定了一个"法人"概念,并规定法人具有能量很大的自主权。继此而做的是在试点中对国家属下的企业尽多地"放权让利"。随后又再从西方国家借来了一个"所有权与经营权分离"的理念,错误地认为这样做,企业从此就可以大权在握,所有权问题可以搁置不问了。这种局面形成了经济学家们称谓的所有者"缺位"或"虚位",就法律用语来说,这实际上变成了一种企业管理无人负责的状态。为了找人负责,试点中又从农村中搬来了"联产承包制"以代替企业的经营管理。但家庭联产承包制所以能在农村中行之有效,是因为它符合农村中的生产关系和生产力的发展水平。但在城市工业生产中,纵令在最小的生产单位,如果没有一点先进的生产知识,并能纠集起足够的资金,纵令有个别勇敢分子甘愿承担经营管理的责任,这个责任也只能是"负盈不负亏",而且是无风险的责任,这样的企业,岂能维持长久。改革试点中最后就放弃了这种不切实际的做法,决定采用"公司股份责任制"。1993年12月29日全国人大常委会颁布了一个公司法。党的十四大在邓小平理论的指导下还明确了公司企业对其资产具有"所有权",所有权又英明地改称为"产权",十四大更明确了现代企业的特征是"产权清晰,权责明确,政企分开,管理科学"。十四大和十四届三中全会的精神是加快建立社会主义市场经济体制,使国民经济能持续、快速、健康地发展。

什么叫作市场,又什么叫作市场经济呢?所谓市场,主要是指物质财富在一国、或世界范围内国与国、区域与区域之间的流动、流通,而所谓市场经济,则是指在市场条件下物质资料的生产、交换、分配和消费。参与市场经济的成分可能是个人、集体、公司、企业、集团、政府部门或国家。参与市场活动的行为可能是单纯的平行商品交换,也可能是较复杂的种种纵向横向关系。市场经济的基本原理是要通过市场中的竞争,增加社会活动的效益,加速经济发展和增长。这种情况应该说不论在哪一个国家都是一样的。不过在资本主义国家,市场的形成被认为纯属私人之间的事,而且是在私人之间自发地形成的。这里好像有一只"无形之手"在起作用。这里应该贯彻完全自由的原则。参加市场活动认为对谁都会有利,但也可能对谁都有风险,如果处理不当还会给人们带来重大损失或创伤。

经济有宏观微观之分。所谓微观经济是指一个企业、一个单位本身的经济。所谓宏观经济乃是国民经济作为一个整体就其大范围中经济总量所进行的研究:如国计民生,国民收入,国民生产总值,工农业生产、收入与分配,消费与需求,投资和税收,财政金融,贸易与进出口,国际收支平衡,生态与环境保护,通货膨胀与收缩银根,失业和贫困等方面进行的研究。宏观调控也就是在这些方面国家对经济所作的调控。有些调控是在市场中进行的,有些则是在市场之外进行的。较理想的办法是还要有较详细的法律、法规对所要调控的事项作出规定。

我们认为市场活动必须有人管理。国内市场可由一个国家的法律来规范和约束,国际市场则希望通过国际间的协商或合作来规范。研究这种规范的学科,我们就把它叫作"国际经济法"。

3. 法学各分类之间的关系。这里我只就法学许多分类中的两个分类谈谈自己的看法:一个是"民法"与"经济法"的分类,一个是"国际法"与"国际经济法"的分类。这两个分类作为分类的提出有一个共同因素——经济。这个共同因素——经济在实际生活中的明显发展,使我们有必要把经济作为一个独立的研究对象提出来,也影响了使依托于经济各方面的法学门类也成为独立的研究对象被提出来。

经济法作为一个学术分类,在过去的国内法学研究中是不存在的。只是适应十一届三中全会后我国进行经济改革和对外开放的需要,法学者和法律工作者中一部分人认为有必要设立这样一个法学门类。

在德国,由于第一次世界大战后德国经济的崩溃,出现了经济法学科的设立,德国的这个学科现在还存在,不过经济法学者和主张经济自由的学者之间思想上是不协调的。在苏联,由于六七十年代苏联加强了计划经济的推行,法学界出现了经济法学派和民法学者之间的强烈争吵。一直到苏联解体,这个问题没有解决。

我国法学者之间没有这样极端的分野,也不曾有过像苏联那样各学派之间就民法和经济法问题作过这样强烈的争吵。不过中国法学者间也确实有过要不要搞经济法,怎样研究经济法,经济法只管纵向关系还是只管横向关系,还是纵横两方面都管的争论。对于民法也有过不能老跟苏联的模式走,为什么不能扩大一些民法的范围,并把有关商法、经济法等的内容也放进去等的争论。

随着立法工作的加强,更多更重要立法的出台,我认为上述这些争论都会迎刃而解的。

传统的国际法来源于欧洲大陆。它是公元十五、十六世纪民族主义国家出现在欧洲的产物。在欧洲大陆,国际法原称"国际公法"。随着西欧文化传播于美国并扩大到全美洲,美国法学者就一直在使用"国际法"这一省略性的称谓。

关于国际法的内容,从四百多年前 Gentilis 写 De Jure Belli 和 Grotius 写 De Jure Belli Ac Pacis,以至二次世界大战后的《联合国宪章》,西方国际法一直是一部关于战争与和平的"法"。今天四百多年后的《联合国宪章》,开头第一句话就是"联合国人民现在决心为了后世避免再遭人类两度身历惨不堪言的战祸……创造适当的环境使正义能维护,来源于条约和国际法其他渊源的义务能得到尊重……"

西方国家国际法中关于法的来源,1945 年 6 月 26 日《国际法院规约》的第 38 条,有如下的叙述:

一、法院对于陈诉的各争端,应依国际法裁判之,裁判时应适用:

a. 一般或特殊问题的国际条约,凡争讼当事国已明白承认其所制定的条规者;

b. 国际习惯,凡证明其已成为法的惯常实际做法者;

c. 文明国家承认的一般法律原则;

d. 在第 59 条规定的限制下作为确定法律规则辅助手段的司法判决和最有权威的公法学家的学说。

二、本项规定不妨碍经当事国同意本法院按公允及善良原则裁判案件之权。

西方世界这部四百多年来根据封建割据和互相残杀的战争、在末期接受民主化而形成的"国际法",远处于东方的中国当然没有参与其事。但进入帝国主义时代,西方国家推行殖民主义政策,侵略中国和奴役中国人民,并称中国为"不文明"的国家的,也是这部西方"国际法"。

正如我国《宪法》"序言"所说的,只是"在经历了长期的艰难曲折的武装斗争和其他形式的斗争以后,终于推翻了帝国主义、封建主义和官僚资本主义的统治,取得了新民主主义革命的伟大胜利,建立了中华人民共和国",中国取得了与西方国家平等的地位,才得到了联合国的承认。1997年香港回归祖国也是在彻底批判了英国想根据"国际条约原则"不退还"主权",继而又要保留"治权"的荒谬无理的主张才得以实现的。

关于"二战"后国际新形势下这部西方国际法有什么发展,我可以指出下面几点情况:

1. 新型社会主义国家和新民主主义国家的出现和广大亚非拉殖民地国家得到解放而成为政治上独立的国家;

2. 全世界人民反对战争和要和平的思潮汹涌澎湃,积极影响了联合国宪章的制定;

3. 联合国的成立并破天荒地第一次设立了一个有一定强制力的"安全理事会",中国是它的五个常任理事国之一。

4. 联合国虽则不是一个超国家组织,也没有至高无上的立法权力,但在它的宪章中却规定了全体国家都应依照国际法行事,并在1947年11月21日在大会的第六委员会下设立了一个国际法委员会,由它审议了各国的问题之后可以交由联合国主持缔结各种多边协定,1961年的《外交关系公约》《领事关系公约》,1969年的《条约法公约》,1977年《条约关系中国家继承问题公约》,1981年的《关于国家财产的国家继承问题公约》,1980年的《国际货物买卖合同公约》,1982年的《海洋法公约》是其中一些显著的例子。

可以概括起上面所说的情况而说,传统的"国际法"(即过去欧洲法学界称为"国际公法"的国际法)主要是关于"战争"与"和平",国家与国家继承、领土与边界、国际礼仪、殖民地与非殖民地化、种族歧视和人权问题,以及其他与国际政治和外交有关的法。

"二战"后的国际情况要复杂得多,概括起来:一、世界上一部分国家出于保护其自身利益的考虑,纠合起一些具有相同愿望和经济需要的国家,组成区域性的经济组织,以与其他国家在关税和贸易等问题上相抗衡,例如由"共同市场"发展为"欧盟"的欧洲共同体,苏联与东欧国家一起组成的"经互会组织"。在亚非拉地区,这样性质的组织还很多。二、非殖民地化后的国家在政治上是独立了,经济上却仍十分依赖于它们原来的宗主国,它们还都处于发展中状态,人们称它们为"发展中国家"。发展中国家与发达国家经济上差别很大,因而矛盾重重,一时不好解决。三、极少数经济大国对世界经济秩序有它自己的看法与想法,一直想垄断全世界的经济来往,二次大战还没有结束,就设计了一个"国际贸易组织"(ITO),后因它的国会的反对,没有成为现实,只能用一个临时性的名为"关贸总协定"的来代替这个经济组织,这个组织现已成为具有与联合国相同成员数的世界贸易组织(WTO)。

从法的角度研究上述三方面的国际关系的,我们就称之为"国际经济法"。

"国际经济法"与传统的"国际法",根据我们的认识有如下五点不同:

1. 国际法从联合国回溯到格劳秀士的"战争与和平"或呈替列什的"战争",已有四五百年历史,而"国际经济法"则只是战后50多年发展起来的事情,这两门学科有各自的发展过程,前面已约略提到,此处不再赘述。

2. "国际法"只管各国间的政治外交关系,"国际经济法"只谈国际经济问题。政治和经济往往很难分开,但重点是很清楚的。

3. "国际法"的主体是国家是非常明确的,将来是否会把个人或社团"企业"等包括进来,这是一个可以讨论的问题,至少现在还不是。"国际经济法"的主体,一部分情况中主体仍是国家,但在大部分情况中,主体是经济组织作为国际法人出现在国际舞台上的。关于这一点,各经济组织的章程中都有明确的规定。所以用法律术语来说,国际经济组织就是国际经济关系中的主体。

4. "国际法"和"国际经济法"崇尚的原则不同。"国际法"崇尚的原则是国家主权原则,互不侵犯领土,不干涉内政,和平共处的原则。国际经济关系里一个比较普遍推行的原则是国门开放和贸易自由的原则。因为国际经济合同关系的效果往往不能不触及到他国经济的内部,在世界贸易组织WTO的规定中还明确规定了各国的法律必须与成员国在WTO所承担的义务相一致的原则。

5. 协商事务和处理纠纷的组织机构不一样。例如,国家之间的法律争讼,由"国际法院规约"所设立的国际法院裁断之。国际投资问题上的仲裁和争讼,由世界银行下设立的"国际投资争讼中心"(ICSID)依照"关于解决各国和其他国家国民间的投资争端公约"处理之。国际贸易中的争讼,有世贸组织专门设立的争端解决机构,依照它的"解决规则与程序的谅解"处理之。

我认为"国际法"(国际公法)和"国际经济法"作为学科可以分开来研究。"国际法"的名称可以合用,但研究工作合起来则范围太大,容量太重。

以上就是我对于研究"国际经济法"的一些意见。归纳起来是如下几点意见:

第一,不论是"国际公法"还是"国际经济法",国际间表达"法"的方式只能是国与国之间签订的条约、公约或者其他可能达成的协议或合作方式,更理想的方式尚有待于世界各种势力之间的折冲。

第二,研究"国际经济法",必须首先研究(或知道)我们自己国家的立法和司法,或其他法律实践。

第三,研究"国际经济法",既然是研究经济方面的国际法,就不应停留在研究"法"的平面上,还应进一步研究与"法"有关的经济问题,或导致该法或存在于法之背后的重要经济问题。

谨书此作为丛书之前言,并用此以自勉。

芮　沐
1998年写于北京大学法律系

"国际经济法系列丛书"前言
（2002年版）[*]

这部丛书是我们介绍和研究当今"国际经济法"的一些小册子。

江泽民同志在《高举邓小平理论伟大旗帜，把建设有中国特色的社会主义事业全面推向二十一世纪》的十五大报告中说：

> 邓小平理论坚持用马克思主义的宽广眼界观察世界，对当今时代特征和总体国际形势，对世界上其他社会主义国家的成败，发展中国家谋求发展的得失，发达国家发展的态势和矛盾，进行正确分析，作出新的科学判断。世界变化很大很快，特别是日新月异的科学技术进步深刻地改变了并将继续改变当代经济生活和世界面貌，任何国家的马克思主义者都不能不认真对待。

"国际经济法"这一套小丛书就是介绍和研究当前国际形势下国际经济关系中法律问题的十几本著作的集合。

"国际经济法"这一名称不是指国内已有一部现成的名叫"经济法"或"国际经济法"的法律。国际间也没有这样一部"国际经济法"的法律。小丛书要介绍研究的也不是世界各国国内有关经济问题或经济关系的法律，即我们通常称为"外国法"的东西。

我们在1992—1994年间曾编辑出版过一部叫"国际经济条约公约集成（正续编）"的资料，现在丛书所要介绍的"国际经济法"，就是该集成中所刊与那些具体方面有关的"法"，即世界众多国际经济组织和国际经济关系中产生的"法"。

把这些情况统括起来而称之为"国际经济法"，是出于建立一门法

---

[*] 本文是芮沐教授为其主编的"国际经济法系列丛书"撰写的前言。原文刊于《国际税法》（张智勇著，人民法院出版社2002年版）。该文对之前系列丛书的前言进行了修订。

学新学科的需要。至于为什么要建立这样一门学科以及建立这个学科的工作如何同国家的其他工作相配合,使用什么方法来研究这门学科,这就是本丛书的课题。

在前言中,我们将首先介绍"国际经济法"学科可能涉及的有关"法"的几个常见名词概念的分类和历史根源。

关于法的名词概念,争论较多的是以下这些名词:"法""法律""法律部门""法律体系""法制""法治""法学"。这些名词我们虽则天天在用,它们的词义对大家说来也并不陌生,但一遇到具体问题或新问题,特别当"法"的本字前面加上其他一个名词或形容词,如"民""刑""经济""国际"等,学者之间就会发生争论。这些争论有的是必要的,有的却未必见得必要但为说明意见分歧,也为了对国内法和我们所要介绍的"国际经济法"有更多的理解,对"法"的这些名词作些说明还是需要的。

首先,我认为把法的工作先分为"法律工作"和"法学工作"是比较合适的。法律工作是指制定法律(立法),实施法律(司法)和监督执行法律方面的工作。法学工作是指学者间环绕"法"和"法"的各方面的问题进行分析、探讨和解释、研究的工作。为了进行立法和司法,法律工作者应先作大量的调查研究,这是没有疑问的。但法律工作者做这些工作时,往往会受到他的工作任务的限制,他的工作往往只能局限于本工作的既定目标。法学工作者则没有这样的限制。他可以把调查研究扩大到超出一事一物,一国一地,一个一个的方面;他也可以对立法、司法、普法或法学本身提出修改和建议。这样划分有利于法律工作者和法学工作者之间的分工和协作,使立法者和司法者在执行其专业任务时有群众意见可以参考,而法学者也不会因脱离立法和司法实际而使自己处于完全旁观者的地位,对于法学工作者来说,最大最重要的实际就是国家的立法和司法实践。

其次,"法制""法治"是学术界一向有争论的两个词。在前苏联和现在的俄罗斯,它们用 ZAKOHHOMb 来表达这方面的意思。当时,我们把它译为"法制",我认为这没有什么错。在英、美国家,人们通常用"Rule of law"来表达同样的想法。长期来我们也沿用了它的译文"法治"来表达基本上相同的思想,这也没有错,但这里已加进了中国文化中"法治"与"人治"相对立的背景,因此又争论不休起来。根据马克思主义,"法"是国家和人民意志的体现,是国家统治的工具。江泽民同志在党的十五大的报告中指出,"法治是建设有中国特色社会主义政治问题",是"建设社会主义国家的问题"。我想我们在搞法学的时候,不论搞的是什么"法"——经济法还是国际经济法,还是什么别的法,都不应该忘记国家这个根本因素,我们搞的都是中华人民共和国的"法",或者与中华人民共和国这个国家有关的"法"。

不过,推行法治,对法律本身有几点要求,想提出来同大家商榷:法律必须贯彻民主、统一、公开和公正的原则;法律除实质内容外,还应重视程序和制度的建立。法律规范中所用的名词概念要写得鲜明、正确、具体,不使人看了产生歧义;国家应不断强调法的权威性,"有法必依、执法必严"是一句对一切法都可以适用的格言。法律的实施可以划分范围,但不应在执行效力上对人、对地、对业有所区别;法律及其所要建立的制度,应力求在相当时期内具有相应的稳定性,不宜经常变动。

要使这些要求都得到满足,任务显然十分艰巨。

"法律体系"也是一个大家关心而且认识不尽一致的问题,不仅我们自己关心,许多外国朋友(特别在新中国成立初期)也经常提起这个问题:你们的法律属于欧洲大陆法的体系呢,还是属于英美法体系,还是从苏联搬来的一种什么体系? 我认为世界各国的法律都有其各自的演变和历史背景,以欧洲大陆国家法国和德国为例,在公元十八、十九世纪末,它们都有一部规范严谨、体系完整的"民法典"来调整他们的日常行动,这个体系来源于"罗马法"——jus Civile 。法国对"罗马法"的译文是 Droit Civil,德国对此的译文是 Bugerliches Recht,法文 Civil、德文 Bugerlich 同拉丁文 Civile 一样,是指(罗马)这个城市,当时的罗马"国家"。所以对 jus Civile 一词更正确的译法应是"通用于(罗马)城市公民的法",简单些可译为"市民法",不是"民刑""民商"之民,而是"市民"之民。这个法与罗马当时管辖 peregrini(外国人)的 jus gentium(万民法)相对称。Jus gentium 一词后人有译为"国际法"的,这样译也不一定恰当。在法国和德国,民法典之外,几乎与民法典同时公布的还有一部商法典。商法典是用来规范当时商人的特殊地位和他们所从事的商业活动的。商法典的来源不是罗马法,而是来源于欧洲中世纪地中海沿岸商业活动频繁,实行行会制的 Lex mecatioria(商法)。

再以以法官制法著称,并充斥着古老封建习俗的英国"普通法"为例。加上后来因冲淡封建制因素出现而形成和合成的、包括"委任信托"制(Trust)、房地产抵押制和家族财产经管制等的"衡平法"(Equity),一起通称为 Common Law(普通法)。Common Law 的正确译文,应该是"通用于全英"或"通用于全体英国臣民的法"。在英国,海事问题一直是由兼管离婚、继承等问题的海事法院(Court of Admiralty)管辖。在整个英国的法律体系中没有单独的商法典。英国人的商事活动由"普通法"的判例,根据"先例"(Precedent)原则加以规范和调整。

欧洲大陆的"民法典"和英国的"普通法",尽管它们的发展环境不同,但作为通行于全国居民的法这一点,它们的情况确是相同的。

美国的"统一商法典",名称上虽也属于英国普通法系统,却是另一历史时期并且来自另一个国家(美国)的产物。它是二次世界大战后美国在货物买卖、银行票据、仓库及货运提单、信用证、有价证券、抵押担保等方面用以协调全美各州法律的一部新型商法典。

至于苏联的法律,它是帝俄前时期和帝俄时期俄罗斯接受西方宗教文化而演变成的一种于公元十九世纪即已开始呈现工业化趋向的封建农奴制法律。它糅合了德、法、瑞典、英等西方资本主义国家的法律而在苏联十月社会主义革命后成为"苏维埃民法",后来在苏维埃计划经济的强大冲击下想把原来的民法体系改变为经济法体系,于 1970 年提出一个经济法草案时,民法学者和经济学者之间发生了激烈的争吵,经济法典终于无成。当时还是经互会成员的捷克斯洛伐克却在 1964 年成功地颁布了一个经济法单行法典。

中国是一个具有巨大物质财富和人力资源的国家,有着悠久的历史与文化。它的特点是人口多、地域辽阔,各地经济发展差异甚大,今天还处在社会主义初级发展阶段,沿海各经济特区中还保留着与内地不尽相同的政治经济情况。目前,中国正在非常艰苦地从并非土生土长的计划经济中摆脱出来,进行社会主义市场经济改造,期望到 2010 年时能形成一个具有中国特色的社会主义法律体系。我们认为借鉴个别先进法律经验是可以的,但中国决不能走抄袭、照搬、"移植"、"继承"他国立法的老路。

上面所述的法律概念——"法律""法治""法律体系",现在认识上大体已一致，另有一些概念则因所反映的事物还在变化，不妨再作些解释。

这些需要再作说明的情况和概念出现在以下三方面：国家与法律的关系；法律与经济的关系；法学分类相互之间的关系。

1. 法律与国家的关系。法律是国家颁布的，命令和指示人们去作这样或不作那样行为的规范和准则。这样说符合事实，证之中国的历史，世界各国的历史，情况也确是如此。所以，不论个别法律法规的内容是什么，指示人们去作或不作的又是什么，总的讲来法律都是"公"的。所谓"公"的，就是说法律都是国家和人民意志的表现。国家就是"公家"在我们社会，不存在私人立法、"私家"立法。从这个意义上说，法律之分为"公法"与"私法"，我认为是多余的。这一点是新中国成立以来经过学习，我们在法学和法律工作方面都已取得的共识我们也知道在某些国家，某个时期，在某些学术层面，也的确作过公私法划分而收到学术上和制度上的积极效果。但我认为在我们国家，今天作这样的划分已没有必要。这次宪法修改进一步明确了我国在社会主义初级阶段，坚持公有制为主体、多种所有制经济共同发展的基本经济制度。国家保护个体经济与私营经济的合法权利和利益，对它们实行引导、监督和管理。国家这种对非公有制经济的保护，并对它们实行引导、监督、管理的法都是公法，即国家的立法。我认为法学上现在没有必要再创造一个"私法"的概念来说明其中的各种各样的关系。

同样，西欧国家长期以来把用于解决国家或地区间法律冲突的规范称之为"国际私法"。我们则称之为"适用条例"或"冲突法"。这个法，法学上也认为它应该属于公法范畴。称之为"国际私法"是不恰当的。不过，在西欧国家"国际私法"已是长期沿用的一个法学名词，可以任之。

"公法"与"私法"的争论还可能来源于我们对1922年列宁致库尔斯基的一封信中的一段话有断章取义和曲解误解，我们可以把记载这段话的1987年10月《列宁全集》译本（我对译本的少数文字和字句根据原文作了些修改）全部刊出供读者参考，列宁在致库尔斯基信中的这段话是这样说的：

> 目前正在制定新的民法法律。司法人民委员部是在"随波逐

流",这一点我们看得出来,可是我们应当同这种潮流作斗争。不要因袭,(确切地说)不要被那些昏庸的资产阶级法学家所愚弄,他们总是因袭陈旧的资产阶级民法的概念,我们要创造新的……制定新的民法,对"私人"契约制定出新的关系或其他,我们不承认任何"私人"性质的东西,在我们看来,经济领域中的一切都属于公法范围,而不是私人性质的。我们只允许国家的资本主义,而国家,如上所述,就是我们。因此,对于"私法"关系,要扩大国家干预的作用,扩大国家对私人契约的权利,不是用罗马法典,而是应该把我们的革命意识运用到民事法律关系上去,要在一系列的示范工作中表现出有条不紊、坚忍不拔,如同必须用聪明才智和意志毅力去对待任何工作一样。

从列宁致库尔斯基信的这段话中,我们找不到任何有关公、私法划分或不划分的提示,也看不到列宁当时有要求苏维埃政权取消民法或民事立法的任何意图,他所要强调的只是在经济问题上要国家保留干预权,对于研究法律问题的学者和工作者,要求他们多开动脑筋,不要受资本主义旧法或旧概念的影响。列宁是学法律的,我认为列宁这段话针对苏联当时法学界的情况,是恰当的,对我们今天研究国家和法律问题以及解决法律之分为公法、私法的争论有参考价值。在国家与法的关系上,国家是决定性因素。不仅在研究国内法时应当注意这个问题,在研究国际法时,更应当注意这个问题。

2. 法律与经济的关系。马克思主义关于经济基础与上层建筑的理论对经济与法律的关系问题所作的说明一直是很清楚的。随着我们国家工作重点的转移,体制改革的进展,实际生活高度复杂了,法律工作也跟着发生了许多困难。

十一届三中全会提出要我们重建我们的家园,进行改革开放,实现四个现代化。要改革经济,就要把遭到"文革"严重破坏的经济重新振奋起来,让计划经济下结构乖谬、效率低下的国有国营企业改为有盈利可图的企业,发展城乡小企业,保护合法的外资和合资企业,变封闭和半封闭的社会为对外开放的社会,开始同外国人打交道,不仅在国际市场上打交道,而且也在国内市场上打交道,规范这些关系就显得十分迫切和需要。

试举近二十年来国企改革的经历为例,首先,国企的名称在法律上就曾用过"国营企业""全民所有制工业企业""国有企业"以至现在附有各式各样商号名称的"集团"或"公司"等,名不正则言不顺,看来仅仅是一个名称问题,事实却关系到经济事业的发展,企业的信誉和生存。

企业改革中一个压倒一切的重要问题是企业资产的归属和企业作为法人的法律地位问题,前一问题的解决又是后一问题解决的前提。

在计划经济下,企业资产的归属是不成为法律问题的。企业的资产,不论它处于什么状态,流动资产还是固定资产,它们一律都属于国家,但在市场条件下,环绕企业对外发生关系,就会因财产归属发生问题,致使行为主体不明确,财产责任也不清楚,赢亏数字无法计算,这就是有名的所有权所有制理论问题。生产资料所有制是政治经济学上的一个理论概念,它是用来概括事物总体情况的思想观念,它用以表明一国财富属于公有还是私有,从而财产所属的国家是什么性质的国家,封建制还是奴隶制、资本主义还是社会主义的国家,我国是以公有制为主体、多种所有制经济共同发展的国家。至于"所有权",它是一个法律用语,它是习惯上用来表示所涉及的事物法律上具体地属于谁,所有权主体法律上具有什么权利、义务或责任。在实践中,"所有制"和"所有权"两个概念不容许有任何性质的混淆。混淆了这两个概念,实践中就会发生一个企业或经济组织对其财产具有双重所有关系,或者会使国家错误地连同其财产成为被剥夺或强制执行的对象,其后果十分严重。

另外,根据传统法学,所有权可能有"占有""使用""收益""处分"四个权能之分(严格讲来,"占有"也不能算作是一种权能,它只是一种事实状态的描述)。但对于现代企业而言,这种将所有权在法律上分四个权能的做法,已在三方面不能满足现代企业运行的需要。①这四个权能都属于物质财富在"物权"状态下的反映。它们的列举符合小商品生产关系下权利义务的安排。但它们的确已不符合现代生产企业中财产运行的需要。现代企业中的资产绝大部分是处于价值形态中的资产。规范价值形态的资产运行往往需要另一种性质的关系,动态的债权债务关系,而不是静态的物权关系来加以规范。行使权能的法律性质改变了。②在现代企业中,所有权只有四种权能的叙述,在数量上也已不敷使用,传统的所有权只有四个权能的概念必须扩大。在现代企业的运行中重要的一件事是企业的负责人对企业财产有完全的经营管理权,因此企业财产的所有权概念中必须增加一个经营权的权能。在一般经济生活中,特别在城乡土地关系中,则应把承包制下原有的物权性质的使用权改变解释为经营权性质的使用权。这正是目前农村中已经做或正在做的事情。③体制改革中一个最困难,也是最难解决的问题是政企不分。即企业对企业中的财产有所有权,政府部门对下属企业中的财产也主张有所有权。体制改革试点中解决这个政企不分问题的办法是:先在"民法通则"中十分抽象地制定了一个"法人"概念(法人是指谁,不知道!),并规定法人具有能量很大的自主权。继此而做的是在试点中对国家属下的企业尽多地"放权让利"。随后再从西方国家借来一个"所有权与经营权分离"的理念,错误地认为这样做,企业从此就可以大权在握,所有权问题便可以搁置不问了。这种局面形成了经济学家称谓的所有者"缺位"或"虚位"。就法律用语来说,这实际上变成了一种企业管理无人负责的状态。为了找人负责,试点中又从农村中搬来了"联产承包制"以代替企业的经营管理。但家庭联产承包制所以能在农村中行之有效,这是因为它符合农村中的生产关系和生产力的发展水平。但在城市工业生产中,纵令是最小的生产单位,如果没有一点先进的生产知识,并能纠集起足够的资金,纵令有个别勇敢分子甘愿承担经营管理的责任,这个责任也只能是"负盈不负亏",而且是无风险的责任,这样的企业,岂能维持长久?改革试点中最后放弃了这种不切实际的做法,决定采用"公司股份责任制"。1993年12月29日全国人大常委会颁布了《公司法》。党的十四大在邓小平理论的指导下还明确了公司企业对其资产具有"所有权",所有权又英明地改称为"产权"十四大更明确了现代企业的特征是"产权清晰,权资明确,政企分开,管理科学",十四大和十四届三中全会的精神是加快建立社会主义市场经济体制,使国民经济能持续、快速、健康地发展。

另外,最近一个时期,在法学研究和某些立法工作中又出现了一些重视体系概念,忽视事物本身的叙述和介绍的情况。例如对农村中家庭联产承包制下土地使用权的介绍,有些学者喜欢用物权这个老概念来说明我国农村中这个具有独特意义的制度。它既不同于旧社会农村中之所有权、地上权、地役权等物权制度,也不同于西方资本主义民法中之质权、抵押权等担保物权,我们有必要把我们的土地使用权再抽象为物权而规定之于法吗?

再如1999年的合同法,它改变了80年代以来三法分立的状态而把十五种合同规定于一部统一的"合同法"。这样做确有好处。但也有两方面值得我们作进一步思考:一、没有来得及把几种问题特别严重、错综复杂的法律关系如金融信贷,基建承包等有重点地或作为单一法规制定出来;二、方法论上却要把纵横不同的事实关系排砌成一个抽象完美的概念体系——"民法""经济法""合同法"或什么法!

什么叫作市场,什么又叫作市场经济呢?所谓市场,主要是指物质财富在一国或世界范围内国与国、区域与区域之间的流动、流通。而所谓市场经济,则是指在市场经济条件下物质资料的生产、交换、分配与消费。参与市场经济的主体可能是个人、集体、公司、企业、集团、政府部门或国家。参与市场活动的行为可能是单纯的平行商品交换,也可能是较复杂的纵向横向关系。市场经济的基本原理是要通过市场中的竞争,增加社会活动的效益,加速经济发展和增长。这种情况应该说不论在哪一个国家都是一样的。不过在资本主义国家,市场的形成被认为纯属私人间的事,而且是私人间自发地形成的。这里好像有一只"无形之手"在起作用。这里应该贯彻完全自由的原则。参加市场活动认为对谁都有利,但也可能对谁都有风险,如果处理不当还会带来重大损失或创伤。

经济有宏观微观之分。所谓微观经济是指一个企业、一个单位本身的经济。所谓宏观经济乃是国民经济作为一个整体就其大范围内经济总量所进行的情况和研究:如国计民生,国民收入,国民生产总值,工农业生产、收入与分配,消费与需求,投资和税收,财政金融,贸易与进出口,国际收支平衡,生态与环境保护,通货膨胀与银根收缩,失业和贫困等方面进行的研究。宏观调控也就是在这些方面国家对经济所作的调控。有些调控是在市场中进行的,有些则是在市场之外进行的。较理想的办法是通过较详细的法律、法规对所要调整的事项作出规定。

市场活动必须有人管理。国内市场可由一个国家的法律来规范和约束,国际市场则希望通过国际间的协商或合作来规范。研究这种规范的学科,我们就把它叫作"国际经济法"。

3. 法学各分类之间的关系。这里我只就法学许多分类中的两个分类谈谈自己的看法：一个是"民法"与"经济法"的分类，一个是"国际法"与"国际经济法"的分类。这两个分类作为分类的提出有一个共同因素——经济。这个共同因素——经济在实际生活中的明显发展，使我们有必要把经济作为一个独立研究的对象提出来，也影响了使依托于经济各方面的法学门类也成为独立研究的对象被提出来。

经济法作为一个学术分类，在过去的国内法研究中是不存在的。只是适应十一届三中全会后我国进行经济改革和对外开放的需要，法学者和法律工作者中一部分人认为有必要设立这样一个法学门类。

在德国，由于第一次世界大战后德国经济的崩溃，也设立了"经济法"学科。德国的这一学科现在还存在，不过经济法学者和主张经济自由主义者之间在思想上是不太协调的。在苏联，由于六七十年代苏联加强了计划经济的推行，法学界出现了经济法学派和民法学者之间的强烈争吵。一直到苏联解体，这个问题仍没有解决。

我国法学者之间没有这种极端的分野，也不曾有过像苏联那样各学派之间就民法和经济法问题作过强烈的争吵。不过，中国法学者间也确实有过要不要搞经济法，怎样研究经济法，经济法只管纵向关系或横向关系，还是纵横两方面都要管的争论，对于民法也有过不能老跟苏联模式走，扩大民法的研究范围，并把有关商法、经济法等的内容也放进去等的争论。

随着立法工作的加强，更多更重要法律的出台，我认为上述这些争论是会迎刃而解的。

传统的国际法来源于欧洲大陆。它是公元十五、十六世纪民族主义国家出现在欧洲的产物。在欧洲大陆，国际法原称"国际公法"。随着西欧文化传播于美国并扩大到全美洲，美国法学者就一直在使用"国际法"这一省略性的称谓。

关于国际法的内容，从四百多年前 Gentilis（任替列什）写 De Jure Belli（战争法）和 Grotius（格劳秀士）写 De Jure Belli Ac Pacis《战争与和平法》，以至二次世界大战后的《联合国宪章》，西方国际法直是一部关于战争与和平的"法"。今天的《联合国宪章》，开头第一句就是"联合国人民现在决心为了后世避免再遭人类两度身历惨不堪言的战祸……创造适当的环境使正义能维护，来源于条约和国际法其他渊源的义务能得到尊重……"

关于国际法的来源和内容,1945年6月26日《国际法院规约》第38条,有如下的叙述:

一、法院对于陈诉的各项争端,应依国际法裁判之,裁判时应适用:

  a. 一般或特殊问题的国际条约,凡争讼当事国已明白承认其所制定的条规者;

  b. 国际习惯,凡证明其已成为法的惯常实际作法者;

  c. 文明国家承认的一般法律原则;

  d. 在第59条规定的限制下作为确定法律规则辅助手段的司法判决和最有权威的公法学家的学说。

二、本项规定不妨碍经当事国同意本法院按公允及善良原则裁判案件之权。

西方世界这部四百多年来经过封建割据和互相残杀的战争在末期接受民主化而形成的"国际法",使远处于东方的中国当然没有参与。但进入帝国主义时代,西方国家推行殖民主义政策,侵略中国和奴役中国人民,并称中国为"不文明"国家的,确是这部西方"国际法"。

正如我国《宪法》"序言"所说的,"经历了长期的艰难曲折的武装斗争和其他形式的斗争以后,终于推翻了帝国主义、封建主义和官僚资本主义的统治,取得了新民主主义革命的伟大胜利,建立了中华人民共和国",中国取得了与西方国家平等的地位,才得到了联合国的承认。香港回归祖国是在彻底批判了英国想根据"国际条约原则"不退还"主权",继而又要保留"治权"的荒谬无理主张才得以实现的。

关于"二战"后国际新形势下这部西方国际法的发展,我可以指出下面几点情况:

1. 新型社会主义国家和新型民主主义国家的出现和广大亚非拉殖民地国家得到解放而成为政治上独立的国家;

2. 全世界人民反对战争和渴望和平的思潮汹涌澎湃,积极影响了《联合国宪章》的制定;

3. 联合国的成立并破天荒地第二次设立了一个有一定强制力的"安全理事会",中国是它的五个常任理事国之一。

4. 联合国虽则不是一个超国家组织,也没有至高无上的立法权力,但在它的宪章中却规定了全体国家都应依照国际法行事,并在1947年11月21日在大会的第六委员会下设立了一个国际法委员会,由它审议了各国的问题之后可以交由联合国主持缔结各种多边协定。1961年的《外交关系公约》《领事关系公约》,1969年的《条约法公约》,1977年的《条约关系中国家继承问题公约》,1981年的《关于国家财产的国际继承问题公约》,1980年的《国际货物买卖合同公约》,1982年的《海洋法公约》是其中一些显著的例子。

概括上面情况,传统的"国际法"(即过去欧洲法学界称为"国际公法"的国际法)主要是关于"战争"与"和平"、国家与国家继承、领土与边界、殖民地与非殖民地化、种族歧视与人权问题,国际礼仪以及其他与国际政治和外交有关的法。

"二战"后的国际情况要复杂得多。概括起来:一、世界上一部分国家出于保护其自身利益的考虑,纠合起一些具有相同愿望和经济需要的国家,组成区域性的经济组织,以与其他国家在关税和贸易等问题上相抗衡,例如由"共同市场"发展来的"欧盟"的欧洲共同体,前苏联与东欧国家一起组成的"经互会组织"。在亚非地区,这样性质的组织还很多。二、非殖民地化后的国家在政治上是独立了,经济上却仍十分依赖于它们原来的宗主国,它们还都处于发展中状态,人们称之为"发展中国家"。从经济上说,中国也是发展中国家,发展中国家与发达国家经济上差别很大,因而矛盾重重,一时不好解决。三、极少数经济大国对世界经济秩序有它们自己的看法与想法,一直想垄断世界的经济来往。二次世界大战还没有结束,就设计了一个国际货币基金组织(MF),一个国际复兴开发银行(IBRD),一个国际贸易组织(ITO),ITO后因国会反对,没有成为现实,只能用一个临时性的名为"关贸总协定"的文件,来替代这个经济组织。经过四十几年的运行,这个组织现已成为具有几乎与联合国相同成员数的世界贸易组织(WTO)。

从法的角度研究上述三方面的国际关系的,我们就称之为"国际经济法"。

"国际经济法"与传统的"国际法",根据我们的认识,有如下五点不同:

1. 国际法从联合国回溯到格劳秀士的"战争与和平"或任替列什的"战争",已有四五百年历史,而"国际经济法"则只是战后五十多年发展起来的一门学科,这两门学科有各自的发展历程,前面已经提到,此处不再赘述。

2."国际法"只管各国间的政治外交关系,"国际经济法"只谈国际经济问题。政治和经济往往很难分开,但重点是很清楚的。

3."国际法"的主体是国家,将来是否会把个人或社团"企业"等包括进来,这是一个可以讨论的问题,至少现在还不是"国际经济法"的主体,一部分情况中主体仍是国家,但在大部分情况中,经济组织作为国际法人出现在国际舞台上。关于这一点,国际经济组织的章程中都有明确的规定。所以用法律术语来说,国际经济组织就是国际经济关系中的主体。

4."国际法"和"国际经济法"崇尚的原则不同。"国际法"崇尚的原则是国家主权原则,互不侵犯领土,互不干涉内政,和平共处的原则。国际经济关系中一个比较普遍推行的原则是国门开放和贸易自由的原则。因为国际经济合同关系的效果往往不能不触及到他国经济的内部,例如在世界贸易组织 WTO 的规定中还明确规定了各国的法律必须与成员国在 WTO 所承担的义务相一致的原则。

5. 协商事务和处理纠纷的组织机构不一样。例如,国家之间的法律争讼,由"国际法院规约"所设立的国际法院裁断之。国际投资问题上的仲裁和争讼,由世界银行下设立的"国际投资争讼中心"(ICSID)依照"关于解决各国和其他国家国民间的投资争端公约"处理之,国际贸易中的争讼,现在有世贸组织专门设立的争端解决机构,依照它的"解决规则与程序的谅解"处理之。

我认为"国际法"(国际公法)和"国际经济法"作为学科部门可以分开来研究,"国际法"的名称可以通用,但研究工作合起来则范围太大,容量太重了。

以上就是我对于研究"国际经济法"的一些意见,归纳起来是如下几点意思:

一、不论是"国际公法"还是"国际经济法",国际间表达"法"的方式只能由国与国之间签订条约、公约或者其他能达成的协议或合作方式来表达,更理想的方式尚有待于世界各种势力之间的折冲。

二、研究"国际经济法",必须首先研究(或至少知道)我们自己国家的立法和司法或其他法律实践。

三、研究"国际经济法",既然是研究经济方面的国际法,就不应停留在仅仅研究"法"的平面上,还应进一步研究与"法"有关的经济问题,或导致该法或存在于法之背后的重要经济问题。

谨书此作为丛书之前言,并用此以自勉。

芮 沐

2000年写于北京大学法学院

◉ 四、未完成书稿*

第一部分　GATT——关税与贸易总协定

1.1

这一小册子是一本关于"关税与贸易总协定"和"世界贸易组织"的法律问题的介绍与研究。书名定为《世界贸易组织：GATT—WTO》。

GATT—WTO 无疑是现今世界上最大的一个国际经济组织。GATT—WTO 中的"关税与贸易总协定"（简称关贸总协定，或总协定），外文是 General Agreement On Tariff and Trade，简写为 GATT。"世界贸易组织"（或称"世贸组织"）外文是 World Trade Organization，简写为 WTO。关贸总协定是世贸组织的前身，世贸组织是关贸总协定的继续与发展。从 1948 年 1 月 1 日联合国 24 个国家[①]签订"关税和贸易总协定"以至 1994 年 4 月世界 124 个国家及欧共体国家[②]在马拉喀什达成"建立世界贸易组织协议"到今天，GATT—WTO 已有半个多世纪的存在运转与发展过程。

1.2

"世界贸易组织"怎么会作为一个组织的名称同"关贸总协定"作为一个协议协定的名称放在一起而构成一个东西呢？这必须先从关贸总协定出现的历史背景说起。

关贸总协定产生于二次世界大战前 1929—1930 年资本主义世界的

---

* 本部分为芮沐先生未完成的书稿，部分原文无题目，部分原文脚注无内容。——编者注

① 关贸总协定创始成员为 23 个。——编者注
② 世界贸易组织创始成员为 123 个。今天已是 138 个国家。——编者注

经济大萧条。美国于 1930 年颁布了一个名叫 Smoot Hawley Tariff Act (斯摩脱豪莱关税法)的法律,把进口关税提高到有史以来的最高度,以限制来自他国的商品进入美国,所谓"以邻为壑",转嫁危机。美国的这一保护自身的举措引起资本主义世界的恐慌,各国为与美国对抗,相互效尤,采取对策,纷纷提高关税。世界贸易一落千丈。有人认为,这也是导致第二次世界大战爆发的原因。战争临近结束,美国作为战争中唯一的赢家,决定采取两种措施来改变这种状况,以规避它的责任。一是推动各国同它签订互助贸易协定(Reciprocal agreement program),以降低关税和减少贸易限制来抵消原来的高关税造成的后果。二是推动多边公约制度,利用当时才建立起来的联合国的方便,由美国主持召开各式各样的国际会议。例如 1944 年 7 月 1 日在美国布雷顿森林召开"联合国货币和金融会议",在这个会议上通过了"国际货币基金组织协定"和"国际复兴开发银行协定",1947 年 11 月—1948 年 3 月在哈瓦那召开"联合国贸易及就业会议",准备建立一个"国际贸易组织"(ITO)。国际货币基金组织(IMF),是以固定汇率价格为基础,用于短期融通资金,解决国际收支困难。建立加权集股的"国际复兴开发银行"(IBRD)作长期投资,提供技术援助,帮助困难地区的经济恢复和重建。建立"国际贸易组织"(ITO)是想通过它来推动更自由的国际贸易来往,降低关税和取消各种贸易限制,使贸易谈判能更有利地进行,贸易争端更有序地得到解决。这三个机构合起来就构成人们称为布雷顿森林会议体制,它是①奠定战后资本主义政治经济秩序的一种体制。

1.3

国际货币基金组织和国际复兴开发银行这两个政府间组织,因为符合联合国宪章的规定,当时就毫无困难地成为联合国的专门机构。而那个称为"哈瓦那宪章"的国际贸易组织却因美国国会走向孤立主义、保守主义而在美国国会中被否决了。好在当时美国政府制定的相互签订贸易协定的方案还存在,美国与其他国家间的关税谈判还在进行。他们就不等国际贸易组织的成立,在 1947 年在日内瓦召开了第一次关税谈

---

① 原文脚注无内容。——编者注

判会议，签订了一项成为最后"关税贸易总协定"的多边条约。关税及贸易总协定虽则把哈瓦那宪章的部分内容吸收进来，但它仍因缺乏肯定一个政府间组织条约的基本条件，美国又不得不纠集包括发达国家和不发达国家在内的 23 个国家，通过了一个"关贸总协定临时适用议定书"（PPA, Oct30,1947）。① 这样，作为一个国际贸易组织 ITO 的替代物，"关税贸易总协定"就暂时充当一个国际组织，在世界上运行了半个多世纪。现在的 WTO 可以说就是美国原来计划中的 ITO。②

---

① 原文脚注无内容。——编者注
② 原文脚注无内容。——编者注

第二部分
GATT 的内容、原则、例外及运行[*]

2.1 GATT 的条文节译

1948 年 1 月 1 日生效的关税贸易总协定的内容简约介绍如下框：

1948 年 1 月 1 日生效的关税贸易总协定的内容简约		WTO 相应的修改
序言		
第一部分	第一条：规定各国应无歧视地彼此给予最惠国待遇。	
	第二条：缔约国应根据总协定彼此作关税减让。关税减让表作为协定的行动规则的组成部分，是缔约国必须遵守的义务。	WTO《关于解释 1994 年关贸总协定第 2 条第 1 款 b 项的谅解》
第二部分 根据"关贸总协定临时适用议定书"的规定，缔约国可以在总协定的第二部分第三条至第十八条所规定的各个方面保留适用本国的法律，即所谓"祖父条款"。	第三条：禁止对进口商品征收歧视性的国内税或其他国内法律措施，即国民待遇原则。	
	第四条：有关电影胶片配额问题的特殊规定。	
	第五条：过境自由所涉及的对外国商品征收各种费用的规定。	
	第六条：允许征收反倾销税和反补贴税的规定。	此条为 WTO1994《GATT 反倾销协议及补贴与反补贴协议》取代
	第七条：进口商品的海关估价。	本条为 WTO1994 GATT 关于第 2 条的协议取代
	第八条：对进出口征收规费和其他手续费，应以成本为根据，不得成为间接保护本国产品的手段。	

---

[*] 标题为编者所加。——编者注

第二部分 根据"总协定暂时适用议定书"的规定,缔约国可以在总协定的第二部分第三条至第十八条所规定的各个方面保留适用本国的法律,即所谓"祖父条款"。	第九条:缔约国在产地标识方面给予其他缔约国的待遇不得低于给予第三国的待遇。	《WTO原产地规则协议》
	第十条:缔约国关于贸易和与贸易有关的法律、法令条例、协定、裁决必须公开。	此项义务由WTO贸易政策审议机构和各种通知的要求作了补充
	第十一条:不得设立或制定维持配额、进出口许可证或其他措施来限制或禁止其他缔约国产品的输入,或向其他缔约国输出或销售出口产品。此条是关于取消数量限制的一般原则。	
	第十二条:为了保障国际收支平衡,可以容许缔约国作某种数量限制。	
	第十三条:作上述数量限制时,不得违反缔约国间的非歧视原则。	
	第十四条:对上条无歧视原则规定的各种例外。	
	第十五条:规定缔约国应谋求与国际货币基金合作,以便缔约国全体与货币基金组织在它主管的外汇问题和缔约国全体所主管的数量限制或其他贸易措施方面采取协调一致的政策。	
	第十六条:缔约国一般地应限制使用补贴或任何形式的收入支持或价格支持,以增加产品的输出或减少产品的输入。	此条由WTO1994年《GATT反倾销协议及补贴与反补贴协议》作了补充。
	第十七条:规定国营企业或具有独占权或其他特权的企业,在其进出口贸易中应符合非歧视待遇的原则。	
	第十八条:对于缔约国中的发展中国家,在其必须遵守一定程序的条件下,有可能为建立和促进幼稚工业,为进口规定关税保护,为维持国际收支平衡,实施某种数量限制。	《关于1994年关税与贸易总协定国际收支条款的谅解》

第二部分 根据"总协定暂时适用议定书"的规定,缔约国可以在总协定的第二部分第三条至第十八条所规定的各个方面保留适用本国的法律,即所谓"祖父条款"。	第十九条:对进口的产品,由于它的数量大大增加或由于它享有某种优惠条件,致使缔约国的国内生产遭受严重损害或有严重损害之威胁,允许其采取紧急措施,暂停实施所承诺的义务,撤销或修改关税减让。	此条由1994年GATT关于保障措施协议所取代。
	第二十条:对GATT原则的一般例外	
	第二十一条:允许国家安全的例外	
	第二十二条:一缔约国向另一缔约国提出的任何事项,都应与有关缔约国先行磋商。	
	第二十三条:一缔约方因另一缔约方不执行总协定所规定的义务,致使减让无效或使另一缔约方的利益受到损害,受损害的缔约国应提出书面意见,由总协定就此作出裁决。	此条由WTO《关于争端解决规则和程序的谅解》作了重要补充。
第三部分①	第二十四条:总协定也可以适用于边境贸易,关税同盟和自由贸易区。	
	第二十五条:为了实现总协定宗旨目的,缔约国全体应随时召开全体会议,采取联合行动。遇有特殊情况,例如解除豁免某一缔约国的义务时,应由缔约国全体过半数、出席国的2/3以上通过之。	WTO《关于豁免1994关贸总协定下义务的谅解》
	第二十六条:总协定的接受、生效和登记。	
	第二十七条:关税减让的停止或撤销。	
	第二十八条:关税减让表的修改。	
	第二十九条:总协定第二部分的各项规定,应在《哈瓦那宪章》生效之日起停止生效。	
	第三十条:关贸总协定的修订。	
	第三十一条:退出总协定的程序。	

---

① 芮沐先生原表格无第三部分,疑为遗漏,此处依据《关税与贸易总协定》(GATT—1947)文本补充。——编者注

第三部分	第三十二条:缔约国的定义;缔约国应理解为依照本协定第二十六条第三十六条或《临时实施议定书》实施本协定各项规定的各国政府。	
	第三十三条:不属于本协定缔约国的政府,或在外贸方面享有完全自主权的单独关税区的政府,可以在与缔约国全体议定的条件下代表它本身或代表这一地区加入本协定。	
	第三十四条:本协定的附件是本协定的组成部分。	
	第三十五条:在特定缔约国之间,如果它们进行关税谈判,任何一方在另一方成为缔约国时不同意对它实施本约定,它们可以互不适用本约定。	
第四部分 这是 1965 年后新增加的一个部分,要求对发展中国家给予更优惠和差别待遇。	第三十六条:满足发展中国家特殊需要的原则和目标;发达国家对发展中国家在贸易中所承诺的减少或撤除关税和其他壁垒的义务不应是互惠的。	
	第三十七条:发达缔约国为达到上述这些目标所承诺的义务。	
	第三十八条:发达缔约国为达到上述目标应采取联合行动。①	

总协定不仅指协定规定本身,还包括订立协定时缔约国所签订的议定书、会议记录和缔约国提供的大量关税减让表以及这些文件的事后修正。

2.2 GATT 的情况总叙

单从 GATT 的规定看,它只是一个国际协定,不是一个"政府间组织"。因而它也没能成为联合国的"专门机构",没有像逐步完成一体化的欧共体那样在其章程中自封为"法人"。它的成员个体称为"缔约国"(contracting party),它的成员整体,英文称为 The Contracting Parties,中文可勉强称为"缔约国全体"。它设有一个秘书处,但这个秘书处在 GATT 时期只是一个事实上的存在(de facto),没有官方地位。这个秘书处虽

---

① 关于发展中国家应补上 1979 年东京回合会议上通过的四个框架协定。

则没有官方地位,却在50年间一直作为关贸总协定的正式秘书机构活动着。从关贸总协定的经济职能看,"总协定"是一个"多边贸易组织",但它是以在关贸总协定内缔约国间分别订立关税减让等双边条约起家的。随着时间的推移,后来才成为由关贸总协定有机地协调成员间的各式各样经贸关系而成为一个多边贸易体制。在这种多边贸易体制中达成各种协议是一种十分复杂的过程,往往需要经过很长时间的谈判和讨论,包括谈判本身、达成协议、制定规程、规章等。从其表现形式看,关贸总协定还是一个"谈判场所"(Forum)。另外,关贸总协定中也隐约规定了一个解决争端的机制。不过从关贸总协定整个50多年的历程看,我们不能认为它已是一个很有效的解决争端的机制。还有待于GATT成为WTO后,建立起了较有效的DSB(Dispute Settlement Body),这样的机制才算确立。

2.3　GATT的宗旨和目的

关贸总协定的宗旨和目的,像在它序言中所说的,是在于"促进缔约国各政府在规划其经贸关系时应致力于提高人民的生活水平,保证其充分就业,保证其实际收入和有效需求的持续增长,扩大世界资源的充分利用,发展商品的生产和交换,达成削减关税和消除其他贸易障碍、非歧视性与互利互惠的协议。"一句话,关贸总协定的总目标是在于使世界贸易能尽可能自由地流动,即无障碍地无歧视地交换和流通。

2.4　自由贸易的理论基础

关于自由贸易的可行性和可嘉性,西方国家的国际贸易教科书和一部分政治经济专著甚至某些文件往往喜欢引用英国李嘉图的"相对优势"或"可比利益"(comparative advantage)理论来加以说明。① 李嘉图的"相对优势"或"可比利益"理论是说:无论你的生产是否具有优势——绝对优势或相对优势或甚至没有优势,国际贸易总是可以有利地进行的。这种理论对于知道一些英国的工业发达史和十九世纪以来英国殖民主义政策导致英国和个人大发横财的情况的人来说,李嘉图的理论似乎是很容易理解的。但对于不了解这种历史背景的人来说,李嘉图的理

---

① 原文脚注无内容。——编者注

论却显得过分单纯,以至于令人难以置信,遑论加以理解和评论了。单纯从技术观点看,相对利益理论也只是从贸易的供给方或出口方单方面计算其利益大小的一种理论。① 这里没有一点像关贸总协定序言中所切望其能实现的那种"互惠""互利"思想。这个理论也无法说明现今西方世界"贸易关系中不断重复出现的(或者可以说从来没有消失过的)严重保护主义倾向,也无法说明当今发展中国家虽然十分愿意得到发展,却总是力不从心,它们与发达国家之间的贫富差距越来越大,使其无法成为真正有利可图的贸易伙伴。

2.5　GATT规定的原则

根据自由贸易的构想,关贸总协定也为自己规定了几条重要原则,以规范总协定缔约国之间的贸易关系。

第一个原则是无歧视原则,即任何缔约国不得在其贸易伙伴之间给予他国以任何不同待遇的原则。这个原则又可分为两方面:1. 应无条件地给予其他缔约国任何一方以同样优惠待遇的原则——最惠国待遇原则(总协定第一条)②;2. 给予外国贸易人员和外来进口产品以相同于(或不低于)本国人民或产品的待遇的原则——国民待遇原则(总协定第三条)。

第二个原则是降低关税、削减关税,并在缔约国之间制定无歧视地受约束只减不增的关税减让表的原则(总协定第二条)。

第三条原则是消除关税以外其他壁垒如配额、进出口许可证、数量限制,统称为不许作数量限制的原则。

除此三原则之外,关贸总协定没有规定更多其他的原则。

关贸总协定期间曾出任总干事的奥利弗·朗在他的《关税贸易总协

---

① 原文脚注无内容。——编者注

② "最惠国待遇"一词可能引起某种误解,但必须知道给予伙伴国以最优惠待遇只是说在多边贸易关系中,应给予另一国以与其他缔约国相同的最佳待遇,不是说要缔约国给予另一缔约国以最佳最好的待遇。最惠国一词英文为 most favoured nation, most favoured 不能译为 最"优"、最"好"、最"佳",用最"惠"一词比较恰当。在美国目前的外贸外交辞令中,已将该词改为 Permanent Normal Trade Relation(PNTR),即永久性经常贸易关系,以掩盖美国对中国贸易关系在国会每年必须讨论和审查的被动局面。

定多边贸易体制中的法律和它的局限性》一书①中提到"互惠是总协定中占有重要地位的一项基本原则"。其重要性不仅可以从总协定的前言中清楚地看出,而且在有关关税谈判(总协定第 28 条附加)和有关减让表修改的规定中(总协定第 28 条本文)也曾提到这个原则。但我想指出,互惠互利只不过说出了总协定的一个努力方向和奋斗目标,总协定序言中是这样表述的:"切望达成互惠互利协议,指向大幅度地削减关税和其他贸易障碍,取消国际贸易中的歧视待遇,以对上述目的作出贡献。"总协定本文中并没有把互惠互利作为一个原则。朗的书中也说"缔约国全体还没有将互惠作为一个法律概念加以定义"②,因此把互惠互利作为关贸总协定的一个基本原则是没有太大根据的。实践中一些发展中国家在其加入关贸总协定时受到来自发达国家贸易伙伴的重大压力,要求其付出高昂的"入门费",可以说明互惠是怎么一回事!

也有人提出"透明度"是关贸总协定基本原则之一。根据是以"贸易条例的公布和实施"为题的总协定第 10 条。这个条文的确很重要,而且规定得也很详细具体,不妨把它全部译出,供读者参考。该第 10 条说:"缔约国有效实施的用于海关产品的分类或估价,关于税捐或其他费用的征收率,关于进出口货物及其支付转账的规定,以及关于影响、限制和禁止货物的进出口及其销售、分配、运输、保险、存仓、仓储、检验、展览、加工、混合或使用的法律、条例、司法判例和通用的行政决定,都应迅速予以公布以使各国政府和贸易商能够熟悉它们。一缔约国政府或政府机构与另一缔约国政府或政府机构之间缔结的能影响国际贸易的协议或协定,也必须公布。但本款规定并不要求缔约国公开那些会妨碍法令的贯彻执行、会违反公共利益、或会损害某一公私企业的正当商业利益的机密资料。"一个国家如果没有这样的法律、法令和制度,要能够很顺当地推动它的商业或对外贸易是很困难的。但我认为公布法律和怎样公布这些法律毕竟只是一个国家本身的事情。关贸总协定作为一个国际经济协定,可以制定一些条则来推动它的成员缔约国做这或做那,或制定什么法律来规范它的活动,当然 GATT 本身也可以制定这样那样

---

① 原文脚注无内容。——编者注
② 原文脚注无内容。——编者注

的"法律"或规则。但总协定毕竟不是一个政治组织,它并不具备为它自己立法或要求缔约国如何立法的法定权力。它是一个以国际多边协议为基础的经济组织,WTO 成立后,其内部权利结构可能会有所加强,但也仍然是一个以缔约为基础的国际经济关系。在这种情况下,我认为没有必要把希望缔约国立法具有透明度的要求作为总协定的一个基本原则提出来。这样做可能发生一些流弊,在缔约国之间,在缔约国与总协定之间特别在对待发展中国家问题上引发一些不必要的意识形态冲突。

2.6 GATT 原则的例外

关贸总协定不仅明确规定了原则,还制定了对原则的许多例外。GATT 原则只有三个,原则的例外竟有十来个之多。

所谓例外,是指 GATT 明文规定经贸活动可以不照原则办事的例子。列举一下,这些例外有如下几种:

①允许重开谈判(关贸总协定第 28 条);
②豁免(关贸总协定第 25 条);
③保障条款(关贸总协定第 19 条);
④反倾销(关贸总协定第 6 条);
⑤国际收支平衡(关贸总协定第 12—14 条);
⑥关税同盟和自由贸易区(关贸总协定第 24 条);
⑦维护公共道德、健康、自然资源的保护(关贸总协定第 20 条);
⑧国家安全(关贸总协定第 21 条);
⑨发展中国家的幼稚工业(关贸总协定第四章 38 条);
⑩纺织品协议。

2.7 关贸总协定明确规定的各自由贸易原则的例外

2.7.1 减让的重新谈判

根据关贸总协定第 28 条的规定,在缔约国加入关贸总协定第一天起的每三年期和其后的每三年期中,任何缔约国都可以和最初与之谈判减让的缔约国或者与 GATT 缔约国全体认为具有"主要供应利益"(principal supplying interest)的国家进行谈判,并且和其他具有重大利益(have a substantial interest)的国家磋商后,修改或撤回这一减让。

修改减让是为了使减让的国家能提高关税,高关税在法律结构上就构成对关贸总协定三大自由贸易原则的例外。容许提高约束关税水平的条件是①必须首先同有主要供应利益的国家进行谈判;②向这一有主要供应利益的国家提供补偿。所以,关键问题是如何理解"有主要供应利益的国家"和在50年代和90年代的国际贸易生活中谁是有主要供应利益者。

关贸总协定附件九注释和补充规定中有一个关于第二十八条的注释。在这个注释中,"供应上有主要利益"的国家是指"与原拟订减让的缔约国相比,在受到减让影响的贸易中占有较大份额的缔约国"。

世贸组织马拉喀什协议附件1A的"1994年关税与贸易总协定关于解释第二十八条的谅解"中,又对什么叫作"有主要供应利益"的国家作了解释:有主要供应利益的国家是指"在向申请修改和撤销关税减让的国家的出口总额中占有最大份额的那个国家"。这就更清楚地指明了这里所说的对GATT三原则的例外,不是指要求提高关税以保护自己的那个经济上只有微薄力量的国家,而是指经济上强有力、贸易地位方面具有强大谈判力的国家。

2.7.2 缔约国全体的豁免(Waiver)

什么叫作"豁免"? 关税与贸易总协定第25条作了这样一条规定:"在本协定其他部分未作规定的特殊情况下,缔约国全体可以豁免某一缔约国对本协定所承担的某项义务。"所谓"豁免",就是在总协定规定的某种情况下,缔约国全体可以采取联合行动解除某一缔约国义务的行动。

在多边贸易关系中,缔约国义务状态的变更或解除会严重影响一缔约国的政治经济地位和利益,这是无疑的。第25条的这种规定是对关贸总协定自由贸易三大原则的一种例外,也是很明显的。但"豁免"对总协定原则起到例外的作用还有另一个特点必须在这里指出。前一段中曾提到修改关税减让必须先由申请修改减让的缔约国提出并经与有主要供应利益的国家谈判并与具有重大利益的其他国家磋商后才能达成关税减让的修改。但在这里,解除某一缔约国的义务却是关贸总协定,即缔约国全体采取联合行动问题的严重性和影响之大,自与一般例外不同。

"豁免"这一例外曾在总协定的五十年经历中多次被援用过。其中最突出的例子是1955年总协定作出的美国不须遵守总协定第11条对农产品出入口不准作数量限制的决定。而美国1933年"农业调整法"第

22 条的规定是容许这样的限制的。因而总协定解除美国的义务就等于在国际贸易中,援用美国的法律而使其他国家蒙受损害。这一决定曾在 1955 年在欧盟国家与总协定及美国之间引发了一场严重的争吵。①

GATT 也曾为"豁免"规定了一些限制,例如"作出豁免的决定必须由全体缔约国过半数的三分之二的多数票通过"。但作这样的限制规定,并不能减轻这种决定的严重性。世贸组织马拉喀什协议第 9 条第 3 款规定加强了这种限制:"在例外情况下,部长会议可以决定豁免某成员根据本协议和其他多边贸易协议所承担的某项义务,除本款另有规定外,这种决定应经 3/4 成员的批准。""在某些场合下,这个决定还必须以成员一致意见作出。"我们还没有见到这一方面的具体案例。

2.7.3 因紧急情况而实施保障措施的例外

关税贸易总协定在题为"对某些产品的进口(采取的)紧急措施"的第 19 条中规定:"如因不可预见的情况,或因缔约国根据本协定所承担的包括关税减让等的义务,致使输入该缔约国的产品大量增加,严重损害到生产同类产品或生产能与之直接竞争的产品的缔约国的利益,该缔约国可以在设法避免或防止这种损害发生的时间和程度内,部分或全部停止履行其所承担的义务或撤销或修改这种义务。"19 条 b 款中也对优惠减让的产品作了同样的规定。

从其能撤销、修改或停止履行关税减让等义务的作用看,保障措施无疑是一种对总协定原则的明显的例外,这是没有问题的。但关贸总协定为什么要规定这样一个紧急保障措施,这个保障措施所要保护的又是哪方面的利益?从总协定第 19 条的条文中很难看得清楚。

据我们所知,关贸总协定这种保障条款如同关税与贸易总协定本身一样,都来源于美国的立法。在美国的对外贸易法中,这种保障措施称为 escape clause"逃避条款"或"免责条款"②。这是美国对外贸易法中常

---

① 原文脚注无内容。——编者注
② "免责条款"最初出现在 1943 年美国同墨西哥订立的互惠贸易协定中。1947 年美国总统颁布了一个要求互惠贸易协议都必须加进一个"免责条款"的命令。1951 年,美国又把"免责条款"作为一个正式法律条文写进了"贸易协议展期法"(Trade Extension Act)中。美国 1974 年的贸易法(Trade Act 1974)免责条款被放进以包括第二部分"解除进口竞争所造成的损害"和第三部分臭名昭著的 301 条款在内的解除外国不正当贸易措施的"危害性"的非常具体的规定作为全美大法典(U.S.C)公法的内容。

用的一种对付它认为是不正当或不公平的,使其国内产业受到了损失的进口的措施。它通过适用这样一个免责条款来推卸它应负的责任,以抵消它想象中或实际上存在的损失,从而维护本国产业的利益。①

关税贸易总协定中的保障措施不应该是这种情况。关税与贸易总协定是一个多边贸易协定,它不是单一的一个国家;因而它所规定的保障措施不可能是单一的一个国家的政策措施。GATT 保障条款的行使首先需要征得缔约国全体的同意。美国法律里的免责条款是以外来货物"不正当"地涌入为前提的。关贸总协定第 19 条措施的行使却没有规定这样的前提。因此根据 19 条行使保障措施,其结果如果影响了出口国的利益,出口方反而可以要求补偿,补偿如果达不成协议,出口方还可以采取报复措施。

这又是为什么呢？对此,关贸总协定总干事奥利维尔·朗有一个较为实在的说法。他说:"保障条款,尽管它们涉及往往需要暂时使用一些限制性措施,却是自由贸易协议中一个带关键性的成分。保障条款代表着两个相互矛盾的目标之间的某种联系:一个目标是各国政府必须遵守对贸易自由化所作的承诺,另一目标是各国政府应经常注意行事中要留余地,使得经济情势变化时有必要采取一些限制措施,用以保护国内市场。"他又说:"保障条款可以看作是一种'安全阀',但又是在两难之间必须要找到的一种折中办法。一方面保障条款规定得十分严格,使其作为例外的性质能突显出来,一方面又要使它具有一定的灵活性(flexibility),使有关政府可以毫无顾忌地承担起尽可能多的承诺,并使其承诺获得政府批准的任务得到方便。"

保障条款必须予以精心设计和审慎制定,使人们难以在它们的规定之外利用别种办法或措施来绕过它们,以保证保障条款不丧失其应有的价值。②

由于保障条款的这种复杂性,在关贸总协定运行的数十年中,使用这个条款的次数并不太多。美国使用过 16 次,澳大利亚 16 次,法国、德国、意大利各 2 次,欧洲共同体用过 2 次,加拿大用过 8 次,其中加拿大

---

① 关于美国贸易法的介绍见芮沐为杨国华《美国贸易法"301 条款"研究》的序。
② 原文脚注无内容。——编者注

八次适用保障条款都是为了对付来自美国的农产品的进口。①

也是由于使用这种保障条款会碰到各种程序上的困难,于是又发明了种种绕过总协定第 19 条保障条款的措施。八十年代中期,美国的汽车工业即曾同日本在订立"自愿限制协议"(Voluntary Restraint Agreement)用来限制日本汽车的进口。美国还同许多产钢国家订立了"自愿限制协议"来保护自己的钢铁工业,用订立"多种纤维协定"(Multifiber Agreement)来限制主要来自东亚国家的纺织品进口。以要求出口国对其产品课征出口税或出口签证等方式订立维持其国内正常行销秩序的协议(Orderly Marketing Agreement)又是一种绕过总协定保障措施的做法。上述这些称作"灰色领域"的措施是十足的违反自由贸易原则的保护主义措施。称之"灰色",意思是说它虽非黑市却已是迹近黑市的幕后交易行径。

2.7.4 倾销与反倾销、补贴与反补贴的例外

反倾销税和反补贴税的征收是 GATT 规定的对 GATT 总原则的另外两个例外。它们所以是例外,是因为此处 GATT 允许进口国征收的关税在性质上和数量上都可以 GATT 第二条规定的减让表上所作的约束,而且是专门用来对付进行倾销和有补贴嫌疑的某个具体国家的,这又和最惠国原则下优惠必须平等地普及于所有缔约国的做法不同。

反倾销税和反补贴税一并规定于关贸总协定的第 6 条,关于补贴则在总协定的第 16 条中又专门作了规定。反倾销的立法可以追溯到 20 世纪初英国和加拿大抵制美国的糖和铜铁的倾销。美国为了保护自己,预防他国的攻击,就在当时准备成立的国际贸易组织(ITO)中提出了一个根据它自己的反倾销法,即《1916 年反倾销法》(Anti Dumping Act of 1916)拟订的反倾销法草案。这就成为现在关贸总协定中的第 6 条规定。② 反补贴税的立法则来源于美国 1930 年的关税法。③

根据总协定第 6 条的规定,倾销是指将一国的产品以低于它的正常价值(出口国产品在国内消费时正常情况下的可比价格)输入另一国的贸易行为。补贴则根据总协定第 16 条的规定,是指产品在原产地(国)

---

① 原文脚注无内容。——编者注
② 原文脚注无内容。——编者注
③ 原文脚注无内容。——编者注

制造或从原产地输出一种产品时用以直接增加从它的领土输出或减少向它的领土输入所给予的任何形式的收入支持或价格支持的奖金或补助。

关贸总协定对倾销和补贴都是持谴责和反对态度的。因而总协定第 6 条第 2 款规定为了避免倾销对国内生产企业可能造成损害,保护生产者的利益,允许"对倾销的产品征收数量不超过这一产品的倾销差额的反倾销税"。总协定第 6 条第 3 款则规定:"不允许在缔约国输入的任何产品征收超出产品在原产地或在输出国制造的、生产或输出时直接或间接得到的奖金或补贴的补贴税。补贴税乃是旨在抵消外国在制造、生产或输出商品时直接或间接给予的任何奖金或补助而征收的一种特别关税。"

但是,"倾销"和"补贴"这两件事历来就有不同看法。例如,"倾销"事实上是否存在;一切倾销是否都出于"恶意"(掠夺性倾销);征收反倾销税时,怎样调查和计算出出口国的国内价格;而在无法计算出这种国内价格时,征税国能否人为地为它拟订一个价格(构造价格);能否拟想出商品出口到第三国时在第三国的可比价格;从贸易理论上讲,这样为反对倾销而寻找商品价格的做法对所有国家是否都是公平合理的,问题实在不少。

补贴和反补贴税的问题,情况更为严重。首先,什么叫做"补贴",一个国家为什么要对它的工农业、公司企业及其销售行为进行补贴,这是经济学家和法学家长期以来争论不休的问题。① 另一个国家为什么要对进行补贴的国家加以抵制,反过来还要征它的税,这个税又怎样征法,能征多少,征税前要做什么调查研究工作,这里的工作对象是接受补贴的哪个进出口贸易行为呢,还是提供补贴的那个国家或政府的政策与法律行为,征税国与补贴国之间,发生矛盾又怎么办,通过什么渠道来解决这个冲突,等等一系列的难以解决的问题。

为了解决这些问题,总协定第 16 条就补贴问题另外又作了如下的规定,我们把它全部转录如下:"任何缔约国如果给予或维持任何补贴,包括任何形式的收入支持或价格支持,以直接或间接增加从它的领土输

---

① 原文脚注无内容。——编者注

出某种产品或向它的领土输入某种产品,它应将这种补贴的性质和范围,这项补贴对输出入的产品的数量可能产生的影响以及使这项补贴成为必要的各种情况,书面通知缔约国全体。如果这项补贴经判定对另一缔约国的利益造成严重损害或有损害威胁的,授与补贴的缔约国应与另一方国家或其他有关国家或缔约国全体磋商限制这种补贴的可能性。……缔约国应力求在初级产品的输出问题上不使用补贴。"

总协定第 23 条还规定:"任何缔约国若因另一缔约国(……授与补贴)的情况,致使其利益受到丧失或损害时,可以将问题提交缔约国全体……如缔约国全体认为情况严重以致有必要批准一缔约国对其他缔约国暂停执行本协定规定的关税减让或其他义务……并随意通知缔约国全体的执行秘书长它有意退出本协定。"

上述总协定第 6 条关于反倾销税和反补贴税的规定,只说明这两种征税是作为对总协定原则的例外,允许超常规地征税的情况,而第 16 条的规定虽然回头来给出了补贴的定义,却对补贴只作了微弱的限制,反而对初级产品的出口则有所指地作了几乎等于"禁止"补贴的规定。在东京回合上发生争吵是不可避免的。

根据记载①,在总协定运行的近半个世纪中,美国是提出反倾销诉讼和反补贴诉讼最多的一个国家,其中它使用反倾销诉讼的次数,比反补贴更多。但反补贴诉讼却是美国实施它的对外贸易政策中的一个主要工具。② 发展中国家对美国的反倾销最不好理解的地方,前面已经提到,在于它在计算倾销税时可以用产品输出在第三国的价格,或干脆使用一种所谓"推定的价格",而计算反补贴税时则调查对象可能干脆成为另一国的全部经济政策。

2.7.5 为保障国际收支平衡而对数量限制原则所作的例外③

对外贸易中不允许商品来往在数量或价格上作任何限制,这是关税与贸易总协定规定自由贸易基本原则之一。

总协定第 11 条对此作了这样的规定:"任何缔约国除征收捐税或其他费用外,不得设立或维持配额、进出口许可证或其他措施,以限制或禁

---

① 原文脚注无内容。——编者注
② 原文脚注无内容。——编者注
③ 见 1971 年 4 个框架协定。

止其他缔约国领土的产品的输入或向其他缔约国领土输出或销售出口产品。"

总协定第 11 条还规定:"这种不准作数量限制的规定不适用于下列政府措施:1. 为阻止或解救由于食品或其他必需品的严重缺乏而临时采取的禁止和限制出口措施;2. 国际贸易中政府就执行货物的分类、分级或销售而制订的标准和规则所采取的禁止和限制进出口措施;3.为执行限制那种国内生产本身微不足道却全部或部分必须依赖进出口产品的生产的畜产品的政府措施。"也就是说,国际贸易的一个原则是除了涉及政府措施的那些特别情况外,不准在数量上(或价格上)作任何限制。从关贸总协定的条文看,这个原则是规定得足够明确和周到的了。

但国际贸易与日常生活中现买现卖、有钱则买、无钱作罢、现金交易的情况不同。国际贸易需用外币来支付。一个缺乏外汇储备的国家或一个经济情况不佳的发展中国家如果因国际收支发生困难,贸易行为即无法进行。在美国一手创制的布雷顿森林会议体系里有两种做法可以帮助解决国际贸易中的这种困难:IMF(国际货币基金组织)是用暂时借贷(购买)外币的方式帮助各国解决国际收支困难。GATT(即因 ITO 没有成为现实而暂时施行的关税与贸易总协定)则用制定两条对总协定总原则的例外规定来容许贸易关系中作数量限制来解救缔约国的国际收支困难。这两个例外措施就是总协定的第 12 条和第 18 条的规定。

总协定的题为"为保障国际收支而实施的限制"的第 12 条规定:"任何缔约国为了保障其对外金融地位和国际收支",为了"预防货币储备的严重下降",为了"其储备能合理地增长","可以限制进口商品的数量或价值"。

总协定在题为"政府对经济发展的援助"的第 18 条的第 4、8、9 款规定:"缔约各国认为,本条第 4 款(甲)项规定范围内的缔约国,在它们的经济迅速发展的过程中,主要由于努力扩大国内市场和贸易条件的不稳定,往往会面临国际收支的困难","为了保护它们的对外金融地位和保证它们有一定水平的储备以满足实施经济发展计划的需要","为了预防货币储备严重下降","为了使货币储备能够合理增长","本条第四款(甲)项规定范围内的缔约国可以采取限制准许进口的商品的数量或价值"。

这就清楚地表明 GATT 第 12 条和第 18 条的规定作为 GATT 第 11 条不能限制贸易数量和价格原则的例外,其指向不仅在于能够帮助贸易和金融都发生困难的国家,还表明 GATT 有能力把这种保护扩大到保护具有强大经济实力并且左右他国贸易和金融地位的国家,以至把这种保障引向保护作为国际贸易基础的"国际货币基金组织"本身。

2.7.6 一般性例外和安全例外

除了上述五种例外,关贸总协定还规定了另外两种例外:"一般性例外"和"安全例外"。这两种例外虽然名叫例外,但它们所指内容却是些国际关系和国际贸易关系中经常会遭遇到和考虑到的问题。

关贸总协定第 20 条规定的一般性例外包括下列十种情况和措施:

①为维护公共道德必须采取的措施;

②为保障人民生命健康、动植物生命健康所必须采取的措施;

③有关输出或输入黄金或白银的措施;

④保证关贸总协定各种规定的贯彻执行所必需的措施,包括加强海关法令和条例,加强对关税减让表中列名的进口产品的垄断,保护其专利权、商标权及版权,以及防止各式各样欺诈行为所必须采取的措施;

⑤有关监狱劳动产品的措施;

⑥为保护一国具有艺术、历史、考古价值的文物而采取的措施;

⑦为有效保护可能用竭的自然资源的有关措施;

⑧为履行缔约国全体不予反对的国际商品协定所承担的义务而采取的措施;

⑨在作为政府稳定物价计划将国内原料价格压低到国际价格水平之下时期,为保证国内加工企业对这些原料的需要以限制这些原料出口的措施,条件是不得利用这些限制来增加国内工业的出口或对其提供保护,也不得违反本协定有关非歧视的规定;

⑩在普遍或局部供应不足的情况下采取为获取或分配产品所必须采取的措施,条件是这些措施必须符合所有缔约国在这些产品的国际供应中都享有公平的份额,而且当这些与本协定的其他规定不符的措施其实施条件不复存在时,应立即予以停止。

关贸总协定第 21 条规定的国家安全例外包括:

①允许缔约国不给任何人提供有碍国家安全的任何情况和资料;

②允许缔约国在:(i)有关裂变材料或提炼裂变材料的原料方面;(ii)武器、弹药、军火或军事机构所用的其他物品或原料的贸易方面;(iii)战时或国际关系发生紧张时为保护国家基本安全利益应做的事情方面采取行动;

③准许缔约国在履行《联合国宪章》为它们规定的维持国际和平与安全的义务方面采取行动。

总协定第 21 条内容的原文是用本协定中的意思不得解释为"要求""阻止"等反面措辞写出的,但为了人们容易了解事情本身并突出这些措施和行动的"例外"性质,我们把它们改写成正面文字,不妥之处希望读者鉴谅。

2.7.7 自由贸易区和关税同盟的例外

除了上述 7 种例外以外还必须提到关贸总协定中另外两种例外:①关贸总协定中自由贸易区和关税同盟等区域贸易组织在其成员间所安排的优惠或免税规则可能成为对总协定原则的例外;②对来自发展中国家的产品实施优惠或免税税率的措施也可能成为总协定原则的另一种差别待遇的例外。

GATT—WTO 无疑是当今世界最大的经济贸易组织,但它却不是唯一的这样的组织。与它同时存在或先后加入 GATT—WTO 而继续维持其组织原则的还有其他许多贸易自由化程度不同,一体化程度不同的"自由贸易区""关税同盟"或"共同市场"。欧洲共同体(EEC)、欧洲自由贸易区(EFTA)、北美自由贸易协定(NAFTA)、南方共同体(MERCOSUR)、亚太经合组织(APEC)就是其中显著的例子。这些组织各自订有其本身约束贸易关系的规范,这些规范会构成对关贸总协定原则的例外。

总协定第 24 条、第 33 条等对此作了如下的规定:①允许这些组织加入关贸总协定,允许它们在关贸总协定中维持其存在,维持其原有的规则(总协定第 26 条、第 33 条);②它们加入总协定不能解释为加入总协定后即与总协定发生了什么特殊的权利义务关系(总协定第 24 条第 1 款末句);③允许其遵循自己的贸易规则行事,条件是"相对于关税同盟或建立关税同盟的协定来说,对没有加入关税同盟的缔约国的贸易关系所要抽的关税或所加的贸易约束,不得高于或严于关税同盟建立前在该同盟征税制定要抽的税和规定的贸易约束"[总协定第 24 条 5(甲)(乙)]。

2.7.8 对发展中国家的例外

今天的发展中国家在二次世界大战前绝大部分是当今西方国家的殖民地或附庸国。大战结束后,它们政治上得到了独立,经济上却停留在主要仍为它们的宗主国提供初级产品和未制成品,任其掠夺、任其剥削的境地。1950—1960 年间,联合国多次召开商品问题会议,研究初级商品平均价格不断下降使发展中国家蒙受损失的事实。1964 年联合国还特别设立了"联合国贸易和发展会议",作为大会的一个常设机关来研究和处理发展中国家的问题。

1947 年即已成立且具有同样以推动贸易为目标的关税与贸易总协定,在其成立时的 23 个国家中,10 个是发展中国家,1966 年在 67 个缔约国中,44 个是发展中国家,另外还有 12 个发展中国家以其他成员资格参加总协定的工作。奇怪的是,在整个总协定的规定中,当时却找不到一条有利于发展中国家的规定。难怪人们要把总协定称作为富人俱乐部了。是因为联合国贸发会议中的广大不发达国家的强烈要求,关贸总协定才采取增订附加条款的措施把有利于发展中国家的条款作为新的第四编加进了关税与贸易总协定。

总协定在其第四部分的第 36 条第 8 款中规定了这样一个原则:"发达的缔约国对它们在贸易谈判中对发展中缔约国所承诺的减少或撤除关税和其他壁垒的义务,不能希望得到互惠。"在题为"承诺的义务"的第 37 条的第 1 款中规定:"发达的缔约国除因被迫原因,也可能是法律原因使之不能实施者外——应尽可能实施以下条款:(a)优先降低和撤除与发展中缔约国目前或潜在的出口利益特别有关的产品的壁垒,包括其初级产品和加工品之间不合理的差别关税和其他限制;(b)对发展中缔约国目前或潜在的出口利益特别有关的产品,不建立新的关税或非关税进口壁垒,或加强已有的壁垒;以及(c)不实施新的财政措施,并在调整财政政策时,首先考虑降低和撤除那些会妨碍或妨碍着完全或主要由发展中缔约国地区生产的加工或未加工初级产品的消费增长,并针对这些产品所采取的政策措施。"

1970 年 10 月,联合国贸发会议通过了一个推行"普遍优惠制"的协议,要求给予发展中国家一经济上更有利的地位。1970年11月在总协定的东京回合上又作了"关于差别和更优惠待遇、互惠和发展中国家的进一步参与"的决定(简称"优惠决定")。决定的第一款说:"缔约各国可以不考虑总协定第一条的规定,对发展中国家实施差别和更优惠的待遇而不将这种待遇给予其他缔约国。"优惠决定的这一条款就构成了一项对总协定原则的重大例外。优惠决定接着又规定了四个授权条款:①发达缔约国根据普遍优惠制给予来自发展中国家产品的优惠关税待遇;②总协定名下根据多边协定制定的非关税壁垒措施所给予的差别和更优惠待遇;③欠发达缔约国之间为相互削减或消除来自对方国家进口产品征收的关税,以及按照缔约国全体规定的准则或条件削减或消除一方国家进口产品所实施的非关税措施所达成的区域性或全球性协定;④在有利于发展中国家的一般或具体措施方面给予发展中国家中最不发达国家的特别待遇。

这里需要说明的是"授权条款"只是英文 enabling clause 一词的中译。enabling 译为"授权",并不完全符合东京回合优惠决定的原意。优惠决定只是为总协定第四编原来没有考虑到的四种实际情况在法律上规定了四种新的行动可能性或可行性,而没有给予发展中国家或发达国家以任何权利或义务。

发展中国家行使这种可能性或可行性时,在许多场合还要受到限制或被劝告必须加以限制。例如东京回合通过的补贴和反补贴税守则的第14条第1款就规定:"补贴是发展中国家经济发展的一个不可缺少的组成部分",但发展中国家必须保证"工业产品补贴的实施方式不得对另一签字国(当然是指发达国家)的贸易和生产造成严重的损害"。又如在东京回合的《关于国际收支目的所采取的贸易措施宣言》中规定:"不应为改善国际收支目的采取限制性贸易措施来保护某一产业或行业";"缔约国应竭力避免为国际收支目的采取限制性措施来刺激新的投资";"发达的缔约国应尽最大努力避免为国际收支目的采取限制性措施";"欠发达国家为国际收支目的实施限制性进口措施时,必须考虑它们的自身发展、金融和贸易情况"。在东京回合的"关于发展目的所采取的保障措施"的协定中规定:"欠发达国家所实施的旨在提高人民生活水平的经济发展计划和政策,除了建立一些特定的工业之外,还可以开拓新的生产体系或对它们经济发展的优先事项取得对资源更充分、更有效的利用。为此,它们一致认为,一个欠发达的缔约国为了实施这些目标,可以按照关贸总协定第 18 条第 1 款的规定对总协定所附的有关减让表中列明的减让,进行修改或予以撤销或在不能通过其他与总协定的其余规定相一致的措施来实现这些目标时,可按照下面所规定的更加灵活的方式援用第 18 条的第三节。在采取这种行动时,有关的欠发达缔约国应对总协定的目标以及如何避免对其他缔约国的贸易造成不应有的损害作适当的考虑";"在特殊情况下,还可以背离第 18 条第一节的规定和第三节第 14、15、17 和 18 段的规定,在作出通知后,采取所需临时性的措施"。

2.7.9 纺织品协议

我们前面谈到 GATT—WTO 的历史根源和背景时候,费了些笔墨着重介绍了关贸总协定的几个原则和它们的十来个例外,目的是要说明关贸总协定表面上虽然竭力标榜自由贸易,但在许多场合却是一个着力维护某些国家及其经济的具体利益的机制。可以说,GATT—WTO 是一种贸易自由主义和保护主义行动的混合体。

2.8 WTO 的运行

GATT 也是一个多边谈判的机构或论坛。它的基本做法是先从参加国双边谈判关税开始,各国相互减让关税。随后,由缔约国全体确定多边贸易的方针政策,确定谈判的议题,制订议事规程,最后达成贸易协议。GATT 的这种行动方式一直到 WTO 成立都没有改变。

随着成员国家的增加,GATT 成为具有世界意义的国际经济组织[①],它的成员主体是一些国家,附加上一些国家的关税区,成员数字到 1995 年 WTO 成立时有 123 个。GATT 是一个经济实体,由于历史原因,它始终没能成为一个政治实体,而且因为它的活动是纯粹经济的,它的行动不应附有政治效果,我们认为称之为经济联合国是不合适的。

GATT 的运行是通过国与国之间的双边关税互让开始,随后在实质

---

① 中文对 GATT 的模糊称谓。
GATT 成为一个事实上的国际组织。——编者注

问题上举行多边贸易谈判来进行的。GATT 的贸易谈判具有阶段性的区分。一个阶段的谈判,称为一个"回合"。总协定成立以至 WTO 的成立,总共经过八个回合。每个回合的时间,除前五个回合因为只是讨论关税问题,时间较短,只是一年或一年不到的时间,其余三个回合——肯尼迪回合、东京回合、乌拉圭回合,时间都比较长,分别为 3 年、6 年、8 年。原因是这后三个回合都触及到关税减让以外许多涉及国际经济与贸易的实质性问题。

谈判回合时间的长短,谈判回合能否成功,往往涉及许多方面的问题。例如参加回合的国家有多少、议题设置是否符合需要,参加国的国际和国内形势如何,等等。西方国家从个体主义思想出发,往往喜欢用数字和几何学上在我国过去称为博弈论或拓扑学(Topology)的方法去研究策划如何行为。什么叫作拓扑学,根据中国科学院吴文俊院士的形象说法,拓扑学就是橡皮泥几何学。橡皮泥可以由原来的形状变成许多新形状。① 转换到社会现象的研究方面来,依施锡铨的说法②,拓扑学或博弈论就是游戏中的各个局中人理性地采取或选择自己的策略行为,使其在这种相互制约、相互影响的依存关系中"尽可能提高自己的利益所得","认真计算其利益函数"。在这样的认识下,数学和几何学中很文雅的"博弈论""拓扑学"的称号,应用到西方国家的贸易谈判中来,可改用"赌博论"一词,虽则粗野一些,音译和意译都比较确切。西方国家贸易谈判就是一种类似赌博的策略行为。

GATT 的运行,是在 1947 年 GATT 成立到 1995 年 WTO 成立为止的 40~50 年间以谈判回合的方式进行的。谈判经过 8 个回合,参加谈判的国家各有不同,谈判的时间也各有长短,谈判的内容从单纯的关税贸易的技术规则到非关税壁垒以至贸易和服务贸易谈判,最后到建立 WTO 的组织结构,也各有不同。八次回合,大部分时间都是在日内瓦举行。

---

① 原文脚注无内容。——编者注
② 原文脚注无内容。——编者注

年份	地点/名称	参加国	议题及成果
1947	日内瓦	23	关税
1948	安纳西	33	关税
1951	托奎	38	关税
1954	日内瓦	26	关税
1960—1961	日内瓦(狄龙回合)	26	关税
1964—1967	日内瓦(肯尼迪回合)	62	关税和反倾销措施
1973—1979	日内瓦(东京回合)	102	关税、非关税措施、框架协议
1986—1994	日内瓦(乌拉圭回合)	123	关税、非关税措施、服务贸易、知识产权、纺织品与服装、农产品、技术规则、争端解决、政策审查、建立WTO等

总协定第一至第五回合都集中于关税的谈判。

(1)第一回合1947年4月至10月在瑞士日内瓦举行,共23个国家参加,包括中国在内。这一回合谈判历时7个月。谈判就45 000种商品达成了123项关税减让协议,使应征税占西方国家进口总值54%的商品平均降低关税35%。这是美国商品关税战后的第一次下降。

(2)关贸总协定第二回合于1948年8月至10月在法国安纳西举行。除上一回合的23个国家之外,增加了丹麦、意大利、多米尼加等10个国家,共33个国家参加了这个回合。这次回合达成147项涉及5 000多种产品的关税减让,使占应征税进口值的5.6%的商品平均降低关税35%。

(3)关税与贸易总协定第三回合多边贸易谈判于1950年9月至1951年4月在英国托奎举行。39个国家参加了这个回合,达成双边减税协定150项,涉及的商品共8 700项,使应征税进口值11.7%的商品平均降低关税26%。

(4)关贸总协定第四个回合多边贸易谈判于1956年1月至5月在瑞士日内瓦举行,28个国家参加,日本在这次谈判加入GATT。这次谈判达成了3 000多项商品的关税减让,使应征税进口值16%的商品平均降低关税15%。

(5)关贸总协定第五回合多边贸易谈判于1960年9月至1962年7

月在瑞士日内瓦举行。总协定第五回合是美国副国务卿狄龙因欧共体的建立并参与 GATT 事务而发动的,所以也称为狄龙回合。45 个国家参加了这个谈判回合。

(6)关贸总协定第六个回合称"肯尼迪回合",于 1964 年 5 月至 1967 年 4 月在瑞士日内瓦举行,历时三年多,62 个国家参加了这个回合,波兰作为中央计划经济国家参加 GATT,因此也参加了这个谈判回合。回合达成了 6 万多项商品的关税减让,使工业的进口关税下降 35%,"肯尼迪"回合首次"谈"到了非关税壁垒的问题。在这一回合上,通过了第一个反倾销协议,制定了总协定第六条的实施细则。也是在这一回合期间,由于发展中国家的不断努力,关贸总协定不得不作了一项重要修改,增加了一个关于贸易与发展的第四部分:总协定第 36 条、第 37 条、第 38 条。

(7)东京回合是 GATT 运行中的第七个回合。这个回合是以 1973 年在日本东京举行的缔约国部长会议开始的。共有包括非成员国共 99 个国家参加了这个回合。这一回合会期五年,达成了大范围的关税减让和一系列的关于非关税措施的协议。东京回合使 27 000 多种产品和农产品的关税得以削减,使西方工业化国家的制成品进口平均关税降至 6%(黄:平均税率从 70%降到 4.7%)。

在东京回合上,达成了 6 项非关税壁垒协议:①反倾销协议(肯尼迪回合反倾销守则的修订);②贸易技术壁垒(产品标准)协议;③政府采购协议;④海关估价协议;⑤进口许可证程序协议;⑥补贴与反补贴协议。另外还达成 3 项具体产品的协议:①牛肉协议;②奶制品协议;③民用航空协议。

东京回合还通过了给予发展中国家不平等的平等优惠待遇,并使这种待遇合法化的所谓"授权条款"(enabling clause)。

(8)关贸总协定最后一轮谈判,也是时间最长、问题最复杂的一轮谈判是因 1986 年 9 月 15 日总协定缔约国部长会议在乌拉圭的埃斯特角召开而命名的乌拉圭回合。9 月 20 日总协定部长会议发表了新一回合多边贸易谈判的部长宣言:《乌拉圭回合部长宣言》。《宣言》规定了乌拉圭回合的目标、原则和议题。108 个国家参加了这个回合(到 1995 年初已有 128 个签字国)。我国政府派代表团出席了这个回合,从头到尾参加了这个回合谈判。

在乌拉圭期间,西方工业化国家制成品的平均关税以贸易量加权计算从 6.4% 降至 4.0%,削减 40 个百分点。与 1947 年 GATT 初建立时的 35% 的平均关税和 60 年代初狄龙回合时 15% 的平均关税相比,确实下降了不少。但乌拉圭回合的谈判重点已从关税谈判转移至其他实质问题的谈判。乌拉圭回合共谈判了 15 项议题;其中大部分议题是东京回合守则的重新谈判,一小部分议题则已预见到 WTO 的建立后可能要处理的问题。这 15 项议题可分为三个方面:①有关国际贸易的竞争规则的议题,如关税和非关税壁垒、保障条款、反倾销、反补贴、总协定体制问题的协议、多边贸易谈判协议和争端解决等事项的议题;②农产品、自然资源产品、热带产品、纺织品和服装的市场准入问题的议题;③新领域的谈判议题如服务贸易、与贸易有关的知识产权和投资措施等问题。

第三部分　WTO——世界贸易组织

3.1　WTO 与 GATT 的异同

根据《马拉喀什建立世界贸易组织协议》,WTO 于 1995 年 1 月 1 日宣告成立。临时适用了近半个世纪的"关税与贸易总协定"(General Agreement on Tariffs and Trade),用它来代替哈瓦那宪章称为 ITO 的国际贸易组织,现在终于可以用"世界贸易组织"(World Trade Organization)名称来做事了。那么,有了 WTO,GATT 是否可以就此停止适用或被废止了呢? 不。事实是"关税与贸易总协定"这个文件不仅没有被废止,而且还改称为 1994GATT(1994 关贸总协定)而与"马拉喀什协议"同时存在、同时适用。总协定规定的一些原则和例外及运行方式继续推行。所不同的是"关贸总协定"的一个最严重缺点——组织结构方面的缺点,现在由马拉喀什协议修改和得到了补充。

GATT—WTO 上述历史情况的变化用传统法律用语来表达还可以概括为下面几方面:

1. WTO 所据以建立的 1994 年关税与贸易总协定(GATT1994)和 1947 年 10 月 30 日颁布的"关税与贸易总协定"(GATT1947)是同一个文件。不过,前者是后者经过修正、修改后的文本,法律上应认为是不同的文件。它们的管辖范围(因为 WTO 增加了某些新的内容如 GATS 和 TRIPs),和效用时间(因为一个适用于 1947—1994 年,另一个适用于 1994 年以后),是不相同的。

2. GATT 是一个从事货物贸易的临时性国际协议,WTO 是一个具有固定轮廓、从事经贸工作的国际经济组织,但它们都不是国际政治机构。GATT 成立时因为历史原因(没有得到国会的批准)没能成为联合国的"专门机构",WTO 成立后以至现在,也再没有人认为有必要再宣告 WTO 为联合国的什么机构。依据"马拉喀什建立世界贸易组织协议"

(简称"马拉喀什协议"或"马协"),参加国决定建立的是"一个完整的更可行的和持久的包括'关税与贸易总协定'、以往贸易自由化努力的结果和乌拉圭回合多边贸易谈判全部结果的多边贸易体制"。WTO 虽是一个国际经济组织,但把它称为"经济联合国",或把它的规范称为"国际法",我们仍然认为这是不合适、不恰当的。

3. 根据马拉喀什协议建立的 WTO 和临时适用了五十年的关贸总协定最大的不同点在于 WTO,如 1994 年 4 月 15 日马拉喀什宣言所说,是一个具有更强有力的更明确的法律机制的国际经济组织。WTO 是法人,具有法人资格(legal personality)("马协"第 8 条)。加入 WTO 的国家称为"成员"或"成员国"(members)。而在关贸总协定的 40~50 年间,总协定始终没能也没有自封为"法人",参加总协定的国家一直称为"缔约国"(外文小写 contracting party 或 contracting parties)。总协定在总体联合行动时,称为"缔约国全体"(外文大写"CONTRACTING PARTIES")。WTO 这个法人的内部关系虽则仍是协议关系,但它已有一个十分明确的组织机体。而 GATT 则始终是一个纯粹的"合约"(契约、合同)关系。奥利维尔·朗在其所著《关贸总协定多边贸易体制中的法律及其局限性》一书中提到总协定最初问世时,它的创始国并没有表示要使其成为《哈瓦那宪章》所称的那种综合性的国际贸易组织,它们也不曾作过这种暗示。事实上从其诞生之日起,总协定就始终是一个临时性的多边协定。①

4. 还应强调指出,关贸总协定(GATT)经过改革修正虽已成为一个具有法律框架的国际经济组织(WTO),但它的基本职能或性能并没有改变,它仍是一个贸易谈判论坛,一个进行经济折冲的公开场所。

3.2 《马拉喀什建立世界贸易组织协议》目录

1994 年 4 月 12 日至 15 日,参加乌拉圭回合谈判的 124 个国家和欧洲共同体国家在摩洛哥的马拉喀什召开贸易谈判委员会部长会议。在部长会议上发布了马拉喀什宣言和记录乌拉圭回合多边贸易谈判结果

---

① 《Law and its limitations in the GATT Multilateral Trade System》1987 Nijhoff Publishers,Dortrecht,p.44;汪尧田:《关税与贸易总协定(GATT)概论》,中国对外经济贸易出版社 1989 年版。

的最后文件。最后文件肯定了包括对 1994 年关税与贸易总协定的 6 个谅解和 12 个具体协议作为附件的多边货物贸易协定;肯定了一个关于争端解决规则及程序的谅解;一个贸易政策审议机制;四个诸边杂项贸易协议作为最后文件的内容。乌拉圭回合最后文件还通报了 31 项与世界贸易组织马拉喀什协议有关的 3 部长会议的决定和宣言,总共近 60 个文件。

这 60 项文件名目的框架如下:

1994 年 4 月 15 日马拉喀什宣言和乌拉圭回合最后文件通报的《马拉喀什建立世界贸易组织协议》目录(摘要)框架:

序言	认识到在处理贸易和经济关系时应以提高生活水平,保证充分就业,保证实际收入和有效需求的增长,扩大货物和服务贸易为目的,协议如下
第一条	WTO 的建立
第二条	WTO 的活动范围: WTO 是处理本协定和本协定附件中成员国间相关贸易关系的组织机构。
第三条	WTO 的职能: WTO 的职能在于便利本协定和其他多边贸易协议及诸边贸易协议的实施、管理和运用。WTO 是多边贸易谈判的场所。WTO 管理本协定的"争端解决机制"(DSU)和贸易政策审议机制(TPRM)。WTO 酌情与国际货币基金组织和国际复兴开发银行及其所属机构进行合作。
第四条	WTO 的结构: WTO 设立一个由 WTO 全体代表国组成的部长级会议,履行 WTO 的职能,并应成员国的请求,就本协定和多边贸易协定中的任何事项作出决定。 WTO 设立一个由全体代表国组成的总理事会在部长级会议休会期间行使本协定规定的职能。 总理事会下设立一个货物贸易理事会,一个服务贸易理事会和一个与贸易有关的知识产权理事会(TRIPs),以执行相关的职能。 部长级会议下应设立贸易与发展委员会。国际收支限制委员会和预算财务与行政委员会。
第五条	WTO 与其他组织——政府间组织和非政府间组织的关系
第六条	秘书处 WTO 设立由总干事领导的秘书处。总干事由部长会议任命。 总干事和秘书处职员的职责纯属国际性质,不接受 WTO 之外任何政府或权力机关的指示。

第七条	预算和会费	
第八条	WTO 的地位 WTO 具有法人资格,并由履行其职能所必需的法律行为能力。WTO 和 WTO 的成员都享有履行其职能所必需的特权和豁免权。	
第九条	决策 WTO 继续实行 GATT1947 所遵循的协商一致作出决定的做法。无法协商一致时,用投票方法决定,一成员国一票。部长会议和总理事会决定的投票,以简单多数票通过;解释 WTO 协定附件 1 中的多边贸易协定 的决定,以四分之三多数票通过。解除一成员国义务的决定,也是以成员国四分之三多数票通过之。	
第十条	WTO 协定的修正 WTO 的任何成员均可提出修正本协定或附件 1 所列多边贸易协定条款的提案,提案应提交部长会议。货物贸易理事会、服务贸易理事会和与贸易有关的知识产权理事会也可向部长会议提交修正案,以修正它们负责监督其实施的相应多边贸易协定的条款。修正案以被全体成员国或三分之二成员国所接受才能生效。	
第十一条	WTO 创始成员国资格 本协定生效之日是 GATT1947 的缔约方,欧共体成员凡接受本协定并将其减让表和承诺事项表附于 GATT1994 之后的,为 WTO 的创始成员国。	
第十二条	加入 WTO 任何国家或在对外贸易方面拥有完全自主权的单独关税区都可以按其与 WTO 议定的条件加入 WTO 协定。 有关加入的决定由部长会议作出。部长会议应以 WTO 成员三分之二的多数批准关于加入条件的协议。	
第十三条	多边贸易协定在特定的成员间的不适用 任何成员,如在其成为成员时或在另一成员成为成员时,不同一彼此之间适用本协定和其他多边贸易协定者,这些协定在该两成员之间不适用。部长会议可以在任何成员的请求下审议本条在特殊情况下的运行情况,并提出适当的建议。	
第十四条	WTO 协定的接受、生效和交存 WTO 协定应开放供本协定第 11 条有资格成为 WTO 创始成员的 GATT1947 缔约方以签字或其他方式接受。WTO 协定及其所附各多边协定应在部长们依照《乌拉圭回合多边贸易谈判结果最后文件》第 3 段所确定的日期生效。WTO 协定生效后,接受 WTO 协定的成员应执行 WTO 协定的多边贸易协定中的减让和义务。WTO 协定和多边贸易协定的文本应交存 WTO 总干事。	

第十五条	退出 WTO WTO 任何成员均可退出 WTO 协定和其他多边贸易协定。退出 WTO 在总干事收到退出通知之日 6 个月期满后生效。
第十六条	杂项条款 除另有规定外，WTO 应以 GATT1947 缔约方全体和 GATT1947 范围内设立的机构所遵循的决定、程序和惯例为指导。 在可行的情况下，GATT1947 的秘书处将成为 WTO 的秘书处。

3.3 马拉喀什建立世界贸易组织协议附件目录

附件 1A	货物贸易多边协定： 1994 年关税与贸易总协定 农业协定 实施动植物卫生措施协定 纺织品与服装协定 技术性质贸易壁垒协定 与贸易有关的投资措施协定 关于实施 1994 年关税与贸易总协定第 6 条的协定 关于实施 1994 年关税与贸易总协定第 7 条的协定 装运前检验协定 补贴与反补贴措施协定 保障措施协定
附件 1B	服务贸易总协定及附件
附件 1C	与贸易有关的知识产权协定
附件 2	关于争端解决规则与程序的谅解
附件 3	贸易政策审议机制
附件 4	诸边贸易协定： 民用航空器贸易协定 政府采购协定 国际奶制品协定 国际牛肉协定

3.4 WTO 部长会议 1993 年和 1994 年的宣言和决定

1993 年 12 月 15 日贸易谈判委员会通过的部长决定和宣言	关于有利于最不发达国家措施的决定 关于世界贸易组织对实现全球经济决策更大一致性所作贡献的宣言 关于通知程序的决定

	关于世界贸易组织与国际货币基金组织关系的宣言 关于改革计划对最不发达国家和粮食净进口发展中国家可能产生消极影响的措施的决定 关于根据《纺织品与服装协定第 2 条第 6 款通知第一阶段一体化的决定 与《技术性壁垒协定》有关的决定 　关于世界贸易组织——国际标准化组织标准信息系统拟议谅解的决定 　关于审议国际标准化组织/国际电工委员会信息中心出版物的决定 与《关于实施 1994 年关税与贸易总协定第 6 条协定》有关的决定和宣言 关于反规避的决定 关于根据关于实施 1994 年关税与贸易总协定第 4 条的协定或补贴与反补贴措施协定第五部分解决争端的宣言 与关于实施 1994 年关税与贸易总协定第 7 条的协定有关的决定 　关于海关有理由怀疑申报价格真实性与准确性的情况的决定 　关于与最低限价及独家代理人、独家经销人和独家受让人进口有关的文本的决定 与服务贸易总协定有关的决定 　关于服务贸易总协定机构安排的决定 　关于服务贸易总协定部分争端解决程序的决定 　关于服务贸易与环境的决定 　关于自然人流动问题谈判的决定 　关于金融服务的决定 　关于海运服务谈判的决定 　关于基础电信谈判的决定 　关于专业服务的决定 关于加入政府采购协定的决定 关于实施与审议关于争端解决规则与程序的谅解的决定
1994 年 4 月 15 日马拉喀什谈判委员会会议上部长们通过的部长会议决定	关于接受与加入建立世界贸易组织协定的决定 关于贸易与环境的决定 关于实施建立世界贸易组织协定所产生的组织与财务问题的决定 关于建立世界贸易组织筹备委员会的决定

3.5

3.5.1

根据乌拉圭回合谈判最后文件第 4 款的规定,当参加国一揽子签署并接受了 WTO 协议,WTO 协议和它所包括对各种具体协议和附带文件,以及 WTO 部长会议所作的决定和宣言实际上就成为 WTO 成员应遵守的法律规范。

在介绍和研究 WTO 各类实质性的协定和协议之前,先应该对乌拉圭回合结束时 WTO 部长会议在 1993 年和 1994 年所作的几个重要决定和宣言作些介绍——因为它们所涉及的是一些 GATT—WTO 一些带根本性的问题,而在 GATT 时期却因组织条件不够成熟,要么没有规定,要么规定得很不明确,要么没有作为总体政策由缔约国全体对外宣示过。在 27 个这样的文件中,有四个是我认为最重要的文件,进一步介绍如下。

3.5.2

第一个这样的文件就是 1993 年 12 月 15 日贸易谈判委员会通过的部长决定《关于给予最不发达国家优惠措施的决定》,全文抄录如下:

> 部长们,认识到最不发达国家的困境及保证它们有效参与世界贸易体制和采取进一步措施改善它们贸易机会的需要,认识到最不发达国家在市场准入方面继续给予优惠准入仍是改善它们贸易机会的一种主要手段;
>
> 重申他们致力于全面实施 1979 年 11 月 28 日的《关于发展中国家差别和更优惠待遇、互惠和更充分参与的决定》第 2(d) 段、第 6 段和第 8 段中有关最不发达国家的规定,注意到《埃斯特角部长宣言》第一部分 B 节(vii)项中所列举的各参加方的承诺;
>
> 1. 决定,如在乌拉圭回合过程中经谈判达成的文件未作规定,尽管最不发达国家已接受这些文件,但是只要它们仍属于最不发达国家的行列,同时遵守上述文件所开列的一般原则,则它们需承担与其各自经济发展、财政和贸易需要和其管理体制能力相符的承诺和减让,即应给予最不发达国家从 1994 年 4 月 15 日起一年的额外时间,供其提交《建立世界贸易组织协定》第 11 条规定所要求的减让表。
>
> 2. 同意,(a)通过定期审议来迅速实施有利于最不发达国家的特殊和差别措施,包括在乌拉圭回合中所采取的措施。(b)乌拉圭回合中议定的对最不发达国家有出口利益的产品的关税和非关税措施的最惠国减让,可自主提前并不分阶段地实施。应进一步改善

最不发达国家有特殊出口利益的产品的普惠制及其他方案。(c)对最不发达国家在适用乌拉圭回合各项协议和文件以及所制订的过渡期规则时,应使用灵活和支持的方式。同样,对最不发达国家在适当的委员会或理事会上所提出的具体和有目的的关注,须给予同情的考虑。(d)在实施1947年关税与贸易总协定第37条第3款(c)项以及1994年关税与贸易总协定第37条第3款(c)项以及1994年关税与贸易总协定相应条款中提及的进口补救措施或其他措施方面,必须特别考虑最不发达国家的利益。(e)在包括服务业在内的生产和出口基地的发展,加强多样化和贸易促进方面,最不发达国家须获得实质性增加的技术援助,以使它们能够从市场准入自由化中得到最大的好处。

3. 同意保持对不发达国家特殊需要的审议,并继续寻求采取有利于最不发达国家扩大贸易机会的积极措施。

GATT 运行了 40~50 年,发达国家对发展中国家的态度没有多大改变,1979 年 11 月 28 日"关于发展中国家差别和更优惠待遇、互惠和更充分参与的决定"也没有给予发展中国家以与发达国家平等的权利地位,恩赐观点依旧。乌拉圭回合谈判结束后世贸组织即将成立,发达国家感到有必要就此问题作出更明确的交代,这就是 GATT 部长会议作出上述决定并把它放在诸多决定之前第一位置的缘由。但必须指出:①1993年这个部长会议所给予的更方便的市场准入条件,只是给予最不发达国家的,并不扩及所有发展中国家——而且一个国家是否属于最不发达国家行列,显然还必须由发达国家来决定。②而对最不发达国家的市场准入应采取所谓"更灵活的方式""有支持作用的方式","在理事会中给予最不发达国家以特定的和有根据的关注","对它们的利益应加以特殊考虑"等,都是恩赐者自我放松约束的字样,最不发达国家的经济地位和利益并不能因此当然地有所改善。

3.5.3

第二个这样的文件是《关于世界贸易组织对实现全球经济决策更大一致性所作贡献的宣言》,这个宣言的全文如下:

1. 部长们认识到世界经济全球化已使各国推行的经济政策之间的相互作用日益增大,包括在经济决策的结构、宏观经济、贸易财政和发展等方面之间的相互作用。实现这些政策之间相互协调的任务主要由国家一级政府承担，但是这些政策的国际一致性是增强这些政策在国家一级有效性的一个重要和有价值的因素。乌拉圭回合达成的各项协定表明，所有参加方政府都认识到，自由贸易政策可对它们本国经济和整个世界经济的健康增长和发展作出贡献。

2. 在经济政策每一领域的成功合作均有助于促进其他领域的进展。以更有序的基本经济和财政条件为基础的更稳定的汇率，应有助于贸易的扩大，可持续增长和发展以纠正外部不平衡。还需要是优惠和非优惠财政资源和实际投资资源充足迅速地流向发展中国家，并需要进一步努力以处理债务问题，以便有助于保证经济增长和发展。贸易自由化形成许多国家正在采取的调整计划取得成功的日益重要的组成部分，这种调整计划通常涉及巨额的过渡性社会成本。在这方面，部长们注意到世界银行和国际货币基金组织在支持贸易自由化调整过程中的作用，包括对面临农产品贸易改革所产生的短期成本的粮食净进口发展中国家的支持。

3. 乌拉圭回合的积极成果是对更具一致性和互补性的国际经济政策的一项主要贡献。乌拉圭回合的结果保证扩大有利于所有国家的市场准入，以及一个更加强调多边贸易的纪律框架。乌拉圭回合的结果还保证贸易政策将以更透明的方式实施，并更加认识到开放的贸易环境对国内竞争的好处。乌拉圭回合所产生的加强的世界贸易体制有能力为自由化提供一个改善的场所，有助于更有效的监督，并保证严格遵守多边协定的规则和纪律。这些改进意味着贸易政策在未来保证全球经济决策一致性方面可以发挥更实质性的作用。

4. 但是，部长们认识到，要解决源于贸易领域之外的困难，不能仅靠在贸易领域所采取的措施。这就强调改进全球经济决策其他要素以补充乌拉圭回合所达成结果有效实施的重要性。

5. 经济政策的不同方面的相互联系要求负责每一领域的国际机构遵循一致和相互支持的政策。世界贸易组织因此应推行和发展与负责货币和财政问题的国际组织的合作，同时遵守每一机构的授权、保密要求以及在决策过程中的必要自主权，并避免各国强加交叉条件和额外条件。部长们还提请 WTO 总干事与国际货币基金组织总裁和世界银行行长一起，审议 WTO 与布雷顿森林体系机构合作的职责所产生的含义，以及此种合作可能采取的形式，以期实现全球经济政策的更大一致性。

全球化一词，在国际学术界——经济学界和其他学术界曾有过不少的探讨和争论，反对者和拥护者都有之。但作为政治术语，见之于国际文件，上述框架中的第二个文件，却是第一次。

在关税与贸易总协定的整个四五十年中，总协定始终是一个限于规范缔约国间协议关系——主要是关税减让关系的文件。创始国没有机会说清楚这个协议的最终目的是什么。现在世界贸易组织即将成立，世贸组织的这个政治目的就必须公开说清楚了。这就是1993年12月13日乌拉圭回合谈判委员会通过并发布《关于世界贸易组织对实现全球经济决策更大一致性所作贡献的宣言》的缘由。

根据这个文件，经济"全球化"是世贸组织一项基本政策，是世贸组织向世界表明它为实现经济全球化所要采取的总的纲领。所以这个文件用宣言方式发布是具有特别用意的。

另外，为了推行经济全球化政策，世贸组织又必须使全体组织成员在改进它们的经济决策结构，进行经济贸易、财政和发展的宏观调控方面表现最大的一致性。这是全球化政策的又一目标。这第二个目标也需要用宣言的方式告知全世界，以表明世贸组织成员具有这样一个一致对外的决心。

3.5.4

如何取得成员国在实施全球化政策方面的一致性，这是乌拉圭回合贸易委员会1993年12月13日所作的另一决定（框架内第三个文件）《关于通知程序的决定》的内容。

根据这个决定，世贸组织成员国有义务将其各自采取的贸易措施和信息告诉（通知）世贸组织。世贸组织在其秘书处下为此专门设立了一个"通知登记中心"以收取来自各成员国的经贸信息。

在关贸总协定时期，公布贸易措施只是一种增加透明度的原则性要求，现在在世贸组织的部长会议决定下，成为一种具有程序监督功能的法律义务。

《决定》的附件指出,应通知的事项有:

关税(包括约束幅度和范围、普惠制规定,适用于自由贸易区/关税同盟成员的税率、其他优惠)

关税配额和附加税

数量限制,包括出口限制和影响进口的有序销售安排

许可程序和掺配要求等其他非关税措施;差价税

海关估价

原产地规则

政府采购

技术性贸易壁垒

保障措施

反倾销措施

反补贴措施

出口税

出口补贴、免税和优惠性出口融资

自由贸易区,包括保税仓库内生产

出口限制,包括自愿出口限制和有序销售安排

其他政府援助,包括补贴、免税

国营贸易企业的作用

与进出口有关的外汇管制

政府授权的补偿贸易

《WTO 协定》附件 1A 所列多边贸易协定涵盖的其他任何措施

3.5.5

框架中第四个文件是《关于世界贸易组织与国际货币基金组织关系的宣言》。

这个宣言很短,不妨全部录下以供读者参考。这个与 IMF 关系的宣言说:

部长们注意到 GATT1947 缔约方全体与国际货币基金组织之间的密切关系,及 GATT1947 适用于此关系的规定,特别是 GATT1947 第 15 条;

认识到《WTO 协定》附件 1A 所列多边贸易协定所涵盖的领域方面，参加方期望将适用于 GATT1947 缔约方全体与国际货币基金组织关系的规定作为世界贸易组织与国际货币基金组织关系的依据；

特此重申，除非《最后文件》另有规定，否则在《WTO 协定附件 1A 所列多边贸易协定所涵盖的领域方面，适用于 GATT1947 缔约方全体与国际货币基金组织关系的规定将作为 WTO 与国际货币基金组织关系的依据。

在国际关系中，有贸易活动而没有货币交换的情况是不能想象的。《宣言》第一段提到 GATT 与国际货币基金组织的关系以及 GATT1947 第 15 条的规定，其目的就是要说明贸易与货币之间的关系。GATT 第 15 条是关于一国货币储备、外汇和国际收支等方面的规定，一国货币储备的大小、外汇情况的变动和国际收支是否平衡，会直接影响另一方在贸易中可能获取的利益。

GATT 是布雷顿森林会议的一员，WTO 继承了 GATT 的衣钵，布雷顿森林体制的一切，包括 GATT 与国际货币基金组织关系的各方面，自当同样适用于 WTO，这是《宣言》第二段向世界宣告的意见。

WTO 是由多种多边贸易关系构成的，《宣言》第二段中关于 GATT 和 IMF 关系的种种自然也适用于这些多边贸易与国际货币基金组织的关系。这一点也需要向全世界宣告。这是《宣言》第三段的意见。

问题是 1971 年尼克松宣布暂停美元与黄金的兑换，布雷顿森林体制开始崩溃，1973 年西方主要工业国家放弃了可调整的固定汇率制，改用浮动汇率制。亚非拉穷国只能靠借钱来做贸易，还不清日积月累的欠债。在这种情况下，开始成立的世贸组织 1993 年发表的这个部长《宣言》，它要向世界宣告并肯定或至少希望其成为现实的金融货币贸易关系，又是哪样一种货币贸易关系呢！

GATT—WTO 部长会议 1993 年和 1994 年发布的《决定》和《宣言》文件，从上述框架中可以看到这里还有 20~30 个没有介绍。这些我们将在本书以后章节中个别地提到它们，这里不再赘述。

3.5.6

根据 1993 年和 1994 年部长会议所作的宣言和决定的精神，乌拉圭回合上达成的成员国间实质性的协议也可以分成几类加以叙述。那个一定程度上改变了关贸总协定的性质和结构的《马拉喀什建立世界贸易组织协定》(简称"世贸组织协定")属于第一类。

货物多边贸易协定(Multilateral Agreements)属于第二类。这里包括1974年GATT的经过修正和修改的一些规定和1994年关贸总协定和它的6个"谅解"及议定书：①关于解释1994年关税与贸易总协定第2条第一款(b)项(其他税费)；②关于解释1994年关税与贸易总协定第17条(国营企业)；③关于1994年关税与贸易总协定国际收支条款的谅解；④关于解释1994年关税与贸易总协定第24条("关税同盟和自由贸易区")的谅解；⑤关于豁免1994年关税与贸易总协定义务的谅解；⑥关于解释1994年关税与贸易总协定第28条(关于主要供应利益国家)的谅解和1994年关税与贸易总协定马拉喀什议定书。

《农业协定》是WTO货物贸易多边协定中最重要、内容最庞大的一个协定，也是关贸总协定没有规定过的一个协定。《农业协定》总体上包括两部分：①协定本身共13个部分，21条条文和5个附件及一个附件之附件；②加上一个包括14条规定和A、B、C三个附件的"实施动植物卫生措施协定"。

《农业协定》名目框架如下：

	序言	
第一部分	第一条	术语定义 "综合支持量"(AMS)，"涉及国内支持承诺的基本农产品""预算支出""支持等值""出口补贴""市场准入让步""综合支持总量"。 第二条　产品范围
第二部分	第三条	减让和承诺的并入
第三部分	第四条 第五条	市场准入，特殊保障条款 特殊保障条款
第四部分	第六条 第七条	国内支持承诺 国内支持的一般规律
第五部分	第八条 第九条 第十条 第十一条	出口竞争承诺 出口补贴承诺 防止规避出口补贴承诺 加工产品

第六部分	第十二条　出口禁止和限制的纪律
第七部分	第十三条　适当的克制
第八部分	第十四条　各成员国同意《实施动植物卫生措施协定》
第九部分	第十五条　特殊和差别待遇
第十部分	第十六条　最不发达国家和粮食进口发展中国家
第十一部分	第十七条　农业委员会 第十八条　对承诺执行情况的审议 第十九条　磋商和争议解决
第十二部分	第二十条　改革进程的继续
第十三部分	第二十一条　最后条款
附件1	产品范围：包括《商品名称及编码协调制度》简称《协调制度》(HS)第1至第24章中所指农产品，鱼及鱼制品除外；外加《协调制度》编码2905.43，编码2905.44，编码2809.10，编目3809.10。编码3823.60；协调制度品目33.01，35.01至35.05，41.01至41.03，43.01，50.01至50.03，51.01至51.03，52.01至52.03，53.01，53.02等农产品。
附件2	国内支持：免除减少承诺的基础

《实施动植物卫生措施协定》

宗旨	重申不应阻止各成员国为保护人类及动植物的生命或健康而采用或实施必需的措施。这些措施的实施不得构成成员间实行歧视的手段或对国际贸易作变相的限制。
第一条	通则 协定适用于所有可能影响国际贸易的动植物卫生措施。关于动植物的定义和防护动植物所实施的卫生措施，应由本协定的附件规定之。协定的任何规定不得损害成员根据技术贸易壁垒协定所产生的权利。
第二条	权利和义务 各成员有权根据科学原理采取为保护动植物的生命健康所必需的动植物卫生措施，并保证这动植物卫生措施不构成对其他成员和领土的变相歧视。
第三条	卫生措施的协调 应在尽可能广泛的基础上根据国际标准协调各成员的动植物卫生措施。如有科学根据，各成员国也可以采用或维持比有关国际标准、指南或建议更高的动植物卫生措施。各成员应在力所能及的范围内参与有关国际组织及其附属机构，特别是食品法典委员会、国际兽疫组织以及在《国际植物保护公约》范围内运作的有关国际和区域组织，以促进在这些组织中制定和定期审议有关动植物卫生措施所有方面的标准、指南和建议。

第四条	动植物卫生措施之间的等效 出口国如能客观地(向进口国)证明它的动植物卫生措施已达到进口国的水平,则出口国的防卫措施即使不同于进口国的措施或从事相同产品贸易的其他成员的措施,这些措施应视为最具有等效的措施。
第五条	风险评估和动植物卫保水平的确定 1. 成员国应保证其动植物卫生措施的制定是基于对人类、动物或植物生命健康所进行的适合情况的评估,同时又考虑到有关国际组织制定的风险评估技术。 2. 在进行风险评估时,各成员应考虑能获得的科学证据;有关工序和生产方法;有关检查、抽样和检验方法;特定病虫害的流行;病虫害非疫区的存在;有关生态和环境条件;以及检疫或其他处理方法。 3. 各成员在评估对动植物的生命或健康的风险并确定动植物卫生保护水平以防止此类风险所采取的措施时,应考虑下列有关经济因素:由于病虫害的传入、定居或传播造成生产或销售损失的潜在损害;在进口成员领土内控制或根除病虫害的费用;以及采用替代方法控制风险的相对成本效益。 4. 各成员在确定适当的动植物卫生保护水平时,应考虑使对贸易的消极影响减少的最低程度。 5. 为了使适当的动植物卫生保护水平这一概念具有一致性,成员国应避免对不同情况下的卫保水平作任意或不合理的差别解释,造成对国际贸易的歧视或变相限制。
第六条	适应地区条件,包括适应病虫害非疫区和低流行地区的条件 1. 各成员应保证其动植物卫生措施适应产品的产地和目的地的动植物卫生的条件。在评估一地区的动植物卫生特点时,各成员应特别考虑特定病虫害的流行程度,是否存在根除或控制的计划,是否存在国际组织可能指定的适当标准或指南。 2. 各成员应特别认识到病虫害非疫区和低流行区的概念。对这些地区的确定,应根据地理、生态系统、流行病监测以及动植物卫生控制的有效性因素。 3. 出口成员国声明其领土内的某一地区为病虫害非疫区或低流行区时,应提供必要的证据证明此类地区属于,且可能继续属于病虫害非疫区或低流行区。为此,应使进口国于其请求时,获得进行检查、检验和其他有关程序的合理机会。
第七条	透明度 成员国应依照附件 B 的规定,宣示法规的公布、询问的问题、通知的程序,并通知其动植物卫生措施变更的情况,提供有关动植物卫生措施的信息。
第八条	控制、检查和批准程序 各成员在实施控制、检查和批准程序时,包括关于批准食品、饮料或饲料中使用添加剂或确定污染物允许量的国家制度(按附件 C 附注,特别包括抽样、检查和认证程序),应遵守附件 C 的规定,并在其他方面保证其程序与本协定的规定不相抵触。

第九条	技术援助
第十条	特殊和差别待遇 这两条规定是关于在动植物卫生措施方面向发展中国家提供技术援助并给予特殊和差别待遇的问题,其思想背景是和 GATT 后期增加制定的条文是一致的。但必须指出,动植物卫生措施协定的第 9、第 10 两条条文特别明确地规定了发达国家给发展中国家提供这些方便的目的是为了使它们能更有利地获得发展中国家的出口商品。
第十一条	磋商与争端解决 协定下的磋商和争端解决应依照《争端解决谅解》所阐明和援用的 GATT1994 第 22 条和第 23 条的规定。本协定下所发生的争端如果涉及科学或技术问题,专家组应寻求经由专家组与争端各方磋商后选定的专家们的意见。为此,专家组可在其认为适当时,主动或应争端双方中任何一方的请求,设立一个技术专家咨询小组,或向有关国际组织咨询。
第十二条	管理 1. 为了为磋商提供一个经常性场所,特设此动植物卫生措施委员会。委员会将执行本协定的规定和实施促进协定目标,特别是协调目标的职能。委员会将依协商一致的原则作出决定。 2. 委员会应鼓励和便利各成员之间就特定的动植物卫生问题进行不定期的磋商和谈判。委员会应鼓励所有成员使用国际标准、指南和建议。委员会应主办这方面的技术磋商和研究,以提高在批准使用食品添加剂或确定食品饮料或饲料中污染物允许量的国际和国家制度或方法方面的协调性和一致性。 3. 委员会应会同动植物卫生保护领域的有关国际组织、特别是食品法典委员会、国际兽疫组织和《国际植物保护公约》秘书处保持密切联系,以获得用于管理本协定的可获得的最佳科学和技术意见,并保证避免不必要的重复工作。 4. 委员会应制定一种用于监测国际协调标准、指南或建议的程序。为此,委员会应与有关国际组织一起制定一份委员会认为对贸易有重大影响的与动植物卫生措施有关的国际标准、指南或建议清单。在此清单中成员国应指明哪些是被用作进口的条件,进口货物符合哪些标准方能享受市场准入。如果成员国没有把符合标准作为允许进口的条件,他应说明这样做的理由,特别他应说明它是否认为该标准订得不够严格,使他无法达到保护动植物的水平。如果成员在指明应用某一标准作为进口条件后改变了立场,则他应对此立场改变提供说明,并通知秘书处和有关国际组织,除非已有本协定附件 B("动植物卫生法规的透明度")中的程序作出了此项通知和说明。

附录：芮沐先生著述要览

一、专著

芮沐:《民法法律行为理论之全部(民总债合编)》,北京典狱出版社1948年版。

芮沐:《民法法律行为理论之全部》,(台北)三民书局2002年版。

芮沐:《民法法律行为理论之全部(民总债合编)》,中国政法大学出版社2003年版。

二、编著

Rui Mu, *Materials and Cases for Comparative Legal Method*, 1948.

Rui Mu, Wang Guiguo, *Chinese Foreign Economic Law: Analysis and Commentary*, International Law Institute, 1990.

芮沐主编:《全国律师资格统考指南》,法律出版社1990年版。

芮沐主编:"国际经济法系列丛书"。已出版:

 汤宗舜:《知识产权的国际保护》,人民法院出版社1999年版。

 郭瑜:《国际货物买卖法》,人民法院出版社1999年版。

 邵景春:《欧洲联盟的法律与制度》,人民法院出版社1999年版。

 杨国华、胡雪编著:《国际环境保护公约概述》,人民法院出版社2000年版。

 张智勇:《国际税法》,人民法院出版社2002年版。

芮沐编:《国际经济条约公约集成》,人民法院出版社1994年版。

芮沐编:《国际经济条约公约集成》(续编),人民法院出版社1997年版。

三、译著

[苏联]康斯坦丁诺夫主编:《高等学校的讲课方法问题》,芮沐、陈

友松、胡毅、张文洸合译,五十年代出版社 1955 年版。

[美]R.M.尼克松:《六次危机》(上、下册),北京大学法律系、中央民族学院研究室《六次危机》翻译组译,商务印书馆 1972 年版。(芮沐先生是翻译组成员)

联合国秘书处政治与安全理事会事务部裁军事务处编写:《联合国与裁军》,北京大学法律系编译组译,商务印书馆 1972 年版。(芮沐先生是编译组成员)

[英]爱德华·希思:《旧世界 新前景:英国,共同市场和大西洋联盟》,北京大学法律系编译组译,商务印书馆 1973 年版。(芮沐先生是编译组成员)

联合国新闻处编:《联合国手册》[第八版增编(1966—1970)],北京大学法律系编译组译,商务印书馆 1972 年版。(芮沐先生是编译组成员)

联合国新闻处编:《联合国手册》[上、下册,第八版(1945—1965)],北京大学法律系编译组译,商务印书馆 1973 年。(芮沐先生是编译组成员)

编委会说明

芮沐先生以103周岁高龄于2011年3月20日于北京仙逝,身后留下诸多文章。为永久纪念芮沐先生,表达对芮沐先生的敬意,同时也为后辈学人研究芮沐先生法学思想之便利,芮门弟子于2017年5月正式启动编纂《芮沐文集》,历时逾两年。现编纂工作已毕,文集即将付梓,兹列说明如下:

一、文集中仅收录芮沐先生已经发表或著成的文章及未完成书稿,不收录其曾出版过的任何著作。

二、芮沐先生在法学研究和教学领域耕耘近80载,其文章著述跨越中华民国和中华人民共和国两个历史阶段,且中国社会近百年来历经战乱和变故,风云动荡,在幸免泯灭的期刊杂志等出版物中搜寻芮沐先生的文章,实非易事。因此,尽管我们做了大量的细致工作,仍难免挂一漏万,未能在文集中收录芮沐先生的全部文章作品。

三、文集中收录了芮沐先生的法学博士论文。由于该博士论文原文为德文,且国内遍寻不得,我们委托高薇副教授于德国巴伐利亚国家图书馆取得博士论文存档复印,并由其译成汉语。高薇副教授在寻找芮沐先生博士论文的过程中,也得到了上海交大凯原法学院赵秀举副教授的大力帮助。因芮沐先生的博士论文属法哲学范畴,为慎重计,又延请曾留学德国研究法哲学的中国人民大学张龑教授对博士论文汉译文稿作了核校,并将博士论文的德文原稿一并收录,以便对照。

四、凡收录进文集的论文作品,中文论文在前,英文论文在后,均按著成或发表的年代先后排序。

五、文集中收录了芮沐先生若干照片和手书,其中大部分由芮沐先生家人和弟子提供,弥足珍贵。由此使得文集图文相映,增加纪念意义和珍藏价值。

六、为统筹文集编纂工作,以芮沐先生的弟子为主体,并特邀有关人士自发设立了"芮沐文集编纂委员会",成员包括程信和、沈四宝、吴志攀、张智勇、郭瑜、杨国华、刘东进、赵宏、臧立、高薇、吕国平、张保龙、李方、李建生、胡元祥、赵宏瑞、西小虹、芮晋洛、殷铭、邵景春。此外,中国政法大学的白晟教授和浙江大学光华法学院的张谷教授亦为文集的编纂提供了有益的帮助。

七、文集的出版,得到了北京大学法学院和北京大学出版社的倾力支持。

八、值此《芮沐文集》出版之际,谨向所有对文集的编纂、出版作出贡献与提供帮助的人士和单位致谢。

邵景春

2019 年 5 月 21 日

于北京大学

编辑说明

本书文稿成文时间上起20世纪30年代，下迄21世纪初，时间跨度大，芮沐先生在不同时期的行文习惯不同，不同发表载体的编辑体例不同，使得收录于本文集的著述体例很不一致。虑及芮沐先生业已作古，为尊重逝者起见，经与芮沐文集编纂委员会各位老师多次沟通，并经一一核实，文稿中除编校、印刷错误等极为必要之处，一律不作改动，以使本书既能最大限度呈现芮沐先生作品原貌，又能符合编辑出版规范要求。详言之：

一、行文表述保持原貌。芮沐先生在民国时期的文稿尚有文言痕迹，文白结合，与现代汉语不一之处，为保持芮沐先生行文风格，不作增、删、改、换等文字加工；词语使用《现代汉语词典》（第7版）中的非推荐词形的，予以保留；民国时期的新式标点尚未形成标准，标点体例与当下不一之处，一般保持原貌；书稿中有大量时间、法律法规条款项和统计数据等均使用了汉字，也有使用阿拉伯数字，不作统一。关键性的术语如"实证法""实在法"前后文不一致的，在后文以"编者注"的形式加脚注说明。

二、人名、地名、民族名等专名保持原貌。原稿部分人名、地名、民族名等与今译或汉语通译不一，鉴于对其修改、统一不能反映文章的原貌和时代背景，加之个别今译无法确定，故仍保持原状，仅在同一篇章内对同一人物、地理实体、民族表述不一的，按最先出现者统一。

三、标题序号适度统一。原稿标题序号或为汉字序号（部分加括号），或为阿拉伯数字序号，或无序号，在保持原文结构原貌的前提下一般改作"一、二、……"，适度统一。

四、法律文件、案件编号保持原貌。法律文件未加书名号、全简称混用，案件编号体例不一等，保持原貌。仅在同一篇章内对同一法律文件、案件编号表述不一的,按最符合原意和规范要求统一。

五、外文部分保持原貌。文稿中的德文论文、英文文章和少数法文引述经编者一一核对,除个别编校错误外,皆照原文录入。

六、相似文稿全部保留。文稿中有10篇芮沐先生写作、发表于不同时间的文章内容两两相似,考虑其刊于不同场合,均有其不同的原因和价值,全部收录,并以在后一篇文章加"编者注"形式的脚注予以说明。

七、未完成书稿基本保持原貌。芮沐先生关于关税与贸易总协定及世界贸易组织的文稿终未完成,其中部分标题、内容尚不完整,脚注尚未注释,涉及大量国际经济或国际经济法的组织、文件、名称等术语,前后表述也有不一之处,以上皆照遗稿原文收录。极个别未完成处和疏漏用"编者注"形式的脚注说明,如第二部分原无标题,根据内容拟为"GATT的内容、原则、例外及运行";第二部分第一张表格缺少"第三部分",依据《关税与贸易总协定》(GATT—1947)文本予以补充。

八、注释基本保持原貌。中文和外文注释(未完成书稿注释除外)内容保持原貌,注释不全的,不加补全。仅在文章原始出处、作者信息、所引文献正斜体、直引或参见等体例方面进行统一;极个别引用文献信息有误的改正。

九、编校、印刷错误改正。经与编者商定,将错字、别字、异体字、繁体字等改为规范简体字,对缺省标点补齐,对个别易引起逻辑混乱的表述进行修正,对文稿发表时间信息错误之处进行改正。

十、本书仅收录芮沐先生的著作以外的文献,其著作,包括专著、编著、译著作品,以"芮沐先生著述要览"为题以附录形式存目。